KB077062

세계 정치학 필독서 50

필독서 시리즈 | 11

5Ø POLITICS CLASSICS

2500년 정치학 명저
50권을 한 권에

세계
정치학
필독서
50

톰 버틀러 보던 지음 | 김문주 옮김

센시오

차례

PART 4 정치의 진정한 목적은
무엇인가

PART 5 인간 평등을 위한
정치 투쟁의 역사

PART 6

시민이 행동해야
정치가 바뀐다

정치적 저술, 세계의 역사를 바꾸다

《세계 정치학 필독서 50》은 에이브러햄 링컨과 윈스턴 처칠부터 마거릿 대처까지 주요 정치지도자들이 쓴 저서와 소책자, 그들의 연설문 등을 폭넓게 다루고 있다. 정치에서 글로 쓰인 언어는 중요하다. 세계가 바뀔 수 있는 계기가 되기 때문이다.

《인간 불평등 기원론》은 프랑스혁명을 야기했고,《연방주의자 논집》은 새로운 미국 헌법을 요구하는 목소리에 결정적인 무게를 실어주었다.《공산당 선언》은 억압받는 노동자들을 자극했고 거의 한 세기 동안 전 세계를 분열된 세상으로 이끌었다.《수용소군도》와《전체주의의 기원》은 스탈린과 히틀러의 전체주의 정권에서 핵심을 이루는 악을 드러냈고,《노예의 길》《동물농장》은 공정한 사회를 이루기 위한 수단으로서 집단주의자의 '계획경제'를 비난했다.《삼민주의》는 왕조통치 또는 식민권력의 세기들로부터 해방되어 중화민국의 토대를 세우는 데 필수적이었다.《시민 불복종》은 간디와 넬슨 만델라, 마틴 루서 킹이 정의를 위한 캠페인을 추진하는 데 영감을 주었다.《침묵의 봄》은 현대의 환경운동을 촉발한 촉매제가 되었고,《대지의 저주받은 사람들》은 제국주의를 넘어서려는 이들을 격려했다.

이 책은《노예의 길》이나《국가는 왜 실패하는가》같은 정치경제학 서적들을 일부 포함하고 있으나, 주로 정치철학에 초점을 맞춘다. 분명 두 가지 분야가 겹치는데, 경제학은 그 자체로도 읽어봐야 하니《세계 경제학 필독서 50》도 읽어봐야만 한다.

《세계 정치학 필독서 50》은 2500년 동안의 좌파와 우파, 사상가와 실천가를 망라하고, 경제학자(맨커 올슨), 운동가(사울 알린스키), 전쟁 전략가(클라우제비츠), 선구적인 지도자(쑨원), 자유 진영 철학자(로버트 노직), 좌파 선동가(엠마 골드만), 그리고 보수주의자(에드먼드 버크) 등을 아우른다. 또한 개인의 자유를 강조하는 정치철학인 자유주의를 개방사회 및 시장경제와 함께 가장 높은 가치로 간주한다.

스스로 보수주의자로 여기든, 자유주의자나 사회주의자로 여기든 간에 이 책은 여러분의 입장과 대립하는 철학의 발전, 그리고 그 이면의 사람들에 대한 통찰을 안겨줄 것이다. 나는 링컨, 처칠, 간디, 킹, 그리고 만델라 등의 전설 같은 정치지도자들 뒤에는 진짜 사람들이 존재함을 알려주려 한다. 이들의 성과는 위대한 개혁운동과 정의를 위한 투쟁, 그리고 정부 자체에서 '하나 된 힘Power of ONE'이 대단히 중요하다는 것을 입증한다.

우리가 정치를 알아야 하는 이유

'어떤 형태의 국가가 개인의 자유를 보호해 줄까? 평등한 사회가 되기 위해서는 무엇이 필요할까? 이데올로기는 우리에게 어떤 영향을 미칠까? 민주적인 정부란 과연 어떤 형태일까? 국가와 정부의 역할은 무엇일까?'

누구나 한 번쯤은 이런 궁금증을 가져본 적이 있을 것이다. 이런 질문들은 고대 그리스인에서부터 오늘을 사는 우리에게도 매우 중요한 화두다. 이 책 《세계 정치학 필독서 50》은 오늘날의 우리가 절대 간과할 수 없는 이런 질문들에 대한 가장 현명한 답을 보여준다.

이 책은 매우 방대한 정치 역사를 다루고 있기 때문에 명확한 구분점이 필요했다. 무엇을 기준으로 책을 선정하고 분류했는지에 따라 정치를 이해하는 데 도움을 줄 수 있기 때문이다. 따라서 모두 여섯 개의 기준으로 분류했는데, 첫째 정치지도자의 역할, 둘째 정부의 역할, 셋째 권력의 속성, 넷째 자유를 추구한 정치의 역사, 다섯째 평등을 추구한 정치의 역사, 여섯째 정치를 바꾸기 위한 시민의 역할이 그것이다. 우리는 이 여섯 개의 큰 틀 안에서 역사에 자취를 남긴 정치지도자, 철학자, 사회운동가의 주장을 살펴볼 것이다. 이들의 학문적 고뇌와 사상적 성찰, 실천적 행위, 그리고 역사적 사건 등을 통해서 우리는 좀 더 명확하게 정치학의 지도를 머릿속에 그려볼 수 있게 될 것이다.

위대한 정치지도자가 바꾼 세계의 역사

정치학 전공자가 아니라도 우리는 위대한 정치지도자 몇몇의 이름을 알고 있다. 그리고 우리는 그러한 정치지도자의 이데올로기나 정책, 연설을 통해 정치를 이해하곤 한다. 정치는 움직이지 않는 '이데올로기'가 아니라 하나의 '행위'를 가리키기 때문에, 그 행위를 결정하고 지휘하는 정치지도자의 역할은 정치가 우리 일상에 어떤 영향력을 행사하고, 그로 인해 역사를 어떻게 바꾸는지 직접적으로 보여준다.

이 책에서는 다섯 명의 정치지도자와 정치지도자의 역할에 대해 논하는 다섯 명의 사상가를 다룬다. 에이브러햄 링컨, 쑨원, 윈스턴 처칠, 마거릿 대처, 버락 오바마까지 기존의 정치 행태를 혁명적으로 바꾼 인물들을 통해 정치지도자의 역할은 무엇이고, 그들이 정치를 통해 추구했던 국가는 어떤 형태인가에 대해 살펴본다.

링컨은 1854년 처음으로 노예제도에 반대하는 중요한 연설을 했고, 그 후 화법과 표현력, 추론력 등의 뛰어난 능력을 바탕으로 미국 대중들을 설득했다. 시대를 초월한 게티즈버그 연설 덕에 당연히 노예문제는 국민통합에 대한 논의로 받아들여졌다.

또 한 명의 위대한 정치인 쑨원은 일본의 침략과 서구열강들의 식민지 착취에 속수무책인 중국의 취약성을 한탄했다. 그의 《삼민주의》는 중국의 위대함을 회복하기 위해 새로운 중화민족주의를 추구했고, 민족의식을 깨우는 데 도움이 됐다.

국가의 운명이 달린 전시戰時 지도자로서 처칠의 역량은 한 지도자의 카리스마와 확신이 어떻게 세계사의 흐름을 바꾸어놓는지에 대한 명백한 증거다. 그는 히틀러의 급부상을 또 다른 범유럽 침략의 사례로 볼 줄 알았고, 독일의 진짜 의도를 이례적으로 꿰뚫어 보았다. 처칠은 정책적인 측면에서 절대적으로 옳았다는 점에서 탁월했고, 아울러 세부 사항에 대해 놀라울 정도로 잘 파악하고 있었다.

 마거릿 대처 역시 세계에서 영국의 지위를 심도 있게 이해하고 있었고, 제국의 몰락에 관해 처칠보다 더 현실적이었다. 이후 영국은 급진적인 변화를 겪었고, 전 세계는 대처의 규제 완화와 민영화 계획을 뒤따랐다. 대처가 소련에 대해 취했던 단호한 강경노선은 윤리적으로나 정치적으로 모두 옳았음이 증명됐다.

 버락 오바마가 대통령으로서 남긴 업적은 여전히 이론의 여지가 남아 있으나, 그의 자서전은 정치에서 무엇이 가능한지 입증한다. 미국 최초의 흑인 대통령의 탄생은 미국인들 사이에 분명히 존재하는 크나큰 인종 격차가 메워질 수 있다는 것을 증명했고, 이에 깊은 영감을 얻은 이들이 많다.

 이들과 함께 정치지도자의 역할에 대한《맹자》와《통치론》, 정책을 홍보하고 설득하는 데 필요한 정치적 기술을 다룬《프로파간다》, 현대 정치사에 있어 가장 위태로웠던 쿠바 사태와 워터게이트 사건을 다룬《결정의 본질》과《워터게이트》는 정치지도자의 판단력이 국제관계와 민주주의에 얼마나 중요한지 보여준다.

정부와 국가는 왜 존재하고, 어떻게 존재해야 하는가

'무엇이 좋은 정부를 만드는가? 어떤 국가 형태가 가장 많은 사람들에게 가장 큰 이익을 안기는가?' 그 답을 찾기 위해 인류는 여러 경로를 탐색해 왔다. 어떤 길은 밝게 빛을 비추며 훌륭한 결론에 이르렀지만, 또 어떤 길은 위험했고 어두컴컴한 구렁텅이에서 끝이 났다.

아리스토텔레스가 생각하는 정치학의 목적은 플라톤이 《국가》에서 하려 했던 것처럼 '완벽한' 체제가 아닌, 최대한의 장점과 최소한의 단점을 지닌 체제를 발견하려는 것뿐이었다. 아리스토텔레스는 폭군정과 과두정, 중우정을 평가한 후, 중우정의 형태가 최선이라고 주장했다. 중우정치가 본질적으로 폭군이나 과두정 집권층이 지배하는 것보다 더 안정적이기 때문이었다.

에드먼드 버크는 《프랑스혁명에 관한 성찰》을 통해 아리스토텔레스와 거의 같은 주장을 했다. 그는 국가가 단순히 경제를 규제하고 법과 질서를 지키기 위한 행정기구가 아니라고 주장했다. 그는 국가가 '살아 있는 사람들 간의 동반자 관계일 뿐 아니라, 살아 있는 사람과 죽은 사람, 그리고 태어날 사람들 간의 동반자 관계'로 존중받아야 한다고 보았다.

니콜로 마키아벨리는 《로마사 이야기》에서 비대하고 다원주의적인 민주공화국의 모델을 제공했다. 마찬가지로, 알렉시스 드 토크빌은 19세기 미국을 그려낸 유명한 묘사를 통해 권위주의 정치나 귀족정치의 '평온함'을 민주주의의 '소란함'과 비교하면서도 그 평온함이 주로 착각이라고 강조했다. 토크빌은 더 평등하고 민주적인 사회는 고상하고 세련된 면은 부족하지만 이를 공정함으로 만회한다고 결론 내렸다.

미국의 새로운 헌법은 인간이 이기적인 존재이며 다른 사람들로부터 자신의 가치를 지키기 위해 압박을 가하기 때문에 갖가지 이해관계가 무성하게 존재하지만, 그 이해관계의 가짓수 자체로 서로의 힘을 견제할 수 있는 시스템을 갖추는 것이 낫다고 인정하는 탁월함을 갖췄다.

솔제니친이 쓴《수용소군도》는 소련 밖으로 밀반출되어 미국에서 출간됐고, 소비에트연방이 평등에 대한 가장 위대한 사회적 실험이라는 신화를 뒤흔들어 놓는 데 도움이 됐다. 이 책은 아무리 의도가 훌륭하다 하더라도 대부분의 혁명은 그저 한 지배계층을 다른 지배계층으로 대체하는 것에 불과하다는 사실을 상기시켜 준다.

좋은 정부를 찾는 길은 어렵다. 우리는 각자의 정치관과 가치관에 따라 국회의원과 지도자를 뽑지만 우리가 정부에 바랐던 대로 정치가 흘러가는 것을 보기란 쉽지 않다. 이 책에서는 프랑스혁명이나 소비에트연방의 출현 등으로 일어난 세계사적인 사건, 그리고 미국식 민주주의를 분석함으로써 어떤 정부가 국가의 흥망성쇠를 좌우하고 국민의 행복을 담보할 수 있는지 살펴본다.

국제관계 안에서의 권력은 언제나 이동한다

한스 모겐소는 정치적 행동의 동기가 언제나 세 가지 기본 유형 중 하나라고 말했다. 즉 권력을 지키거나, 권력을 키우거나, 권력을 과시하기 위해서라는 것이다. 우리는 '국제관계'라는 용어를 사용함으로써 국제문제를 과학적이거나 합리적으로 보이게 만들 수 있지만, 현실에서는 언제나 자국의 이익이 우선인 행위일 뿐이다.

세계는 경제적으로 연관되어 있고 상호의존하기 때문에 주요 강대국 간의 전쟁은 이치에 맞지 않는다는 노먼 에인절의 주장은, 겨우 4년이 지난 후 제1차 세계대전이 발발했고, 25년 후에는 제2차 세계대전이 발발함으로써 신뢰할 수 없게 되었다. 그러나 에인절은 정치가 언제나 생존하고 번식하고 지배하고 싶은 인간의 본성으로 귀결된다고 보았다. 실제로 클라우제비츠는 오직 전쟁만이 국민에게 대담함을 불어넣을 수 있으며 '번영하고 교역을 확장하는 시대에 사람들을 타락시키는 온화함과 안락하고 싶은 욕망'을 꺾을 수 있다고 주장하기까지 했다.

군사권력과 경제권력 간의 연관성에 대해 1980년대 역사학자 폴 케네디는 모든 강대국과 제국들은 자기네 영역과 이익을 지키기 위해 엄청난 대가를 감수해야 하는 상황에 직면했음을 알았다. 게다가 이 대가는 가끔 경제성장이 절정에 이른 뒤에 가장 커진다.

1990년대 새뮤얼 헌팅턴은 미국뿐 아니라 서양 자체가 서서히 권력을 잃어가고 있다고 주장했다. 세계는 언제나 문명들로 나뉘어 있었고, 냉전이 종식되면서 21세기 갈등의 주요 원인은 경제가 아니라 다시 한번 문화와 종교가 되었다. 9·11테러는 그저 이 이론을 증명하는 듯 보였다. 헌팅턴은 2008년 세상을 떠났지만, 프랑스에서 이슬람 극단주의자가 저널리스트들을 살해한 사건이랄지 독일의 반이민 행진에도 전혀 놀라지 않았을 것이다.

여기서는 시대의 흐름과 변화에 따라 예전의 강대국이 물러나고 권력이 이동함으로써 새로운 국제관계가 형성되고 세계정치 지도도 변하게 되리라 예상한 지식인들의 책을 소개하면서 국제관계, 국제외교를 읽는 우리의 시각을 넓히고 깊은 지식을 전달한다.

정치적 자유는 개인의 자유를 보호할 수 있을까?

정치적 자유는 행동의 자유를 의미한다. 그래서 완벽한 사회를 이룩하기는 어렵다. 왜냐하면 통치자 또는 국가가 완벽하려고 하거나 세상이 어때야 하는지에 대한 '단 하나의 견해'를 가지려고 시도하는 순간, 상황은 악화되기 때문이다. 존 달버그 액턴은 자유란 '성숙한 문명의 연약한 열매'라고 보았다. 자유가 제도 속에 뿌리내리기 위해서는 오랜 시간이 걸리며, 그 후에조차 자유는 전복顚覆과 부패의 먹잇감이 된다고 보았다.

이사야 벌린은 우리 모두가 더 커다란 평등이나 권리를 요구할 때 반드시 품어야 할 질문을 던졌다. '이 자유는 사람들이 있는 그대로 살아갈 수 있게 하기 위해 추구하는 그런 자유인가, 아니면 인류와 사회에 대한 우리의 비전에 따라 살 기회를 주기 위해 추구하는 자유인가?' 벌린의 주장에 따르면, 우리의 의도는 좋을 수 있으나 인간의 완벽함이란 위험한 신화와 같아서, 아무리 선의가 담겼다 하더라도 필연적으로 편협하고 추잡한 결과로 이어진다.

프리드리히 폰 하이에크는 중세 이탈리아 도시국가부터 산업화된 영국까지 유럽사를 지켜보면서, 경제적 자유가 정치적 자유로 이어졌고, 이것이 서양의 권력과 부를 강화시켰다고 주장했다. 그러나 국가가 개입해서 상황을 해결하기 위해 '뭔가를 하려는' 소망은 불가피하게도 자유행동과 잠재성의 원칙을 축소시키고 '계획' 경제의 등장으로 이어졌다.

칼 포퍼는 개인의 자유와 책임을 지켜주려는 좀 더 온당한 욕망에 관해 이야기한다. 선의의 계획에 모든 주의력과 잠음이 집중되면 진정한 자유의 목소리는 필사적으로 높아지기 마련이다.

정치적 자유는 곧 개인의 자유다. 하지만 인간과 권력의 속성은 정치체제를 통해 개인의 자유를 최대한 보장하는 데 걸림돌이 된다. 그 과정에서 전체주의가 등장하고, 아나키즘과 같은 극단적 자유주의가 등장하기도 했다. 이 책을 통해 우리는 정치와 자유의 상관관계와 정치적 자유를 통해 개인의 자유를 지키기 위해서는 어떻게 해야 하는지에 대한 힌트를 얻을 수 있다.

평등을 위한 치열한 투쟁의 역사

인류의 역사는 인간 권리를 지키기 위한 기나긴 투쟁의 역사라 해도 틀린 말이 아니다. 그중에서도 평등에 대한 투쟁은 그 간절함만큼이나 치열했다.

카를 마르크스는 산업화로 인해 공장 노동자가 되어버린 사람들을 지지하면서 계급문제를 전면에 들고 나온다. 지주와 노동자 사이의 격차에 분노하면서 계급 해방을 외친 것이다. 그로 인해 사회주의가 탄생했고, 그 정치적 이데올로기의 등장은 이념 전쟁의 시작이 되었다.

메리 울스턴크래프트의 《여성의 권리 옹호》는 여성의 교육에 대한 추문 또는 여성 교육의 부재와 관련해서 여성의 역할과 능력을 재검토하라고 요구한다. 이는 시대를 매우 앞선 주장이었기 때문에, 77년이 흐른 후 존 스튜어트 밀은 똑같은 주장을 밀어붙여야 했고, 1918년에 들어서고 나서야 30세 이상 여성들에게 투표권이 주어졌다. 오늘날에는 변화를 위해 오랜 저항을 해야 한다는 사실을 이해하기 어렵지만, 긴 투쟁은 개혁가들과 조직가들이 어떤 문제에 부딪히고 있는지 알려준다.

마틴 루서 킹은 기독교적인 사랑의 힘으로 차별을 물리칠 수 있으리라 생각했지만, 곧 다른 전략들이 필요함을 깨달았다. 간디의 비폭력 저항 철학을 받아들이고 소로의 시민불복종 원칙을 적용하기 시작한 뒤에야, 흑인의 권리를 위한 킹의 노력이 열매를 맺기 시작했다.

처음에는 테러리즘도 두려워하지 않았던 넬슨 만델라 역시 억압하는 자를 수치스럽게 만드는 것이 무기를 드는 것보다 더 강력하다는 생각을 가지게 됐다.

이 자유와 평등의 투사들이 쟁취한 승리는 결국 모든 인류의 승리로 볼 수 있다. 하지만 불행하게도 체제가 변화하는 것, 심지어 법이 변화하는 것만으로는 인종차별이 고질적으로 미치는 영향력을 없애기에 충분치 않다.

이저벨 윌커슨의《카스트》는 미국이 정착 초기부터 '흑인'과 '백인'을 엄격하게 분류했고, 그 분류가 한 사람의 삶의 선택을 거의 전적으로 결정하는 카스트 문화가 되었다고 강력하게 주장한다. 가장 민주적인 나라라고 알려진 미국의 신분제를 낱낱이 고발하고 있는 것이다.

조지 오웰은《동물농장》을 통해 평등의 개념이 권력에 의해 어떻게 왜곡될 수 있는지를 냉혹하게 경고하고 있다. 책의 결말에서 권력을 쥔 돼지들이 헛간 벽에 쓴 계명은 평등을 추구하는 모든 투쟁이 어떤 모순에 부딪히는지 잘 보여준다. "모든 동물은 평등하다. 그러나 일부 동물은 다른 동물들보다 더 평등하다."

정치는 행동하는 자들로 인해 선한 옷으로 갈아입는다

사울 알린스키는 '못 가진 자들'을 위해《급진주의자를 위한 규칙》

을 쓴다. "역사상 중요한 변화들은 혁명으로 일궈졌다."고 알린스키는 주장했지만, 급진주의자들은 변화하는 데 급급해서 변화의 역학을 제대로 이해하지 못했다.

헨리 데이비드 소로는 미국이 멕시코 영토를 합병하고 서부 개척이라는 명분으로 토착민들을 몰아내는 행태를 보면서 이런 정의롭지 못한 정치 행위에 저항할 수 있는 최선의 방법은 세금 내기를 거부하는 것이라 느꼈다. 소로의 이러한 비폭력 행동주의는 간디의 소금행진부터 킹의 버스 승차 거부 운동, 그리고 만델라의 타운십(흑인 집단 거주지) 노동항쟁에 이르기까지 정치적 행동주의에 커다란 영향을 미쳤다.

미국의 급진주의자인 업튼 싱클레어와 엠마 골드만은 뿌리 깊은 자본주의 국가에 사회주의적 가치를 가져오는 데 거의 실패했지만, 이들의 생각은 분명 유산을 남겼다. 싱클레어의 책을 통해 사람들은 저급한 식품위생 기준에 충격을 받았고, 몇 달 안에 엄격한 법이 도입됐다. 골드만은 여성 혹은 노동계급의 지위를 변화시키기 위해 아무런 행동도 하지 않는 민주주의는 가짜라고 부르짖으며 아나키즘으로의 전환을 촉구했다.

정치적 행동주의에서 가장 중요한 점은 단 한 사람만 있어도 변화의 커다란 물결이 시작될 수 있다는 것이다. 레이첼 카슨의 《침묵의 봄》은 오늘날 우리가 환경주의라고 부르는 사상을 정치적 쟁점으로 부각시킨 문제작이다. 이 책으로 인해 미국은 DDT를 농업에 사용하지 못하도록 금지했다.

　행동함으로써 정치구조와 정책을 바꾸려는 인간의 노력은 많은 결실을 맺었다. 알린스키의 이 말이 왜 우리가 정치를 바꾸기 위해 행동해야 하는지에 대한 질문의 답이라고 할 수 있지 않을까?

"자기 자신에 대한 믿음, 그리고 자신의 미래를 이끌 힘에 대한 믿음이 소멸하는 것보다 더 암울하고 파괴적인 비극은 있을 수 없다."

우리 시대의 정치가 가야 할 길

그 누구도 정치의 미래를 예측할 수 없다. 그러나 번영과 평화, 그리고 어느 정도의 자유를 제시하는 사상들은 아무리 다른 사상들이 등장해도 계속 소환된다고 자신 있게 말할 수 있다. 정부는 인간 본성의 진실을 숙고해야 하며, 국민을 그저 소비자로 보지 말아야 한다. 인간은 자신을 부유하게 만들어주고 신체적 안정을 보장해 주는 국가의 가치를 인정하면서도, 그 와중에 자유로운 인간으로서 자신들의 존엄성을 인정받고 싶어 할 것이다.

　플라톤과 아리스토텔레스는 한 도시나 국가에는 단순히 좋은 도시 관리자가 되는 것보다 한층 더 훌륭한 목적, 즉 더 고귀한 무언가를 대표하고 시민의 덕목을 높여야 하는 목적이 있어야 한다고 주장했다. 그러나 개인의 자유를 침해하지 않고 이 목적을 달성하기란 쉬운 일이 아니다. 국민이 발전할 수 있게 도우면서도 동시에 이들이 자유로운 존재임을 인식하는 것이 우리 시대 정치가 당면한 가장 큰 도전 과제가 될 것이다.

정치는 끊임없이 변한다. 이 책의 초판이 나온 지도 7년이 흘렀고, 그러다 보니 책을 업데이트하고 목차를 새롭게 정비할 필요가 있었다. 우리 사회에서 무슨 일이 벌어지고 있는지 이해하기 위해 새로운 책을 읽어야 할 필요성은 그다지 크지 않다. 현재의 사건을 이해하기 위해 옛 작품들을 읽는 데에서 더 큰 도움의 실마리를 찾아내니까 말이다.

예를 들어, 프레더릭 바스티아의 《법》은 1848년 세 번째 프랑스 혁명의 여파 속에서 출간됐지만, 국가를 엄격하게 통제해야 한다는 이 책의 메시지는 오늘날 정부 개입과 지출의 크기에 대한 논쟁에서 여전히 존재감을 갖는다. 장기적으로는 어떻게 될지 상관하지 않고, 당장 유권자들을 기쁘게 해주기 위해 '뭔가를 하고 싶은' 정치인들의 욕망은 바스티아의 시대보다 오늘날 더욱 강렬해졌다. 그러나 행위하지 않고, 지출하지 않는 것은 어떤 행위를 하는 것만큼이나 통치자의 의무 가운데 많은 부분을 차지한다. 바스티아의 《법》을 통해서 우리는 통치자의 행위에 대해, 그리고 정부의 역할에 대해 다시 한번 생각하게 된다.

정부가 본래 맡고 있던 범위를 넘어서서 행위할 때의 가장 지독한 사례 가운데 하나는 제국주의다. 제국주의 논리에 따른 확장, 즉 식민주의는 식민화된 민족에게 어느 정도 이점을 가져다주긴 하지만, 이를 정당화할 수는 없다. 한 민족의 경제적이고 지리적인 자유가 다른 민족의 희생으로 인해 확장되는 것이기 때문이다.

우리는 프란츠 파농의 《대지의 저주받은 사람들》을 읽으면서 식민화된 민족이 정치와 군의 만행에 어떻게 복수를 꿈꾸는 괴물로 바뀔 수 있는지를 직접 목격했다. 새로운 시장과 땅을 찾으려는 한 국가의 행위는 세대를 넘어 지속되는 결과를 낳았다.

이저벨 윌커슨의 《카스트》는 유럽인들이 북아메리카에 정착하면서 노예제도를 합리화하는 '카스트' 제도를 만들어냈고 남북전쟁에 불을 붙였다고 주장한다. 이 책은 국가적 논의를 불러일으켰으며, 최근에 일어난 '블랙 리브스 매터Black Lives Matter(흑인의 목숨도 소중하다)' 같은 저항운동을 이해하는 데 지적인 틀을 제공하고 있다.

이렇듯 지금까지 끊임없이 소환되는 정치학 명저들은 현대의 부조리와 문제점을 이해하고 해석하고 대안을 제시하는 데 도움이 된다. 무인도에서 혼자 살아가지 않는 한, 우리 모두는 현실 정치에 영향을 받을 수밖에 없다. 사회가 어떻게 작동해야 하고, 무엇이 공정한 것이며, 국가가 어떻게 행위해야 하는지 신념을 가지고 있는 한, 우리 모두는 '정치적'이다. 보수주의자, 자유주의자, 자유의지론자, 또는 사회주의자 등의 표식은 우리 대다수가 그 의미를 알고 있을 정도로 충분히 오래된 개념이다. 그리고 우리는 그 가운데 하나를 막연하게, 또는 강력하게 자기 자신과 동일시한다.

그러나 오바마가 지적했듯, 단순히 SNS상에서 우려의 목소리를 내거나 친구들에게 분통을 터뜨리는 것은 실질적인 행동주의와는 거리가 멀다. 시민으로서 여러 쟁점에 대한 자신의 입장을 생각해 보고 행동으로 옮기는 것이 우리의 의무다. 우리는 이런 것이 세계 여러 국가에서는 얼마나 큰 특권이 되는지 잊어서는 안 된다.

바라건대, 이 책이 정치적 삶에서 무엇이 가능한지, 그러면서도 이데올로기의 위험성과 대가는 무엇인지 빛처럼 비춰주기를 바란다. 정치적 스펙트럼의 어느 지점에 정착하기에 앞서, 우리는 모든 '─주의-ism'와 '─론-ology'을 재보고 판단하면서 모든 관점에 완전히 마음을 활짝 열 의무가 있다. 그래야만 우리는 적어도 스스로 믿는 것을 믿어야 하는 분명한 이유를 가질 수 있다.

PART 1

정치지도자는
어떻게 국가를
변화시키는가

50 POLITICS CLASSICS

01

Gettysburg Address

국가의 존재 이유에 대한 명연설

게티즈버그 연설

"

우리는 이 자리에서 굳게 다짐하길,

이들의 죽음은 헛되지 않을 것이며

하느님의 가호 아래 자유가 새로이 탄생하리라.

또한 국민의, 국민에 의한, 국민을 위한 정부가

지구상에서 결코 사라지지 않으리라.

"

에이브러햄 링컨 Abraham Lincoln

1809년 켄터키주에서 태어났다. 혼자 힘으로 공부하여 1837년 변호사 시험에 통과
했다. 1834~1841년 일리노이 주의회 의원으로 선출되었고, 1847년 연방 하원의원으
로 당선되었으나, 멕시코전쟁에 반대하면서 인기가 떨어져 변호사 생활로 돌아갔다.
1860년 공화당의 대통령 후보로 지명받아 1861년 16대 미국 대통령으로 선출됐다.
1863년 노예해방을 선언했다. 다음 해에 링컨은 재선에 성공했고, 1865년 전쟁은 끝
났다. 같은 해 4월 14일 워싱턴의 포드극장에서 연극 관람 중 남부 지지자였던 배우 J.
부스에게 피격, 이튿날 아침에 세상을 떠났다.

1863년 7월 1일에서 3일까지 펜실베이니아주 게티즈버그에서 로버트 E. 리Robert E. Lee 총사령관이 이끄는 남부연합군은 조지 고든 미드George Gordon Meade 북부 총사령관의 포토맥군과 전투를 벌였다. 두 군 모두에서 5만 명 이상이 사망하거나 부상을 입었고, 아니면 실종됐다. 7월 4일 리 총사령관은 버지니아로 후퇴했다. 남부연합군은 병사의 3분의 1을 잃으며 충격적인 패배를 했다.

1863년 11월 19일 오후, 공무원과 민중들이 게티즈버그의 국립묘지에서 열리는 봉헌식에 참석하기 위해 모였다. 에드워드 에버렛Edward Everett 의원이 대표연설을 마친 뒤, 에이브러햄 링컨 대통령은 이날을 기념하기 위해 몇 마디 해달라는 요청을 받았다. 그는 2분 남짓한 시간 동안 10문장과 272단어로 연설을 마쳤다. 행사가 끝난 직후 에버렛은 대통령에게 이렇게 편지를 썼다. "대통령 각하가 2분 안에 해낸 것처럼 제가 2시간 안에 그 행사의 핵심 주제에 도달할 수 있었더라면 정말 기뻤을 겁니다."

당시 청중들에게 그다지 큰 박수를 받지 못했던 연설이 왜 오늘날 미국 역사상, 또는 세계정치사에서 가장 위대한 연설로 꼽히게 됐을까? 그 답은 어느 정도 청중을 끌고 가는 그 여정에 있다. 청중은 미국의 건국에서 시작해 마지막에는 갈림길에 선 나라를 경험한다. 남북전쟁은 나라를 두 갈래 길에서 한쪽을 선택하도록 만들었다. 국가가 하나로 유지될 것인지, 혹은 일부가 탈퇴할 것인지 결정하는 싸움에서 사람들은 목숨을 잃어갔다. 대통령이 전사자들을 애도하고 생존의 길을 제시하는 동안, 청중은 내내 이 드라마에 빠져들었다.

링컨은 봉헌식이 열릴 당시 건강이 좋지 않았고, 창백한 낯빛에 표정은 슬프고 애절했으며, 몹시 초췌했다고 전해진다. 그는 맥없이 어지럽다고 호소했고, 오랫동안 앓아온 병은 가벼운 천연두로 판명됐다. 그가 청중 앞에서 말을 할 수 있다는 것 자체가 놀라운 일이었다. 일부 사학자들은 그가 펜실베이니아로 오는 기차 안에서 연설문 초안을 썼다고 생각하지만, 기록들을 분석한 결과 기차 테이블에서 쓸 수는 없었던 것 같다. 연설의 반은 백악관에서 썼고, 나머지 반은 당시 국무장관이자 게티즈버그까지 동행했던 윌리엄 H. 수어드William H. Seward와 함께 논의하며 완성했을 가능성이 더 높다.

링컨이 남긴 연설의 의미

연설이 짧았다는 점을 감안하면, 의미 면에서나 청중들에게 감동을 준 수사학적 표현의 활용 면에서나 전체 연설문을 살펴보는 것도 의미 있다.

"우리 선조들은 87년 전 자유에 의해 잉태되고 모든 인간이 평등하게 태어났다는 원칙에 충실한 새 국가를 이 땅에 세웠다."

조지 워싱턴과 토머스 제퍼슨, 그리고 벤저민 프랭클린 같은 위대한 인물들이 영국의 지배로부터 자유를 용기 있게 선언하고 새로운 공화국이 탄생했던 87년 전으로 시간을 되돌려보자. 혹자는 이 연설의 도입부가 급진적이라고 본다. 그로부터 13년 후에 제정되는 헌법이 아니라 독립선언이 새로운 국가를 세우려는 건국의 아버지들의 의지를 진정으로 표현하는 것이라 주장하기 때문이다. 헌법상 노예제가 금지되어 있지 않으나, 독립선언은 미국이 "모든 인간이 평등하게 태어났다는 원칙에 충실해야 한다."고 주장한다. 링컨은 이를 기준점으로 삼기로 결심했으며, 남북전쟁은 북부에게 승리를 안겨주려는 것 뿐 아니라, 인간 평등의 원칙을 위해 투쟁하는 것이라고 재정의했다.

"지금 우리는 엄청난 내전에 임하고 있으며, 이 나라가, 그렇게 잉태되고 그토록 충실했던 나라가 오래 존립할 수 있는지 시험해 보고 있다. 우리는 그 전쟁이 벌어졌던 치열한 격전지에 모였다. 그리고 나라를 살리기 위해 목숨을 바친 이들이 마지막으로 쉴 수 있을 곳으로 그 격전지의 일부를 바치려 한다. 우리가 이렇게 해야만 하는 것이 정말로 당연하고 적절하다."

남북전쟁은 나라를 둘로 갈라놓으려는 위협이 됐고, 나라가 건립된 세계적인 원칙을 시험에 들게 했다. 링컨은 '목숨을 바친 이들' 덕에 '나라를 살렸다'고 기리면서 삶과 죽음을 효과적으로 대조한다. 우리는 오늘날 민주주의를 당연하게 누리고 있지만, 당시 사람들에게 공화주의 원칙은 몇 번을 강조해도 다 표현할 수 없을 정도로 중요했다.

"그러나 넓은 의미에서 우리는 이 땅을 봉헌할 수도, 축성을 내릴 수도 없으며, 신성하게 만들 수도 없다."

이 부분은, 더 강렬하고 더 오래 기억에 남는 연설을 하기 위해 조금씩 표현을 바꿔 세 번 반복하는 효과적인 '3의 원칙'을 활용하고 있다. 게티즈버그가 가장 치열하고 유혈이 낭자한 격전지였음을 생각하면 당연하지만, 링컨은 군인들에 대한 존경을 드러내며 장엄하게 말을 이었다.

"보태거나 빼려 하는 우리의 하찮은 힘을 넘어서, 살았든 죽었든

이 자리에서 싸웠던 용맹한 이들이 이 땅을 성스럽게 만들었다. 세계는 우리가 여기서 하는 말을 기록하지도, 오래 기억하지도 않을 것이다. 그러나 여기서 이들이 해낸 일은 결코 잊을 수 없으리라."

역설적으로 링컨은 이 연설이 기억되지 않을 것이라 믿었다. 그리고 여기서 말보다 행동이 더 큰 의미를 전달하며, 전투에서 승리를 거둔 자들은 기억에 남게 행동한 것이라고 언급하기 위해 이중 대조법(기억하다/잊다, 말하다/해내다)을 사용한다.

"이 자리에서 싸운 이들이 그토록 숭고하게 발전시켜 온 이 끝나지 않은 일에 헌신하는 것은 우리 살아 있는 자들의 몫이다. 오히려 우리는 우리 앞에 남겨진 위대한 과업에 전념해야 하며, 명예롭게 죽어간 이들이 마지막까지 불태우며 공헌했던 대의에 더욱 헌신할 수 있어야 한다. 우리는 이 자리에서 단단히 다짐하길, 이들의 죽음은 헛되지 않을 것이며 하느님의 가호 아래 자유가 새로이 탄생하리라. 또한 국민의, 국민에 의한, 국민을 위한 정부가 지구상에서 결코 사라지지 않으리라."

'헌신'과 '전념', '단단히 다짐', 그리고 '자유' 같은 단어는 행동을 촉구하기 위해 쓰였다. 링컨은 앞에 놓인 땅을 봉헌할 수 없다고 언급했던 지점으로부터, 이제는 청중들에게 나라를 하나로 단결시키고 번영시킨다는 '우리 앞에 남겨진 위대한 과업'에 전념해야 한다고 이야기한다.

링컨은 연설의 역사상 가장 기억에 남을 세 마디 '국민의, 국민에 의한, 국민을 위한 정부'로 끝맺는다. 이 강력한 결론은 1861년 7월 의회에서 링컨이 미국에 대해 '국민의 통치, 그리고 그 동일한 국민에 의한 통치인 민주주의'라고 언급한 내용을 상기시킨다. 국민을 결집하려고 노력할 때 연설의 내용은 매우 포괄적이 된다. 전적으로 '우리'에 대해 다루면서 여러 차례 반복된다. '여기' 혹은 '이 자리'라는 단어는 게티즈버그를 가리키는 것으로 여덟 번 사용됐다. 이런 반복이 의식적으로 주목을 끌지는 않으나 청중들에게 강력한 효과를 발휘하며, 신성한 땅이라는 느낌을 전달하고 강력한 동족의식을 불러일으킨다.

청중의 애국심을 고취하다

연설에 대한 대중의 반응은 정치적 입장에 따라 갈렸다. 공화당파 저널리스트들은 찬사를 퍼부었고, 진심 어리지만 간결했던 그의 웅변을 인용했다. 반면 민주당파 저널리스트들은 일반적으로 이 연설이 어리석고 단편적이며 치졸하다고 혹평했다. 에버렛의 연설 뒤에 이어지다 보니 링컨의 연설은 청중들에게 지나치게 짧게 느껴졌을 수 있고, 뒤이은 침묵과 다소 늦게 터져 나온 박수갈채는 이

짤막한 맛보기보다 더 많은 이야기를 듣고 싶은 바람을 드러냈다.

1939년 윌리엄 라스본William Rathbone은 세상을 떠나기 1년 전 만든 오디오 회고록에서 게티즈버그 연설을 현장에서 들었다며, 그 연설을 듣기 위해 학교 수업을 빠졌다고 했다. 라스본은 링컨이 말을 타고 있어서 가뜩이나 큰 키가 더 돋보였다고 했다. 고위관리와 군 장교들, 외국대사들, 시민단체와 군사단체, 그리고 애국심 넘치는 군중들이 흥분해서 그를 호위했다. 라스본과 그의 친구들은 군중을 뚫고 링컨에게서 약 5미터 떨어진 지점까지 다가갔고, 그의 연설은 '거의 슬픔에 빠진 진지한 말투로' 시작됐다고 회상한다. 라스본은 나중에 정확한 표현은 전혀 기억해 낼 수 없었지만, 연설을 듣고 애국심이 치솟았고, 그 누구든 '올드 에이브Old Abe'(링컨의 애칭)를 비방하면 가만히 있지 않으리라 생각했다.

민주주의의 덕목을 부각한 연설

비평가들은 링컨의 연설, 그리고 펠로폰네소스 전쟁의 전사자들을 기리는 페리클레스Perikles의 추도연설이 모두 민주주의의 덕목을 열거했다는 점에서 유사하다고 지적한다. 링컨과 마찬가지로 페리클레스는 존경스러운 선조들을 인정하며 연설을 시작했다. "나는 우리 선조들의 이야기로 시작하려 한다. 이런 자리에서는 영광스럽게도 선조들을 먼저 언급하는 것이 당연하고 타당하다." 두 연설 모두 국민을 위한 공정하고 민주적인 체제에 헌신하라고 강조한다. 페리클레스는 이렇게 말한다. "사사로운 차이에도 법은 모두에게 동등한 정의를 적용한다." 또한 그는 전사자들의 희생을 기리는 한편, 생존한 자들에게는 계속 투쟁해 줄 것을 간청하기도 한다. "살아남은 자들은 더 행복하게 살아가길 바라마지 않으면서도, 전장에서 주저 없이 단호한 결정을 내려야만 한다." 게티즈버그 연설은 이와 유사하게 정치적 자유를 언급하면서, 영원한 축복의 약속만큼 경고의 말도 담아낸다.

　게티즈버그 연설의 최종 원고가 정확히 어떻게 쓰였는지에 관해서는 의견이 분분하다. 필사본은 다섯 편인 것으로 알려져 있으며, 필사본마다 그 원고를 받아본 사람들의 성이 붙어 있다. 그 가운데 두 편은 링컨의 비서관인 존 니콜레이John Nicolay와 존 헤이John Hay에게 보내졌는데, 한 편은 아마도 낭독용으로 보이며, 다른 한 편은 초안이었다. 현장에서 직접 연설을 들은 이들의 증언과는 달리, 두 원고 모두에는 '하느님의 가호'라는 표현이 들어있지 않았다. 링컨은 연설을 하다가 이 말을 즉흥적으로 덧붙인 것 같다. 링컨이 해군성장관인 조지 밴크로프트George Bancroft에게 준 서명된 필사본은 워싱턴 D.C. 링컨 기념관의 남쪽 벽에 새겨진 것과 같은 내용이다.

📌 함께 읽으면 좋은 책

- 알렉산더 해밀턴, 존 제이, 제임스 메디슨 《연방주의자 논집》
- 토머스 페인 《상식론》

톰 버틀러 보던의 ★ 한마디 ★

남북전쟁은 북부의 승리로 돌아갔고, 링컨 대통령은 노예해방선언에 선언하면서 저항하던 남부 10개 주에게 모든 노예들을 자유롭게 놓아주라고 명했다. 매사추세츠주 상원의원이었던 찰스 섬너Charles Sumner는 당시 이렇게 썼다. "게티즈버그의 전장에 울려퍼진… 그리고 이제는 그 연사의 순교로 인해 신성화된 그 연설은 기념비적이다. 링컨은 타고난 겸손함으로 '세계는 우리가 여기서 하는 말을 기록하지도, 오래 기억하지도 않을 것이다.'라고 말했다. 그는 틀렸다. 당시 세계는 링컨의 말에 주목했고, 이제는 영원히 기억할 것이다."

마틴 루서 킹은 1963년 워싱턴 행진 당시 링컨 기념관 계단에 올라, 게티즈버그 연설을 인용하면서 <나에게는 꿈이 있습니다>를 연설하기 시작했다. 킹은 선조들이 약속했던 평등이 미국의 흑인들에 대한 '약속어음'이라고 비유했다. 또한 노예해방선언과 게티즈버그 연설에서 뻗어 나온 희망들이 미국 흑인들에게는 충분히 꽃피지 못했으며, 이제는 '채무 불이행'의 상태로 남았다고 주장했다. 나라의 건국이념을 되새기는 이 연설과 함께, 모든 시민에게 약속한 자유와 평등이 실현하려는 민권운동이 추진됐다.

02

Two Treatises of Government

자유주의의 탄생을 알리다

통치론

66

인간은 태어나서부터 모두 자유롭고 평등하며 독립적이다.

그 누구도 동의 없이 이 상태에서 쫓겨나거나

다른 인간의 정치권력으로부터 지배받을 수 없다.

99

존 로크 John Locke

1632년 영국 서머셋에서 태어나 런던의 귀족학교인 웨스트민스터 스쿨에서 공부했다. 옥스퍼드의 크라이스트 처치에서 장학생으로 공부했으며, 두 개의 학위를 딴 후 신학과 정치학을 가르치다가 이후 의학과 과학에 관해 자신만의 연구를 시작했다. 명예혁명 이후 정부의 경제정책을 기록하는 무역위원회의 유급회원이 됐다. 그리고 모든 사람이 충분한 음식과 옷을 누릴 권리를 가질 수 있도록 빈민법의 수정안을 제안했다. 1704년 세상을 떠났다.

'고전적 자유주의의 아버지'라 불리는 존 로크는 정치가 전통이 아닌 이성에 근거하기를 선호하는 이들에게 몇 세기 동안 영감을 안겨주었다. 군주의 권력보다 국민의 권리를 강조하던 로크는 토머스 홉스의 절대왕정과 가부장적 철학에 대한 완벽한 해결책을 제공했다. 민중의 동의에 따라 통치한다는 그의 사상이 이제는 당연하게 여겨지지만(반자유적인 체제조차 그렇게 입에 발린 말을 한다), 17세기에 그런 생각을 입 밖으로 내기는 위험했다.

《통치론》을 쓰던 당시 로크는, 제임스 2세가 폭정을 하고 영국을 가톨릭 국가로 회귀시키려 하기 때문에 왕이 될 수 없다고 주장하는 '배타주의자'였다. 제임스 2세가 드디어 왕위에 오르자 로크는 위협을 느끼고 네덜란드로 망명했다. 그리고 영국 정치인들과 네덜란드의 오렌지공 빌럼 3세(후에 영국의 윌리엄 3세가 됐다)가 합작으로 제임스 2세를 내쫓고 나서야 안전하게 영국으로 돌아올 수 있었다. 1688년 '명예혁명'을 통해 의회가 실제로 우위에 서게 됐고, 독단적으로 전횡을 일삼는 왕실 통치는 끝이 난 듯 보였다.

오랫동안 《통치론》은 혁명을 정당화하는 것으로 간주됐지만, 이제 학자들은 로크가 책의 대부분을 1679년과 1681년 사이에 썼다고 믿는다. 따라서 그가 바라던 대로 정치적인 변화가 이뤄졌지만, 그는 '혁명의 철학자'가 아니었다. 실제로 토머스 홉스의 《리바이어던》(164쪽을 참고하자)이 올리버 크롬웰Oliver Cromwell이 촉발한 내전 이후 왕정이 복구되는 모습을 지켜보게 된 영국에서 발표된 유명작이었던 것과는 달리, 로크의 《통치론》은 그의 살아생전에 거의 무시를 당했다. 이 저서는 18세기 후반에야 볼테르Voltaire와 장자크 루소 같은 프랑스 계몽주의 사상가들과 미국 건국의 아버지 토머스 제퍼슨과 제임스 매디슨 등으로부터 명성을 얻게 됐다. 로크식 정치철학은 프랑스와 미국혁명, 그리고 서구사회의 세속화 등을 초래했던 이유로 비난받았으며(그는 종교적 관용과 정교분리 등을 지지했다), "모든 사람은 자기 몸에 대한 소유권을 가지며, 그 누구도 아닌 오직 자신에게만 그 권리가 있다."라는 개념은 반노예운동에 영향을 미쳤다.

로크에게 동의는 모든 정치적 조직체의 기본이었으며, 그는 통치를 위해 민중으로부터 명백한, 또는 암묵적인 동의를 요구해야 한다는 사실을 잊은 모든 정부에 반대했다. 요컨대 로크가 당시 군주정을 불법 독재자라고 불렀다는 점을 감안하면, 그가 첫 번째와 두 번째 논문을 익명으로 발표했으며 특정한 왕의 이름을 언급하지 않았다는 사실은 그다지 놀랍지 않다.

왕에게는 신성한 권리가 없다

로크의 첫 번째 논문은 두 번째보다 짧았는데, 로버트 필머Robert Filmer 경이 절대주의 군정을 옹호한 것으로 유명한《부권론Patriarcha》을 조목조목 공격했다.

필머는 어떤 아이도 혼자 태어나지 않고 온전히 부모에게 속해 있듯, 똑같은 방식으로 어른들도 언제나 자신의 '부모', 곧 군주에게 복종해야 한다고 주장했다. 또한 그는 하느님이 아담에게 세상을 다스리도록 지배권을 주었으며, 이 권리가 왕에게까지 확장됐다고 주장했다. 따라서 군주들은 통치할 수 있는 신성한 권리를 가지게 됐다. 왕은 필연적으로 법보다 우위에 있었다.

로크는 가족의 아버지와 국가의 아버지(왕)를 비교하는 것이 맞지 않다고 반박한다. 가족의 아버지는 의존상태에 있지 않고 스스로 생각하고 행동할 수 있기 때문이다. 필머의 개념이 논리적인 결론으로 흘러가려면 왕을 제외한 (왕자와 귀족들을 포함한) 모든 사람이 노예에 불과했다.

로크는 왕의 신성한 권리가 우스꽝스럽다고 말한다. 성경에 근거하지도 않았으며, 진실이더라도 살아 있는 어떤 왕이 아담의 혈통인지 추적하기는 불가능하기 때문이다. 로크는 왕이 모든 권력을 가지고 있고 민중들에게는 어떤 권리도 없다고 보지 않고, 인간은 태어날 때부터 자연권을 가지고 있다는 개념을 소개했다. 이제는 '아이'가 아버지 앞에서 독립을 주장해야 할 때가 왔다.

자연상태에서 인간은 모두 자유롭다

두 번째 논문에서 로크는 모든 인간이 동등한 가상의 자연상태에 놓여 있을 때를 상상한다. 이 상태는 무분별한 무정부 상태가 아니며, 다른 사람의 독단적인 의지가 아닌 일련의 법률에 따라 삶을 선택할 수 있는 자유로운 상태를 의미한다.

　로크의 자연상태는 홉스가 상상했던 야만적이고 무법의 상태와는 상당히 다르다. 로크에 의하면, 인류 초창기에도 인간의 행동은 (신이 내린) 자연법에 따라 형성됐으며, 원칙적으로는 모두가 적어도 생명을 보존하기 위한 법을 포함해 자연법을 인식하고 있다. 다른 사람을 해하면 안 되고, 다른 사람의 목숨을 앗아가도 안 되며, 다른 사람들에게 속한 것을 존중해야 한다는 것이다. "이것이 자유의 상태는 아닐지라도 방종의 상태도 아니다"라고 그는 말한다. '자연적 이성'은 모두가 위반자를 처벌할 수 있는 권리를 가진 곳에 존재한다.

　다음 단계에서 사람들은 직접 정의를 구현하지 않는다. 그러기에는 편견이 관여할 수밖에 없기 때문에, 범죄와 정의를 가늠할 책임을 진 사람에게 이 권리를 양도하게 된다. 따라서 독립적인 사법부가 갈등을 해결하기 위해 발전하게 된다. 개인의 권리를 용역(사법)의 제공과 교환할 때 인류는 '계약'에 들어간다. 이 동의가 시민사회의 기본이며, 사람들은 생명과 재산을 지키기 위해 이 사회에 자유로이 들어간다.

군주보다 우위에 있는 인민

한 사람이 태어날 때부터 '자연권'을 가진다는 로크의 가설은 인간이 정해진 지위를 가지고 태어난다고 보는 중세의 사상으로부터 분리된 것이다. "정치체는 모두 자발적인 연합과 인간의 상호적인 합의에서 시작된다." 로크는 이렇게 썼다. 세월이 흐르면서 군주제가 발생했지만, 이들은 이 상승한 지위가 인민의 동의에 달려 있음을 잊었다. 왕은 신이 아닌 인민의 대리인이며, '의지도, 권력도 없지만 법이 부여하는 힘은 가진' 존재다. 왕이 법에 표현된 사회의 의지에 반할 때 더 이상 인민들의 지지를 받을 수 없다. 이런 일이 벌어질 때 로크는 '인민들이 왕에게 저항하는 것이 합법적'이라는 유명한 말을 남긴다.

왕이 인민의 선이 아닌 오직 자신만의 이득을 위해서 행동할 때 저항하거나 폐위시키는 것은 정당하다. 왕이 인민의 대리인으로서 훌륭하게 통치할 때 권위와 정당성을 가진다. 여기에서 멀어지는 왕은 그저 폭군일 뿐이다.

로크의 시대에 의회의 권위는 왕에 의해 좌지우지될 수 있었다. 왕에게는 의회를 정지시킬 힘이 있었고, 실제로 그런 일이 1681년에서 1685년 사이에 벌어졌다. 또한 군주는 새로운 법을 도입하고, 인민을 매수하거나 위협할 수도 있었다. 로크는 이런 상황에 뒤이어 '전쟁의 상태'가 생겨난다고 말한다. 왕이 '권위 없는 권력'을 기반으로 삼고 있기 때문이다. 타당한 세상의 이치에 거슬러 반란을 일으키는 것은 인민이 아니라 왕이다.

로크는 자연법을 강조하는 과정에서 재산권이 정치조직의 구체적인 형태보다 우선시 된다고 말한다. 이는 그 어떤 의회나 왕도 개인으로부터 정당한 재산, 다시 말해 선례나 법에 의해 소유하게 된 것들을 빼앗아 올 수 없다는 의미다. 마찬가지로, 왕은 인민의 대다수가 의회의 의원이나 대리인을 통해 동의하지 않는 한 세금을 올릴 수 없다. 로크는 찰스 2세와 제임스 2세의 행동을 생각하며 이 부분을 명확하게 밝혔다.

오늘날 여러 사상의 뿌리가 되다

로크는 결코 재산 소유권이 정치권력의 기초가 되어야 한다고 주장하지 않았다. 그보다는 모든 인간이 재산권을 요구하기 전 자연 상태에서 평등하다고 주장한다.

노동 가치에 대한 로크의 이론에서는 몸이 절대적으로 자기 것이기 때문에 노동도 자기 것이다. 자연으로부터 무엇을 채취하든 직접 노동해서 얻었다면 역시나 그 사람의 것이다. 노동과 자원을 결합해 인간은 재산을 일궈왔다. 세계 자연 자원의 규모를 고려하면 다른 사람들이 자연을 개발하고 경작하며 채취해도 충분하다고 로크는 강조한다. 인간에게는 생존을 위한 기본권과 함께 자연에서 수확하며 자유롭게 살아갈 수 있는 기본권이 있다. 그러나 시민사회가 도래하면, 모두가 저마다의 땅을 가지고 있던 생존 사회가 교환과 돈, 거래를 기반으로 한 경제로 대체된다. 예를 들어, 땅을 조금 가진 사람은 썩기 쉬운 밀의 수확분을 영원히 변치 않는 은으로 교환할 수 있다. 그러나 더 발전한 경제에서도 한 사람의 몸과 노동에 대한 권리를 구성하는 도덕적 토대는 사라지지 않으며, 모든 사람은 더 복잡해지는 상황으로부터 이익을 얻는다.

로크의 주장에 따르면, 입헌정부의 형태가 화폐경제에서 인간과 재산권을 보호하는 데 가장 적합하다. 상거래 능력은 일부 왕실의 독점이 아닌 거래에 개입하는 다수에 따라 달라진다. 왕이 휘두르는 권력은 이보다 독단적이며, 재산을 빼앗거나 인간의 자연권을 짓밟는 경향이 강하다.

로크는 자유경제와 재산권 때문에 도덕적 책임감이 끝나는 것은 아니라고 분명히 밝힌다. 첫 번째 논문에서 그는 궁핍한 사람은 여유 있는 또 다른 사람에게 도움을 요청할 수 있어야 한다면서 다음과 같이 말한다. "여유 있는 가진 자는 반드시… 가진 게 없어서 죽을 수도 있는 위험에 빠졌다는 그 다급하고 우선시되는 자격을 가진 이들에게 베풀어야 한다. 땅을 개발하고 재산을 일구는 자연권은 '그 외의 방법으로는 근근이 살아갈 수 없는 상황에서 극도의 궁핍함으로부터 구해주기 위해, 다른 사람의 부로부터 많이 소유할 수 있는 권리를 모든 사람에게 주는' 재분배의 자연법으로 균형을 맞춰야 한다. 물론 사람은 저마다 다른 능력을 가졌기 때문에 자유는 불평등보다 앞서기 마련이다. 그러나 그렇기 때문에 더욱 관대해야 한다.”

《통치론》에서 우리는 오늘날 당연히 받아들이는 다양한 사상들의 뿌리를 찾아볼 수 있다.

· 인권: 인권은 태어날 때부터 타고난 평등을 통해 존재하는 것으로 가정되며, 로크는 자연의 상태에서 이 상황을 묘사했다.
· 보통선거권: 재산과는 상관없는 정치적 권리다(로크는 여성과 그 외에 투표권이 없는 계층을 위한 권리운동에 영향을 미쳤다).
· 복지국가: 복지국가의 개념은 정당하게 궁핍한 이들은 부를 가진 이들에게 도움을 요청할 권리를 가졌다는 로크의 신념에서 파생됐다.
· 노예제의 부당함: 모든 사람은 자기 몸에 대한 소유권을 가지며 그 누구도 아닌 오직 자신에게만 그 권리가 있기 때문이다.

로크가 오늘날까지 끝없이 소환되는 이유다.

📌 함께 읽으면 좋은 책

· 알렉산더 해밀턴, 존 제이, 제임스 매디슨 《연방주의자 논집》
· 에드먼드 버크 《프랑스혁명에 관한 성찰》
· 토머스 홉스 《리바이어던》
· 프레데리크 바스티아 《법》

로크가 우리에게 남긴 유산에 대해 비평가들은 다음과 같이 언급한다.

- 그의 정치철학은 천부인권이 존재한다고 가정하지만, 천부인권에 동의하지 않는다면 로크의 사상은 지나치게 낙관적으로 보인다. 홉스의 인간관이 훨씬 현실적이다.
- 그는 사유재산이 엄청난 불평등으로 이어진다는 사실을 충분히 고려하지 않는다. 그리고 그가 소유권을 강조하는 것은 그저 그가 영국의 부유층에 속해 있다는 사실을 드러낸다.
- 그는 영국이 새로운 식민지인 캐롤라이나를 세우는 데 중요한 역할을 맡았으며, 그가 초안을 작성한 캐롤라이나의 헌법은 노예제도를 바탕으로 한 봉건적 귀족제를 인정한다.

일리 있는 비판이나,《통치론》의 또 다른 측면 덕에 로크는 시대를 앞서간 인물처럼 보인다. 그는 해외 정복이 단순히 '권리보다 힘을 우선시'한 경우이기 때문에 잘못된 생각이라고 보았다. 당시에 정복이 일반적인 왕의 행위라는 데 의문을 품은 사람은 거의 없다 하더라도, 이것이 소유를 의미하지는 않았고 도덕적 토대도 갖추지 못했다. 사실 그는 자신의 의견이 "세상의 관행과 상당히 상반되기 때문에 이상한 교리로 보인다."고 인정했다. 로크가 오늘날 살아 있다면, 원초적인 권력을 바탕으로 정권을 수립한 폭군들이 여전히 많다는 점에서, 또한 인민들의 동의라는 자신의 철학이 여전히 국가들 사이에서 요원하다는 점에서 놀랄 것이다.

03

Propaganda

권력을 훔치는 정치적 기술
프로파간다

66

프로파간다는 절대 사라지지 않을 것이다.
지성인은 반드시 프로파간다가 생산적인 목표를 위해 싸우고
혼란 속에서 질서를 잡도록 도와줄 수 있는
현대적인 도구임을 깨달아야 한다.

99

에드워드 버네이즈Edward Bernays

1891년에 태어나 1892년에 미국의 뉴욕시로 이주했다. 코넬대학교에서 건축을 공부했고, 이후 극장과 발레를 홍보하는 언론담당자로 일했다. 1919년 자신만의 PR 회사를 열었으며, 1923년 뉴욕대학교에서 최초의 PR 강의를 개설했다. 럭키 스트라이크 담배회사와 일할 당시, 몇몇 모델이 담배를 피며 뉴욕 부활절 퍼레이드에 참가하도록 했는데, 그는 이를 '자유의 횃불'이라고 명명했다. 이 행사는 엄청난 화제를 불러왔고, 이 일로 버네이즈는 홍보에 있어서 뉴스가 광고보다 효과적이라고 생각하게 됐다. 1995년 103세의 나이로 세상을 떠났다.

프로파간다는 아주 오랫동안, 1622년 바티칸에 포교성성布敎聖省(교황청에서 선교 활동과 관련된 업무를 담당하는 심의회─옮긴이) 혹은 '신앙 전파를 위한 신성한 총회'에서 시작된 이래, 그야말로 특정한 철학, 또는 일련의 사상이나 관습을 홍보하기 위한 혼신의 노력을 의미했다. 정부가 점차 대중들에게 전쟁을 장려하고 정당화하기 위해 프로파간다를 사용하기 시작한 20세기에 들어서야 이 용어는 부정적인 색깔을 띠게 됐다. 제1차 세계대전이 발발하자 영국과 미국의 프로파간디스트들은 독일인을 '훈족 놈들'로, 독일을 '프로이센 야만주의'의 중심이라고 악마화하는 한편, 자국을 민주주의와 자유의 고귀한 요새로 그려냈다. 젊은 에드워드 버네이즈가 우드로 윌슨 정부에서 핵심적인 역할을 수행하며 기울인 이 노력은 큰 성공을 거두었고, 그는 자신이 배운 것을 바탕으로 새로운 '공중관계PR, Public Relation' 분야를 탄생시켰다.

제1차 세계대전에서 연합국이 선전한 다양한 거짓말이 영국의 정치가이자 사회운동가 아서 폰슨비Arthur Ponsonby의《전시의 거짓말Falsehood in Wartime》같은 책과 언론에서 언급되기 시작하면서 프로파간다는 야비한 용어가 됐다. 버네이즈를 연구하는 마크 크리스핀 밀러Mark Crispin Miller에 따르면, 《프로파간다》는 버네이즈가 이 용어를 살려내고 미국의 'PR 고문'이라는 자신의 자격을 빛내려는 노력이었다. 그러나 버네이즈는 종종 공격을 받았고, 심지어 한 저널리스트는 그를 '이 시대의 마키아벨리'라고 표현하기도 했다. 어쨌든 그는 1956년 과테말라에서 민주적으로 선출된 자코보 정권을 전복시키려는 CIA와 아이젠하워 정부를 설득하기 위해 유나이티드 프루트 컴퍼니United Fruit Company로부터 돈을 받았다. 그 이후 군사정부가 들어섰고, 싸고 유연한 노동력과 미국으로의 이윤 반환이라는 신식민지주의적 합의를 유지했다.

버네이즈의 주장에 따르면, 단순한 광고인과 프로파간디스트 간의 차이는 프로파간다를 하는 사람들의 경우 실제로 자신이 홍보하는 것을 믿어야 한다는 점이다. 그리고 버네이즈는 분명 과테말라의 자코보 정권을 공산당의 모략이라고 생각하는 것처럼 보였다. 또한 버네이즈는 담배가 건강에 미치는 진짜 영향을 알게 되자 담배회사와의 계약을 끝냈고(당시 그는 럭키 스트라이크 담배의 홍보를 맡고 있었다) 다른 PR 전문가들 역시 관련 일을 그만두게 하려고 노력했다.

버네이즈는 PR을 단순한 광고와 홍보의 강매에서 더 나아간 지능적인 단계로 그려냈고, 정치평론가 월터 리프먼Walter Lippmann의 유명한 표현처럼, 새로운 '동의의 조작' 전문가로 인정받게 됐다. 리프먼은 합리적 판단을 할 수 있는 평범한 유권자들의 능력을 하찮게 평가했다. 그는 유권자들이 수많은 우려와 자극으로 인해 혼란에 빠지며, 민주주의는 데이터를 가려내고 지능적인 판단을 할 수 있는 공평한 관리자 계급이 존재해야만 제대로 작동할 수 있다고 보았다. 프로파간다는 행동의 바람직한 과정을 설명하고 사람들이 이를 지지하도록 보장한다는 의미였다.

버네이즈는 이 지적인 무기고에다 자기 삼촌인 지그문트 프로이트Sigmund Freud가 인간의 기본적인 비합리성에 관해 가진 개념을 더했다. 또한 '군중심리'에 대해 윌프레드 트로터Wilfred Trotter(당시 프로이트의 주치의였다)와 귀스타브 르 봉Gustave Le Bon 같은 유명한 주창자들이 내세우는 새로운 사고를 더했다.

버네이즈는 스위치를 켜듯 대중들이 여러 일을 하도록 만드는 것이 가능한지 궁금했다. 그리고 현실에서는 그렇게 간단한 문제가 아니라고 유감스럽다는 듯 언급했다. 프로파간다는 언제나 비정밀과학일 것이다. 왜냐하면 프로파간다는 인간을 다루며, 인간은 어느 정도까진 이끌어갈 수 있더라도 그다지 쉽게 파악할 수는 없는 존재이기 때문이다.

민주주의 속 프로파간다

버네이즈에 따르면, 민주주의에서는 모든 사람이 원하는 사람에게 투표할 수 있지만, 미국 헌법은 대중의 의제를 설정하고 선택을 일부 후보로만 좁힐 수 있는 여과장치로서 정당의 중요성을 전혀 생각하지 못했다. 이론상으로는 모든 사람이 쟁점과 데이터를 직접 검토해야 하지만, 현실에서는 주요 쟁점을 두드러지게 강조하는 일을 정치인에게 맡긴다. 마찬가지로 개인은 자신의 도덕률을 맨 처음부터 구성하는 것이 아니라 종교나 문화의 인도를 받는다. 필요한 것들을 획득하기 위해서 우리는 제품과 가격을 철저히 검색할 필요가 없으며, 구매를 결정할 수 있게 인도해 줄 브랜드 요약에 의지할 수 있다.

따라서 다원적 민주주의에서 우리는 정책과 사상, 제품을 홍보하는 생각과 목소리의 엄청난 경쟁을 마주하게 된다. 그리고 이런 노력은 대개 전문가들에 의해 이뤄진다. 효율을 추구하기 위해서 우리는 종종 뉴스가 조작되고 유명인사들은 부풀려지며 제품들은 허위광고를 하더라도 이런 전문가들의 활동이 사건들의 일반적인 상태가 되도록 내버려 둔다. 또한 기술이 점차 '의견을 엄격하게 통제하는' 수단들을 허용한다. 버네이즈의 시대에서조차 미국의 광활한 영토는 라디오와 전신, 그리고 일간지의 출현으로 좁아졌다. 버네이즈는 결핵과 암, 남부의 인종차별에 반대하는 대규모 캠페인을 논했다. 이 캠페인은 자동차와 휴지를 팔려는 캠페인만큼이나, 대중의 마음이 어떻게 움직이는지와 군중심리에 대한 지식을 필요로 했다.

버네이즈는 미국의 수많은 이해집단과 일부 시민단체를 예로 든다. 모두가 저마다의 목소리를 지녔고 자신의 메시지를 전달하려고 고군분투하고 있는 무리들이다. 개인은 언제나 쟁점이나 명분을 강조하기 위해 연대하고, 정부가 그러하듯 눈에 띄고 귀에 들리기 위해 프로파간다 기술을 사용할 수 있다. 실제로 그는 "지능적인 소수가 만들어내는 적극적인 에너지를 통해서만 대중은 전반적으로 새로운 생각을 인식하고 그에 따라 행동하게 된다."라고 말했다.

뉴스로 탄생한 프로파간다

버네이즈는 현대의 프로파간다를 '공중과 기업, 생각, 집단 간의 관계에 영향을 미치기 위해 사건을 창조하거나 형성하기 위한 일관되고 지속적인 노력'이라고 정의한다. 성당을 짓는 일부터 대학에 기부하는 일까지, 새로운 영화를 마케팅하는 것부터 새로운 사채를 발행하는 일까지, 대중의 관점에서 사건의 특정한 모습을 조작하려는 전문가들이 합심해 시도하지 않는다면 그 어떤 것도 이뤄지지 않는다. 자선단체와 공공단체는 "마치 치약이라도 팔려는 듯 여론에 공을 들여야 한다."고 버네이즈는 썼다. 대부분의 뉴스는 '저절로 벌어진 사건의 서술'이 아니라, 보고서를 작성하거나 정책을 세우는 특정 기관이나 단체가 여론을 형성하기 위해 대중을 납득시키고 싶은 데서 생겨난다. 그런 보고마다 보통은 뉴스로 간주될 수 있는 뭔가가 포함된다.

　버네이즈는 변호사가 그러하듯 "모든 사람에게는 자신의 사례를 가장 돋보이게 만들 권리가 있다."고 말했다. 일반적으로 기업에서든 정부에서든 PR 전문가의 역할은 충분한 정보를 제공해서 대중이 잘못 이해하고 오해하는 일이 없도록 하는 것이다. 이 작업에는 잠재적으로 악영향을 미치는 루머를 저지하고, 이를 올바른 정보로 대체하는 일도 포함된다. 이 업무는 분명 지금의 SNS 시대에서 훨씬 더 중요해진다. 오해는 대가가 큰 마찰을 만들어내고, 이는 자원을 갉아먹는다.

　목적과 정책이 투명한 조직은 '의견을 유도'하지 않으며 명확한 메시지를 내놓는다는 단순한 요건을 갖추고 있다. PR 전문가나 프로파간디스트는 대중을 속이려고 시도하지 않는다. 이 전문가의 영향력이 '발각'되는 순간 끝이 나기 때문이다. 버네이즈는 프로파간다라는 용어가 왜곡되어 있다고 말한다. 이런 노력들이 의식적으로 잘못된 진실과 거짓을 널리 알리는 데 사용되거나, 또는 공익을 해친다고 알려져 있기 때문이다. 그보다 프로파간다의 임무는 뉴스 기자들이 원본 자료를 살펴보고 보도할 가치가 있는지 스스로 판단할 기회를 주려는 것이다.

프로파간다와 정치적 리더십

버네이즈가 말하길, 정치는 '미국 최초의 거대 사업'임에도 불구하고 지식과 상품을 효율적으로 대량 유통하는 다른 대기업들을 따라하는 데에는 실패했다. 정치 캠페인에는 엄청난 시간과 노력의 낭비가 뒤따른다. 정치인은 수천 명에게 연설하기 위해 전국을 누벼야 하지만, 결과를 결정짓는 주요 의석은 고작 몇몇 유권자의 손에 달렸기 때문이다. 정치인들은 대중의 마음을 알고 훌륭한 정책을 가지고 있을 수도 있지만, 사상을 대량으로 유통하고 전파하는 데에는 전문가가 아니다. 이 부분은 반드시 PR 전문가에게 맡겨야 한다. 정치인들이 설 무대는 반드시 솔직하고 신중하게 연구되어야 하며 대본이 있어야 한다. 정치인이 아기에게 뽀뽀를 하려면, 이는 반드시 그 정치인의 보육정책과 연결되어야 한다. 즉흥적인 감정의 결집은 정치인과 대중을 기분 좋게 만들 수도 있지만 실질적인 결과는 거의 없다. 어떤 매체와 행사가 가장 큰 효과를 발휘할지 연구한 후 모든 역량을 거기에 쏟아야 한다.

버네이즈는 유권자의 무관심이 대중에게 의미 있는 무대를 마련하지 못한 정치인들의 결과라고 언급한다. 그러나 그는 위대한 '인물'이 정치를 변혁해야 한다고 촉구하지 않는다. 그런 인물이 유능할 수도 있지만, 장기적으로 더 중요한 것은 정당과 그 목표의 성공이다. 정치인은 정당을 성공으로 이끌 때 성공한다. 버네이즈는 헨리 포드드Henry Ford조차 "제품을 통해 유명해졌지, 제품이 그를 통해 유명해진 것이 아니다."라고 언급했다. 버네이즈는 최고의 PR 전문가 또는 언론인이 "무명의 사람을 위인으로 부풀릴 수 있다.”는 개념을 부인했다. 비옥한 땅에 자신의 생각을 심으려 한다면, 공인은 대중을 이끌고 교육할 수 있는 '심을 수 있는 생명의 씨앗을 가지고 있어야만' 한다.

프로파간다에 녹인 정직한 기업가정신

똑똑한 기업은 자신들이 제품을 만들 뿐 아니라 특정한 이상理想을 표현해야 함을 안다. 대중에게 자신들의 상징성을 전달하면서 '진정한 개성'을 표현하려고 언제나 노력해야만 한다.

생명보험회사 메트로폴리탄 라이프가 적합한 사례다. 이 회사는 회사를 알리려는 일환으로 지역에 보건 조사와 권고사항을 제공하고, 개인에게는 보건 강령과 자문 서비스를 제공하기도 했다. 맨해튼에 자리한 본사의 위치와 설계마저 여론에 영향을 미칠 수 있도록 선택했다. 사회와 접촉하는 폭과 횟수가 증가하면서, 메트로폴리탄 라이프를 보험회사로 삼고 싶어 하는 사람들의 숫자도 늘어났다.

똑똑한 기업들은 성공하려면 제품뿐 아니라 인식 또한 뛰어나야 한다는 걸 알고 있다. 버네이즈는 노동정책이 악감정을 자아낼 수 있다는 사실을 기업이 깨달아야 한다는 걸 입증했고, 그리하여 대중의 호감을 높이기 위해 좀 더 공정한 정책을 도입했다. 버네이즈가 살아 있다면 아마도 글로벌 기업들이 수익을 해외로 옮겨서 세금을 덜 낸다면, 그 일이 아무리 합법적이라 할지라도 중앙정부에 상당한 액수의 세금을 내라고 조언했을 것이다. 기업이 오랫동안 번영하기 위해서는 대중들이 자신들의 이익과 기업의 이익이 일치한다고 느껴야만 한다. 그러기 위해서 회사는 지속적으로 자아성찰을 하고, 필요에 따라 방식을 조정해야만 한다.

📌 **함께 읽으면 좋은 책**

- 맨커 올슨《국가의 흥망성쇠》
- 아서 폰슨비《전시의 거짓말》
- 칼 번스틴, 밥 우드워드《워터게이트》

톰 버틀러 보던의 ★ 한마디 ★

버네이즈가 미처 예측하지 못한 것은 SNS와 블로그 등을 통한 목소리의 해방과 다양화다. 이는 순식간에 정책에 구멍을 내고, 기업의 명성을 무너뜨리며, 정치인을 끌어내릴 수도 있다. 이는 주류 미디어를 활용하는 부유하거나 능수능란한 프로파간디스트에 반대하는 달콤한 복수일까? 그럴 수도 있다. 다만 대기업과 정부는 이제 똑같은 SNS를 통해 자신들의 정책과 지위를 방어하려고 엄청난 자원을 쏟아붓고 있다.

사회의 모든 무리가 프로파간다를 활용하기 시작한다면, 그 누구도 대중에게 관심을 얻지 못하지 않을까? 버네이즈는 "그렇지 않다."고 말한다. 사람들은 여전히 지적인 차원에서 생각과 소망, 의견에 대한 선택권을 제한하고 삶을 단순하게 만들어주는 이들을 반기기 때문이다. 그는 이것이 프로파간다의 놀라운 측면이라고 언급했다. 누구든 직접 프로파간다를 할 수 있을 뿐 아니라 확실한 사회적 기능을 가졌기 때문이다. 프로파간다라는 용어는 오웰적인 기운과 오명을 유지하고 있을지 몰라도, 현대적인 삶의 일부로 남아 있다.

04

三民主義

중국의 민족주의를 고취하다
삼민주의

66

일상의 예절에서 우리는 겸손함을 강조한다.
정치철학에서 우리는 '죽이는 것을 좋아하지 않는 자만
이 제국을 통일할 수 있다'라는 원칙을 따른다.
따라서 외국인의 정치사상과 중국인의 정치사상 사이에는
근본적인 차이가 있다.

99

쑨원孫文

1866년 광둥성 작은 마을에서 가난한 농부의 아들로 태어났다. 1892년 홍콩의학대
학에서 학위를 받았으나, 중국이 중일전쟁에서 패배하자 혁명을 일으키기 위해 의사
직을 포기했다. 반란이 실패로 돌아가면서 망명생활을 시작했다. 유럽을 여행하며 정
치제도를 연구했고, 그 과정에서 삼민주의를 개발했다. 1919년 5·4운동이 일어나자
중화혁명당을 중국국민당으로 개조한 뒤, 공산당과 제휴(국공합작)하여 국민혁명
을 추진했으나, 뜻을 이루지 못한 채 "혁명은 아직 이룩되지 않았다."는 유언을 남기고
1925년 세상을 떠났다.

최초의 국민혁명을 이끈 지도자로 중국에서 추앙받는 쑨원은 놀라울 정도로 국제적인 인물이다. 그는 하와이에서 고등학교 시절을 보냈고, 홍콩에서 약학을 공부하면서 영국 선교사들의 영향을 받아 기독교로 전향해 가족들을 실망시켰으며, 1895년 청 왕조를 전복하려는 첫 번째 시도가 실패한 뒤 일본과 미국, 영국에서 몇 년을 보냈다. 그는 강제추방 당한 덕에 서양 정치를 공부할 수 있었고, 민족주의의 이상을 이루기 위해 중국 화교들의 지지를 얻기 위해 노력했다. 외국에서 몇 차례 봉기가 조직된 후, 1911년 중국에서 신해혁명이 발발한 당시에 쑨원은 미국에서 자금을 모으고 있었다. 다음 해 최초의 중화민국이 세워졌고 쑨원은 대통령으로 추대됐다.

쑨원의 혁명조직인 중국동맹회는 '국민당'이라는 이름의 정당으로 탈바꿈했지만, 탐욕스러운 위안스카이袁世凱 장군이 대통령직을 찬탈하고 그를 추방했다. 이제 중국은 남부와 북부로 갈라졌다. 1923년 쑨원은 남공화국을 이끌기 위해 돌아왔다. 훗날 쑨원이 사망한 후 장제스蔣介石가《삼민주의》에서 제시하는 노선에 따라 중국을 다시 통일한다. 물론 민족주의 공화국은 1948년 마오쩌둥毛澤東의 공산주의 세력에게 밀려나고, 장제스 군은 타이완으로 후퇴해 자신들이 정통하다고 믿는 중화민국을 계속 유지해 나간다. 이후 타이완은 미국의 지원을 받아 확고한 자본주의 국가로 자리매김한다.

공산주의자가 아님에도 쑨원은 중화인민공화국과 타이완 모두에서 높이 평가받는 희귀한 인물이다. 그는 중국헌법의 전문前文에서 특히나 여러 차례 언급되며, 그가 묻힌 난징의 중산릉에도 무수히 많은 사람들이 찾는다. 그의 초상화는 매해 노동절과 국경일에 천안문 광장에 걸리며, 그의 이름을 딴 두 곳의 대학교도 있다. 타이완에서 쑨원의 사진은 학교 벽과 지폐에서 볼 수 있다. 중국 화교 공동체 역시 애정을 듬뿍 담아 그를 기억하며, 샌프란시스코와 토론토, 멜버른에는 쑨원 동상이 세워져 있다.

민족주의, 민권주의, 민생주의라는 쑨원의 세 가지 원칙은 삼민주의라고 불린다. 그는 수차례 강의에서 삼민주의를 지지했고, 나중에는 책의 형태로 삼민주의를 내세웠다. 서문에서 쑨원은 세 가지 원칙이 '민족의 구원자'가 될 것이라고 설명한다. 이 원칙에 따라 중국은 다른 국가들과 동등한 존재라고 인정받게 되며, 이 원칙이 중국에 정치 안정성과 경제정의를 가져다줄 것이기 때문이다.

민족주의: 진정한 중국인을 만드는 정신

과거에 중국인들은 가문이나 친족의 긍지에 초점을 맞췄다고 쑨원은 말한다. 중국을 하나의 국가로 인식하는 경우는 드물었다. 다른 국가에는 두 가지 의미의 '국가'가 있다. 하나는 공통된 배경을 지닌 인종집단일 수도 있고, 또는 특정 영토를 다스리는 행정적 실체일 수도 있다. 쑨원의 주장에 따르면 중국은 다를 수 있다. 법적 실체로서의 중국과 인종으로서의 중국은 동일한 하나다. 몽골족과 만주족, 티베트족과 타타르족 등 나라 안에는 비⫼ 한족이 약 1,000만 명 살고 있지만, 공통된 유전 형질과 종교, 관습을 가진 한족 4만 명에 비하면 아무것도 아니라고 그는 말한다. 세계에서 가장 큰 국가 집단이자 4000년 이상 문명을 이어온 중국이 이제는 다른 국가들 사이에서 다시 인정받고 자리 잡을 때가 왔다고 쑨원은 주장한다.

쑨원은 '정치세력'이라는 제목으로 한때 중국에 속했지만 다른 국가들이 차지한 모든 나라를 나열한다. 영국은 홍콩과 버마를 차지했고, 한국과 타이완은 중일전쟁 후 일본에 넘어갔다. 서구 열강은 착취와 무역을 목적으로 중국을 자기들끼리 분할하려 했으나 중국은 여기에 저항했다. 쑨원의 국민당은 몽골 같은 중국 내 소국들의 적은 통일된 중국이 아니라 중국 대륙에 침략해서 지배하려는 서구국가들이라며, 그들을 안심시키기 시작했다.

그는 서양 수입품, 그중에서도 특히 중국 시골 지역의 방앗간과 방직공들에게 심각한 영향을 미칠 섬유제품에 대해 보호관세를 부과해야 한다고 촉구했다. 중국 수출품은 시류를 따라가지 못했고, 중국 국민들과 일종의 연대를 형성했다. 이제 중국에는 여러 개의 외국은행이 생겨나서 낮은 이자와 수수료, 형편없는 환율 등으로 중국인들에게서 돈을 쥐어짰다. 해운업 역시 일본인을 비롯해 외국인들이 장악했고, 톈진, 다롄, 한커우, 홍콩, 타이완 등의 조계지에서 중국인들이 열강에 내는 세금은 연간 수천만 달러에 이르렀다. 해외기업들은 특별조약을 맺고 특권을 누렸으며, 여러 산업을 실질적으로 독점했다. 적어도 중국은 자체적인 산업을 발전시키고 자체적인 은행을 세울 수 있다고 쑨원은 생각했다.

쑨원은 중국이 오늘날의 세계화에 해당하는 '세계시민주의 Cosmopolitarism'에 배속됐으며, 그 과정에서 민족주의를 잊었다고 주장한다. 그러나 세계시민주의는 환상이며, 중국을 어느 한 세력에 저당 잡히게 할 뿐이다. 쑨원은 오직 민족주의만이 중국인들을 위한 중국을 만들어준다고 강조한다.

국가는 위기감을 가지고 위협받는다고 느낄 때 번창하는 경향이 있다. 쑨원이 느끼기에 근대 중국은 정확히 이 부분이 부족했다. 군사적으로는 일본이 열흘 안에 중국을 침략할 수도 있고, 미국이라면 한 달 안에 중국까지 항해해서 침략하고 장악할 것이었다. 홍콩에 전략 기지를 두고, 호주와 인도로부터 해군 및 예비 병력을 지원받을 수 있는 영국 역시 두 달 안에 똑같이 할 수 있었다.

그럼에도 어떤 강대국도 중국을 탈취하지 않는 유일한 이유는 서로가 서로의 영향권을 부러워하고 있었기 때문이다.

민권주의: 국민에게 주권을!

쑨원은 중국사를 신정정치와 독재정치에서 민주주의로 가는 발전 과정으로 본다. 그는 중국이 미국과 같은 공화국이 되기에 적합하지 않다고 생각하는 이들이 있음을 인식한다. 그러나 쑨원은 공자孔子와 맹자 모두 민주주의의 주창자이며, 적어도 왕과 황제들이 통치를 위해서는 민중의 동의를 필요로 한다는 사상을 제시했다고 본다. 맹자는 이렇게 썼다. "국가에서 백성이 가장 중요한 요소고, 영토는 다음이며, 왕이 가장 마지막이다." 왕이 백성을 제대로 대접하지 않으면 더 이상 통치자가 아니며, 그저 '한 사람'에 지나지 않으므로 타도당해도 마땅했다.

쑨원은 세계의 국민들이 더 큰 자유와 권력을 누려야 한다는 점에서 루소와 생각을 같이 한다고 언급한다. 그는 독일의 카이저와 러시아의 차르, 오스트리아의 황제가 이미 사라졌고, 영국의 입헌군주제를 제외하고는 황실정치나 군주정치가 이 세상에서 퇴출됐다고 강조한다. 물론 쑨원은 1인 1표제보다는 공화국의 창설에 더 초점을 맞췄고, 따라서 그가 이해하는 민주주의는 오늘날 우리와는 다소 차이가 있을 수 있다. 그가 의미한 것은 국민주권으로, 공자와 맹자의 생각과 일치하는 개념이었다. 오늘날 중국 공산당이 스스로를 민주주의라고 주장하는 이유가 여기에 있기도 하다.

황실제도를 폐지해야 하는 또 다른 이유는 내전을 부추기기 때문이라고 쑨원은 말한다. 야심가들은 언제나 주도권을 빼앗아오길 바라지만, 공화정에서는 어려운 일이다. 국민에게 주권이 있을 때 그 나라 모든 사람은 스스로 '황제'가 되고, '그 누구도 왕권을 두고 다투지 않으며' 내전의 가능성은 크게 줄어든다.

쑨원은 또한 중국 정부의 5권분립을 계획한다. 이는 유럽식 조직인 입법원과 행정원, 사법원을 세우고 중국사에서 파생한 두 가지를 추가한 것이다. 감찰원은 정부의 모든 관직을 감시하고 책임지며, 고시원은 공무원 자격을 집행한다.

민생주의: 국가자본의 발전 추구

쑨원은 중국의 속담을 하나 제시한다. "하늘은 벌레를 창조하고, 땅은 잎사귀를 창조하네. 하늘은 새를 창조하고, 땅은 벌레를 창조하네." 이는 모든 살아 있는 생명이 어디선가 제공되는 것임을 보여주려는 의도지만, 사실 현대를 살아가는 인간에게는 그렇게 간단한 문제가 아니다.

쑨원은 노동에 대한 '사회적인 질문'을 생각할 때 마르크스로부터 분명 영향을 받았지만, 민생에 대한 국민당의 원칙은 사회주의나 공산주의와 확연히 다르다고 강조한다. 그는 역사가 그저 억압하는 자와 억압받는 자의 문제라고 보는 마르크스의 생각에 동의

하지 않는다. 미국과 유럽의 노동계급이 사회적 조건과 생활수준에서 커다란 발전을 누리고 있음을 관찰했기 때문이다. 계급투쟁은 사회발전의 원인이 아니며, 다만 사람들이 자신의 삶이 개선되는 모습을 보지 못할 때만 퍼지는 사회적 병폐라고 보는 게 최선이다. 게다가 노동은 재화를 생산하고 잉여가치를 창출하기 위한 한 가지 요소에 지나지 않으며, 따라서 사회이론 전체의 토대가 되어서는 안 된다. 근대산업과 관련해 마르크스는 그저 틀렸을 뿐이라고 쑨원은 말한다. 그는 포드 공장의 사례를 들면서, 노동시간은 줄어들고, 임금은 올라갔으며, 가격은 내려갔다고 언급한다. 모두가 승자였고, 착취는 없었다.

쑨원은 근대 중국 문명을 세우기 위해서 자본주의와 사회주의가 함께 작동해야 하며, 부를 최소한으로 확보하기 위해 땅과 자원의 배분에 대한 국가통제를 자본(외국자본도 포함한다)과 기술의 활력과 혼합해야 한다고 생각했다. 타이완에서는 쑨원의 경제학을 실제로 따르지 않았으나, 시장제도를 사회주의 원칙과 결합한다는 그의 비전인 민족주의 중국(중국적 특성을 띤 사회주의)은 실질적으로 중국 대륙에서 탄생한 것이다. 현대의 중국은 대체적으로 쑨원의 목표를 달성해 오고 있다.

쑨원의 책을 읽는다는 것은 왜 현대의 중국이 과거에 자국 영토였다고 믿는 땅을 단 한 뼘도 포기하지 않고 혈안이 되었는지, 그리고 왜 분리주의 운동을 격렬하게 탄압하는지 이해할 수 있는 계기가 된다. 과거에 민족의식이 결여됐던 때가 있었기에 중국은 이제 다른 방향으로 가고 있다. 독립국가로서의 지위를 약화시키는 것은 그 무엇도 용납이 되지 않는다.

📌 함께 읽으면 좋은 책

- 넬슨 만델라《자유를 향한 머나먼 길》
- 마이클 필스버리《백년의 마라톤》
- 맹자《맹자》
- 모한다스 K. 간디《자서전》

톰 버틀러 보던의 ★ 한마디 ★

중국은 앞으로도 제국주의적 행보를 보이지 않고, 다만 영향권 안에서만 기쁘게 지배하는 역사적 양상을 유지할 것인가? 또는 모든 방향으로 전 세계에 발을 뻗는 강대국이 되기를 바라는가? 이 질문에 대해 우리는 쑨원의 사상에서 역사 속 깊숙이 뿌리내린 그럴듯한 답을 찾을 수 있다. 그는 '평화를 사랑하는 중국인의 특성'이라는 부제하에 중국의 강력한 반제국주의적인 요소를 언급한다. 그는 중국이 종종 다른 국가들을 침략하지 않고 자제했으며, 그 대신에 위대한 문명이라는 힘을 가지고 있기에 '속국'들이 존경의 마음을 가지고 자진해서 충성했다는 점을 자랑스러워한다. 이 소위 '소프트 파워'는 이웃 국가들을 강제하기보다는 유인했고, 이는 서구의 군국주의적·제국주의적 접근과는 대조됐다.

중국의 부활이 미국이나 일본, 혹은 다른 국가와 충돌하려고 한다거나 세계 최대 강대국이 된다는 의미는 아니다. 미국의 군사력과 필적하기 위해서는 몇 세대나 걸릴 수도 있다. 그 사이에 중국 정부는 국경 내에서 중앙집중화된 권력을 유지하고 국가의 부와 생활수준을 높이는 데 초점을 맞출 것이다. 이런 전망에 따르면 공산당은 지정학적인 역할이 아니라 국민을 행복하고 풍족하게 해주는 역할을 맡는 데 중점을 두어야 한다. 그래야만 쑨원의 비전과 전적으로 조화를 이룰 수 있다.

05

孟子

왕도정치를 통한
민심 획득이 최고의 정치다
맹자

"

백성이 가장 중요하다.
땅과 곡식의 신을 모신 제단이 그다음이다.
마지막은 통치자다.

"

맹자孟子

기원전 372년 현재의 산동성 추현에서 태어났다. 아버지를 일찍 여의고 어머니 덕에
좋은 교육을 받을 수 있었다는 점을 제외하면 맹자의 유년기에 대해 알려진 점은 거의
없다. 공자의 손자인 자사子思 밑에서 공부했다고도 전해진다. 맹자는 자신의 견해를
받아들이도록 왕들을 설득하는 임무를 띠고 제나라 선왕의 궁정에 들어갔고, 이후 위
혜왕과도 함께 지냈지만 자신의 조언이 거의 무시당하자 은퇴하기로 결심한다. 80대
까지 건강히 살았다.

중국의 혼란스러운 전국시대(기원전 403년-221년)에 사람들은 철학과 종교에서 안식을 찾고 현실을 이해하려 했다. 공자(기원전 551년~479년)의 사상(《세계 철학 필독서 50》을 참고하자)이 답을 제시하는 것처럼 보였으나, 위대한 사상가들의 등장과 함께 공자의 가르침은 계속 바꾸고 재해석해야만 의미를 가질 수 있었다. 공자가 세상을 떠나고 한 세기 정도 후에 태어난 맹자는 공자의 가르침을 받들어 시대의 난제에 적용했다.

공자처럼 맹자는 왕들에게 조언하며 방랑하던 철학자였지만, 왕들은 주로 영토를 방어하거나 확장하는 데에만 관심을 가졌기 때문에 평화와 권력, 번영을 얻기 위한 잔잔하고 윤리적인 맹자의 접근법은 거의 묵살당했다. 은퇴 후 그는 7권의 《맹자》를 집필해서 고대의 시에서 찾은 지혜를 유가 철학과 결합했다. 학자들은 다른 사람들이 맹자의 제자들이 남긴 기록을 바탕으로 이 책을 썼거나 엮었다고 추측하고 있지만, 어느 쪽이든 맹자의 말과 지혜는 빛을 발하고 있다.

《대학》《중용》《논어》 등과 함께 《맹자》는 유가 철학의 기본을 이루는 '사서四書' 가운데 하나다. 맹자는 중도를 걸었고, 고대의 관습과 중국의 전통을 옹호했으며, 동시에 계몽적인 통치를 추구했다. 오늘날 유교 덕목들은 빠르게 변화하는 중국 사회에서 윤리적 토대가 되어주고 있다. 다만 맹자가 언급한 지혜들이 모두 현재의 권력자들이 생각하는 바와 조화를 이루는 것은 아니다.

도덕적 권위를 갖는 지배 세력의 필요성

4세기 중국에서 봉건제도는 행정구역별로 분할되는 중앙집권적 정부로 대체됐다. 정부의 권력이 점차 커지면서 전쟁도 더욱 잦아졌다. 은 왕조 같은 강대국들은 '하늘의 뜻天命'이라고 주장하며 세력을 넓혀갔지만, 맹자는 그런 하늘의 뜻은 지배 세력이 강직하고 윤리적인 방식으로 행동해야만 오래 지속될 수 있다고 증명하려 애썼다. 그렇지 않으면 더 정당화된 권력을 가진 국가가 그 자리를 차지할 수 있다는 의미였다. 새로운 '법가' 철학에 따르면 동일한 법이 나라 안의 모든 백성에게 적용됐다. 그러나 법치주의는 윤리철학이 아니었고, 인간이 오직 사욕에 따라서만 행동한다는 개념에 입각하고 있었다. 맹자의 관점에서 법가의 '권력 지상주의'는 충분치 않았다.

통치자의 역할은 대부분 자원을 보존하기 위해 사회를 규제하는 데 있다고 맹자는 말한다. 통치자는 백성들이 나무를 몽땅 잘라버린다거나 물고기가 살 수 없게 연못의 물을 모두 빼버리는 일이 없도록 막고, 각 농장이 비단을 생산할 수 있게 뽕나무를 심는다거나 대가족을 먹일 수 있게 동물을 기르라고 요구한다. 70세 이상의 백성들이 고기를 먹고 비단옷을 입을 수 있다면 그 나라는 성공한 것이라고 맹자는 말한다.

"칼로 사람을 죽이는 것과 잘못된 통치로 사람을 죽이는 것 간에 차이가 있을까요?" 맹자는 위나라의 제 3대 왕 위혜왕에게 이렇게 물었다. "없소." 왕은 대답했다. "그렇다면 백성들이 굶어 죽어가고 있는 사이 왕족들이 연회를 벌이거나 말을 살찌워서는 안 됩니다." 맹자가 말했다. 통치자가 자기 자신보다 백성을 먼저 돌본다면, 백성들은 그 사실을 알고 충성을 바치기 때문에 왕국은 더욱 강해진다.

국가는 자비를 통해 승리한다

맹자의 시대에 통치자는 영토를 넓히고 빼앗아간 자들에게 복수하며 여러 나라를 지배하고 싶은 본능을 가졌다고 여겨졌다. 그러나 맹자는 "폐하께서 택한 방식들로 그 욕망을 실현하려는 것은 나무에 올라 물고기를 잡으려 하는 것과 같습니다."라는 유명한 조언을 남겼다. 통치자들이 바라는 바를 달성하지 못할 뿐 아니라, 나쁜 결과를 초래할 수 있기 때문이다.

외교정책에서 전쟁에 나가는 것은 언제나 최후의 수단이어야 한다. 전쟁에 나가는 이유는 이득을 얻기 위해서가 아니라, 그 외에 다른 방법으로는 그 권세를 꺾을 수 없기 때문에 악한 통치자들을 제거하기 위해서다. 게다가 국가는 반드시 도덕적으로 우월해야 한다. 그렇지 않다면 전쟁을 계속 이어갈 권위를 갖추지 못하게 된다.

맹자가 말하길, 일반적으로 국가는 자비를 통해 승리하고 탐욕과 잔혹성을 통해 패배한다. 도덕적 권위는 항상 강압과 폭력을 억누르고 승리한다. "도덕의 변화하는 영향력을 통해 자비를 베푸는 자가 진정한 왕이 되며, 왕의 성공은 국가의 크기에 달려 있지 않다."

인과 의를 품어라

우리가 인간의 본성을 바라보는 방식이 우리의 정치를 구상한다. 특히나 맹자에게는 그렇다. 유교의 인仁은 자비와 선량함, 그리고 인류애를 의미한다. 의義는 특정 상황에서 올바른 일을 한다는 의미다. 인과 의 모두 맹자의 사상에서 중요하지만, 그는 인간 본성이 기본적으로 선하다고 강조하면서 공자를 넘어섰다. 인간이 그저 욕망(음식, 섹스 등)에 이끌린다는 관점도 있지만, 맹자는 오직 단순하거나 도량이 작은 인간만이 그렇게 살아간다고 말했다. 위대한 자들은 본능보다는 '마음' 또는 이성을 우선시한다. 그렇기 때문에 우리 인간이 동물과 구분되는 것이다. "고기가 내 입맛을 즐겁게 해주듯 이성과 정의가 내 마음을 즐겁게 해준다." 맹자는 이렇게 말했다.

인간의 본성에 대한 맹자의 관점은 자연스레 자애로운 (그리고 성공한) 왕의 개념으로 이어지는데, 다음의 말에서 잘 표현되어 있다. "남의 고통에 측은한 마음을 가지지 못하면 사람이 아니다. 측은한 마음을 가지고 연민 어린 통치를 할 때 천하를 손바닥 위에 굴리듯 쉽게 지배할 수 있다."

📌 함께 읽으면 좋은 책

- 마이클 필스버리 《백년의 마라톤》
- 쑨원 《삼민주의》
- 존 로크 《통치론》

톰 버틀러 보던의
★ 한마디 ★

공자와 마찬가지로 맹자는 무엇보다도 사회적인 조화에 가치를 두었고 사람들 간의 '적합한 관계'를 충분히 언급했다. 사물이 지금 모습 그대로 정렬된 이유가 있으며, 모든 사람에게는 인생에서 맡은 역할이 있다. 그리고 이 역할을 건너뛰려 할 때 질서는 뒤집히고 만다. 자애로운 왕은 부모에게 효도하는 것과 똑같이 자신에게 충성하고 존경하라고 명할 수 있다. 백성들이 군주와 통치자를 헐뜯어야겠다고 생각하면서 지속적으로 불평할 때 나라는 끝이 나버릴 수 있다. 맹자의 도덕적 세계관에서 부모님을 돌보는 것은 신성한 의무지만, 본인의 인격을 살피는 것도 똑같이 중요하다. 그는 이익을 좇는 삶을 살아가는 이들을 경멸하면서, 인격을 수양하지 않으면 아무런 가치가 없다고 보았다.

2400년이 흐른 후 중국은 점차 시장 지향적인 나라가 되어가고 있으며, 이런 교훈들은 더 이상 의미가 없어졌다. 중국 정부가 마주한 난제는 빠른 경제성장과 물질적 목표 달성, 그리고 사회적 유대감 사이에서 균형점을 찾는 것이다. 그러나 오직 물질적 목표만 존재한다면 쉽지 않을 것이다. 맹자가 공동체의 유대와 인격의 수양을 우선시했다는 점은 현대의 중국에 여전히 교훈을 안겨준다.

정세를 판단하는 지도자의 통찰력

폭풍의 한가운데

> 66
>
> 어느 날 루스벨트 대통령은 내게 이 전쟁을 무엇이라 명명해야 할지
> 제안해 달라고 공개적으로 부탁할 것이라고 말했다.
> 나는 단번에 '불필요한 전쟁'이라고 말했다.
> 과거의 싸움에서 남겨진 세계를 그저 파괴해 버리는 전쟁만큼
> 중단하기 쉬운 전쟁은 없다.
>
> 99

윈스턴 처칠Winston Churchill

1874년 블레넘 궁전에서 태어났다. 공부에는 취미가 없어 샌드허스트 육군사관학교에 입학하기 전까지 몇 차례 실패를 경험했다. 1895년 여왕 왕립 기병대 소속연대에 입대하면서 쿠바와 펀자브, 나일강 등에서 군사작전을 수행했다. 보어전쟁 중에는 신문 특파원으로 명성을 얻었고, 포로로 붙잡혔다가 풀려나기도 했다. 26세에 보수당 의원으로 선출되면서 식민차관과 재무상, 내무상 등을 역임했다. 1910년부터 제1 해군성 장관, 1917년부터 군수장관, 1919년부터 1921년 사이에는 전쟁 및 공군 국무장관 등의 보직을 맡았다. 1965년 처칠이 세상을 떠나자, 엘리자베스 여왕은 그의 장례를 국가장으로 치르라고 지시했다.

1938년에서 1939년 사이, 윈스턴 처칠은 대작 《영어권 민족들의 역사A History of the English-Speaking Peoples》 집필로 애를 쓰고 있었다. 출판사는 원고를 달라고 압박했고, 처칠 입장에서도 책을 마무리 지어야 1922년 켄트 교외 지역에 구입한 '차트웰' 저택 대출금을 계속 갚을 수 있었다. 당시 처칠은 영국과 해외 신문에 기사를 기고하며 돈을 벌었다. 공식 직함은 없었으나(그저 에핑의 하원의원이었다), 임박한 전쟁에 대한 공격적인 그의 경고는 마치 네빌 체임벌린Neville Chamberlain의 평화주의 정권에 대한 짜증인 듯 점차 주목을 받았다.

조너선 로즈Jonathan Rose가 《문학가 처칠The LIterary Churchill》에서 썼듯, 작가로서 처칠의 막대하고 중요한 성과는 그가 지도자로서 얻은 명성에 가려져 있다. 그러나 처칠이 문학을 통해 마음을 다스리고 언어를 다루는 기술이 없었다면 정치인으로서 결코 성공하지 못했을 것이다. 처칠의 하원 연설은 종종 설득력이 넘쳤고, 전쟁 기간에 내보낸 라디오 방송도 마찬가지였다. 전후연설에서 '철의 장막'이라는 구절을 만들어낸 것도 바로 그였다.

《폭풍의 한가운데》는 6권으로 구성된 전집《제2차 세계대전》의 첫 번째 책으로, 처칠은 이 책으로 1953년 노벨문학상을 수상했다. 1948년에서 1954년 사이에 쓰인 이 책의 첫 부분은 1919년에서 1939년까지의 시절을 다루고 있으며, 두 번째 부분은 1939년 9월부터 1940년 5월까지 전쟁이 진행되고 처칠이 총리가 된 첫 몇 달을 다루었다. 따라서 독자들은 '영어를 사용하는 민족들은 어떻게 무지함과 부주의, 그리고 선한 심성을 통해 사악한 이들이 재군비하도록 허용했는가'라는 부제와 이 책의 목적을 오해하지 않았다. 이 작품은 전쟁에 대한 사전 준비이자 작가의 정신에 대한 훌륭한 통찰을 드러내고 있다. 처칠은 한 인간이 군사적·정치적 사건을 그 일원으로서 바라보는 연대기인 대니얼 디포Daniel Defoe의 《카발리에의 회고록》으로부터 영감을 얻었다고 언급했다.

"역사를 더 멀리 되돌아볼수록 더 많은 미래를 볼 수 있다."는 격언보다 처칠을 제대로 보여줄 수 있는 표현은 없다. 처칠은 아돌프 히틀러Adolf Hitler의 소름 끼치는 등장을 맥락으로 이해했으며, 영국이 한때 분명 강대국들에 맞서 승리를 거두곤 했던 나라였다는 과거에 깊이 빠져 있었다. 예를 들어, 여러 권에 걸쳐 쓰인 존 처칠 말버러John Churchill Marlborough 공작의 생애는 처칠의 직계 조상이 블레넘에서 루이 14세 군대를 상대로 믿기지 않은 승리를 거두었음을 보여준다. 이제 행동의 중심에 있을 사람은 윈스턴 처칠이었다.

제1차 세계대전 후의 세계를 조망하다

처칠은 첫 장 '승자들의 어리석음'에서 제1차 세계대전의 참상이 지나간 뒤 거의 모든 사람들은 이런 일이 다시 벌어지지 않을 것이라 생각했다고 언급했다. 평화에 대한 진심 어린 욕구가 일었고, 미국 대통령 우드로 윌슨은 국제연맹을 창설했으며, 독일은 대대적으로 패하는 바람에 승전국들이 거의 희망하던 대로 유럽의 국경을 다시 그릴 기회를 가질 수 있었다. 베르사유조약은 독일이 다시는 침략국이 되지 못하도록 계획되었으나, 프랑스의 육군원수 페르디낭 포슈Ferdinand Foch는 서명식에서 다음과 같이 에둘러 말했다. "이것은 평화가 아니다. 20년 동안의 휴전협정이다."

조약에 등장한 용어들은 독일에 가혹하다는 평가가 있었고, 승전국들이 10억 파운드 가치의 독일 자산을 승인했지만, 몇 년 후 미국은 재건과 배상금 지불을 위해 독일에 큰 금액을 빌려주었다. 또한 베르사유조약의 조항 대부분은 절대로 시행되지 않았다. 독일은 국경을 원래대로 유지할 수 있었으며, 독일의 인구가 프랑스보다 세 배 더 많고 계속 빠르게 커지고 있다는 사실에 대해 손쓸 방법이 없었다.

처칠이 재무장관이던 때 승인한 1925년 로카르노조약은 프랑스와 독일의 '천년의 적대감'을 끝내는 것이 목표였다. 영국은 한쪽의 공격에 의해 피해를 입은 국가에 합류해 지원하면서 이를 통해 유럽에 힘의 균형을 제공하기로 동의했다. 게다가 독일은 국제연맹에 가입하라는 요구를 받았다. 로카르노조약 이후 큰 희망이 생겨났고, 이후 3년 동안 유럽에는 평화와 번영의 시기가 찾아왔다. 그러나 조약이 체결되었음에도 독일은 재군비할 방법들을 모색하면서 연합군 위원회에는 그 노력을 감췄다. 미국으로부터 빌린 돈으로 세운 새로운 공장들은 재빨리 군수품 공장으로 전환됐고, 조약 의무에 따라 무기들은 처분되지 않았다. 한편 영국의 지도자들은 그 어떤 대규모 전쟁도 곧 일어나지 않을 것이라 여겼고, 처칠은 자신조차 거짓된 안전감에 빠져 있었다고 고백한다.

그는 영국과 프랑스, 미국이 제1차 세계대전 이후 지나치게 국내에 집중했고 정치인들은 선거에 급급했지만, "안전과 평온한 생활에 대한 욕망에서 파생된 중도 노선은 재앙의 정중앙으로 바로 이어지는 것으로 밝혀졌다."고 주장했다. 지나고 나니 독일의 재무장을 방지하고 강력한 국제연맹을 세우는 것은 간단한 일이었지만, 승전국들의 지도자들은 그런 대처에 실패했고 끔찍한 대가를 치러야 했다.

전쟁 후 독일은 민주주의 헌법을 채택했다. 그러나 바이마르공화국은 처음부터 강요된 적으로 간주되었기 때문에 존경받는 육군 원수 파울 폰 힌덴부르크Paul von Hindenburg가 실권을 쥐고 있더라도 입헌군주제가 제공할 만한 존경과 안정이 결여되어 있었다. "(바이마르공화국은) 독일 국민의 충성심 또는 심상을 붙들지 못했다."고 처칠은 썼다. 그 빈틈을 향해 흉포한 천재 미치광이, 그리고 인간의 마음을 갉아먹는 가장 악독한 증오의 표현이자 저장고가 성큼성큼 걸어 들어왔다. 바로 상병 히틀러였다.

흔들리는 세계정세 속 히틀러의 탄생

히틀러가 서부전선에서 부상을 입고 1918년 병원 침상에 누워 있으면서 "그의 개인적 실패가 독일 국민 전체의 재앙과 합쳐지는 듯 보였다."고 처칠은 썼다. 히틀러는 자신의 지위와 독일국가의 지위를 유럽 유대인의 번영과 대조했다. 그의 마음속에서 유럽 유대인들은 북유럽 민족과 게르만 민족의 착취자였다. 독일은 전시에 부당이득을 취하는 유대인들로 인해 쇠해졌고, 러시아 볼셰비키 정권은 유대계 지성인들의 음모였다.

히틀러는 독일의 노동당을 장악하고 1~2년 사이에 카리스마가 부족한 본래의 지도자들을 축출했다. 시장 붕괴와 극심한 인플레이션이 그의 명분을 뒷받침했다. 이 두 상황이 중산층을 무너뜨렸고, 분노와 애국심을 전달해 줄 새로운 정당이나 인물을 열망하는 분위기가 무르익었다. 국가 전복 시도에 실패한 뒤 히틀러는 《나의 투쟁》을 썼고, 이를 통해 '게르만 민족'의 흩어진 모든 부류들이 집합해야 한다고 촉구했다.

히틀러의 정예보병 혹은 나치돌격대는 독일의 전통적인 군사제도인 국가방위군Reichswehr과 마주쳤다. 둘 모두 독일이 다시 부흥하고 패배에 복수하길 바랐지만, 나치당이 대중들을 더욱 잘 이해했고 국가방위군은 이를 잘 알고 있었다. 일단 둘 간에 동맹이 맺어지자 그 무엇도 히틀러의 앞길을 막지 않았다.《나의 투쟁》을 읽은 사람이라면 누구나 그가 독일의 지도자가 된다면 무슨 일이 벌어질지 확신할 수 있었지만, 희한하게도 독일이 재군비할 권리를 요구했던 1932년 군축회담에서 영국 언론과 지식계급들은 '국가들의 평등'을 주장하며 지지를 보냈다. 그 결과 프랑스는 군을 50만 명에서 20만 명으로 축소했고 독일군은 같은 규모로 늘리는 것이 허용됐다. 처칠은 이것이 어리석은 행동이라 생각했고, 평화주의는 사회주의 노동자들의 움직임이었음에도 보수당 총리였던 스탠리 볼드윈Stanley Baldwin 탓에 독일이 재군비할 수 있었다고 그를 상당 부분 비난했다. 볼드윈은 노동당의 제임스 맥도널드James MacDonald와 함께 1920년대와 1930년대에 영국을 다스렸는데, 어떤 희생을 치르고서라도 평화를 원했지만 외교정책에는 거의 관심이 없었으며, 영국의 재군비를 거부했다.

세계정세를 읽은 처칠의 선택

히틀러가 1934년 5,000명에서 7,000명을 '숙청'한 '장검의 밤'과 악명 높은 반유대인 집단학살이 결합된 사건들은 처칠의 등골을 오싹하게 만들었다. 그는 독일 공군이 영국 공군과 비슷한 수준에 오른 것으로 보이자(곧 영국 왕립공군의 규모를 넘어서게 된다), 영국 역시 공군력을 강화하도록 의회에 압력을 넣기 시작했다. 그러나 이

때 처칠은 힘없는 무소속 의원이었다. "한 국가의 존망에 관한 문제에서 그토록 철저히 확신하고 정당성이 입증되었지만, 그러면서도 의회와 국가가 경고에 주의를 기울이게 만들 수 없는 것은 가장 고통스러운 경험이었다."고 처칠은 썼다.

볼드윈이 그 이후 영국이 독일 공군을 오도했다고 인정했을 때조차, 영국은 여전히 국제연맹하에서 평화를 유지하고 군비를 축소하는 새로운 시대에 집착하는 것처럼 보였다. 한편 독일은 과거에 최대 6,000톤 규모의 선박을 건조하기로 합의했음에도, 1935년 히틀러는 2만 6,000톤 규모의 순양전함을 건조하고 있었고, 1930년대 후반에는 57대의 U보트를 보유했다. 이 기간 동안 처칠은 기술적인 군사 지식, 특히 영국의 무기체계 상태에 대한 이해도를 높이는 데 몰두했다. 방공연구위원회를 통해 그는 자국의 레이더 개발에 대해 알게 됐다.

1935년 처칠은 볼드윈이 총리였던 새로운 정부에서 제1 해군성 장관이 되길 바랐지만 평화주의자들의 비위를 맞추려는 정치인들 때문에 아무런 직위도 받지 못했다. 볼드윈은 여전히 영국이 어떤 대가를 치르더라도 평화를 지켜야한다고 주장하고 있었지만, 같은 해에 베니토 무솔리니Benito Mussolini가 에티오피아를 침략해 히틀러와 손을 잡았고, '집단 안전 보장'의 환상을 깨버렸다. 영국의 외교관들은 독일의 지배층이 영국을 경멸한다는 사실을 깨달았다. 독일 언론에 비친 영국은 전쟁의 영광보다 안락한 삶을 선호하고 있었다. 과거 프랑스가 조약에 따라 철수한 라인 지방을 히틀러 군이 차지하기 시작하면서, 히틀러의 진정한 의도가 명료하게 드러났다. 영국이 프랑스와 협력하면, 두 국가는 아마도 선을 위해 독일의 위협을 끝낼 수 있었을지도 모른다. 그러나 영국의 총리는 자국이 전쟁에 나가는 위험을 무릅쓸 수 없다고 재차 강조했다. 히틀러의 입장에서 라인 지방의 점령은 국내에서 성공적인 PR이 됐다.

돌이켜보면 볼드윈이 처칠을 멀리했다는 사실이 뜻밖의 좋은 결과를 낳았다. 처칠을 평화주의적이고 유화적인 견해와 연을 맺지 않게 만들었기 때문이다. 또한 처칠은 그 덕에 《영어권 민족들의 역사》를 계속 쓸 수 있었다고 덧붙인다. 역사가로서 그는 400년간 영국의 외교정책이 '대륙에서 가장 강하고, 가장 적극적이며, 가장 지배적인 국가에 반대하고, 특히나 북해 연안이 강대 세력의 손아귀에 들어가지 못하게 방지하는 것'이었다고 말한다. 과거에는 이 외교정책이 스페인의 펠리페 2세와 루이 14세, 그리고 나폴레옹을 좌절시켰고, 이제는 분명 히틀러에게도 마찬가지 힘을 발휘할 것이었다.

긴박하게 돌아가는 각국의 정치 역학

볼드윈은 1937년 은퇴했고 그 자리에 아서 네빌 체임벌린Arthur Neville Chamberlain이 올랐다. 처칠은 체임벌린의 외교 지식을 존경했다. 그러나 1938년 체임벌린이 루스벨트로부터 제안받은 미국의 도움을 어리석게도 거절하자, 유럽이 독일을 막을 수 있는 마지막 기회를 보았다고 느꼈다. 히틀러가 호주를 합병하고 그다음으로는 체코슬로바키아를 침공하자, 처칠은 다음과 같은 성명을 발표했다. "지금 위협받는 것은 체코슬로바키아 하나만이 아닌, 모든 국가의 자유와 민주주의다. 작은 국가를 늑대들에게 던져줘서 안보를 얻을 수 있다는 믿음은 치명적인 망상이다."

체임벌린은 히틀러를 두 번째로 만났는데, 그 자리에서 히틀러는 체코슬로바키아가 '내가 유럽에 마지막으로 요구하는 영토'라고 말했고, 체임벌린은 그 말을 믿었다. 프랑스와 영국은 1938년 뮌헨협정의 일환으로, 대부분 독일어를 사용하는 체코슬로바키아의 일부 지역을 독일이 합병하고 '수데텐란트'라는 이름을 붙이도록 '허용'했다. 체임벌린은 히틀러에게 독-영 관계에서 서로 전쟁을 벌이지 않겠다는 선언문에 서명하도록 했고, 그 후 다우닝 10번가 총리 관저 앞에서 다음과 같이 말하며 이 공동선언문을 흔들어 보였다. "이것이 우리 시대의 평화라 믿습니다."

그러나 처칠은 뮌헨협정을 간파하고 수데텐란트의 합병을 범죄라 보았으며 '전쟁 없는 패배'는 더욱 상황을 악화시킬 뿐이라고 생각했다. 그는 독일군이 미처 서부전선에 동원되기 전에 영국과 연합군이 체코슬로바키아를 지키고 나치가 세력을 확장하는 것을 미연에 방지하는 것이 훨씬 현명했을 것이라고 주장했다. 결과적으로 연합군은 폴란드가 침략당하기 전까지 손 놓고 기다렸으며, 그 시점에서 독일은 훨씬 더 강해졌다. 처칠이 깨달은 영원한 교훈은 "상대적으로 쉽게 이길 수 있을 때 싸우려 들지 않으면, 훗날 훨씬 더 많은 대가를 치르며 억지로 싸워야 한다."였다.

처칠은 스탈린이나 소련 체제에 그다지 신경 쓰지 않았지만 가끔은 더 큰 적을 무찌르기 위해 악마와 손을 잡아야 한다고 믿었다. 어쨌든 이 당시 소련은 공격자가 아니었지만 독일은 유럽 전체를 위협했다. 게다가 동부전선을 두고 러시아와 독일이 다투면서, 독일은 서부전선으로부터 자원을 전용해야 했다. 처칠의 입장에서는 당연한 일이었고, 세부적인 내용과 협상에서 기회가 교착상태에 빠지자, 이를 당황스럽게 지켜보았다.

영국과 프랑스가 충분히 발을 뺀 후 스탈린은 독일과 불가침조약을 맺겠다는 의도를 밝혔고, 처칠은 이를 두고 "마치 폭발하듯이 세계를 붕괴시켰다."고 언급했다. 처칠은 러시아가 자국의 이익에 따라 행동하고 있지만, 그 이익이 무엇인지는 불분명하다는 것을 깨달았다. 1939년 10월 1일 방송에서 처칠은 그 유명한 말을 남겼다. "저는 여러분께 러시아의 행동을 예측해 줄 수는 없습니다. 이는 불가사의 안에 미스터리로 쌓인 수수께끼와 같습니다."

앞을 내다본 처칠의 정치 감각
1939년 여름, 영국 언론과 대중들 사이에서는 상전벽해와 같은 변화가 일었다. "처칠은 돌아오라."라고 촉구하는 수많은 광고판이 붙었다. 한편 그는 차트웰에 파묻혀 책의 마감일자를 맞추려 밤낮으로 일했다.

1940년 5월, 처칠은 마침내 제1 해군성 장관이 되었고, 영국 왕립해군에 대한 지식이 결정적인 역할을 했다. 실제로 그는 제1차 세계대전 동안 정부에서 고위직을 맡았던 유일한 사람이었다. 여담으로, 처칠은 제1차 세계대전이 끝났을 때 다시 한번 필요해질 때에 대비해서 안전하게 보관해 둘 중포를 대량으로 주문했다. 모두가 이 엄청난 무기에 대해 잊은 듯 보였지만, 처칠은 다시 꺼내서 사용할 수 있게 재정비했다. 전시내각에 들어서면서 그는 전쟁을 지원하기 위한 모든 데이터를 완전히 파악하기 위해 자신만의 통계부서를 구성했다. 위대한 지도자에 대한 카를 폰 클라우제비츠의 유명한 발언을 되새기며 처칠은 단순히 전략이 아닌 물류에 초점을 맞췄다.

《폭풍의 한가운데》의 후반부는 전쟁 초창기를 상세히 설명하고 있다. 영국의 부대 배치가 거의 해군으로 이뤄졌던 이 시기는 '여명의 전쟁' '가짜 전쟁', 그리고 '위장 전쟁' 등 다양한 이름으로 불린다. 처칠은 선박 항로를 보호하고 스코틀랜드의 스캐퍼 플로에 해군기지를 세우는 데 관심을 기울였다. 서부전선에서 모든 것이 수상쩍을 정도로 고요했다. 그러나 1940년 4월, 여명의 전쟁은 독일이 노르웨이를 강탈하면서 충격적으로 끝이 났다. 노르웨이는 순진하게도 히틀러가 중립성을 존중해 줄 것이라 믿었던 것이다. 영국의 전시내각은 나르비크와 트론헤임의 부동항을 되찾을 대책을 승인했고, 전략을 두고 꽤나 오랫동안 시간을 허비한 후 5월 28일 나르비크를 탈환했다. 사상자 수와 파괴된 선박 수라는 관점에서 영국에 상당한 희생을 안기고 혼란을 일으켰지만, 이 노력은 독일 해군을 파괴하는 데 일조했다. 훗날 독일은 영국을 공격하면서 오직 공군에만 의존해야 했다.

노르웨이 사건은 영국 국민들이 전쟁 모드에 접어들도록 자극했고, 몇 년 동안 독일에 대해 줄곧 경고해 왔던 처칠은 앞날을 내다보는 정치인으로 인정받았다. 체임벌린이 가차 없이 의회에서 공격받는 동안, 중앙정부는 정쟁보다는 전쟁을 수행하라는 요구를 받았다. 체임벌린은 처칠을 사무실로 불러들여 자신은 그런 정부를 구성할 능력이 없으며 사퇴할 것이라 밝혔다. 역시나 그 자리에 있던 핼리팩스Halifax 경도 거절하면서, 처칠이 총리직을 맡는 것이 확실시됐다.

히틀러가 네덜란드와 벨기에를 침략하는 동안 처칠은 65세의 나이로 한 나라를 책임지는 자리에 오르게 됐다. "이제 나는 운명과 동행하고 있다고 느꼈다. 그리고 내 모든 과거는 그저 이 시간과 이 시도를 위한 준비였다고 생각했다." 처칠은 이렇게 말했다.

톰 버틀러 보던의
★ 한마디 ★

처칠은 5년 3개월 동안 총리직을 지냈지만 1945년 선거에서 영국 국민들에게 인정사정없이 내쳐졌다. 유권자들은 노동당의 집단주의적이고 사회주의적인 접근이 케케묵은 토리당의 정책들보다 더 평등한 영국을 만드는 데 적합하다고 느끼는 듯했다. 이미 70대였던 처칠은 놀랍게도 그 후 6년 동안 노동당의 반대파 지도자로 싸우기를 선택했다.

1946년 미주리주 풀턴에서 처칠이 그 유명한 연설을 한 시기가 바로 이때다. "발트해의 슈체친부터 아드리아해의 트리에스테까지 철의 장막이 대륙 전체로 드리워졌습니다. 바르샤바와 베를린, 프라하, 빈, 부다페스트, 베오그라드, 부쿠레슈티, 그리고 소피아까지, 이 모든 유명 도시와 시민들은 소위 소련의 세력권 안에 자리하고 있습니다." 처칠은 몇 십 년 앞서 갈등의 '차가운' 특성을 명료하게 바라보았고, 영국의 미래가 유럽의 일부가 아닌, 민주주의와 자본주의, 작은 정부, 그리고 개인의 자유 등으로 표현되는 '앵글로스피어Anglosphere' 안에서 미국의 특별한 파트너가 되어야 한다고 믿었다. 놀랍게도 그는 1951년 70대의 나이로 두 번째 총리직에 올랐으며, 강대국이었던 영국의 몰락을 막으려고 나섰지만 성공을 거두지 못했다. 두 번째 임기는 지금 그다지 인정받고 있지 못하지만, 약 10년 후 치러진 처칠의 국가장에서는 그를 향한 진실된 슬픔과 비통함이 터져 나왔다.

07

The Autobiography

철의 여인, 영국을 변화시키다

자서전

66

정치인들이 할 수 있는 최선이란

국민의 재능과 미덕이 망가지지 않고 집결될 수 있는

뼈대를 마련해 주는 것이다.

99

마거릿 대처 Margaret Thatcher

1925년 링컨셔주 그랜샘에서 식료품집 둘째 딸로 태어났다. 1947년 옥스퍼드대학교 화학과를 졸업한 뒤 독학으로 29세에 변호사 시험에 합격했다. 1959년 보수당 공천으로 출마하여 영국 하원의원에 당선되었고, 1970~1974년 교육부 장관과 과학부 장관을 지냈다. 1975년 영국에서는 처음으로 보수당 여성당수가 되었다. 이후 1979~1990년까지 영국의 총리를 지냈다. 20세기 영국 총리 중 가장 긴 11년 7개월의 재임기간을 지낸 최장수 총리였던 그녀는 2013년 세상을 떠났다.

1975년 〈월스트리트 저널〉은 영국을 '유럽의 병약국'이라고 묘사했다. 영국이 실패하는 원인은 자연재해 때문이 아니라 '정부의 계산적인 정책과 국민의 체념적인 수용 때문'이었다. 같은 해 뉴욕에서 영국 보수당의 새로운 대표인 마거릿 대처는 연설을 통해 '진보적인 합의, 국가가 평등을 장려하기 위해 여러 면에서 적극적으로 행동해야 한다는 신조, 그리고 사회복지를 제공하고 부와 소득을 재분배하는' 등을 비난하는 의견에 동의했다. 그 결과는 지나친 징세와 억압적인 기업환경, 이윤을 두고 벌어지는 갈등, 사람들의 저축을 앗아가는 인플레이션, 그리고 국가 지출의 지속적인 증가 등이었다. 영국으로 돌아온 대처는 집권당인 노동당으로부터 "영국을 깎아내렸다."고 공격당했으나, 실제로 그녀의 메시지에 담긴 것은 희망이었다. 즉 영국이 사회주의의 참혹한 피해에도 불구하고 여전히 전열을 가다듬고 번영할 수 있다는 것이었다.

대처는 특유의 솔직담백함으로 영국 대중들과 언론, 소속 당에서 입지를 굳혔고, 영국 최초의 여성 당대표라는 신선함을 넘어서 더욱 진지하게 받아들여지기 시작했다. 다음 해 초 런던에서 그녀는 외교정책에 관한 연설을 하며 러시아에 대한 안일함을 공격했고, 나토와 바르샤바 조약군이 손발이 맞지 않고 소비에트연방은 미국보다 더 빠르게 무장 태세를 갖추고 있다는 사실 등을 강조했다. 소련의 일간지 〈레드 스타〉에서는 그녀의 연설을 보도하면서 고집 센 대처를 '철의 여인'이라고 묘사했다.

대처는 그녀의 영웅 처칠처럼 화려한 문학적 재능이 없더라도 《자서전》을 매우 잘 써 내려갔다. 사적인 이야기와 반성은 놀라울 정도로 거의 포함되어 있지 않다. 브르타뉴와 콘월에서 보낸 휴가는 지나가는 말처럼 언급되었을 뿐, 이전의 분량은 거의 미사일 조약이나 노동조합법 등의 복잡한 내용에 할애되어 있다. 그녀는 자신이 정책과 정치에 대해서는 끊임없이 떠들고 싶어 한다고 인정했고, 공직의 무게를 진지하게 받아들였다(예를 들어, 토니 블레어_{Tony Blair}나 버락 오바마의 자서전이 취하고 있는, 형식에 얽매이지 않은 '총리라는 게 어떠냐 하면' 식의 접근은 거의 하지 않았다). 또한 상세한 사항까지 완전히 장악하는 대처의 탁월함이 책 전체에서 드러난다. 하루에 4시간 혹은 5시간만 자는 것으로 유명한 그녀는 누구보다 충실히 업무를 파악하고 있어서 상대편 정치인과 장관들, 그리고 외국 지도자들을 당황스럽게 만들었다. 초창기 화학자로서 활동한 경력과 법조계에서 받은 교육 덕에 그녀는 정책 문제에 '법의학적으로(그녀가 좋아하는 표현이었다)' 접근할 수 있었다. 또한 원자력 체계에 관한 과학이나 통화정책의 기본을 온전히 이해하지 못하는 비전 문적인 정치인과 관리들을 멸시하기도 했다. 수십 년에 걸쳐 사회 주의가 영국에 잠식했지만 이제 그녀는 조국에 새로운 철학을 적 용하기 시작했다. 또한 자신의 위치를 완벽하고 가다듬고 빈틈없 이 관리하는 데 심혈을 기울였다.

보수적 정치철학을 다지다

대처의 아버지 알프레드 로버츠Alfred Roberts는 노팅엄 근처의 그랜 섬에서 식료품 장사를 했다. 그녀는 가족들과 생활하던 가게의 2 층 방에서 '향신료와 커피, 훈제 햄에서 풍기는 근사한 향'이 맴돌 던 기억을 떠올린다. 마거릿과 그녀의 여동생은 부족할 것 없이 자 랐고 실제로 1930년대와 1940년대에 가족들은 풍요롭게 살았지 만, 자기들을 지켜줄 안전망이 그다지 없음을 절실히 깨닫고 있었 다. 그랜섬의 성공은 시민제도와 종교기관, 그리고 주민들의 근면 성 덕이었고, 사람들은 당연하게도 정부가 도움이 될 것이라고는 바라지 않았다. 로버츠 가족의 삶은 일과 감리교 교회를 중심으로 돌아갔다. 대처는 "다른 사람들이 한다는 이유로 그 일을 해서는 안 돼."라는 아버지의 말을 굳건히 믿었다. 대부분의 감리교 신자 와 비국교도들이 좌파였던 시대에, 이 가족은 보수적인 정치 성향 을 지켰고, 제1차 세계대전과 제2차 세계대전 사이에 존재하던 강 경한 평화주의적 분위기에 저항했다. 마거릿 로버츠의 내면에서는 "개인의 미덕은 정치적 비정함에 대한 대체재가 아니다."라는 확신이 무럭무럭 자라났다. 그녀는 '파시즘과 공산주의가 그저 동전의 양면'이라는 생각을 훗날 그랜섬의 시장이 된 아버지와 나눴다. 당시로서는 인기 없는 관점이었다. 이들은 뮌헨에서 활동하는 히틀러의 저의를 의심했고, 전쟁이 발발했을 때 빈으로 달아나는 한 유대인 소녀를 후원했다.

로버츠는 옥스퍼드의 서머빌대학교에서 화학 학위를 취득하는 데 열중했다. 당시 노벨상 수상자인 도로시 호지킨Dorothy Hodgkin 밑에서 공부했고 보수당 학생단체에 속해 있었다. 그녀는 보수당이 1945년 일반선거에서 참패했을 때도 여전히 옥스퍼드에 있었고, 영국 대중들이 처칠을 권좌에서 끌어내리는 것을 이해할 수 없었다. 그때가 지나고 나서야 그녀는 전쟁은 정부의 권력을 중앙으로 모으고 집단주의 정신을 주입시키는 방법임을 알게 되었다. 실제로 영국은 전시 정부에서 노동당 치하의 사회주의로 그다지 멋지게 전환하지 못했다. 보수당은 딱딱하다거나 부유한 멋쟁이들의 모임이라고 여겨지는 반면에 노동당은 사회주의가 미래라고 생각하는 '똑똑한' 사람들의 당으로 비쳤다.

이 무렵 로버츠는 프리드리히 하이에크가 새로 발표한《노예의 길》을 읽었다. 그녀는 이미 집단주의를 근본적으로 혐오하고 있었고, 이 책은 사회주의 계획경제모델에 반대하는 철학적 기반을 마련해 주었다. 하이에크는 어떻게 이 모델이 순수하게 시작됐고,

'모두의 이익을 위해' 일부 경제적 자유가 제한되면서 결국 정치적 자유를 침범하게 됐는지를 보여줬다.

영국 정치의 중심에 서다

로버츠는 졸업 후 콜체스터의 어느 플라스틱 회사에 취직했지만, 정계에 뛰어들고 싶은 마음이 너무 컸다. 보수당 하원의원으로 출마하기 위해 지지가 필요했던 그녀는, 당시 페인트화학기업의 상무이사이자 뼛속까지 토리당이었던 10살 연상의 데니스 대처_{Denis Thatcher}를 만났다. 24세인 그녀는 1950년 선거에 출마한 최연소 후보였고, 패배했다. 결혼한 후 이 부부는 런던에서의 삶을 즐기며 로마와 파리로 휴가를 떠났다. 더 이상 일을 할 필요가 없어진 대처는 법학을 공부하기 시작했고 (1953년 쌍둥이 캐롤과 마크를 출산하느라 잠시 중단되긴 했으나) 성공적으로 변호사 시험에 합격했다. 훌륭한 보모의 도움을 받아 신출내기 변호사로 일하기 시작한 그녀는 세법을 전문으로 다뤘다. 그 후 양육과 정치를 병행할 수 있을지에 대한 정당 관계자들의 의구심을 극복하고 노스 런던의 핀칠리에서 당선이 유력한 의석의 후보가 됐다. 1966년 선거에서 보수당은 패배했고, 그녀는 미국에서 몇 주 동안 지내며 시간을 가졌다. 그리고 규율과 세금이 지나친 영국과 비교해 가며 미국 정치에 깊은 감명을 받았다.

　1970년 보수당 테드 히스_{Ted Heath}가 승리를 거둔 후 대처는 교육부 장관으로 처음 임명됐다. 그녀는 교육제도가 "대체적으로 교육을 받는 사람보다 제공하는 사람에게 유리하도록 존재한다."고 느꼈다. 교육부는 좌파 편향적이었고 모두 대규모 종합고등학교에 찬성하는 입장이었다. 반면에 그녀는 "제도를 '계획'하기보다는 다양성과 선택권을 장려해야 한다."는 의견이었고, 일부 특별한 중등학교를 폐교 위기에서 구해냈다. 그러나 그녀가 추진하는 대로 초등학교를 근대화하기 위해서는 무료 우유 급식을 포함해 몇 가지 분야의 예산을 삭감해야만 했다. 그녀에게 '우유 도둑 대처'라는 별명이 붙었고 주간지 〈선〉은 그녀를 '영국에서 가장 인기 없는 여성'이라고 불렀다. 대처는 사적인 공격 앞에서 버티지 못하는 정치인들이 많다는 것을 알고 있었지만, 그냥 밀고 나가기로 했다.

보수당의 정책 및 조사부문을 맡고 있던 키스 조셉Keith Joseph이 점차 대처의 생각에 영향을 미쳤다. 조셉은 어떻게 정부의 개입이 언제나 의도치 않은 비용을 발생시키는지 보여주는 논쟁을 펼쳐나갔다. 당시의 심각한 문제는 인플레이션이었고, 대처는 통화정책(또는 얼마나 많은 돈이 경제로 흘러 들어가는지를 통제하는 정책)으로 이를 해결할 수 있다는 결론에 이르렀다. 이 단계에서 그녀는 히스를 보수당 대표에서 끌어내리자는 조셉을 지지했지만, 대처 자체가 하원에서의 눈부신 활약 덕에 후보로 출마해야 한다는 목소리도 커졌다. 역사상 그녀의 집권은 필연처럼 보였으나, 막상 본인은 1975년 당 대표로 선출되자 진심으로 충격을 받았다고 회상한다.

정치철학을 정책에 적용하다

1978년 보수당은 실업자들이 등장하는 "노동당은 노동하지 않는
다."라는 광고 캠페인을 벌였다. 실업자 수는 150만 명까지 치솟
았다. 1978년과 1979년 '불만의 겨울'에 산업 및 전력 파업이 이
어졌다. 산더미처럼 쌓인 쓰레기는 아무도 치우지 않았다. 대형트
럭 운전사와 기차 운전사, 간호사, 심지어 무덤 파는 사람마저 파
업에 들어갔다. 설상가상으로 눈이 오고 홍수가 났다. 그러나 사회
주의 정책의 논리적인 성과를 폭로하며 상황은 보수당에게 유리
하게 돌아갔다. 또한 전통적으로 보수당에 표를 주지 않았지만 제
임스 캘러핸James Callaghan 노동당 총리에게는 질려버린 사람들에게
호소할 기회이기도 했다. 대처는 노조 영향력에 반대하는 해결책
을 강화해 나갔고, 파업 전에 비밀 우편 투표를 실시할 수 있고, 필
수 서비스업의 파업을 제한하면서 '클로즈드 숍Closed Shop'(노동조합
에 의무적으로 가입해야 일할 수 있는 직장)을 없애는 정책을 개발하기
시작했다. 그녀는 대중들이 자신을 지지한다고 느꼈지만 1979년
선거 캠페인을 벌일 때는 대중의 의사를 전혀 예측할 수가 없었다.
"나는 우리가 지거나 과반수를 획득하는 데 실패하더라도 또 다른
기회를 얻을 수 있을 것이라는 환상을 가진 적이 없었다."

실제로 대처를 비롯해 그 누구도 상상하지 못한 큰 성공(과반수
인 43석)을 거뒀고, 영국 정치를 변화시킬 권한이 주어졌다. 그녀에
게 표를 던진 사람들 가운데는 숙련된 노동자들과 그 가족들도 있

었다. 대처는 이들이 사회주의에 대한 일반적인 충성도를 내려놓게 만들었고, 이들의 신뢰를 지켜야 한다는 강한 책임감을 느꼈다. 그녀는 노조를 개혁하고, 임대주택 구입 계획을 도입했으며, 소득세를 줄였다(그러나 부가가치세는 인상했다). 또한 임금과 가격, 배당금을 통제하지 않기로 하고 여러 계획 규제도 없앴다. 또한 외환시장을 관리하고 해외에서 영국에 투자하도록 장려했다. 정부는 공공분야의 규모를 줄여나가기 시작했다. 당시 영국 노동인구의 30퍼센트가 공공분야에 몰려 있었지만, 이후 10년 동안 민영화와 자연적인 감소 덕에 24퍼센트로 회복됐다.

그러나 정부지출은 17퍼센트 남짓한 인플레이션을 막을 만큼 충분히 줄어들지 않았다. 정부가 너무 많은 돈을 지출하고 빌리면, 국가는 더 높은 차용금을 가진 시장으로부터 응징을 받게 된다. 그리하여 이자율이 전반적으로 오르면 산업에 해를 끼친다. 따라서 대처는 정부가 국가의 재정을 바로잡지 못한다면 경제적인 낙후에 책임을 져야 한다는 것을 알았다. 그리고 불황이 깊어지면 공적자금에 대한 수요도 늘어나기 마련이었다. 그녀의 정책실장인 존 호스킨스John Hoskyns에 따르면, 당시 높은 실업률과 높은 인플레이션 사이에서 주요한 개혁을 일으키려던 정부의 입장이 '마치 산사태가 일어나는 중간에 텐트를 세우려는 것'과 같다고 언급했다. 대처는 노선을 유지하기로 결심했고 의회에서 명연설을 남겼다. "언론에서 그렇게나 좋아하는 캐치프레이즈인 '유턴'이라는 말이 제입에서 나오기를 숨죽이며 기다리는 분들께 제가 해드릴 말은 하나입니다. 돌아가시려면 돌아가세요. 이 숙녀는 돌아가는 사람이 아닙니다."

여전히 대처의 내각에는 전후에 세금과 지출이라는 경제적 통설에 집착하는 좌편향 보수주의자들인 '웨츠Wets'들이 많았다. 성공적으로 개각을 거치면서 점차 비슷한 생각을 가진 사람들로 팀을 꾸려갈 수 있었지만, 처음에는 그녀의 자유시장 접근법이 내각 입장에서는 낯설게 느껴졌다. 정부의 중단기 재정 전략은 통화량을 제한하고 정부의 차입금을 깎아서 인플레이션을 낮게 유지하려는 게 목표였다. 반면에 산업정책에서 대처는 민간부문이 되어야 할 산업에서는 정부가 발을 빼기로 결심했다. 그녀의 민영화 프로그램(브리티시 텔레콤, 브리티시 에어웨이, 브리티시 스틸, 브리티시 레일랜드, 브리티시 가스 등)은 가히 혁명적이었다.

철의 여인, 영국을 포개다

포클랜드 사태가 필요한 때 터졌다는 점에서 대처는 행운이었다. 대처 정권이 출범한 지 2년 남짓한 시점에서 그녀의 경제정책이 효과를 발휘하려면 아직 시간이 필요했다. 그러나 아르헨티나의 포클랜드제도 침공은 대처의 굽히지 않는 성정을 드러내기에 완벽한 기회였다. 외교적 해결책을 찾으려던 노력에는 그다지 기억할 만한 게 없다. 그러나 이 외교적인 방식이 실패하자 대처는 망설이지 않고 영국보다 훨씬 많은 인구를 가진 이 섬을 되찾으려 나섰다. 작전이 성공하면서 침략자에 과감히 맞서는 대처에 대한 존경심이 해외에서도 높아졌다. 무엇보다 중요한 것은, 그동안 조국의 군사적이고 경제적인 몰락을 인정하라는 이야기만 들어오던 영국 대중들로부터 극적인 응원을 받게 되었다는 점이다. 처음에 미국은 아르헨티나와 영국이 제도에 대한 권한을 공유하는 '과도내각'을 제시하며 어물쩍 넘어가려 했지만, 대처는 그런 제안이 역겨웠고 그녀의 친구 로널드 레이건은 무력에는 대안이 없다는 그녀의 관점에 동조했다. "지극히 평범한 독재자가 폭력과 사기로 여왕의 국민을 통치하고 지배한다고? 내가 총리인 동안에는 어림도 없었다." 그녀는 이렇게 썼다.

1974년 이후 25억 파운드 세금이 석탄산업으로 흘러갔고, 실제로 비경제적인 탄갱이 폐쇄됐다는 점에서는 다행이었다. 그러나 노조가 여기에 저항했고, 에너지 자원과 일자리 보존을 위해 이들에게 항복하라는 정치적 압박이 상당히 심했다.

강경한 마르크스주의자이자 토리당에 대한 증오로 똘똘 뭉친 아서 스카길Arthur Scargill은 광부연합의 선출 지도자였고, 대처는 자신이 대대적인 파업에 대처해야 할 것임을 깨달았다. 대처 정권은 어떤 산업 쟁의에도 오래 버틸 수 있게 석탄 재고를 조용히 늘리기 시작했다. 스카길은 전국적으로 총파업을 일으키려고 노력했지만, 현실에서는 여러 탄광들이 작업을 이어갔다. 다만 계속 일을 하던 광부들은 괴롭힘과 학대를 당했다. 광부 노조가 리비아의 무아마르 카다피Muammar Gaddafi로부터 돈을 받았으며 소련 광부들이 이들을 보조했다는 증거가 속속들이 드러났다. 스카길이 파업을 반자본주의 운동으로 끌어간다면, 대처는 학대받지 않고 일할 권리의 원칙을 내세우며 그와 맞서 싸우고 노조의 폭력성을 끝낼 작정이었다. 일반 노조원들이 스카길이 조합을 정치적인 무기로 사용하려는 데 반기를 들고, 미래성 없는 탄광을 계속 운영함으로써 경제학의 법칙을 무시하려는 그의 시도를 거부했다. 그렇게 1년 넘게 지속되던 파업이 마침내 끝이 났다.

자유주의를 지키는 전사

영국 대중들은 대처를 선출했을 때 그녀가 얼마나 급진적일지 상상도 하지 못했다. 그녀가 정부에 도입한 통화주의적 자유시장 사상은 그전까지 실제로 거의 시도되지 못했다. 밀턴 프리드먼Milton Friedman과 하이에크는 주류 경제학자가 아니었지만, 대처가 이들의 사상이 작동한다는 것을 증명한 이래 스타가 됐다. 대처의 민영화 프로그램은 많은 영국인들을 주주로 만들었는데, 이 역시 새로운 정책이었고 세계 곳곳에서 정책에 반영했다. 그녀가 시티 오브 런던에서 실시한 '빅뱅' 개혁 덕에 런던은 금융의 중심지가 되어 전 세계 자금을 끌어들이고 수천 명을 고용할 수 있었다. 대처가 처음 취임했을 때 노동으로 인해 손해 본 근무일자는 2,900만 일이었으나 곧 2,000만 일로 떨어졌다. 인플레이션 역시 그녀의 재임 기간 동안 절반의 수준이 됐고, 최고세율도 83퍼센트에서 40퍼센트로 낮췄다. 외교정책에서 공산주의를 비난하고 자유를 촉진하는 태도는 시기적으로 레이건보다 앞섰다. 또한 무역을 확대하기 위해 유럽이 경제 집단이 되어야 하며, 민족국가는 민족자결권을 획득해야 한다는 관점은 선견지명임이 증명됐다.

📌 함께 읽으면 좋은 책

- 프리드리히 하이에크 《노예의 길》
- 존 달버그 액턴 《자유와 권력에 관하여》
- 이사야 벌린 《자유의 두 개념》
- 칼 포퍼 《열린 사회와 그 적들》

**톰 버틀러 보던의
★ 한마디 ★**

2013년 대처는 세상을 떠났고 그녀의 업적을 두고 뜨거운 논쟁이 일었다. 대처 정권 동안 보수당은 북잉글랜드와 스코틀랜드로부터 완전히 지지를 잃었고, 부유한 남부만의 정당이 되었다. 반면에 블레어의 노동당 정부는 그녀의 경제정책을 따스하게 포용했다("우리 모두는 이제 대처주의자입니다." 블레어주의자 피터 맨델슨 Peter Mandelson이 남긴 명언이다). 그러나 대처는 자신의 '혁명'이 온전히 실행되지 않았으며, 개인의 자유를 보호하고 정부의 규모를 제한하려는 싸움은 영원히 계속될 것임을 알고 있었다. <이코노미스트>에서 "번영하는 국가에서 국민들은 국가의 전진을 밀쳐내야만 한다. 지금 세상에 필요한 것은 더 많은 대처주의다. 그 반대가 아니라."라고 말했듯, 대처는 20세기 가장 위대한 지도자 가운데 하나로 꼽힌다. 경제적·정치적 자유의 확대가 '비현실적'이라고 비춰지던 시절, 그녀는 그 자유를 정책의 중심으로 끌어왔다.

08

All the President's Men

권력을 견제하는 가장 강력한 언론의 힘
워터게이트

         66

'닉슨의 핵심 보좌관, 방해 공작 담당으로 임명되다'라는
제목의 기사는 삭제가 됐음에도 새로운 지평을 열었다.
민주당 본부에 침입한 지 거의 4개월이 지난 뒤
워터게이트가 만들어낸 오점이 점차 퍼지다가
마침내 백악관까지 스몄다.

         99

칼 번스틴 Carl Bernstein**, 밥 우드워드**Bob Woodward

1944년 워싱턴 D.C.에서 태어난 칼 번스틴은 <엘리자베스 데일리 저널>의 탐사보도 전문기자로 이름을 알리면서 1966년 <워싱턴 포스트>에 입사해 지역 뉴스를 담당했다. 1980년과 1985년 동안 ABC뉴스의 워싱턴 지부국장을 맡았다.

밥 우드워드는 1943년 일리노이주에서 태어났다. 예일대학교에서 공부했고 그 후 US 해군에서 복무한 뒤 1971년부터 <워싱턴 포스트>에서 근무했다. 두 사람은 워터게이트 보도로 1973년 퓰리처상을 수상했다.

1972년 6월 15일 밤, 다섯 명의 남자가 워싱턴 D.C. 워터게이트 빌딩에서 절도죄로 체포됐다. 정장을 입은 이 남자들은 필름 몇 통과 카메라, 자물쇠 따개, 그리고 도청 장치를 가지고 있었다. 다섯 명 가운데 네 명이 마이애미에서 온 쿠바계 미국인이었고, 다섯 번째 인물은 바로 당시 리처드 닉슨 대통령 재선위원회의 보안 담당자로 일했던 제임스 맥코드James McCord였다. 다른 절도범 중 하나가 지닌 주소록에는 하워드 헌트Howard Hunt의 연락처가 포함되어 있었다. 헌트는 대통령 특별보자관인 찰스 콜슨Charles Colson과 연결된 백악관 자문관이었다.

이들이 백악관과 관련이 없는 평범한 절도범들이라는 사실 때문에 이 사건은 처음부터 세간의 이목을 집중시켰다. 그러나 백악관 언론담당 비서관인 로널드 지글러Ronald Ziegler는 사람들의 의심을 언급할 가치도 없는 '삼류 절도'라고 일축했다. 실제로 백악관이 상대편인 민주당의 명예를 실추시킬 수 있는 정보를 얻기 위해 그런 극단적인 행동을 했다는 것은 말이 되지 않았다. 닉슨 대통령은 여론조사에서 모든 민주당 경쟁자들을 앞서고 있었고, 공화당이 한 세대 동안 미국 정치를 장악했다는 이야기도 있었다. 이런 식의 절도가 전혀 필요치 않다는 사실은 워터게이트 사건에서 이해가 가지 않는 부분 중 하나지만, 애초에 이 사태가 벌어진 원인을 가리키기도 한다.

사람들은 닉슨이 공화당 지지자들의 격렬한 충성심을 자극했으며, 그의 얼토당토않은 야망과 권력에 대한 집착, 그리고 민주당원들(특히 케네디가)에 대한 증오가 비슷한 생각을 가진 사람들을 끌어들였다는 점을 잊곤 한다. 워터게이트는 닉슨이 대통령으로 선출되기 이전부터 시작되어 재임 시절까지 계속됐던 비윤리적인, 혹은 불법적인 행위들 중 빙산의 일각으로 드러났다.

오늘날 《워터게이트》를 읽는다면(혹은 더스틴 호프먼Dustin Hoffman이 번스틴으로, 로버트 레드포드Robert Redford가 우드워드로 분한 앨런 퍼쿨라Alan Pakula 감독의 훌륭한 영화 〈모두가 대통령의 사람들〉을 본다면) 대부분의 사람들이 인쇄된 신문을 사고 1면의 머리기사로 난다는 것이 정말로 중요했던 그때, 휴대전화 없이 타자기와 텔렉스 기기만 있던 그때로 거슬러 올라가게 된다. 이제 뉴스와 탐사보도는 다른 경로를 찾았을지 몰라도, 언론의 자유는 여전히 열린 사회가 되기 위해서는 변함없이 중요하다. 그리고 워터게이트가 여전히 중요한 이유가 여기에 있다.

워터게이트 보도의 시작

밥 우드워드는 고작 9개월 동안 〈워싱턴 포스트〉에서 근무했고, 지역 경찰의 부패나 비위생적인 식당에 관한 기사를 쓰곤 했다. 따라서 사회부장이 어느 토요일 아침에 전화를 걸어 한 지역 민주당 본부의 절도사건을 조사해 보라고 부탁했을 때 딱히 신나지 않았다. 그러다가 그는 사건이 발생한 곳이 단순히 지역 사무소가 아닌, 호화스러운 워터게이트 주상복합 건물에 자리한 민주당 전국위원회 본부임을 발견했다.

우드워드는 또 다른 기자인 번스틴도 같은 기사를 다루고 있다는 점이 달갑지 않았다. 번스틴은 좋은 이야깃거리가 있으면 비집고 들어와서 자기 것이라 주장한다는 악명 높은 기자였다. 28세인 번스틴은 19세부터 기자로 활동했고 장발의 대학 중퇴생이었던 반면에, 29세의 우드워드는 판사 아버지를 둔 예일대학교 졸업생이었다. 그럼에도 우드워드는 번스틴이 뛰어난 기자임을 인정했고, 함께 일하기 시작하면서 서로에 대한 믿음이 커졌다. 워터게이트에 관한 대부분의 이야기는 공동취재로 보도됐다.

우드워드는 이혼을 하고 번스틴은 별거 중이었으며 둘 다 아이가 없었다. 따라서 〈워싱턴 포스트〉지의 보도국에서 밤늦도록 일할 수 있었고, 저녁에도 가가호호 취재를 다니거나 기사를 쓰는 데 필요하다 싶으면 서둘러 로스앤젤레스나 멕시코로 날아갈 수도 있었다. 배리 서스먼Barry Sussman이 이들의 직속 편집장이었으나, 이들은 궁극적으로는 〈워싱턴 포스트〉의 대담한 주필 벤자민 브래들리Benjamin Bradlee에게 사건 과정을 보고해야만 했다. 브래들리는 남편이 자살한 뒤 가업을 물려받아 〈워싱턴 포스트〉의 발행인이 된 캐서린 그레이엄Katharine Graham과 케네디 대통령의 가까운 친구였다.

번스틴은 닉슨 행정부의 옛 공무원에게 전화를 걸어 백악관이 워터게이트 습격에 관여했을 수도 있는지를 물었다. 즉각적으로 의견을 묵살할 것이라는 기대와 달리, 보좌관은 닉슨이 정치적 첩보와 가십에 직접적으로 접근하는 것을 좋아했다고 말했다. 번스틴은 백악관 수석보좌관인 H. R. 홀더먼H. R. Haldeman이 대선에 출마할 것이라 생각한 에드워드 케네디Edward Kennedy에게 집착했고, 그를 깎아내리기 위해 활용할 조사를 하라고 명령했음을 알게 됐다. 또한 공화당 고위 간부가 대통령 주변 인물들을 언급하는 방식에 놀랐다. "그들은 공화당에 신경 쓸 필요도 없다고 생각합니다. 기회가 생기면 공화당을 망쳐버릴 거예요."

기자들의 가장 중요한 취재원 가운데 하나는 휴 슬론Hugh Sloan으로, 그는 당시 일이 진행되는 상황이 마음에 들지 않아 대통령재선위원회 재무직을 그만둔 상태였다. 그는 백악관과 재선위원회에 수만 달러에 이르는 비자금이 있다고 확신했다. 이 돈은 민주당 후보에 대한 랫퍼킹Ratfucking(선거운동 방해)이나 블랙 옵스Black Ops(불법비밀군사작전) 같은 정치적 방해공작에 쓰였다. 도청을 하기도 하고, 후보의 가족을 따라다니거나, 민주당 편지지에 가짜 편지를 쓰거나, 민주당 집회를 엉망으로 만들었다(예를 들어, 사전에 피자 200판을 주문하고 현장 결제를 요청하는 등). 혹은 서류를 훔치거나 가짜 뉴스를 흘리고, 반대파 무리나 단체에 스파이를 심었다. 슬론에 따르면, 워터게이트 이후 대통령은 재선위원회가 지지자들이 설립한 사기업인 양 주장하려 애썼으나, 실제로는 "백악관이 만든, 백악관 그 자체였으며, 백악관의 직원이 운영하고, 백악관으로만 보고됐다."고 한다.

한편 우드워드는 늦은 밤 주차장에서 만난 정부의 한 중요한 정보원으로부터 정보를 받기 시작했다. 초기 포르노 영화의 제목을 따서 이 정보원에게는 '딥 스로트Deep Throat'라는 이름이 붙었다. 딥 스로트는 우드워드에게 백악관과 재선위원회에 정보 수집과 비열한 정치공작에 초점을 맞춘 50명의 직원이 있다고 알려줬다. 그는 이들의 '주머니칼 정신Switchblade Mentality'을 언급하며, 언제나 어떤 대가를 치르고서라도 대선에서 이기기 위해 야비하게 굴 수 있는 각오가 되어 있다고 말했다.

언론을 향한 백악관의 공격

모순적이게도, 워터게이트 절도가 실패로 끝났다는 사실 덕에 백악관의 개입은 들통나지 않았다. 어쨌든 '대통령의 사람들'은 절제되고 효율적인 팀으로 비춰졌고, 백악관이 그런 활동을 계획하는 데 도움을 주었으리라고는 믿기가 어려웠다. 그러나 기자들은 비밀자금을 관리하는 다섯 명 가운데 하나가 다름 아닌 홀더먼으로, 그가 대통령을 홍보하고 보호하는 데 인정사정없는 것으로 유명하다는 사실을 확인하는 데 접근하고 있었다. 그는 스스로를 '대통령의 개'라고 불렀다. 홀더먼은 자신이 무죄임을 증명하기 위해 무슨 일이든 서슴지 않았지만, 대통령의 대리인으로서 아무런 지식이나 국정 최고책임자의 암묵적인 승인 없이 그런 일을 저지를 수는 없는 게 분명했다.

10월에 〈워싱턴 포스트〉는 홀더먼이 워터게이트에 확실히 개입했음을 다룬 기사를 발표했지만, 백악관은 단호하게 부인했고, 〈워싱턴 포스트〉가 민주당 대선후보인 조지 맥거번George McGovern과 공모했다고 주장했다.

1972년 11월 7일 닉슨이 과반수의 찬성으로 재선되면서 승자들은 〈워싱턴 포스트〉를 여론의 잘못된 측면으로 몰아세웠다. '우리가 잘못된 의혹을 제기함으로써 대통령직에 실제로 피해를 주고 있다면 어떻게 하지?' 기자들은 이런 회의감에 빠지기도 했다. 한 '시민단체'는 〈워싱턴 포스트〉가 소유한 플로리다 방송국 두 곳의 소유권과 관련해서 이의를 제기했다. 실제로 이 단체는 대통령과 연관된 인물들로 구성되어 있었으며, 〈워싱턴 포스트〉의 주가는 50퍼센트 가까이 폭락했다.

밝혀지는 워터게이트의 진실

연방 대배심이 한동안 조사를 진행했고, 모든 핵심적인 백악관 인물들을 포함해 수백 건의 비밀 인터뷰가 녹음되었다. 이 인터뷰들은 안타깝게도 공개되지 않았고, 조사에는 큰 결함이 있었다. 처음부터 조사는 절도 자체에 초점을 맞추었다. 누가 명령을 내렸고, 왜 내렸는지에 관해서는 살펴볼 의지나 관심이 전혀 없어 보였다. 백악관 참모들과 다른 정보원들이 우드워드와 번스틴에게 털어놓았듯, 질문은 어마어마하게 많았지만 적절한 질문은 하나도 없었다.

대대적인 조사 후 워터게이트 절도범들은 기소됐고, 재판에서 피고인들은 일단 출옥 후에는 '뒤를 봐줄 것'이라는 이야기를 들었으며, 심지어 감옥에서도 매주 1,000달러씩 받았다는 사실이 드러났다. 얼마 뒤 절도범 맥코드가 진실을 폭로하기 시작했다. 사실대로 말했다가 생명을 잃을까 봐 두려웠으며 존 미첼John Mitchell이 법무부 장관이었던 시절 이 작전을 승인했다고 증언했다.

한편, 상원의원 샘 어빈Sam Irvin은 공화당 선거자금을 조사하기 위해 상원 특별조사위원회를 구성했다. 처음에 닉슨은 대통령 특권을 내세우며 보좌관들이 증언대에 서는 것을 거부했다. 이는 여론을 대통령에게서 멀어지게 만드는 효과를 빚었다. 닉슨은 마침내 증언에 동의했고 기자회견을 열어 행정부에서 그 어떤 지위도 불소추특권을 누릴 수 없다고 말했다. 번스틴은 대통령의 손이 연설하는 동안 떨리고 있음을 눈치 챘다. 그리고 백악관 보좌관 젭 매그루더Jeb Magruder는 미첼과 대통령 자문관 존 딘John Dean이 워터 게이트 작전의 모든 배후이자 은폐 세력이라고 말했다. 진술이 봇물 터지듯 터져 나올 것처럼 보였다.

우드워드는 어쨌든 닉슨이 이 모든 것을 관장하고 있을 것이라 믿으면서 대통령에게 인터뷰를 청했다. 백악관은 빠르게 혼란 속으로 빠져들었고, 서로를 고소했으며, 충성심은 완전히 사라졌다. 딘의 동료 가운데 하나는 기자에게 대통령이 딘에게 침묵을 지키는 대가로 기꺼이 100만 달러를 내어줄 태세라고 말했다. 결국 홀더먼과 대통령 보좌관 존 에를리크먼John Ehrlichman은 사임했지만 자신들이 어떤 범죄를 저질렀다고 인정하지 않았으며, 딘은 해고 당했다. 우드워드와 번스틴은 자신들이 옳았음을 느꼈고, 심지어 지글러는 이들과 〈워싱턴 포스트〉에 사과하기까지 했다.

닉슨은 자신이 설치한 비밀녹음 장치가 아니었다면 대통령직을 유지할 수도 있었을 것이다. 이 장치는 몇몇 직원과 비밀정보요원 들만 알고 있었다. 존 시리카John Sirica 판사는 녹음테이프를 제출하라고 명령했지만, 18분 분량의 녹음이 삭제되어 있었고, 이를 두고 닉슨의 비서관인 로즈 메리 우즈Rose Mary Woods는 자신이 실수로 지웠다고 주장했다(기술의 발전에도 불구하고 테이프의 이 부분은 여전히 복원되지 못하고 있다). 닉슨은 대통령의 특권을 내세워 테이프 제출을 거절했으나, 결국 대법원의 판결에 따라 제출해야만 했다.

파국으로 끝난 권력 게임

테이프는 닉슨이 워터게이트 침입의 자세한 내용까지는 모르더라도 재선위원회가 저지른 행위의 대부분을 용인했으며, 이미 벌어진 일들을 은닉할 각오를 하고 있었음을 폭로했다. 그러나 결정적으로 대통령에게 타격을 입힌 것은 1972년 7월 23일에 녹음된 대화였다. 수석보좌관과의 회의에서 닉슨은 '국가보안'이라는 명분하에 CIA에게 FBI의 워터게이트 조사를 중단시켜 달라고 요청하자는 홀더먼의 제안에 동의했다. 검찰에 따르면 이는 사법 방해죄에 해당됐다. 1972년 8월 1일 이뤄진 대화에 따르면 홀드먼은 워터게이트의 피고인들이 침묵을 지키도록 매수하는 문제를 제기했고, 닉슨은 이렇게 대답했다. "글쎄…. 돈을 줘야겠지요? 그걸로 끝냅시다. 그 사람들한테 돈을 줘야 해요."

녹음테이프로 인해 닉슨을 지지하던 대부분의 공화당 소속 하원의원들은 탄핵을 주장했다. 상원으로부터도 지지를 받지 못한 닉슨은 1974년 8월 8일 기자회견을 열고 '내일 정오를 기해' 대통령직을 사임한다고 발표했다.

1973년 여름 국무장관 헨리 키신저Henry Kissinger가 대통령에게 워터게이트 사건을 실토하고 어느 정도 책임을 지게 만들려고 노력했지만, 대변인이었던 지글러가 '회개는 개뿔'이라고 말하며 분노에 차서 제안을 거부했다는 사실이 밝혀지기도 했다.

- 알렉산더 해밀턴, 존 제이, 제임스 매디슨《연방주의자 논집》
- 에드워드 버네이즈《프로파간다》
- 에이브러햄 링컨《게티즈버그 연설》
- 칼 포퍼《열린 사회와 그 적들》

톰 버틀러 보던의
★ 한마디 ★

번스틴과 우드워드는 워터게이트를 '머리가 여러 개 달린 괴물'이라고 묘사하면서, 침입 사건 자체는 가장 명백한 측면이 드러났을 뿐이라고 했다. 접미사 '게이트(-gate)'는 이제 다양한 추문에 활용되고 있다. 이 사건으로 대통령을 존경해 왔던 미국 국민들은 충격을 받았으나, 이 사건은 특정한 맥락에서 보아야만 한다. 재선위원회의 활동은 오랫동안 정치의 일환이었고, 오늘날 절도죄와 첩보, 선거부패, 그리고 인신공격 등은 여러 국가에서 다반사로 일어난다. 씁쓸한 사실은 이 사건이 누가 봐도 정통한 민주주의 국가에서 벌어졌다는 사실이다. 최종적으로 워터게이트는 언론의 자유는 자유민주주의 사회의 근간이며, 선거권과 정교분리, 그리고 사법부의 독립만큼 중요하다는 것을 증명했다.

09

Essence of Decision

국가정책은 어떻게 결정되는가
결정의 본질

> 66
>
> 궁극적인 의사결정의 본질은 제3자가 꿰뚫어 볼 수 없다.
> 실제로 가끔은 결정을 하는 본인도 모를 때가 있다.
> 의사결정 과정에는 가장 밀접하게 관여했을 사람조차
> 이해하기 어려운, 언제나 암울하고 복잡한 부분들이 존재한다.
>
> –존 F. 케네디
>
> 99

그레이엄 앨리슨 Graham Allison, **필립 젤리코**Philip Zelikow
1940년 태어난 그레이엄 앨리슨은 하버드대학교에서 정치학 박사학위를 취득한 뒤
1977년부터 1989년까지 존 F. 케네디 행정대학원 원장을 지냈고, 오랫동안 국방부와
국방장관의 고문으로 활동했다.
1954년에 태어나 터프츠대학교의 플레처 스쿨에서 국제관계학 박사학위를 취득한
필립 젤리코는 조지 W. 부시 행정부에서 선거법 개정과 테러리즘에 관련해 자문을 담
당했고, 9·11 진상위원회의 상임이사였다.

어떻게 해서 카리브해에 있는 작고 가난한 나라가 냉전 시대의 가장 위험한 화약고이자 인류 멸망에 가까운 현장이 되었을까? 앨리슨과 젤리코는《결정의 본질》에서 서반구 유일의 공산주의 국가인 쿠바가 소련에 극도로 중요해졌으며, 미국과의 지리적 근접성으로 인해 자본주의 미국에 대한 모욕이 되었다고 서술한다. 1961년 케네디 대통령과 CIA는 쿠바에 대해 끔찍한 피그스만 침공을 단행하면서, 쿠바 망명자들을 파견해 피델 카스트로 대통령을 타도하기 위한 혁명을 선동하기를 바랐다. 작전 실패는 케네디에게 수치심을 안겨주었을 뿐 아니라, 카스트로와 소련 지도자 니키타 흐루쇼프Nikita Khrushchyov에게는 피해망상을 심어주었다.

1962년 여름, 소련은 잠재적인 미국의 공격을 좌절시키기 위해 쿠바에 무기와 병력을 보내기 시작했다. 세계는 초경계 태세에 접어들었고, 케네디는 그 어떤 무기라도 '공격적'이라면(즉 미국의 도시들이 사정거리 안에 드는 핵탄두라면), 미국은 이를 용납할 수 없으며 행동을 취할 것이라고 경고했다. 이 시점까지 양측의 공식적이고 비공식적인 소통은 일반적인 외교적 억제의 규칙들을 따라왔으며, 걱정스럽기는 하나 상황은 통제가 가능해 보였다. 그뿐만 아니라, 소련 측의 사안들을 검토한 CIA 내부 보고에 따르면, 소련이 쿠바에 공격적인 무기를 배치하는 것은 지나치게 위험한 행위였다.

이 모든 것이 10월 15일과 16일에 바뀌었다. 소련이 실제로 쿠바 땅에 탄도미사일을 설치했음을 미국 정보부가 발견한 것이다. 케네디는 충격을 받았지만, 한편으로는 이것이 아바나만큼이나 베를린에 관련한 문제라고 생각했다. 소련은 민주주의적이고 자본주의적인 서베를린을 커다란 위협이자 뽑아내야 할 '썩은 이'라고 보았다. 흐루쇼프는 1961년 서방 병력을 향해 연말까지 도시에서 철수하라고 최후통첩을 보냈다. 앨리슨과 젤리코에 의하면, 케네디는 쿠바에서 전쟁을 일으킬 것인가, 베를린에서 일으킬 것인가를 두고 곤란해했다. 그러나 흐루쇼프 역시 국내적으로는 공약의 실패로 인해 상당한 압박을 받고 있었고, 베를린 최후통첩에서도 아무런 성과를 내지 못했다. 쿠바는 흐루쇼프와 소련의 자존심을 되찾을 수 있는 방법으로 보였다.

앨리슨과 젤리코는 쿠바 미사일 사태를 '핵 시대를 규정하는 사건이자 역사상 가장 위험한 순간'이라고 설명했지만, 앨리슨은 《결정의 본질》을 그저 무슨 일이 벌어졌는지에 대한 매우 상세한 서술이 아닌, 위기관리와 의사결정의 사례 연구로 다루려 했다. 위기를 바라보는 최선의 방법은 무엇이었을까? 쿠바 사태는 그저 두 명의 냉전 시대 거물이 벌인 심리전쟁이었을까? 혹은 미국과 소련의 군사정보기관 간에 벌어진 갈등이었을까? 문제는 사람이었을까, 기관이었을까?

1971년 앨리슨이 단독 저자로 발행한 이 책의 초판은 베스트셀러가 됐다. 1990년대 후반 새로운 정보가 부상하고, 쿠바 미사일 위기 동안 미국 대통령들의 회의와 대화가 담긴 백악관 녹음테이프가 공개되면서 이 사건에 대한 학문적 관심이 되살아났다. 따라서 외교관이자 학자이며 WhiteHouseTapes.org(녹음테이프들을 최초로 제공했던 사이트로, 현재 녹음테이프들은 버지니아대학교 밀러센터에서 보급하고 있다)를 설립한 필립 젤리코의 도움을 받아 초판을 실질적으로 개정하게 됐다.

정치적 사건을 바라보는 세 가지 방식

앨리슨은 정치를 분석하는 '합리적 행위자' 모델로 유명한데, 이 모델은 정부나 국가가 합리적이며 자기만족을 극대화하는 개인들처럼 행동한다는 가정에 이의를 제기한다. 그는 국가가 궁극적으로 취해야 할 입장에 수많은 관계자와 이해관계, 역학 등이 관여하기 때문에 현실은 더 복잡하다고 느꼈다. 이 점을 감안하면 사건을 바라보는 모델 또는 관점을 여럿 갖추고, 각기 다양한 질문을 던질 수 있도록 하는 것이 낫다.

첫 번째 모델은 국가 또는 나라의 목표를 살펴야 한다. 즉 그 목표를 어떻게 달성하길 바라는가? 두 번째 모델은 핵심 의사결정에 어떤 조직이 관여하고 있는지를 고려해야 한다. 즉 표준업무 절차가 어떻게 행위를 억제하거나 지원하는가? 세 번째 모델은 중요한 의사결정을 하는 인물을 고려하는 것이다. 즉 이 인물들에게 영향을 미치는 정치적·개인적 요인은 무엇이며, 의사결정에 도달하기 위해 따라야 할 과정은 무엇인가?

모델1: 국가 또는 나라의 목표

앨리슨과 젤리코는 국제관계 연구에 경제학의 개념들이 지나치게 주입됐다고 주장한다. 특히나 '합리적 기대' 철학에서는 사람들(과 정부)이 여러 가지 선택지를 앞두고 언제나 자신의 최대 이익에 따라 행동한다고 말한다. 실제로 사회경제학자 허버트 사이먼 Herbert Simon 은 모든 합리성은 정보를 처리하는 지식과 능력에 따라 제한받으며, 국가와 정부가 객관적 근거에 따르면 비합리적으로 움직였다는 역사적 사례가 수없이 많다고 입증했다. 예를 들어, 왜 사담 후세인 Saddam Hussein 은 자신의 병력이 미군의 화력에 의해 쉽게 전멸할 것임을 알면서도 쿠웨이트를 침략했을까? 몇몇 전문가들의 생각처럼 그저 이라크의 빈곤한 재정을 해결하기 위해 원전에 접근하려던 것(합리적 관점)이 아니었다. 그보다는 스스로를 아랍 세계의 역사적 지도자로 보는 사담의 관점(기이하고 비합리적인 욕망)에 들어맞았기에 침략한 것이었다.

케네디와 보좌관 대부분은 흐루쇼프가 쿠바에 미사일을 배치했다는 첩보를 듣고 충격을 받았다. 이들의 입장에서는 전혀 합리적인 움직임이라고 생각하지 않았기 때문이다. 흐루쇼프는 정말로 쿠바에서 핵전쟁을 일으킬 각오였을까? 그러나 괴팍한 소련 지도자에게 이 행위의 목적은 미국에 '메시지를 전달'하는 것이었으며, 베를린을 다시 지배하려는 협상카드를 제공하는 것이기도 했다. 이는 분명히 용의주도한 군사행동이면서 소련의 자존심이 달린 문제였다.

모델2: 조직의 관여

모델 2 분석가들에 따르면 의사결정은 합리적이고 신중하게 행동하는 단 한 명의 지도자, 내각, 혹은 정부의 결과가 아니다. 오히려 국가의 행동은 느슨하게 연결된 다양한 조직의 결과인데, 이 조직들에는 저마다 특정한 이익과 업무가 있다.

쿠바 미사일 사태에서 조직적 요인은 어떤 영향을 미쳤을까? 앨리슨과 젤리코에 따르면 해군과 CIA는 케네디 행정부가 그랬듯, 이 상황에 대해 나름의 관점을 가졌다. 세계가 숨죽여 기다리는 동안 서로 경합하는 이 관점들을 정리하고 무슨 행동을 취할 것인지 일종의 합의에 이르기 위해 며칠 동안 여러 차례 회의가 진행됐다.

소련의 경우, 전술적 단계로서 쿠바에 핵미사일을 배치하기로 한 흐루쇼프의 결정은 소련군에 의해 강력히 추진됐고 온갖 미사일과 탄두가 쿠바에 배치됐다. 그 결과, 미국은 병기 규모에 충격을 받았다. 그러나 미사일 발견은 그 자체로 조직적인 성과였으며, 미국의 오래되고 유능한 첩보 수집 체제의 결과였다.

한때 알래스카의 한 미국 U2 파일럿이 소련 영공에 잘못 들어선 적이 있다. 이 사건은 명령이 아닌 전기 계통 문제로 발생했고, 당시 진행되던 사태와는 전혀 상관이 없었다. 그럼에도 이 미군의 '일과적인' 행위는 제3차 세계대전을 일으킬 수도 있었다. 이 사건은 조직의 평범한 활동이 지도자의 명백한 주권적 의사결정을 어떻게 방해할 수 있는지 보여준다.

모델3: 의사결정의 주체

역사학자들은 당시 검토했던 선택지와 서로 경합하는 관점들이 아니라 취했던 행동의 순서들만 살펴보는 경향이 있다. 또한 의사결정이 회의에 모인 인물들의 역학과 성격의 강인함, '궁중정치', 그리고 국가 간 정치 등으로 귀착된다는 것을 잊기도 한다.

쿠바는 케네디 행정부의 '아킬레스 건'이었다. 피그스만 침공은 군사적으로나 정치적으로 대재앙이었다. 케네디는 피그스만 침공을 '가장 무거운 정치적 십자가'라고 불렀으며, 특히나 의회 선거를 앞두고 발생한 쿠바 미사일 사태에 단호한 태도를 보였다. 공화당은 상황이 잘못될 경우 이를 적극적으로 악용하려고 기다리고 있었다. 로버트 케네디Robert Kennedy 법무부 장관은 아무것도 하지 않았다면 탄핵을 불러올 수도 있었다고 자신의 형에게 귀띔했다.

미국 합동참모본부의 새로운 수장인 맥스웰 테일러Maxwell Taylor는 쿠바에 배치된 모든 소련 미사일과 비행기에 기습공격을 하길 바랐고, '단 한 번의 강타로 바로 날려 보내려' 했다. 반면에 로버트 맥나마라Robert McNamara 국방장관은 미사일이 전체적인 핵 균형을 크게 바꿔놓을 것이라 믿지 않았다. 핵 배치는 군사적 문제라기보다는 정치적 문제였다. 따라서 그는 침략에 반대했고, 봉쇄 쪽에 더 찬성했다. 국무차관 조지 볼George Ball은 침략에는 수많은 죽음이 뒤따를 것이라며 윤리적 측면에서 반대하면서, 이 사태를 진주만에 비교했다. 로버트 케네디는 동의했다. 케네디 대통령은 침략이 소련에게 서베를린을 침략할 명분을 줄 것이라고 판단했고, 그렇게 되면 미국에는 핵 보복 외에 선택의 여지가 없었다. 따라서 그는 이렇게 말했다. "문제는 정말로 우리가 핵 교전의 가능성을 낮춰줄 수 있는 어떤 행동을 할 것인지다. 그 행동이 명백하게도 주된 실패이며… 그 점이 우리에겐 명백하다." 그러나 대통령이 봉쇄를 선택하고 외교에 힘을 주면서, 이제 합동참모본부는 공격만이 유일하게 가능한 행동이라 믿었다. 케네디 대통령이 어떻게 결정하든, 불가피하게 일부 행위자와 그 조직은 무시당하는 느낌을 가지게 될 것이었다.

케네디 행정부가 쿠바 사태에 내린 결론

국가안전보장회의에서 두 가지 선택지를 내놓았다. 하나는 쿠바로 향하는 소련 선박을 봉쇄하고, 여기에 터키와 이탈리아에 주둔하는 미군 기지(소련의 골칫거리)들에 대한 협상을 결합하는 것이었다. 다른 하나는 봉쇄를 뒷받침하기 위한 최후통첩으로, 쿠바로 향하는 소련의 군수물자가 중단되지 않으면 미국이 쿠바 공습을 단행하겠다는 내용이었다.

케네디는 두 번째를 선택했다. 그러면서 흐루쇼프와 군사기지를 거래하겠다는 의지를 드러내는 것이 미국이 공황 상태에 빠졌다는 신호가 될 수 있으며, 이는 상황을 해결하는 데 아무런 도움이 되지 않을 것이라고 덧붙였다. 봉쇄와 최후통첩은 명료하고 강력한 메시지를 전달하며, 제대로 효과를 발휘하는 경우 아메리카대륙에서 러시아 세력권을 영구적으로 약화시킬 기회를 제공할수 있었다. 그러나 케네디는 미사일 기지가 철수할 시한을 정해주지 않았다. 아마도 불필요하게 긴장감과 전쟁 가능성을 높일 수 있기 때문이리라. 그 덕에 흐루쇼프는 운신의 폭이 넓어졌고 체면 차릴 기회를 가질 수 있었다. 이 작전은 통했다. 흐루쇼프는 케네디에게 다음과 같은 서한을 보냈다. "우리에게 쿠바를 침공하지 않겠다고 약속해 주시오. 그러면 미사일을 철수하겠소." 케네디는 기꺼이 응했고, 위기는 전적으로 끝나버렸다.

앨리슨과 젤리코에 따르면, 수송을 멈추겠다는 흐루쇼프의 최후 결정은 워싱턴의 미국기자클럽에서 바텐더로 일하던 소련 스파이가 제공한 첩보로부터 영향을 받았다. 이 바텐더는 〈헤럴드 트리뷴〉의 어느 기자로부터 공격이 "철저히 준비를 마쳤고 언제든 시작될 수 있다."라는 이야기를 들었다고 했다. 이토록 애매한 정보로도 역사는 바뀐다.

📌 함께 읽으면 좋은 책

• 칼 번스틴, 밥 우드워드 《워터게이트》
• 한스 모겐소 《국가 간의 정치》

톰 버틀러 보던의 ★ 한마디 ★

케네디와 흐루쇼프는 서로에게 적대적인 인류를 각각 대표하면서도 많은 공통점을 지녔다. 이들은 저마다 어마어마한 조언과 이해관계, 정보 사이에서 최선의 진로를 찾아내야만 했으며, 어쩌면 수십억 인구의 생명을 책임지는 '최후의 중재자'였다. 이 사실은 뒤늦게 흐루쇼프의 양심을 자극한 것으로 보이며(그는 최고간부회에서 동지들에게 "세계를 구하기 위해 우리는 후퇴해야만 한다."고 말했다), 반면에 핵대치를 피하겠다는 케네디의 열렬한 욕망은 통수권자로서의 자신감을 잃지 않기 위해 강건하게 행동해야겠다는 필요성을 통해 더욱 강화됐다.

조직정치와 긴박한 명령의 영향력에 주의를 기울이면서도 책 전반에서 케네디의 리더십 지능이 드러난다. 흐루쇼프와 달리 케네디는 절대로 충동적이지 않았고, 최선의 방안이 도출될 때까지 다양한 주장과 선택지를 계속 견주었다. 리더십적인 교훈을 차치하고서라도, 1962년의 사건들을 그저 냉전시대의 매력적인 에피소드로만 바라보는 것은 실수다. 모두 다시 벌어질 수 있는 일들이기 때문이다. 앨리슨과 젤리코는 이렇게 덧붙인다. "핵전쟁과 관련해 사건이 일어날 가능성이 낮은 것과 아예 불가능한 것 간에는 굉장한 격차가 존재한다는 것을 미사일 사건보다 더 명료하게 입증하는 사례는 없다."

10

A Promised Land

다문화 안에서 평등의 정치를 꿈꾸다
약속의 땅

"

우리는 모두 다르지만 한 국민으로

계속 묶여 있다고 주장하는 목소리였다.

또한 선의를 지닌 남자와 여자가 함께 더 나은 미래로

향하는 길을 찾아낼 수 있다는 목소리였다.

나는 그들을 실망시키지 않으리라고 다짐했다.

"

버락 오바마 Barack Obama

1961년 하와이에서 케냐 출신의 아버지와 유럽계 미국인 어머니 사이에서 태어났다.
컬럼비아대학교와 하버드 로스쿨을 졸업했으며, 대학 졸업 후 시카고로 돌아가 민권
변호사로 일했다. 1992~2004년까지 시카고대학교 로스쿨에서 헌법학을 가르쳤다.
1997~2004년 사이에 일리노이주 의회 상원에서 3선에 성공했고, 2004년에 상원
선거에 출마했다. 2008년 미국 대통령 선거에 민주당 소속으로 출마, 미국 최초의 아
프리카계 미국인으로 대통령에 당선되었으며, 2012년 미국 대통령 선거에서 재선에
성공해 총 8년의 임기를 마치고 퇴임했다.

2016년 대선에서 트럼프 대통령이 승리를 거둔 후 버락 오바마와 미셸 오바마Michelle Obama는 에어포스원에 올라 캘리포니아로 향했다. 선거 결과에 감정적으로 기진맥진해지고 8년 동안 성취한 것들이 모두 수포로 돌아갈 것이라는 위기감 속에서 오바마 부부는 잠을 청하고, 느긋한 점심 식사와 햇살을 즐겼다. 또한 오바마 대통령은 백악관에서의 8년을 글로 담기 시작했다.

오바마 대통령은 자신의 자서전이 500쪽 정도면 될 것이라 예상했지만, 그는 정치인으로서뿐 아니라 작가로서도 엄청난 사람이었다. 마지막 원고는 700쪽까지 늘어났는데 이제 겨우 2011년에 오사마 빈 라덴Osama Bin Laden을 사살하는 부분에 도달했을 뿐이었다. 오바마는 대통령으로 사는 것이 어떤 것인지 알려주고 싶어했고 대략은 성공한 것 같다. 대통령 자서전을 읽으며 기대할 법한 정책 이야기로 빼곡한 장들 사이에 아주 개인적인 순간들(보좌관들과의 카드놀이, 주머니 사정, 에어포스 안은 어떤지, 담배를 끊기 위한 노력 등)을 잘 엮어냈다.

책 전반에서 오바마가 미국의 신념 자체를 진심으로 믿고 있다는 점이 드러난다. '제국주의' 미국을 맹비난하는 사람들과 어울리던 학생 시절에조차 그는 미국 예외주의를 믿었다. 미국의 여러 실패와 결점을 아주 잘 알고 있음에도 "미국의 사상, 미국의 약속… 나는 놀라울 정도로 고집스럽게 이런 것들에 집착했다."

《약속의 땅》은 양극화되고 냉소적인 트럼프 임기를 거친 뒤에 읽기에는, 그리고 미국의 아프가니스탄 철수의 낭패 같은 사건들 사이에서 읽기에는 약간 순진해 보일 수도 있다. '팍스 아메리카나Pax Americana'는 죽었다는 말도 들린다. 그러나 오바마가 즐겨 말하듯, 그가 대통령이 됐다는 사실 자체가 뻔한 현실 속에서 희망이 승리를 거둔 사례였다. 그가 겨룬 정책적 승리 이상으로, 오바마가 대표하는 민주주의, 다문화주의, 세계주의, 평등 등이 그가 남긴 진정한 유산이다.

빈부격차, 인종과 계급 문제에 반문하다

오바마는 자신의 어머니 스탠리 앤 더넘Stanley Ann Dunham을 시대에 앞선 여성이라고 애정을 듬뿍 담아 쓴다. 어머니는 이례적으로 백인이 아닌 남자와 한 번도 아니고 두 번이나 결혼한, '반인종차별주의자'였고, 동남아시아의 빈민층을 위해 선구적으로 미소금융을 추진했다.

더넘은 오바마를 하와이에서 가장 좋은 사립학교인 푸나후 스쿨에 보냈지만, 학비의 대부분은 중서부에 사는 백인 조부모가 냈다. 그의 할머니는 어린 시절에 대공황을 겪었고 자라서는 하와이 은행의 부행장이 됐다. 버락과 여동생이 사립학교에서 교육을 받을 수 있었던 것은 할머니와 할아버지가 제공한 재정적인 든든함 덕이었다.

오바마의 아버지는 하버드대학교에서 교육받은 경제학자로, 하와이대학교에 최초로 입학한 아프리카계 학생이었고, 그곳에서 오바마의 어머니를 만났다. 아버지 오바마는 케냐 정부에서 일했고, 아버지와 아들이 함께 시간을 보낸 유일한 시기는 오바마가 열 살이 되던 해, 그가 한 달 동안 호놀룰루를 방문했을 때뿐이다. 아버지 오바마는 결국 알코올의존증에 걸리고 여러 차례 교통사고를 겪다가 1982년 사망했다. 다시 말해서, 오바마의 인생에서 성인 여성들은 남성보다 훨씬 강했다.

오바마는 자기 자신을 '게으른 학생, 재능은 별로 없는 열정적인 농구선수, 그리고 끊임없이 파티에 참석해 열심히 노는 사람'이라고 묘사했다. 이렇다 보니 그가 마침내 미국의 대통령이 됐을 때 (여전히 가깝게 지내는) 고등학교 동창들이 당황스러워한 것도 당연했다. 인도네시아에서 유년기를 보내면서 그는 어마어마한 빈부격차를 목격했고, 인종과 계급, 경제발전에 대해 의문을 가지기 시작했다. 오바마는 책에서 어느 정도 답을 찾았고, 도스토옙스키 Dostoevskii 부터 랄프 왈도 에머슨 Ralph Waldo Emerson 까지 모든 책을 게

걸스레 읽어댔다. 그러나 인문학 중심의 사립학교인 로스앤젤레스 옥시덴털칼리지에 입학한 그는 자신의 지적인 관심(마르크스, 헤르베르크 마르쿠제Herbert Marcuse, 미셸 푸코Michel Foucault, 버지니아 울프Virginia Woolf)은 모두 자기가 쫓아다니던 여학생들의 흥미에 따라 달라졌다고 고백한다.

사이비에 가까운 지적 추구였음에도 '세계관에 가까운 뭔가가 마음속에 자리 잡기 시작'했다. 정치인과 기업의 이해관계에 의구심을 품고 사회적 정의에 기대는 관점이었다. 뉴욕의 컬럼비아대학교로 편입한 오바마는 싸구려 아파트에서 수도승 같은 생활을 했고, 사회 변화에 대한 방대한 물음을 기록하기도 했다.

컬럼비아대학교를 졸업한 후 오바마는 시카고의 지역사회 활동가로 활약했다. 이 경험을 통해 성장하면서도 한계가 느껴졌다. 그가 미칠 수 있는 영향력은 그저 미약한 수준이었고, 그는 더 광범위한 규모로 정책에 영향을 미치고 싶었다. 하버드 로스쿨이 더 큰 그림을 제공해 줬고 그는 〈하버드 로 리뷰〉 최초로 흑인 편집장이 됐다. 전통적으로 대법원이나 최고의 법률회사로 이어지는 경력이었다. 오바마는 결국 사기업에 취직했지만, 결코 돈을 쫓지 않았다. 이 과정에서 얻은 최고의 성과는 미셸 로빈슨Michelle Robinson이라는 멘토를 만난 것이었다.

인종 편견을 뛰어넘은 정치인

열렬한 구애를 거쳐 결혼한 후 미셸은 오바마가 뉴욕주 상원의원 선거운동을 성공적으로 추진할 수 있게 도왔다. 그녀는 오바마가 얼마나 야망에 찬 사람인지 서서히 깨닫기 시작했지만, 연방선거에 입후보하면서 일을 크게 벌리는 모습에 경악했다.

결과적으로 불명예스러운 참패를 당했고, 오바마는 자신의 동기와 우선순위를 되돌아볼 수밖에 없었다. 이기적인 야망과 소명은 어디에서 차이가 나는가? 그가 실질적으로 손에 넣으려는 것은 무엇이었나?

2000년 로스앤젤레스에서 열린 민주당 전당대회에 참석한 그는 아멕스 카드로 자동차를 빌리려 했으나 지불을 거절당하고 말았다. "나는 거의 마흔 살이었다. 빈털터리에 치욕스러운 패배를 당했으며, 결혼생활도 간당간당했다. 평생 처음으로 내가 잘못된 길에 접어들었다고 느꼈다."

그 후 2년 동안 오바마는 소소한 삶에 만족했다. 가족과 시간을 보내고, 자산을 관리했다. 그리고 주 상원에서의 일과 로스쿨 강의 사이에서 균형을 맞췄다. 그러나 그는 "나는 내 마음 깊은 곳에 있는 신념을 포기하기엔 아직 이르다는 생각을 떨쳐버릴 수가 없었다. 정치인으로서는 이젠 됐다, 아니면 이만하면 됐다고 말할수록, 진심으로 내려놓을 준비가 되어 있지 않음을 알고 있었다."라고 쓴다.

오바마는 도시에 사는 아프리카계 미국인의 세계와 교외나 지방에 사는 백인의 세계 사이를 가르고 있는 깊은 골에 충격을 받았다. 미국인들이 변화하기 위해서는 그 골짜기에 다리를 놓아야 했다. 정치인은 자신의 선거구민뿐 아니라 전체 공동체에 말을 건네야만 했다.

일리노이주는 미국의 소우주로 잘 알려져 있다. 북쪽에는 대도시인 시카고가 펼쳐져 있고 남쪽으로는 거의 백인들이 사는 지방이었다. 연방 선거에서 패배한 직후 주 상원의원 선거에서 승리할 수 있으리라 생각하는 것이 무모해 보일 수도 있었다. 당시 연방 상원의원 중에는 아프리카계 미국인이 단 한 명도 없었다. 그러나 오바마는 자신이 승리할 것이라는 '엄청난 확신'을 경험했고, 언론 컨설턴트 데이비드 엑설로드David Axelrod를 자기 팀에 합류하라고 가까스로 설득했다. 미셸은 꺼림칙한 쪽이었고, 이 움직임이 도박이자 돈 낭비라고 여겼다. "내가 원하는, 하지만 미셸은 진심으로 원치 않은 방향으로 나가기 위한 또 다른 한 걸음이었다." 버락은 자기가 베스트셀러 책을 써서 가족의 재정문제를 해결할 수 있다고 다소 순진하게 생각했다.

오바마는 TV 광고를 할 수 있게 수백만 달러를 벌어야만 했지만, 잠재적인 후원자들에게 전화를 걸어야 하는 게 싫었다. 그는 바깥으로 나가 사람들의 말에 귀 기울이는 것을 좋아했다. 그는 선거 연설에서 다음과 같이 말했다. "사람들은 정부가 자기 문제를 해결해줄 것이라 기대하지 않습니다. 그러나 직관적으로 알고 있습니다. 우선순위만 살짝 바꾸면 정부가 도와줄 수 있다는 것을요."

이번에는 가속도가 붙었다. 일리노이주의 모든 주요 일간지들이 그를 지지했고, 결국 53퍼센트를 득표했다. 그리고 결정적으로 시카고의 모든 백인 선거구에서 승리했다. 이는 언론에서 놓칠 수 없는 놀라운 일이었다. 흑인 후보가 모든 인구층을 사로잡은 사건이었다.

이후 2004년 오바마는 민주당 전당대회에서 감동적이면서 아주 사적인 기조연설을 했다. 바로 이 연설에서 새로운 지지자들을 몰고 온 그 유명한 한 마디가 등장한다.

"흑인의 미국도, 백인의 미국도, 라틴계들의 미국도, 아시아인들의 미국도 아닙니다. 우리는 미합중국입니다."

'혼혈'이라는 배경을 고려해 볼 때 오바마는 가끔 제 자리를 찾지 못하는 위화감을 느꼈었다. 그러나 그는 이렇게 썼다. "우리의 공통된 인간성은 차이점보다 더 중요하다는 생각이 내 DNA에 새겨져 있었다."

대통령을 꿈꾸다

이제 겨우 마흔셋이 된 오바마는 '시간이 얼마든지 있으며' 인내심을 가져도 좋다고 느꼈다. 잠시 한숨 돌리고 부지런한 상원의원이 되기로 했다. 그는 2008년 대선에 나가려고 생각하지 않았다. 그러나 상원의원 테드 케네디Ted Kennedy와의 만남에서 "자네가 시간을 선택하는 게 아니네. 시간이 자네를 선택하지."라는 말을 들었다.

오바마는 마틴 루서 킹의 '군악대장의 본능'이라는 말을 곰곰이 되새겼다. 본능적으로 우리는 모두 '행진의 선봉에 서고' 자신의 위대함을 칭송받고 싶어 한다. 그러나 그러한 자만심은 많은 사람들에게 혜택을 줄 수 있는 일을 할 때 활용될 수 있다. 오바마는 자기가 '하느님의 뜻에 따른 일'을 한다거나 마틴 루서 킹이 그랬듯 '자유와 정의라는 명분과 떼려야 뗄 수 없는' 사람이라고 단언할 수는 없었다고 인정한다. 실제로 그는 이렇게 썼다. "세상에서 가장 영향력이 큰 자리를 손에 넣기 위해 필요한 자질 가운데 하나가 과대망상이라면, 나는 분명 시험에 통과할 수 있을 것 같았다."

그러나 그는 자기와 자기 가족이 잔혹한 경험을 하게 되리라는 것을 알기에 출마를 꺼렸다. 액설로드가 그에게 말했다. "대통령이 되기엔 좀 너무 평범하고, 너무 바르시긴 하죠." 팀 회의에서 액설로드는 "왜 대통령이 될 필요가 있는 걸까요?"라고 물었다. 오바마는 대답했다.

"저는 미국 곳곳에 흑인 아이들, 히스패닉 아이들, 그리고 그 어디에도 속하지 못하는 아이들이 있는 걸 알아요. 이 아이들이 자기 자신을 다른 눈으로 보게 될 거예요. 자신의 지평이 넓어졌고, 가능성도 커졌다는 것을요. 그리고 그것만으로…… 그것만으로도 가치 있는 일입니다."

회의실이 고요해졌고, 그 순간부터 그는 미셸의 지지를 얻게 됐다. 그는 이렇게 썼다. "나는 이 모든 것이 어떻게 펼쳐지는지 지켜봐야만 했다."

대통령 선거에 돌입하자, 오바마는 호텔에서 생활하며 똑같은 이야기를 하루에도 예닐곱 번씩 해야 했다. 그는 미셸과 아이들이 그리웠다. 그러나 흑인 시위자들이 잔혹한 백인 경찰들과 충돌한 그 유명한 셀마의 행진에 합류하면서 그는 "여기에 비하면 내 부담감은 얼마나 하찮은지 깨달았다."고 썼다.

그는 그저 힐러리 클린턴Hillary Clinton이나 존 에드워즈Johnny Edwards와 경쟁한 것이 아니라 인종에 있어서 타성과 저항이라는 무거운 짐에 맞서야 했다. 전문가들은 '버락 후세인 오바마' 같은 이름으로는 교외의 백인이나 미국 지방에서 절대 승리할 수 없을 것이라 계속 웅얼거렸다. 그는 인종차별주의자들에게 피뢰침 같은 존재가 됐고, 대통령 후보임에도 특별한 비밀경호를 받았다.

다양한 실수로 오바마의 선거운동이 일시적으로 정도에서 벗어났고, 그는 특별히 선거운동에 능하지도 않았다. 그는 힐러리 클린턴이나 심지어 존 에드워즈보다도 잘 단련된 연설가가 아니었고, 한참이 지나서야 "내가 좋든 싫든 간에 사람들은 사실이 아니라 감정에 따라 움직였다."는 걸 깨달았다. 선거운동 슬로건인 "그래, 할 수 있어(Yes we can)"을 두고 오바마는 처음에 너무 가식적이라고 생각했지만, 미셸은 그 문구가 마음에 들었고 결국 그녀가 이겼다.

금융 붕괴라는 대위기 속에서

2000년대 초기에 오바마는 소득의 근거가 거의 없음에도 얼마나 쉽게 워싱턴 D.C.의 아파트를 차환할 수 있는지 알고 놀랐다. 그에게는 금융권에서 일하는 친구가 있었는데, 그 친구는 오바마에게 말도 안 되는 대출이 서브프라임 모기지 시장에서 이뤄지고 있다고 제보했다. 2007년 9월 오바마는 나스닥에서 연설을 하며 서브프라임 대출을 더욱 강력하게 감독해야 한다고 제안했다.

서브프라임은 시장 붕괴와 그 후 이어진 심각한 경기침체를 불러온 첫 번째 도미노 조각이었다. W. 부시 대통령은 1,680억 달러에 달하는 구제책을 승인했으나 더 많은 조치가 필요했다. 경제는 오바마 대통령 임기의 첫 2년을 지배했다.

미국에서 가장 큰 금융기관들 가운데 절반 이상이 도산하거나 강제로 합병과 구조조정을 겪어야 했고, 230만 미국 가정이 압류됐다. 그리고 수만 명이 일자리를 잃었다. 가계 자산이 16퍼센트 떨어지고 사회구조가 붕괴할 가능성이 높아졌다. 많은 사람들이 오바마가 경제 돌아가는 방식을 바꿀 절호의 기회를 활용하는 대신, 금융위기에서 기존의 이해관계를 보호한다고 믿었다. 그러나 대통령으로서 오바마는 이렇게 주장했다. "내 최우선과제는 경제

질서를 다시 구성하지 않는 것이었다. 그렇게 추가적인 재앙을 방지하고 있었다."

래리 서머스Larry Summers와 티모시 가이트너Timothy Geithner와 함께 일하면서 오바마는 구제금융의 두 번째 트랜치Tranche(투자상품을 여러 부분으로 나눠서 각기 다른 위험과 수익률을 가진 채권으로 판매하고 위험을 분산하는 방식—옮긴이)를 발행하도록 승인을 얻었다. 핵심은 '사람들의 주머니에 돈을 넣어주는 것'이었다. 식량을 원조하고, 세금을 감면했으며, 인프라에 투자했다. 2009년 2월 회생법은 공화당으로부터 전혀 표를 얻지 못한 채 통과됐고, 8,000억 달러 이상을 경제에 투입했다. 이 법과 가이트너의 은행 취약성 평가를 거치면서 시장은 다시 합리적인 분야로 되돌아갔다.

놀랍게도 리먼 브러더스 파산 이후 9개월 만에 대대적인 금융 안정과 성장, 일자리 창출이 시작됐다. "대재앙이 벌어지지 않고 정상적인 상태가 유지됐더라면 이목을 끌지 못했을 것이다. 이번에 영향을 받았던 대부분의 사람들은 우리 정책이 자기네 삶에 어떻게 영향을 미치는지 알지조차 못했으리라." 오바마가 피하려고 애썼던 대상이 결국은 대통령 임기에서 가장 큰 성과가 됐다.

규칙이 적용된 국가정책

인도네시아에서 보낸 유년 시절 덕에 오바마는 미국을 비미국인의 관점에서 바라볼 수 있었다. 미국은 '언덕 위에 빛나는 불빛'이었지만, 결점도 가지고 외교정책의 실수들도 저질렀다. 이념적인 이유로 개발도상국에서 음습한 짓을 수도 없이 많이 행했다. 그러나 오바마는 미국이 역사상 그 어떤 초강대국과도 다르며, 위대한 자유와 번영을 대표하기 위해 '국제적인 법과 규칙, 규범을 철저히 따르기로' 선택한 국가라고 주장한다. 그러면서 팍스 아메리카나하에서 "수많은 사람들이 예전보다 더 자유로워지고, 더 안정적이면서, 더 부유해졌다."고 했다. 그러나 허리케인 카트리나에 대한 대응과 이라크와 아프가니스탄에 대처하는 방식 등이 모두 미국의 평판에 누가 됐다. 미국은 일방적으로 행동할 때가 아닌, 공익을 위해 동맹을 결성하고 제도를 확립할 때 항상 최선을 다했다.

오바마 대통령은 여러 미국인들이 그렇듯 다른 국가가 부상한다 해서 위협을 느끼지 않았다. 따라서 다른 미국 정치인들보다 반중국 정서가 덜했다. 그는 중국이 자국에 유리하면서 미국 노동자들에게는 불리하게 국제무역제도를 조작하고 있음을 인식했다. 중국은 국제법에 관심이 없었고, 다른 편의 지위와 영향력을 평가할 뿐이었으며, 자기 멋대로 굴기 위해 무엇이든 했다. 동시에 오바마는 자유무역이나 세계화를 멈추고 싶지 않았고, 어쨌든 불가능한 일이기도 했다.

오바마의 임기 첫해에 냉전이 종식된 후 지구를 휩쓸던 민주화와 자유화, 통합의 희망찬 물결이 잦아들기 시작하고 있었다. 어두운 세력이 힘을 모으고 있고, 오랜 경기침체로 인해 야기된 스트레스가 상황을 더욱 악화시킨 다는 점이 분명해졌다.

국제적으로 민주주의의 후퇴와 이민자를 배척하는 민족주의의 부상이 당시의 질서였다. 국내적으로 사회계약은 정치가 양극화되고 부의 불평등이 커지는 가운데 무너져 내렸다. 하나가 되어 전진하는 사회 대신, 사람들은 갈라진 틈 사이로 빠져버리고 '절망의 죽음' 앞에 무릎 꿇고 말았다.

📌 함께 읽으면 좋은 책

- 마틴 루서 킹《나에게는 꿈이 있습니다》
- 사울 알린스키《급진주의자를 위한 규칙》
- 이사벨 윌커슨《카스트》
- 한스 모겐소《국가 간의 정치》

톰 버틀러 보던의 ★ 한마디 ★

《약속의 땅》은 오바마가 받은 (세간에 도는 소문에 의하면 3,000만 달러에 이른다는) 엄청난 자금을 정당화하는가? (자동차 회사의 구제, 오바마케어의 통과를 위한 지대한 노력, 세계 기후변화회의의 음모 등) 훌륭한 성과를 나열하면서도, 푸틴과 후진타오, 메르켈과 사르코지 같은 인물들과 함께 협상 테이블에 앉고, 이들의 진면모와 동기들을 알아보는 것이 어떤 느낌인지 알려준다.

오바마는 세계지도자들과 조우하면서 국가(와 국민)에는 두 가지 유형이 있음을 알게 된다. 언제나 공공의 선을 추구하는 자와 편협하고 이기적인 목적을 지닌 자들이다. 오바마가 보호하고 도모하려 애써온 고결한 미국이 여전히 존재하는지, 앞으로 활기를 되찾을지, 아니면 더 광범위한 역사적 힘이 점차 이를 상쇄할 것인지는 두고 봐야겠다.

PART 2

국가와 국민을 위해
정부가
할 수 있는 일

50 POLICICS CLASSICS

11
Politica

국가와 정부의 존재 이유에 대하여
정치학

> 66
>
> 인간은 그 자체로 선과 악, 정의와 불의 같은 것들에 대해
> 의식하는 것이 특징이며, 이런 의식을 가지고 사는 생물들이
> 유대하면서 가족과 국가를 만들어낸다.
>
> 99

아리스토텔레스 Aristoteles

기원전 384년 마케도니아의 스타게이로스(지금의 그리스 북부) 시에서 태어났다.
17세에 아테네에 있는 플라톤의 아카데미에서 공부를 시작했다. 플라톤이 세상을 떠
난 뒤 터키와 그리스 레스보스섬으로 여행을 떠나, 해양생물학, 식물학, 동물학, 지리
학, 지질학 등의 학문을 연구했다. 기원전 322년 세상을 떠났다. 저서로는 《형이상학》
《시학》《수사학》《니코마코스 윤리학》 등이 있다.

"인간은 정치적 동물이다." 아리스토텔레스는《정치학》의 첫 문단에서 이렇게 썼다. 인간은 어떤 목적을 가진 집단의 일부로서 다른 이들과 함께 살아가지 않으면 사라지고 만다. 이 지점에 이르기 전까지 인간은 그저 '야수 또는 신'이며, 정욕과 폭식 같은 충동에 따라 존재한다. 이들은 더 고귀한 원칙에 따라 살도록 만들어지기에 사회에 들어오고 나서야 양육되고 문명화된다.

　고대 그리스인들에게 사물은 그들의 목적이나 관례에 따라 규정됐다. 그리고 아리스토텔레스의 국가관은 목적론적이다. 즉 국가는 명확한 목적이나 결과를 위해 존재한다는 의미다. 말하는 능력을 제외하고 사실상 우리를 다른 동물들과 차별화해 주는 것은 바로 우리의 도덕관념, 혹은 무엇이 옳고 그른지, 선하고 악한지를 파악할 수 있는 능력이다. 따라서 국가의 목적은 근본적으로 윤리적이다. 국가는 우리가 사회적, 혹은 경제적 측면에서 번창할 수 있도록 보장하기 위해서 뿐만 아니라 우리가 공정하게 살아갈 수 있도록 존재한다.

국가 자체는 "자연의 창조물이자 개인보다 우선시된다."고 아리스토텔레스는 대담하게 주장한다. 도시국가는 시민의 보호를 위해 존재하는 것처럼 보일지라도, 그 진정한 목적은 시민들이 물질적으로 더욱 풍요로워지는 것에 더해 훨씬 높은 영적·철학적 수준에 도달할 수 있도록 하는 것이다. 아리스토텔레스의 이상 국가는 단순히 개인들을 폭력으로부터 보호해 주는 감시탑이 아니며, 분명히 시민의 발전과 행복이 국가의 목적이 된다. 이 점에서 아리스토텔레스는 후대의 국가 설립자들에게 커다란 영향을 미쳐왔으며, 긍정적인 결과를 적극적으로 도출하려는 법률과 정책을 만들기 위해 일부 개인적인 자유를 잘라낼 구실을 안겨주었다.

아리스토텔레스와 그의 스승 플라톤은 국가의 목적에 대해 대체적으로 동의했지만 목표 달성의 수단에 대해서는 의견이 달랐다. 플라톤은 국가의 수준이 국민의 수준과 같으며, 따라서 사회공학이 필요하다고 믿었다. 플라톤의 도식상, 검열과 공유재산, 그리고 계몽된 엘리트의 통치는 사회의 목표를 달성하기 위해 필수적이었다. 그리고 플라톤은 자신의 책 《국가》를 통해 어떻게 그럴 수 있는지 설명했다. 아리스토텔레스는 인간을 조금 더 믿었고, 가족 단위(혹은 적어도 노예를 포함한 가구)와 사유재산이 안정적인 사회의 기반이라고 생각했다. 두 철학자는 민주주의가 그 혼란스러움 속에서 사회의 '올바른' 결과를 달성할 수 있을지에 대해서는 회의적이었다. 그러나 아리스토텔레스가 인간 본성을 더 열렬히 인정한다는 사실은 그의 정치가 좀 더 현실적이며, 그 결과로서 오랜 세월 동안 국가와 정부에 더 많은 영향력을 미쳤다는 의미다.

가정과 국가 통치의 차이점

국가는 근본적으로 여러 가정으로 이뤄졌으며, 따라서 그 구성요소를 살펴볼 가치가 있다고 아리스토텔레스는 지적한다. 그의 분석에는 노예를 소유하는 것이 부당한지에 대한 의문이 포함되어 있다. 아리스토텔레스는 이렇게 묻는다. "목적에 따라 상황이 규정된다면, 태어나면서부터 노예가 되기로 계획된 사람이 정말 있을 수 있는가?" 있을 수 있다. 어떤 사람은 지배하기 위해 태어나고, 어떤 사람은 지배당하기 위해 태어난다. 그저 그러고 싶어서가 아니라, 상황이 잘 돌아가려면 필요하기 때문이다. 그러한 이중성이 우주 곳곳에서 목격된다면, 사회에도 당연히 존재해야 하지 않을까?

가장 기본적인 사실은 어떤 사람들은 다른 사람들보다 우월하게 태어난다는 것이다. 누군가는 정치 생활에 적합하고, 또 누군가는 가정을 부양하기 위해 육체노동을 가장 잘 해낸다. 이 사람들은 다양한 일을 해낼 정도로 합리적이지만 그 정신은 추상 개념까지 확장되지 못한다. 그러나 노예와 주인의 관계는 양측 모두 자신의 신분을 인식하고 받아들여야만 성립하며, 그런 후에야 서로 기꺼운 마음으로 시중을 들거나 부양하게 될 것이다. 아리스토텔레스는 관계가 오직 힘과 법률을 통해서만 이뤄진다면 양측 모두에게 좋지 않다고 말한다.

노예제를 옹호하는 아리스토텔레스의 주장은 논리적인 결론에 이르지 못했다는 문제점을 지닌다. 예를 들어, 한 노예가 가정을 꾸릴 만큼 똑똑하고 교육받을 기회가 있었다면, 그가 자유인의 수준으로 생각하고 행동하고 말하지 못하게 가로막는 눈에 보이지 않는 장벽이 있다고 주장하기는 어려웠을 것이다. 그러나 아리스토텔레스는 전체적인 그리스 도시국가 체제가 노예제를 기반으로 삼는다는 것을 알기에 이 기반을 없애자고 동의할 수 없었다.

아리스토텔레스의 결론은 가정의 통치와 국가의 통치가 같지 않다는 것이다. 가정은 군주정이어야 하고 구성원들 간의 근본적인 불평등을 인정해야 하는 반면, 국가는 자유인과 평등한 인간들로 구성되어야 하며 헌법에 따라 지배해야 한다.

국가의 최고 목적은 행복 추구다

《니코마코스 윤리학》에서처럼(《세계 철학 필독서 50》을 참고하자), 아리스토텔레스는 인생의 주요한 목적이 행복이며 행복은 오직 미덕에 따른 삶에서만 생겨난다고 주장했다. 이와 같은 맥락으로, 그는 《정치학》에서 국가의 목표도 유사해야 한다고 말한다.

"국가는 가능한 최고의 삶을 목표로 하는 비슷한 사람들의 연합이다. 가장 좋은 것은 행복이며, 행복하다는 것은 미덕을 적극적으로 실행하고 전적으로 활용하는 것이다."

아리스토텔레스의 국가 철학은 국가가 어떻게 가장 잘 조직되어야 하는지 고민하는 데에서 출발했다. 모든 것은 공유되어야 하는가? 스파르타 국경선을 따라 연인관계와 어린아이들을 공유하는 것은 효과가 없지만, 재산은 어떠한가? 재산을 공평하게 나누는 것은 좋은 생각이지만 인간의 본성에는 어긋난다. 사람들은 물건을 소유하기를 좋아하고 노력을 통해 부자가 되려고 노력한다. 그리고 공유를 강제하지 않고 사람들이 스스로 이익을 추구하도록 내버려둔다면, 사회는 더욱 안정되고 대립이 줄어들 것이다. 사람들은 가능한 한 많이 나누도록 장려되어야 한다. 그리고 이들은 사유재산을 가졌을 때만 이웃에게 가장 큰 친절을 베풀 수 있다.

플라톤은 국가가 온전히 통일되고 사회적·문화적 생활이 엄격하게 통제됐을 경우에만 강해진다고 믿었지만, 아리스토텔레스는 반대 입장을 고수했다. 즉 국가는 다양한 목소리와 생각 덕에 강해진다고 믿었다. 플라톤은 오늘날 우리가 자본주의와 재산의 축적이라고 부르는 것들을 비난한 반면에, 아리스토텔레스는 어느 정도 한도가 있긴 하나 두 가지 모두 인간의 본성과 조화를 이룬다고 여겼다. 모두에게 이익을 안겨줄 부와 재산 축적에 적용하는 법을 만드는 것이 국가의 역할이라고 본 것이다.

아리스토텔레스는 플라톤보다 훨씬 더 민주주의자였던 반면에, 플라톤은 국가는 '철인 왕' 계급이 꾸려나가야 한다고 믿었다. 아리스토텔레스는 좀 더 민중적인 관점을 가졌으며, 한 국가의 시민이 된 이상 반드시 폴리스Polis(그리스의 도시국가들은 오늘날의 대의민주주의는 아니었지만, 시민들이 국가 통치에서 직접적인 역할을 맡도록 허용했다. 다만 여성과 노예, 외국인은 시민에서 제외됐다)의 문제에 참여해야 한다고 말했다. 또한 그는 교육을 가정에만 맡기기에는 너무 중요하다는 이유에서 공교육 체계를 지지했다. 이는 아리스토텔레스가 플라톤과 유일하게 공유한 믿음이다. 그러나 공교육에 대한 아리스토텔레스의 관점은 플라톤이 마음속으로 그리던 집단 세뇌 방식보다는 공립학교 제도에 가까웠다.

아리스토텔레스가 보는 최고의 정치 형태

아리스토텔레스에게 정치학은 올바른 헌법에 도달하기 위해 진정으로 여러 유형의 헌법을 비교하는 학문이다. 정치학의 목적은 플라톤의 관점에서 '완벽한' 체제를 발견해 내는 것이 아니다. 다만 관련한 도시나 국가에 가장 적합하며 가장 큰 장점과 가장 작은 단점을 지닌 체제를 찾는 것이다. 아리스토텔레스는 군주정과 과두정, 중우정의 장단점을 상세히 논했으며, 크레타와 카르타고, 스파르타, 그리고 다른 지역의 사례들을 제시했다.

아리스토텔레스의 새로운 도식은 통치자의 숫자(한 명이냐, 소수냐, 다수냐)에 따라 정치 형태를 구분했고, 그 후 각 통치의 '올바른' 형태와 '타락'한 형태를 제안했다. 예를 들어, 1인 통치에서 군주정은 올바른 형태지만 독재정은 타락한 형태다. 소수통치에서 귀족정은 타락한 과두정에 비해 올바른 형태다. 다수통치에서는 후술할 혼합정Polity이 중우정보다 선호된다.

아리스토텔레스는 속박받지 않는 민주주의를 지지하지 않았으나, 과두정보다 더 안정적이라고 느꼈다. "소수보다는 다수가 더 청렴하다. 마치 많은 양의 물은 적은 양의 물보다 쉽게 오염되기 어려운 것과 같다." 그는 이렇게 썼다. 성공적인 사회, 혹은 혼합정은 적당한 재산을 소유한 대규모 중산층 시민들, 그리고 국가 행정에 대한 직접적인 정치적 개입을 바탕으로 세워진다. 그는 혼합정이 공정하기 위해서는 다음과 같아야 한다고 말했다. "그 누구도 자신이 지배를 받는 정도보다 더 많이 지배해서는 안 되며, 모두에게 기회가 주어져야 한다." 혼합정은 부유층의 지배(과두정) 또는 빈민의 지배(민주정)만 존재하는 체제들과는 달리 태생적으로 불균형하지 않기 때문에 유효하다. 부유층은 지켜야 할 것이 너무 많고, 빈민은 거의 잃을 것이 없으며, 그로 인해 두 계층 모두 폭력과 대변동을 정당화할 수 있다. 그와는 대조적으로, 대규모 중산층의 이익은 두 계층 사이에서 안정적인 부분을 형성한다.

아리스토텔레스는 사회가 경제적으로 지나치게 불평등해진다면 중우정에서 과두정으로 변화할 것이라고 경고했다. "부유층이 엄청나게 많아지거나 재산이 증가할 때 정치 형태는 과두정 또는 가문들의 통치로 바뀐다." '상위 1퍼센트'에 관한 오늘날의 논의, 그리고 리처드 윌킨슨Richard Wilkinson과 케이트 피킷Kate Pickett의 《평등이 답이다》 같은 책에서 다루는 불평등의 심화에 대한 제안 같은 맥락 안에서 2300년이나 묵은 아리스토텔레스의 경고를 읽는다는 것은 무척이나 흥미진진하다.

아리스토텔레스가 현재의 독재 정권을 본다면

아리스토텔레스는 "과두정과 폭군정만큼 수명이 짧은 정치 형태는 없다."라고 강조했다. 한나 아렌트의 《전체주의의 기원》에서 예를 들자면, 우리 시대에서 목격할 수 있듯 폭군정은 엄청난 권력을 휘두르며 난데없이 등장하지만, 갑작스러운 붕괴에도 취약하다. 필연적인 결과다. 그렇게 전적인 강압을 기반으로 하는 정치 형태는 압박감과 적대감을 높이고, 따라서 갑작스런 혁명을 통해 무너질 수 있기 때문이다. 반대로 중도적이거나 민주주의적인 체제는 등장하고 쇠퇴하는 데 오랜 세월이 걸릴 가능성이 높다. 아리스토텔레스는 "부실한 헌법과 다 썩은 엉터리 배는 아주 작은 실수에도 붕괴하는 까닭에, 최악의 정치 형태에 가장 세심한 주의를 기울여야 한다."고 말한다.

규모가 크고 인구가 많은 민주주의는 숫자가 많은 만큼 타고난 안정성이 존재하기 때문에 일반적으로 그 상태 그대로 유지된다.

과두정과 폭군정에서는 질서를 유지하기 위해 반드시 엄청난 자원이 투입되어야 한다. 아리스토텔레스는 오늘날 독재정권이 시민들을 단속하기 위해 인터넷 사용을 제한하고 시위와 집회의 자유를 금지하며 법관을 통제하는 모습을 보아도 전혀 놀라지 않을 것이다. 또한 이 정권들의 취약성에도 충격받지 않을 것이다.

📌 함께 읽으면 좋은 책

- 리처드 윌킨슨, 케이트 피킷 《평등이 답이다》
- 플라톤 《크라톤》
- 한나 아렌트 《전체주의의 기원》

톰 버틀러 보던의 ★ 한마디 ★

어느 정부든 최고의 정치적 조직체가 무엇인지 물을 때 우선 다음과 같이 질문해야 한다. "지금 이곳에서 살아가는 사람들을 위해 우리가 달성하려고 노력하는 삶의 형태는 무엇인가? 우리는 행복한 삶을 어떻게 정의하는가?" 행복한 삶에서 외부의 선善이 중요하지만, 아리스토텔레스는 이 선은 보통 정직과 중용 등 '영혼의 미덕'을 통해 달성된다고 강조한다. 그리고 외적인 것들에는 결국 한계가 있고 그것을 소유한 이를 타락시키는 경우가 매우 많지만, 개인의 미덕에는 한계가 없으며 무한대의 긍정적인 영향력을 가진다. 미덕과 올바른 행동은 우연히 생겨날 수 없으며, 또한 이 두 가지 없이는 훌륭한 국가와 사회가 건설될 수 없다.

아리스토텔레스의 관점처럼 미덕의 추구가 개인을 위한 최고의 삶이라면 국가는 미덕을 향해 움직일 수 있게 다스려져야 한다. 국가는 그저 시장을 규제하거나 계약을 지지하거나 방어를 위해 세워져서는 안 된다. 국가가 번창하고 발전하는 데에는 더 고귀한 목표가 있어야 한다.

12

Kriton

법규범 준수에 대한 강력한 옹호

크리톤

"

'사지마비인 자도, 눈먼 자도, 불구자도 당신만큼
이 나라에서 머물러 있지는 않을 거요. 그리고 이제는
도망가고 합의를 저버리다겠니. 소크라레스,
우리의 조언을 받아들인다면 그렇게 하지 마시오.
이 나라에서 달아나 스스로를 우스꽝스럽게 만들지 마시오.'

"

플라톤 Platon

기원전 427년경에 태어났지만 유년시절에 관해서는 거의 알려진 것이 없다. 소크라테스가 세상을 떠난 후 그리스와 이탈리아, 이집트 등을 널리 여행하며 철학자인 에우클레이데스Euclid와 피타고라스Pythagoras 사상가들과 함께 시간을 보냈다. 40대에 아테네로 돌아와 유명한 철학 학교인 아카데미아를 세워서 지성의 중심이 됐다. 그가 가르친 학생 가운데 하나가 아리스토텔레스였다. 기원전 347년에 세상을 떠났다.

플라톤은 젊은 귀족으로, 아테네에서 오랫동안 명망을 쌓아온 가문 출신이었다. 플라톤도 정계에 진출하기 위해 몇 차례 시도했지만 실패했다. 그러나 시에 더 관심이 많았고, 스승인 소크라테스Socrates의 영향을 받아 철학에도 흥미를 느꼈다. 그의 인생을 뒤흔들어 놓은 사건이라면 기원전 399년 소크라테스가 세상을 떠난 것이다. 소크라테스는 아테네의 젊은이들을 타락시켰다는 죄명을 받았다. 플라톤의《에우튀프론》《변론》《크리톤》《파이돈》은 이 위대한 스승의 재판과 감옥에서 보낸 마지막 나날들, 그리고 실제 죽음을 묘사한 내용으로, 소크라테스 철학을 그대로 담았다. 소크라테스는 그 무엇도 직접 글로 남기지 않았다. 사물의 본질에 도달하기 위해 질문과 답변으로 탐구하는, 가장 유명한 '소크라테스의 대화법'도 마찬가지다.

《크리톤》은 사형선고를 받고 집행을 기다리는 소크라테스와 그의 부유한 친구 크리톤 간에 주고받은 대화를 기록한 것이다. 사회계약 또는 시민과 국가 간의 관계라는 사상을 처음으로 상세히 설명하고 있으며, 이는 세월이 흐른 뒤 홉스《리바이어던》와 루소《사회계약론》 등에 의해 반복됐다. 소크라테스가 친구와 벌인 논쟁의 요지는 아무리 결점이 많다 하더라도 법규범은 소중하게 여겨야 한다는 것이다.

이 책은 감옥에 갇힌 소크라테스를 찾아온 크리톤이 탈옥을 권유하는 것으로 대화가 시작되는데, 그는 소크라테스가 탈옥을 해야 하는 이유를 나열하며 소크라테스를 설득하려 한다. 하지만 소크라테스는 국법의 관점에서 왜 탈옥을 해서는 안 되는지에 대해 설파한다. 특히 "가장 소중히 여겨야 할 것은 그저 사는 것이 아니라 잘 사는 것이다."라는 소크라테스의 말은 지금까지 현대인들에게 수많은 질문이 되어 돌아온다. 앞서 출간되었던《소크라테스의 변명》에서 소크라테스가 '아테네의 청년을 타락시켰다'라는 오명을 쓰고 재판을 받은 이유도 아테네 시민들과 토론을 벌여 많은 적을 만들었기 때문이었다. 이처럼 소크라테스의 인생에서 토론은 매우 중요하고 가치 있는 행위였다. 소크라테스에게 토론은 어떤 의미였을까? 그에게 토론은 무엇이 옳고 그른지를 밝히는 유일한 수단이었다. 그래서 소크라테스는 현자라고 주장하는 사람들을 찾아가 그들이 옳은지를 토론했고, 감옥에서는 살 수 있는 기회가 있었음에도 과연 탈옥이 옳은지, 아니면 국법을 따르는 것이 옳은 것인지에 대해 크리톤과 깊이 있게 토론을 벌였던 것이다.

소크라테스와 크리톤의 서로 다른 관점

아테네의 국사범 교도소에서 동이 틀 무렵, 소크라테스는 잠에서 깼다가 크리톤이 감방에 찾아온 것을 알았다. 크리톤은 소크라테스보다 나이가 조금 많지만 상냥하고 부유한 친구였다. 소크라테스는 왜 크리톤이 자기를 깨우지 않았는지 궁금해했고, 크리톤은 친구가 끔찍한 현실을 다시 한번 마주하기 전에 몇 분이라도 더 길게 평화로운 무의식 속에 머물길 바랐다고 대답했다.

모순적이게도 소크라테스보다 크리톤이 더 우울하고 불안해했다. 그는 어째서 소크라테스가 그리도 차분할 수 있는지 궁금했다. 소크라테스는 자기 나이에 죽음을 두려워하는 것은 바람직하지 않다고 대답한 뒤, 크리톤에게 자신을 찾아온 이유를 명확하게 밝혀달라고 부탁했다. 크리톤은 아테네에서 약 50킬로미터 떨어진 수니움에서 테세우스가 미노아 문명에 패한 것을 기념하려는 해상작전의 일부로 배가 한 척 곧 떠날 것이라고 했다. 전통에 따르면 이 행사가 치러지는 동안 사형집행이 중지되기 때문에 소크라테스에게는 하루 동안의 여유가 더 있다고 넌지시 말했다. 소크라테스는 여기에 동의하지 않으면서, 꿈속에서 아름다운 여성이 나타나 앞으로 며칠 더 '집'에 가지 않을 것이라 말했다고 했다.

크리톤은 감옥에서 탈출하자고 소크라테스에게 간청했다. 친구를 잃고 싶지 않을 뿐 아니라, 어차피 사람들은 크리톤이 탈옥을 도왔다고 절대 믿지 않을 것이기 때문이었다. 사람들은 크리톤이 교도관에게 뇌물을 주길 원치 않기 때문에 탈옥을 시도하지 않을 것이라 생각할 것이었다. 소크라테스는 사람들이 어떻게 생각하는지는 상관없으며 진실은 결국 드러난다고 대답했다. 여론의 힘은 과대평가되어 있고, 게다가 개인의 성격이나 윤리는 절대 바뀌지 않는 법이다. 그러자 크리톤은 소크라테스가 친구들을 보호하려고 도망가지 않는 것인지 궁금했다. 탈옥에 관여했다가 발각되면 재산을 모두 빼앗길 테니 말이다. 따라서 크리톤는 소크라테스에게 뇌물로 쓸 돈이 그다지 크지 않으며 일단 탈출에 성공하면 특히나 테살리아를 포함해 여러 곳에서 그를 환영할 것이라고 강조했다. 또다시 소크라테스를 설득하면서, 그는 지금 당장 삶이 끝나도록 손을 놓는 것은 옳지 않다고 했다. 소크라테스에게는 더 많은 나날과 나눠야 할 지혜들이 많기 때문이었다. 그러므로 쉬운 길을 택하고 책임을 직시하라고 제안했다. 이것이야말로 분명 소크라테스가 오랫동안 설파해 온 이야기였다.

명예와 정의를 추구하는 삶

소크라테스는 자신이 친구들 때문에 동요될 수 없으며, 자신은 이성을 바탕으로만 결정을 내린다고 말했다. 그는 크리톤에게 물었다. "어떤 의견이 다른 의견들보다 더 가치 있다는 게 맞소?" 크리톤은 긍정적으로 대답했다. 소크라테스는 한 사람이 뭔가를 위해 교육받고 있을 때는 누가 칭찬이나 비판을 해주었는지는 중요하다고 말했다. 이 사람은 존경받는 스승의 말에 귀를 기울이는 한편, 스승보다 아는 게 없는 다른 사람들의 의견은 무시해야 한다. 예를 들어, 건강과 안녕감에 관해 제대로 아는 사람들의 조언을 따른다면 번영하겠지만 군중의 습관과 태도를 따른다면 우리 건강은 곧 악화될 것이다. 같은 이유로, 정신과 윤리에서 지나치게 타협하는 사람에게는 삶이 거의 살 가치가 없음을 깨달을 것이다. 이를 피하기 위해서 우리는 대중들의 세계관이 아닌 보편적인 도덕 기준에 따라 살아야 한다. 이 사람들이 우리의 삶과 죽음에 영향을 끼친다고 하더라도 마찬가지다. 이쯤에서 크리톤은 친구가 자기 상황을 현실적으로 바라보길 바라며 그의 말에 동의했다. 그러나 소크라테스는 이런 영향에도 불구하고 중요한 것은 삶 자체가 아닌 '선한 삶', 즉 명예와 정의를 추구하는 그런 존재라고 말해서 친구를 실망시켰다. 그렇다면 질문은 법을 회피하고 도망가는 것이 소크라테스에게 옳고 정의로운지가 되어야 한다. 자기 자신을 학대하는 결과를 낳을지라도, 분명히 가장 큰 위험은 죽음이 아니라 잘못된 일을 하는 것이다.

우리가 어떤 법을 따르려면, 그 법이 잘못됐다고 생각하더라도 전적으로 따라야 한다. 우리가 법과 동등하다는 이야기가 아니다. 실은 법 앞에서 시민의 지위는 아버지 앞의 아들, 혹은 사장 앞의 직원과 비슷하다. 자신이 가족 혹은 회사의 일부라고 생각한다면 아버지 혹은 사장의 법에 따라야만 한다. 이따금 아들이 스스로가 더 뛰어나다고 자각하면서도 아버지를 위로해야 하는 경우가 벌어지는 것처럼, 시민은 국가가 알맞다고 생각하는 정의에 따라 상벌을 내린다면 따르는 것이 옳고, 또한 마찬가지로 국가가 요구하는 바에 따라 전쟁에 나가야 한다.

그럼에도 법을 따르라

소크라테스는 아테네 국가의 법이 그에게 명령을 내리는 하나의 독립체라고 상상했다. 법은 소크라테스가 아테네를 떠나지 않아야 한다고 주장한다. 그는 여기서 살면서 행복하지 않았어야 했나? 재판에서 그는 사형 대신 아테네에서 추방을 당하겠다고 요청하지도 않았다. 소크라테스가 이제는 감옥에서 도망쳐 다른 나라에서 살겠다고 결정하면, 그는 즉각 그 나라의 적이 될 것이었다. 아네테의 법에 복종할 수 없다면 새 나라의 법에 복종해야겠다는 생각이 어찌 들겠는가? 게다가 소크라테스가 도망가면 그가 나라와 젊은이들을 타락시킨다는 배심원단의 평결이 옳다고 증명할 뿐이다. 법과 질서를 하찮게 여기는 행동이기 때문이다. 따라서 법은 마침내 이렇게 말한다. "크리톤의 조언을 따르지 말라. 우리의 말을 따르라."

이쯤에서 크리톤은 소크라테스가 실제로 자신이 상상한 법의 조언을 따르리라는 것을 확신했다. 소크라테스의 마지막 말은 "신이 내게 마련해 두신 것이 확실한 길을 걷게 해다오."였다.

- 로버트 노직 《아나키에서 유토피아로》
- 아리스토텔레스 《정치학》
- 토머스 홉스 《리바이어던》

톰 버틀러 보던의
★ 한마디 ★

소크라테스에게 법은 인간이 만들었을지 몰라도, 영원한 진실이 분명히 드러나는 모습을 지켜보려는 신성한 계획의 일부였다. 그리스 여신 테미스는 신성한 질서와 법, 관습의 화신이고 오늘날에는 객관성을 지키기 위해 두 눈을 가리고 저울을 든 정의의 여신으로 등장한다.

소크라테스에게 사형을 선고한 배심원들은 객관성과는 거리가 멀지 몰라도, 그는 여전히 법에 복종하지 않은 자는 정의라는 개념 자체에 침을 뱉는 것이라 느꼈다.

13

Discori Sopra la Prima Deca Di Tito Livio

다원적 민주주의의 탄생을 알리다
로마사 이야기

> 시민의 손으로 통치하는 그 도시국가들은 아주 짧은 시간 내에
> 눈부신 성장을 하며, 언제나 군주들이 통치해 오던
> 그 도시국가들이 이룩한 성장을 훨씬 추월한다.
> … 그리고 시민의 통치가 군주의 통치보다 훌륭하다는 점 이외에
> 다른 이유를 찾을 수 없다.

니콜로 마키아벨리Niccolo Machiavelli

1469년 피렌체에서 태어났다. 라틴어와 수사학, 문법 등을 교육받은 마키아벨리는 1498년 제2서기국 서기장과 10인위원회 서기장으로 선출됐고, 2년 후에는 처음으로 외교 임무를 띠고 프랑스의 루이 12세를 만났다. 또한 율리우스 2세와 신성로마제국 막시밀리안 황제의 동향을 살피는 역할도 했다. 1512년 피렌체공화국이 무너지면서 직위에서 물러나야 했고, 음모죄로 고발되어 투옥과 고문을 겪다가 석방됐다. 1527년 세상을 떠났다.

마키아벨리는《로마사 이야기》를 열면서, 사람들은 인생의 덧없음을 이해하려고 고대로마나 그리스까지 거슬러 올라가지만, 위대한 문명을 만들어낸 노력과 사상, 원칙들을 제시한 입법자와 시민, 왕들에 대해 존경은 거의 표하지 않는다고 말했다. 몇 세기 동안 로마는 성공적으로 계급 간의 이해관계를 잘 맞추고, 폭군의 통치를 저지했으며, 상대적인 평화 속에서 시민의 번영을 추구했다.

마키아벨리 같은 르네상스 인문주의자들은 티투스 리비우스 Titus Livius가 로마공화국이 등장하고 세력을 넓혀가는 과정을 설명한《리비우스 로마사》같은 고전역사를 읽으며 영감을 얻었다. 리비우스가 설명하는 전성기 로마공화국의 목적의식과 질서는 16세기 이탈리아 도시국가들의 불안정이나 나약한 리더십과는 대조된다.

마키아벨리는 게으른 이론가가 아니었으며 피렌체공국에서 중요한 역할을 수행했다. 그러나 1512년 메디치 가문이 추방당한 지 18년 만에 통치권을 되찾았을 때, 고위관료로서의 경력은 끝이 났다. 마키아벨리는 체포되어 고문을 받다가 석방됐다. 산탄드레아 인 페르쿠시나에 있는 자신의 농원에서 그는 메디치 가문의 환심을 사고 정계로 돌아가게 해줄 책을 쓰기 위한 계획을 세웠다. 마키아벨리는 로렌초 데 메디치Lorenzo de Medici에게 《군주론》(《세계 철학 필독서 50》을 참고하자)을 바쳤지만, 국가를 구하기 위해 일반적인 윤리는 모두 버려야 한다고 말하는 통치자용 권력 설명서는 사실 그를 권력의 중심으로 되돌려 보내는 데 실패했다. 그 후 마키아벨리는 더 오랜 시간이 필요했던 《로마사 이야기》에 착수했다.

《로마사 이야기》는 국내적으로는 중대한 자유와 국민적 동의 등을 허용하면서 외교정책의 관점에서는 여전히 강한 모습을 가지는, 마키아벨리가 선호하는 국가의 정치 모델을 나타낸다. 마키아벨리는 이 책을 통해 그가 오랫동안 믿어왔던 공화제를 옹호하고자 했으며, 한 군주가 아니라 두 친구에게 의도적으로 헌정했다. 그는 이 책이 생전에 출판되리라 기대하지 않았으며, 이는 이탈리아 도시국가들이 어떻게 통치되고 있는지에 관해 그가 내놓은 의견들을 생각하자면 오히려 잘된 일이었다.

《로마사 이야기》는 정치철학의 역사에서 중요한 자리를 차지한다. 플라톤의 《국가론》 같은 유토피아적인 책략에 맞서는 해결책을 제공하기 때문이다.

마키아벨리는 갈등이 허용되고, 이 갈등이 실제로 제도의 일부인 사회만이 실제로 탄탄해질 것이라고 믿었다. 그와는 대조적으로 시민들에게 이상적인 질서를 강요하는 제도는 불안정하거나 취약하다고 보았다. 관점의 다양성이나 반대 의견을 수용하지 못하기 때문이다. 마키아벨리는 플라톤이 변화를 저지하려는 지점에서 제도와 여론이 끊임없이 발전한다는 것을 알았다. 이를 통해 그는 현대사회에서 가장 성공적인 형태의 정치조직으로 손꼽히는 대규모 다원적 민주주의를 탄생시키는 모델을 제공했다.

로마가 통치에 성공한 이유

국가가 선택한 정부의 형태가 무엇이든 간에 충분한 시간이 흐르고 나면 언제나 부패한다고 마키아벨리는 주장한다. 군주제는 필연적으로 폭군정이 되고, 귀족정은 과두정이 되며, 민주정은 무정부상태가 된다. 로마가 통치에서 거둔 위대한 성과이자 안정을 유지한 근원은 군주정과 귀족정, 그리고 민주정의 요소들을 결합하되, 그 가운데 어떤 것도 특별히 우위를 차지하지 않았기 때문이다.

　로마공화국은 왕의 통치를 두 명의 집정관(오늘날의 대통령이나 총리에 해당한다)과 귀족계급에서 선정한 한 명의 원로원으로 대체했다. 그렇게 함으로써 군주정의 요소와 귀족정의 요소를 국가에 효과적으로 결합했다. 그러나 일반 시민의 관심사와 요구를 대표하는 일을 하는 호민관이 여기에 균형을 맞췄다. 호민관은 '시민과 원로원 사이에 서서 귀족들의 오만함에 저항하는' 역할이었다.

이런 확장을 통해 로마는 아테네와는 달리 완벽한 국가에 가까워졌다. 사회의 모든 구성원들이 인정받고, 적어도 권력에 접근할 수 있었다. 마키아벨리는 "자유에 호의적인 모든 법률은 시민과 귀족 간의 갈등에서 기원한다."고 말했다.

고발하고 탄핵할 권리가 청렴한 정치인을 기른다

"대중들 앞에서든 어떤 공의회나 재판소에서든 간에, 어떤 방식으로든 국가의 자유를 위협해 온 시민들을 고발할 수 있는 권리가 가장 유용하거나 필수적인 권한이다."

마키아벨리는 비방 혹은 중상이 여러 국가의 몰락을 가져왔다고 주장한다. 일부 대중이 어떤 공인公人에 대해 불만을 가지면, 비밀리에 그를 파멸시키려는 방식을 모색하게 된다. 이는 차례로 반대 계책을 유발하고, 이를 통제할 수 있는 정부가 없다면 도시나 국가 주변으로 몰려들게 된다. 적의와 증오는 공식적으로나 공개적으로 표현할 수 없기에 더욱 강력해지고 사회 전체를 독으로 물들게 한다. 마키아벨리는 이런 과정을 피렌체에서 목격했다. 피렌체는 옛 귀족계급과 개혁을 원하는 귀족들 사이에서 분열됐는데, 여기서 발화점은 피렌체 사령관 프란체스코 귀차르디니Francesco Guicciardini가 루카시를 무너뜨리는 데 실패했다는 것이었다. 루카

시민들에게서 뇌물을 받고 일부러 패배했다는 악성 루머가 퍼졌지만, 피렌체에는 이를 고발해도 재판할 법정이 없었기 때문에 불신과 혐오감으로 휩싸였다.

로마에는 법정이나 재판소에 고발할 수 있는 절차가 있기 때문에 증거에 따라 가늠한 후, 근거가 없다거나 진실로 드러났다고 증명할 수 있었다. 고위관리들조차 잘못을 저질렀다고 드러나면 탄핵당할 수 있었고, 결과적으로 고발을 두려워하게 된 권력자들이 자신들의 임무를 적절하고 청렴결백하게 행할 가능성은 더욱 높아졌다. 마키아벨리는 코리올라누스Coriolanus의 일화를 제시한다. 코리올라누스는 기근이 들자 로마 시민을 굶주리게 만들어 이들의 권력을 약화시키려 했고, 대중들은 분노에 차서 그를 살해할 준비를 갖췄다. 결과적으로 호민관은 코리올라누스를 공식적으로 고발했고 그는 추방당했으며, 그의 추방이 로마에는 큰 도움이 되었다. 로마에서 일반 대중과 원로원은 언제나 사이가 좋지 않았으나, 탄핵 절차 덕에 특정 귀족에 대한 대중의 불만은 온전히 표현될 수 있었다. 양쪽 중에 그 누구도 결코 지배권을 가져오기 위해 국외 세력을 끌어들이지 않았다고 마키아벨리는 언급한다. '집 안에 치료약이 있으면 밖에서 찾아볼 필요가 없기 때문'이었다.

어떻게 강한 국가가 될 것인가

권력을 확장하고 싶은 국가는 로마를 모방하는 것이 최선이라고 마키아벨리는 말한다. 그저 현 상태를 유지하고 싶은 국가는 베니스나 스파르타 도시국가를 따라 해야만 한다.

스파르타는 로마보다 더 작은 집단(오직 왕과 귀족으로만 구성됐다)이 통치했고, 인구도 훨씬 더 적었다. 건국자 리쿠르고스Lycurgus는 스파르타 시민들이 외국인으로 인해 '희석'되어서는 안 된다고 믿었고, 따라서 비스파르타인과의 혼인은 허용되지 않았으며, 시민권 역시 몹시 제한적이었다. 그런 특성들은 국경 내에서는 평온함을 자아냈으나, 국가가 더 이상 성장할 수 없다는 의미였다. 베네치아 국가는 귀족과 평민으로 구분됐고, 두 계급 모두 뒤늦게 베네치아로 이주한 사람들이 거부당한 특정한 권리들을 누렸다. 이주민들은 그 수가 적었기 때문에 기존의 질서를 뒤집을 수 없었던 것이다. 스파르타와 베니스는 분명 황제의 지배를 받았던 시기를 거쳤으나 오래가지 않았다고 마키아벨리는 주장한다. 그 통치 형태는 지나치게 고위계급의 권력에 의존하고 있었고, 따라서 로마와는 달리 대중들이 국가를 확장하거나 보호해야겠다는 동기를 가지지 못했다.

실제로 마키아벨리는 베네치아와 스파르타의 단결과 평화를 보장해 준 특성들이 로마에 적용됐다면, 로마는 결코 위대한 나라가 되지 못했을 것이라 생각한다. 로마는 무질서를 정상화할 수 있는 헌법적인 정세를 만들어냈기 때문이다. 하층민들은 무장을 할 수 있었고 호민관을 통해 어느 정도 정치권력을 발휘할 수 있었다. 또한 인구의 크기를 제한하지 않으려고 노력했는데, 이는 전쟁에서 큰 이점이 되었다. 그러나 귀족에 비해 평민계급이 컸다는 것은 통제가 쉽지 않았다는 의미도 된다. 마키아벨리에 따르면, 새로운 국가는 일부 무질서함을 대가로 지배력을 확장할 수 있게 해줄 커다란 규모의 인구를 가질 것인지, 아니면 국내의 혼란을 줄이는 대신 군사적인 역량이 약해질 것인지 중에서 선택해야 한다. 스파르타는 그리스 전체를 손에 넣었으나 이를 유지할 수 없었고, 베네치아역시 이탈리아를 계속 통치할 수 없었다. 마키아벨리는 자연을 모방하는 삶을 예로 들며, "빈약한 줄기가 크고 무거운 가지를 유지하는 것은 자연스럽지도 않고 가능하지도 않다. 마찬가지로 작은 공화국은 그 자신보다 강한 도시나 국가를 통제할 수 있을 거라 가정할 수 없다."라고 말했다.

훌륭한 통치자는 군주인가 시민인가

마키아벨리는 시민을 믿을 수 없다는 귀족들 사이의 일반적인 관점을 인정하지 않는다. 실제로, 시민은 더 이상 변덕이 심한 존재도 아니고, 군주나 개별 통치자보다 부족한 결정을 내리는 것도 아니다. 일부 대중은 아마도 판단이 서투를 수 있지만, 이 점은 관직을 얻고자 하는 사람을 꿰뚫어 볼 수 있는 대중들에 의해 균형을 맞출 수 있다. 게다가 로마 시민들은 귀족들만큼 애국심이 투철하고 충성스러웠다. 400년 동안 로마 시민들은 '왕명을 증오하는 데에 결코 긴장을 늦추지 않았고 끊임없이 조국의 영광과 복지를 위해 헌신'했다.

　실제로 법률을 제정하기 위해 구성하고 제도를 세우는 것은 왕과 귀족들이었지만, 마키아벨리는 법을 존중하고 제도를 유지하는 시민들에게 더 큰 신뢰를 품어야 한다고 주장한다. 특정한 개인에게 법과 제도가 언제나 이익이 되는 것은 아니더라도, 그 개인은 이런 것들이 모두의 더 큰 이익을 위해 존재한다는 것을 알고 있다. 반면에 통치자는 법과 제도를 자신의 이익에 맞게 변화시킬 수 있는 노리개로 본다. 무정부상태로 전락하게 되는 시민들은 언제나 질서와 이성으로 되돌릴 수 있지만, 통치자들은 쉽게 제멋대로 법 자체가 되어버리고 죽음만이 이를 멈출 수 있다. 형편없이 운영되는 공화국도 훌륭하게 운영되는 왕국보다 더 많은 기회와 정의를 누릴 가능성이 높다.

　마키아벨리는 로마가 운이 좋아 위대한 국가가 되었다는 리비우스의 말에 동의하지 않는다. 로마는 똑똑한 정책과 통치를 펼쳤기에 발전할 수 있었다. 그런 로마 군대의 용맹함 덕에 많은 땅을 정복할 수 있었다. 관료제와 인력 관리를 위한 독창적인 제도와 수완 덕에 가장 훌륭하고 똑똑한 인재들이 성장할 수 있었고, 로마는 손에 넣은 땅을 지킬 수 있었다.

톰 버틀러 보던의
★ 한마디 ★

마키아벨리의 권력이론은 오직 성과주의적이고 이민을 허용하며 크게 성장하려는 욕망을 가진 국가만이 지속적인 영향력을 행사할 수 있다고 본다. 여기에 더해, 열린 정부와 신뢰할 수 있는 사법부, 그리고 한 사람이나 정당이 우세할 수 없게 방지하는 일련의 견제와 균형이 강조된다. 이것이 바로 오래 지속되는 권력의 성공 비결이다.

공화주의적 방식과 많은 인구를 조합한 덕에 로마는 지중해 지역을 비롯해 예상보다 더 넓은 지역을 지배하게 됐다. 또 다른 크고 무질서한 공화국인 미국이 세계를 제패하는 것 역시 비슷한 이유에서다. 반대로 사실상 이민을 받지 않고 순수혈통을 선호하는 일본은 스파르타에 가깝다. 일본인들은 한때 자기네가 속한 세계의 일부를 지배할 수 있었으나, 동질성에 대한 집착이 로마나 미국과 같은 위대한 강대국이 되지 못하는 걸림돌로 작용했다.

14

Leviathan

사회계약을 통한
절대군주제를 욕망하다
리바이어던

"

모든 인간이 이 권리를 가진 한,

그리고 자신이 좋아하는 것을 무엇이든 하는 한,

모든 인간은 전쟁 상태에 있게 된다.

"

토머스 홉스Thomas Hobbes

1588년 윌셔주 맘즈버리에서 태어났다. 삼촌의 지원 속에 옥스퍼드대학교에서 몇 년을 보냈다. 마흔이 되기 전 투키디데스Thukydides의 《펠로폰네소스 전쟁사》를 번역한 첫 번째 책을 출간했다. 《법의 기초》를 쓴 뒤 다른 영국 왕정주의자들과 함께 프랑스로 망명한 홉스는 파리에서 윤리와 도시철학에 관한 책 《시민에 대하여De Cive》를 출간했으며, 후에 영국으로 돌아와 황태자의 가정교사가 됐다. 80대부터 90대까지 활발한 집필활동을 이어가다 1679년 세상을 떠났다.

오늘날 토머스 홉스의 이름은 당시 수많은 계몽주의자들처럼 정치학과 동의어로 여겨진다. 그럼에도 그는 인간 지식의 모든 것을 자신의 탐구영역으로 삼았다. 그는 철학과 수학, 탄도학, 광학, 심리학에 관한 글을 썼고, 영국의 귀족들에게 자문하고 그들의 자녀들과 유럽 '순회 여행'을 떠날 수 있었던 덕에 르네 데카르트René Descartes와 마랭 메르센Marin Mersenne, 피에르 가센디Pierre Gassendi, 그리고 (전해오는 이야기로는) 갈릴레오 갈릴레이Galileo Galilei 등의 유럽 사상가들과 과학자들을 만날 수 있었다. 영국에서 그는 프랜시스 베이컨Francis Bacon과 극작가 벤 존슨Ben Jonson, 그리고 왕의 신성한 권력에 반대하는 역사가 존 셀든John Selden을 알게 됐다. 홉스는 물리적 우주에 대한 갈릴레오의 신선한 지식과 인간의 몸에 대한 윌리엄 하비William Harvey의 상세한 설명 등 새로운 '유물론'으로부터 큰 영향을 받았다. 홉스는 40세의 나이에 기하학을 알게 됐고, 그 정밀성과 확실성에 영감을 얻어서 인간의 문제와 정치라는 어두운 세계에도 이 엄격함과 확실성을 적용할 수 있을지 궁금해했다.

그 결과물이 바로 《리바이어던》이다. 이 책은 현대의 중앙집권 국가에 논리적 근거를 제공한다. 홉스가 이 책을 집필하던 당시 청나라 도시들은 유럽의 도시들보다 더 크고 강력했으며, 사람들은 오스만제국을 경외시했다. 그러나 유럽은 성장하고 있어서, 유럽의 무역상들은 세계를 누볐고 자연철학자들은 새로운 발견을 거듭했다. 결정적으로, 한 나라가 지배적인 위치를 차지하지 못했기 때문에 기술적이고 군사적인 경쟁이 불붙었다. 또한 완벽한 국가를 찾는 것이 더욱 시급해졌는데, 국민과 귀족, 왕 모두가 비교적 안정을 느낄 수 있다면 국가가 무엇을 성취할 수 있는가에 아무런 한계가 없었기 때문이다.

홉스는 이전부터 왕당파의 입장에 서 있었기 때문에 의회파의 저항을 받고 있었다. 이에 왕당파와 의회파가 벌인 내전에서 의회파의 승리가 굳어지자, 위협을 느낀 홉스는 프랑스로 망명을 떠났다. 따라서 왕당파의 입장에서 '절대군주'를 옹호한 저술이 바로 《리바이어던》이다. 하지만 그는 이 책에서 절대군주의 절대성은 개인의 합의에서 나온다고 보았다. 그러니 왕권신수설을 지지하는 다수의 왕당파들에게도 곱게 보일 리가 없었다. 뿐만 아니라 기독교계에서는 이 책이 무신론을 주장한다고 보아 홉스를 격렬하게 공격했다. 이후 찰스 2세의 왕정복고가 이루어지고 홉스는 영국으로 다시 귀국했지만, 그의 책은 출판 금지 조처를 당했고, 여전히 왕당파로부터 비판을 받았다. 반면 의회파는 홉스의 사회계약설을 연구하여 자신들의 이론으로 흡수했다.

이렇듯 여러 논란과 비판에 직면했던 《리바이어던》의 핵심 사상을 요약하자면, 인간의 이기적인 본성이 '만인의 만인에 대한 투쟁'으로 이어져 끊임없는 전쟁과 살육을 벌이고, 그 결과가 서로의 공멸임을 인지한 인간들이 투쟁을 종식하고 외부의 침입으로부터 보호받기 위해 한 명의 주권자에게 자신의 권리를 양도하기로 서로 간의 암묵적 계약을 하게 되는데, 이 암묵적 계약이 '국가state' 탄생의 배경이라는 것이다.

이 책으로 홉스는 전체주의자이며 성악설을 옹호한다는 오해를 받았다. 그 오해는 굉장히 오랜 시간 이어졌다. 하지만 분명히 기억해야 할 것은 홉스에게 있어 절대권력은 개인들 간의 계약을 통해서만 절대적이었다는 점이다. 체체나 신앙에 대한 맹목적인 추종을 거부하여 개인을 해방시켰다는 점에서 전체주의자라는 그간의 평가가 오해에서 비롯된 것이었음을 알아야 한다.

이런 관점에서 홉스가 성악설을 옹호했다는 평가에 대해서도 다시 한번 생각해 봐야 한다. 물론 홉스는 이 책의 상당 부분을 인간의 욕망과 본성 등 인간 전반에 대한 고찰로 채우고 있다. 하지만 홉스가 하나의 가설로 무한경쟁 상황인 자연상태를 설정한 것은 국가처럼 외적 통제 없이 이기적 본성만이 인간을 지배하는 상황에서 어떤 일이 벌어질지 추론하기 위해서다. 이를 통해 국가가 왜 필요한지, 인간이 왜 국가에 복종해야 하는지를 밝히고 있다.

따라서 홉스가 이런 자연상태를 설정한 이유를 간과한 채 인간의 본성을 다룬 부분에만 초점을 맞추면 논리의 오류가 발생한다.

홉스는 왜 절대권력을 주장했는지, 홉스는 어떤 인물인지에 대한 답을 얻기 위해서는 당시 정치적 배경과 주장의 전제를 면밀하게 살펴보아야 한다.

절대군주가 필요한 이유

정부와 법, 문명의 시대 이전에 사람들은 잔혹한 죽음과 전쟁이 계속되는 공포 속에서 살았다. '최고선Summum Bonum'이라는 개념이 없었고, 사람들은 오직 권력이나 쾌락, 사치라는 욕망만 추구했다. 이 문명 이전의 '자연상태'를 설명하는 홉스의 유명한 표현이 바로 "인간의 삶은 고독하고 가난하며 추악하고 야만스럽고 짧다."이다.

정부가 없다면 법도 없고 "법이 존재하지 않는 곳에 불의 역시 존재하지 않는다."고 홉스는 말한다. 옳고 그름은 아무 의미도 없다. 실제로 부정직성과 공격성은 전쟁 상태에서 '기본 덕목'이다. 모든 인간은 스스로 살아남아야 하며, 다른 인간이 소유한 것을 무엇이든 추구할 수 있는 자연권을 가졌다. 그러나 지속적으로 타인을 뛰어넘어야 한다는 의식은 미래에 대한 불안, 우리가 소유한 모든 것을 갑자기 잃을 수도 있다는 생각과 맞닿아 있다. 따라서 인간은 통치자나 국가로부터 보호받으려는 것을 포함해 불안정함을 줄여주는 해결책을 추구하게 된다.

개인 간의 갈등을 방지하기 위해서는 권위가 존재해야 한다. 가문이나 씨족, 지역, 국가의 우두머리가 존재해서 그의 말이 최종적이며, 모든 사람이 고립과 추방 혹은 죽음의 고통 속에서 그 말을 받아들여야 한다. 홉스에게 명확하고 가장 바람직한 권위의 형태는 단일한 통치자, 즉 군주제였다. 홉스는 군주제에 강한 신념을 가졌기 때문이 아니라(물론 그는 영국 내전에서 왕정주의자 편에 섰다), 역설적이게도 개인을 합당하게 존중하기 때문에 이런 믿음에 도달했다. 사람들은 다른 사람들과의 문제를 정의롭게 해결해 줄, 의심의 여지도 없는 강력한 심판관이 있어야 번영할 수 있다. 예를 들어, 계약이 무의미해질 때 궁극적으로 강제 집행할 수 있는 자가 있어야 한다. 절대권력 없이 인간은 급격히 국가의 정통성에 의문을 갖게 되고, 투쟁이 벌어지면서 자연상태로 복귀하게 될 것이다.

자유보다 질서

일부 비평가(그중 하나가 프랜시스 후쿠야마다)는 실제로 홉스의 정치철학이 (민주주의가 아니라면) 자유주의이고, 영국의 자유주의 전통이 발달하는 과정에서 중요했으며, 유럽의 나머지 국가들과 이후의 미국이 모방할 수 있는 본보기가 되었다고 주장한다. 그는 실질적으로 군주제를 최선의 통치 형태로 택했지만, 이것이 왕의 신성한 통치권을 부인하며 과거로부터 벗어났기 때문에 선택한 것이다. 군주는 천성적인 우월성을 갖지는 않지만 국민의 암묵적인 동의에 따라 통치하며, 국민은 군주의 권력을 인정하는 대가로 질서와 안정성을 얻는다. 따라서 절대주의 통치라 할지라도 여전히 적법할 수 있다.

《리바이어던》은 1642년부터 1651년 사이 영국에서 벌어진 끔찍한 내전 상황에서 쓰였음을 기억해야 한다. 당시의 선택은 지배적인 왕 아니면 공화국이었다. 홉스의 관점에서 새로운 세금을 가혹하게 부과하고 재산을 몰수하는 샤를 1세의 독단적인 행위 앞에서 개인이나 집단이 왕의 행위를 좋아하는지는 의미 없었다. 중요한 것은 과거에는 오직 혼돈과 각자도생만 있던 곳에 이제는 질서가 존재한다는 근본적인 사실이다. 홉스는 단순히 민주주의란 자연이 형식화된 상태이며, 그 안에서 이해관계가 경쟁하면서 영구적으로 불안정성을 만들어낸다고 본다. 민주주의적 욕망보다 더 중요한 것은 자기보호의 본능이다. 그는 자신이 꿈꾸는 위대한 국가를 바다를 지배한 신화적인 생명체의 이름을 따서 '리바이어던'이라 칭한다. 리바이어던은 태곳적부터 인간을 전쟁으로 이끌어온 교만함과 명예욕을 다스리는 위대한 정복자다. 이제 사람들은 공격과 복수의 문화 대신 강력하고 단일화된 군주제 안에서 평화와 안정을 누릴 수 있다.

📌 함께 읽으면 좋은 책

- 에드먼드 버크《프랑스혁명에 관한 성찰》
- 존 로크《통치론》

톰 버틀러 보던의 ★ 한마디 ★

오늘날 '리바이어던'은 비대한 국가이자 사회의 모든 구석구석에 영향을 뻗치는 괴물을 의미하는 용어다. 극단적으로 보면, 홉스의 철학은 파시즘과 전체주의에 대한 책임을 져야 한다. 그러나 그가 진정으로 의미했던 바는 정당한 권위 없이 유지되는 정치적 조직체는 없다는 것이며, 현대의 학자들이 주장하듯 (212쪽《국가는 왜 실패하는가》를 참고하자), 국가가 실패하는 이유는 침체된 경제 때문이 아니라 중앙집중적인 권력이 없기 때문이다.

물론 평화와 물질적 안정만으로는 절대 충분치 않다. 홉스는 종교와 언론의 자유를 향한 열정을 과소평가했는데, 오늘날 그의 의견이 시대에 뒤진 것처럼 보이는 이유가 바로 여기에 있다. 암묵적인 대중의 합의라는 홉스의 사상을 직접적으로 국민을 대표하는 의회정치에 대한 요구로 바꿔놓는 일은 로크의 몫으로 남았다. 로크의 천부인권은 이윽고 영국의 법뿐만 아니라 미국 헌법에서도 '생명과 자유, 행복 추구'에 관한 국민의 권리로 표현됐다. 헌법의 아버지들은 공공연히 군주제를 혐오했지만, 미국 대통령은 단순히 국가의 행정수반일 뿐 아니라 국가의 수장이자 최고사령관으로서 홉스의 전지전능한 군주를 재현하고 있다.

15

The Federalist Papers

연방헌법과 그 권한에 대한 완벽한 설명서

연방주의자 논집

"

여러 주가 보유한 권력들은 일반적인 업무 처리에서

생명, 자유, 국민의 재산, 그리고 국내 질서와 발전,

주의 번영 등과 관련한 모든 목표에 관여한다.

"

알렉산더 해밀턴 Alexander Hamilto, **존 제이**John Jay, **제임스 매디슨**James Madison

알렉산더 해밀턴은 1757년 서인도제도의 네비스에서 태어났다. 미국 독립혁명에서 대위로 근무했고 1777년에는 조지 워싱턴의 부관으로 임명됐다. 1789년 초대 미국 정부의 재무장관이 되었으나 1804년 부통령 애런 버Aaron Burr와의 결투에서 사망하고 말았다.

존 제이는 1745년 뉴욕시에서 태어났다. 1774~1977년에 대륙회의에 참가했고 1777년 뉴욕주 헌법을 작성했다. 뉴욕주 수석재판관, 대륙회의 의장, 외무부 장관, 그리고 대법원장 등을 지냈다. 1829년 세상을 떠났다.

제임스 매디슨은 1751년 버지니아에서 태어났다. 그는 버지니아 협약(1776년)과 대륙회의, 그리고 버지니아 입법회의에서 중요한 역할을 맡았다. 1809년 제퍼슨 정권에서 국무장관을 지낸 후 대통령으로 선출되었고, 그 후 재선에도 성공했다. 1836년 세상을 떠났다.

미국 헌법이 오늘날 얼마나 존경받는지를 감안하면 탄생 당시 얼마나 취약한 존재였는지 간과하기 쉽다. 1776년 토머스 페인은 이렇게 썼다. "독립을 두려워하는 진짜 원인이 있다면, 그것은 바로 아무런 계획도 아직 세워지지 않았기 때문이다. 인간은 빠져나가는 길을 볼 줄 모른다." 조국이 영국의 통치로부터 자유로워지길 바라던 많은 미국인들은 동시에 앞으로 나타날 정부의 형태에 불안해했으며, 특히나 갓 태어난 공화국이 폭정의 길로 빠르게 접어드는 건 아닌지 걱정했다. 1787년 헌법제정회의에서 생겨난 헌법은 13개 주 각각의 승인을 요구했지만, 뉴욕처럼 일부 주는 이 연방헌법이 자결권과 기존에 누리던 특권을 침해할까 봐 두려워서 받아들이려 하지 않았다.

헌법 입안자인 알렉산더 해밀턴과 제임스 매디슨은 미국 국민에게 헌법을 홍보하기 위해서는 공격적인 PR이 필요하다고 느꼈고, 유명 변호사인 존 제이와 함께 '푸블리우스Publius'라는 필명으로 뉴욕의 여러 일간지에 익명의 기사를 쓰기 시작했다. 푸블리우스는 로마공화국의 구원자이자 입법자 솔론Solon의 원법을 실행에 옮긴 현명한 사무관이었기 때문에 필명으로 쓰기에 제격이었다. 총 85편의 논문이 발표됐고, 그 가운데에 해밀턴이 51편을 썼다. 단시간 안에 기고한 글로서는 그 수준과 분량에서 모두 놀라울 정도였다.

이 책은 1788년《연방주의자》라는 제목으로 출간되었으며(지금은《연방주의자 논집》으로 알려졌다), 첫 권에는 명확한 중심점을 가진 강력한 연방구조를 옹호하는 글들이 실렸다. 그래야만 남부와 북부동맹 간에 분열이 생기지 않고 생명과 재산의 방어와 보호를 살필 수 있다는 주장이었다. 두 번째 권은 권력의 분립과 정부의 책임, 의원과 공무원에 대해 논했다.

토머스 페인의 반론은 일반인들이 보기에 분명《연방주의자 논집》보다 더 깊은 인상을 심어주었고, 조지 워싱턴과 벤자민 프랭클린이 연방헌법을 지지한다는 사실은 지루한 신문기사보다 대중들에게 더 많은 영향을 미쳤다. 그러나《연방주의자 논집》은 이성적인 어조로 독자들의 논리에 호소했으며 서서히 연방헌법과 그 권한에 대한 완벽한 논거를 쌓아가며 좋은 평가를 받았다. 세부적인 내용에 주의를 기울이자, 새로운 공화국이 권력을 쥐면 결국 왕 대신 대통령이 그 자리를 차지할 뿐인 현지화된 영국 군주정이라거나 또 다른 로마제국이 만들어지는 과정일 것이라는 의혹이 누그러졌다.《연방주의자 논집》은 미국이 최초로 정치이론과 철학에 기여한 사례로, 미국 대법원이 헌법 제정자들의 실제 의도를 확인하는 것이 중요한 사건을 판결할 때 수없이 인용되고 있다.

연방주의자와 연합주의자의 대립

연방헌법의 조항을 어느 정도 알아야만 《연방주의자 논집》이 만들어진 동기와 새로운 헌법을 이해할 수 있다. 여기에서의 헌법 조항이란 사실상 1780년대를 거치며 자리 잡은 미국 최초의 헌법을 말한다. 이 헌법 조항들은 자치공화국의 헌법이라기보다는 13개의 독립적이고 주권을 가진 주들이 맺은 '우애의 동맹'에 대한 법적 근거였다. 연방은 각 주가 투표권을 하나씩 소유한 의회를 통해 움직이며, 전쟁을 벌이거나 외교활동을 수행하고, 돈을 찍어내고 빌리며, 우편업무를 운영하는 권력을 가진다. 그러나 그 외에 다른 권력이 크게 부족했다. 세금을 인상하거나 군대를 강화하거나, (국내외) 상거래를 규제할 수 없었으며, 연방 행정제도나 사법제도도 갖추지 못했다. 협력에 의존해야 하는 한편, 실질적인 중심점이나 집행권이 없었기에 능력이나 권위도 없었다.

혼란스럽지만 해밀턴과 매디슨이 일찍부터 '연방주의자'라는 이름을 차지하는 바람에, 미국 최초의 헌법인 연합규약을 옹호하는 사람들은 스스로를 '반연방주의자'라고 불러야만 했다. 현실에서 연방주의는 정도의 문제라서, 반연방주의자들은 그저 더 강력한 중앙집권체제로서의 연방주의에 반대했을 뿐이다. 반연방주의

자들은 강력한 중앙정부를 수립하기 위한 협의는 결국 폭군정에 이를 것이며, 자신들은 '국민의 권리'를 위해 싸우고 있다고 주장했다. 해밀턴은 이 주장에 응수하며, 국민의 권리를 열렬히 부르짖는 것은 그저 권력의 사다리에 오르고 싶은, 권력에 굶주리거나 탐욕스러운 이들이 쓰는 가면일 뿐이라고 강조했다. 실제로 그는 역사적으로 자유주의적이고 약한 정부는 폭정으로 가는 지름길임이 드러났다고 말한다. 어떤 정부는 국민을 지켜주는 민중 지도자들에게서 시작될 수 있지만, 이 지도자들이 폭군으로 바뀌고 마는 것이다. 실제로 '정부의 힘은 자유를 보장하기 위해 필수적'이다.

아메리카합중국이라는 하나의 이름 아래

매디슨과 해밀턴은 18호 논문을 함께 쓰면서 고대 그리스와 당시 그리스의 연방제도가 지닌 근본적인 약점과 미국의 연방제도를 비교했다. 그리스는 진정한 연방이라기보단 인보동맹(고대 그리스에서 공통의 신전을 보호하기 위해 이웃 도시국가들이 형성한 동맹—옮긴이)으로 맺어진 공화국들의 느슨한 연방이었고, 더 강한 공화국들이 차례대로 서로를 지배했다. 이론상으로는 모두 평등할지라도 소규모 피지배 국가들은 사실 '가장 커다란 천체 주변을 도는 위성'들이었다.

그리스인들이 더 현명했더라면, 모든 국가가 동등한 권리를 가지며 힘으로 통치자를 결정하지 않는 긴밀하고 진실로 평등한 연합을 형성했을 것이다. 그리고 '결국에는 그 유명한 펠로폰네소스 전쟁을 일으키고 중심국인 아테네를 멸망시킨 서로에 대한 질투와 두려움, 증오, 상처'를 피할 수 있었을 것이다. 그리스 이야기는 미국의 연방제도에서 벌어질 만한 사태들을 완벽히 경고하는데, 어느 주이든 간에 그 당시 가장 강력한 주가 다른 주들을 지배할 수 있었다는 의미다. 반면에 온전하고 적절한 연합이 형성되었을 때 약한 주도 강한 주만큼 많은 권리를 보장받을 수 있었으며, 강한 주 역시 오직 아메리카합중국 자체로만 전쟁에 참전할 수 있다고 명확하게 언급한 헌법 규정에 따라 자신의 입장을 파악하고 있었다.

큰 공화국일수록 독재와 지배에서 자유롭다

9호 논문에서 해밀턴은 '새로운 통치과학'을 언급하며, 공화국을 보호해 줄 다양한 체계와 제도를 나열하고 있다. 그 가운데는 국가권력을 입법, 사법, 행정으로 나누고, 입법과정에서 견제와 균형을 유지하며, 직접민주제보다는 대중적 대의제가 포함되어 있다.

10호 논문에서 매디슨은 사회는 항상 '파벌' 혹은 소수의 이해관계에 의해 좌지우지되며, 특히나 작은 공화국일수록 더욱 그렇다고 주장한다. 그러나 아주 큰 공화국의 이점은 상충하는 이해관계가 너무나 많아서 한 집단이 다른 집단을 제치고 권력을 잡기가 더 어렵다는 것이다. 여기서 매디슨은 미 공화국이 지나치게 크고 다루기가 어렵다는 관점에 반박하기 위해 공화국의 크기 자체에 관한 유명한 주장을 내놓는다. 그는 공화국의 크기가 커야만 다양한 이해관계를 다투는 충분한 집단들이 존재할 수 있어서, 한 집단이 나머지를 지배하거나 독재할 가능성을 낮춰준다고 주장한다. 반대로, 단일국가 또는 연합에서는 종교적 분파나 재산의 재분배 같은 특정한 정치적 입장이 성공할 가망이 훨씬 높지만, 광활한 국가 전체에서는 그런 한 가지 이해관계로는 마음대로 지배할 수 없다. 대신, 정부는 전체의 이해관계를 충분히 반영하고 활성화시킨다.

연방에 부여한 과세의 권한

23호 논문에서 해밀턴은 외부 공격에 맞서 연합을 방어한다는 목표를 가진 '활기 있는' 중앙정부가 필요하다고 주장하고 있다. 또한 중앙정부는 국내를 안정시키고, 미국과 외국 간의 상거래를 규제하며, 다른 국가와의 관계를 관리해야 한다고 보고 있다. 이 목표들을 달성하려면 군대를 소집하고 함대를 정비하는 능력이 제한되어서는 안 된다. 그는 30호 논문에서도 같은 입장을 고수하면서, 정부가 맡은 일을 제대로 할 수 없다면 어떻게 국가가 안정적이고 자유로우며 번영할 수 있는지 묻는다. 정부는 필요한 곳, 특히나 스스로를 적절히 방어하기 위해 필요한 돈을 모을 수 있어야 한다.

해밀턴은 연방헌법이 이미 연합규약에서 규정하지 않은 권력을 새로이 의회에 부여하지 않았다고 강조한다(단, 반대하는 이가 거의 없던 상거래 규제는 제외다). 그보다 연방헌법은 단순히 기존의 권력에 '새로운 활기를 불어넣는' 것을 목표로 삼았다. 그는 중앙정부의 과세권이 다른 주의 과세권과 동등하다는 것을 입증하려 애썼는데, 이로 인해 각 주는 필요에 따라 자금을 조달할 수 있는 능력을 풍부하게 갖추게 됐다.

아메리카합중국에서 대통령의 권한

해밀턴은 아메리카합중국이 오직 강력한 집행권을 통해서만 생겨날 수 있다고 보았다. 선출 후 4년씩 재임하는 '단일한 국가원수'가 필요했고, 그럼으로써 세습통치자들이 무책임하게 군림하는 것을 막아야 했다. 대통령이 잘못 행동하면 탄핵될 수 있으며, 이는 왕의 '신성하고 불가침의' 통치권과는 달랐다. 영국의 왕은 전쟁을 선언하고 일으킬 권리가 있지만, 대통령은 군의 통수권자였다. 대통령은 상거래에 대한 권한이 없으므로 군주가 기업을 만들고 시장을 개설하고 돈을 찍어내는 능력을 보유한 것과는 대비됐다. 마지막으로 미국 대통령은 신앙의 최고수호자인 왕과는 달리 영적인 권위를 가지지 못했다.

　강력한 행정부는 남부연합정부와의 결정적인 차이이자, 새로운 아메리카합중국을 구성하는 세 가지 원칙 가운데 하나였다. 나머지 두 가지는 미국 국민들을 적절히 대표할 만큼 충분한 의원수를 갖춘 의회와 상원, 그리고 행정부과 주 당국 모두에서 독립적인 연방 사법부였다.

연방헌법의 의의

연방헌법은 인류에 대한 이상적인 관점을 기반으로 삼았기 때문이 아니라, 사실은 정반대의 이유로 탁월하다. 사람들은 자신의 이익을 추구하며 다른 사람들의 가치보다 자신의 가치를 추진하고 옹호한다. 따라서 이해관계의 다양성이 무성하게 꽃피우도록 허용하면서도 서로의 권력을 견제하도록 허용하는 제도를 갖추는 것이 낫다.

해밀턴과 매디슨은 몇 가지 기본원칙이 인도하는 가운데 자유로이 움직이는 다원주의 공화국, 그리고 견제와 균형을 바탕으로 세워진 통치조직을 그렸고, 이것이 바로 새로운 국가가 번창하기 위해 필요한 것임이 증명됐다. 그러나 당시에는 그 무엇도 명확하지 않았고, 《연방주의자 논집》은 매우 반직관적인 생각을 입증하는 데에서 비범함을 드러냈다.

📌 함께 읽으면 좋은 책
- 니콜로 마키아벨리 《로마사 이야기》
- 알렉시스 드 토크빌 《미국의 민주주의》
- 토머스 페인 《상식론》

연합주의자들과 연방주의를 주장하던 이들 간에 벌어진 다툼은 미국 정치에서 지역자치와 강력한 중앙정부 사이에서 근본적인 분열을 가져왔다. 이 갈등은 남북전쟁으로 이어졌고, 오늘날에도 강력한 권한을 가지고 높은 세금을 걷으며 복지국가론을 내세우는 워싱턴 정부가 쓸데없는 국외 전쟁에 개입하는 것에 저항하는 자유주의 운동으로 남아 있다.

각 분야의 전문가들은 해밀턴과 제이, 매디슨의 고풍스러운 관점을 꺼내어보고 이들이 본래 생각하던 국가의 목적이 무엇이었는지 떠올려봐야 한다. 그렇다. 한편으로는 국가가 지나치게 비대하고 강압적이 되지 않게 막아야지만, 동시에 다른 한편으로는 효율적인 중앙정부의 이점을 잊어서는 안 된다. 효율적인 중앙정부는 폭력으로부터의 보호, 재산권의 보존, 계약의 자유, 그리고 전국에 단일하게 적용되는 상거래 규제 등을 가능하게 해주기 때문이다. 그 덕에 미국은 하나의 국가와 하나의 민족으로서 위대해질 수 있었다.

오늘날 스코틀랜드와 카탈로니아, 퀘백 (그리고 실질적으로 브렉시트 이후의 영국) 등에서 벌어지는 분리운동의 지도자들이 《연방주의자 논집》을 읽어본다면, 강력한 연합이 주는 수많은 이점과 홀로서기의 대가 등을 떠올리며 교훈을 얻을 수 있을 것이다.

16

De la Democratie en Amerique

이방인의 눈으로 바라본
유럽과 미국 정치체제의 차이

미국의 민주주의

"

신이 우주를 다스리듯 국민이 미국 정치세계를 다스린다.

이들은 모든 사물의 이유이자 목적이다.

모든 것은 국민으로부터 나오고 모든 것은 국민에게 흡수된다.

"

알렉시스 드 토크빌Alexis de Tocqueville

1805년 프랑스 파리에서 태어났다. 법학을 공부했고 일부 법조계 자리에도 이름을 올렸으나, 대부분은 정치와 관련된 일을 했다. 1839년에서 1848년 사이 프랑스의 하원의원이 되어 분권화와 사법부 독립을 지지했다. 1848년 혁명에서 나폴레옹 3세의 쿠데타에 반대했지만, 여전히 제2공화국의 헌법을 제정하는 일을 도왔다. 잠시 프랑스 국회의 부의장과 외무부 장관을 맡았으나, 1851년 정계에서 은퇴해 《구체제와 프랑스혁명》을 집필했다. 1859년 칸에서 결핵으로 세상을 떠났다.

알렉시스 드 토크빌이 1831년 미국으로 여행을 떠난 공식적인 이유는 교도소를 연구하기 위해서였다. 그러나 이는 훨씬 더 야심 찬 모험을 하려는 핑계였다. 그는 1930년대 미국의 사회적·정치적 삶을 완벽하게 분석하려 했고, 그 결과물이 예나 지금이나 미국인의 특성과 관습, 제도를 담은 최고의 걸작이 되었다.

몇 세대에 걸쳐 특권과 부를 물려받은 프랑스 귀족 토크빌은 자신이 연구하고 싶은 나라와는 완전히 다른 정치적 가치관을 갖고 있었다. 그러나 민주주의와 혁명에 대한 그의 태생적인 회의론으로 인해《미국의 민주주의》가 그토록 매혹적인 책이 된 것이다. 이 책은 지나치게 감상적인 기행문이 아니며, 이 새로운 나라가 무슨 강점이 있으며 무엇이 부족한지 빼곡하게 담아낸다. 이 책은 철저한 자유사회의 특성과 전망에 대한 명상이 되었다. 토크빌은 권위주의 혹은 귀족주의 정부의 '고요함'을 민주주의의 소란함과 비교했다. 이 고요함이 대개는 착각이라고 토크빌은 결론 내렸다. 국민의 이익을 위해 다스리지 않는 소수의 통치에 국민이 더 오래 억압받을 수록, 체제는 더욱 취약해지고 혁명의 기운은 더욱 무르익기 때문이다.

모두가 평등한 미국

"미국에서 머무는 동안 내 관심을 끈 새로운 물건들 가운데, 사람들 사이의 일반적인 평등이 가장 힘찬 충격을 안겨주었다."

여행 초기부터 토크빌은 "미국의 땅은 귀족의 영토와 반대였다."라고 언급한다. 문자 그대로의 의미만큼이나 은유적인 의미이기도 했다. 이 땅은 소작인과 소유자 모두 부양할 수 있을 만큼 풍요롭지 않았고, 노동력이 제한적이라서 커다란 농장은 맞지 않았다. 그 대신 직접 소유하고 농사를 지을 농부를 위해 지분을 더 작은 몫으로 쪼갰다. 그렇게 해서 농노제는 사라졌고 자립적인 개인주의가 자리 잡았다. 이것은 새로운 정착민들이 바라는 그대로였다.

북부와 남부 간의 큰 차이는 처음부터 생겨났다. 남부의 정착민들은 '자원도 없고 인격도 없는 모험가들'이었다. 이들은 금이 없다는 것을 발견하고 곧 땅에서 돈을 벌기 위해 노예들을 데려왔다. 반면에 뉴잉글랜드의 초기 정착민들은 남부보다 교육 수준이 높았다. 부자도, 가난뱅이도 아니었으며 처음부터 평등의 기풍이 존재했다. 결정적으로 이 청교도들은 경제적인 절망감 때문에 미국으로 이주한 것이 아니라 모국에서 허용해 주지 않은 정치적이고 종교적인 자유를 추구하기 위해 미국으로 온 사람들이었다. 신념과 종교로 이주한 탓에 한편으로는 매우 복종적이고 고분고분했지만, 다른 한편으로는 모든 정치권력을 극도로 불신했다. 따라서 뉴잉글랜드의 성공은 평범치 않은 조합에서 나온다. 종교적 자유를 열렬하게 사랑하면서, 그 자유를 지켜줄 정치조직에 관한 모든 새로운 사상에 개방적인 태도를 가지는 것이다. 이 두 가지 요소는 미국 정치의 기반을 형성했다.

유럽에서는 상속이 사회적 상황의 원동력이 되어왔고, 특권층을 형성하면서 "언제나 그래왔듯 아직 태어나지 않은 세대에까지 영향을 미쳤다."고 토크빌은 쓴다. 그러나 미국에서 독립혁명이 끝난 뒤 영국의 상속법은 폐지되었다. 더 이상 재산을 장자에게 물려준다고 가정하지 않았고, 그리하여 재산과 부는 더욱 자유롭게 순환하기 시작했다. 영국에서는 한때 귀족으로 여겨졌던 가문들이 이제는 대중의 일부가 됐다. 이런 식으로 미국은 "위대한 이름과 위대한 부의 영향력에서 벗어났다." 미국인들은 그 누구보다 돈을 사랑하지만, 한 세대 이상 지속되지 않는 경향이 있다. 미국에서의 새로운 삶은 옛 유럽이 이해할 수 없는 방식으로 백지수표를 발행한다.

국민에게 권력을 주다

'국민주권' 원칙은 처음부터 미국 문화의 일부가 됐다. 다만 대개는 비형식적이고, 지역적이며, 작은 규모로 읍 회의 같은 것들을 통해 실현될 뿐이었다. 미국 식민지는 초기에 영국이 '소유'했지만 영국은 중앙집권적인 권력에 더욱 신경을 썼고, 그로 인해 먼 곳의 마을과 지방자치제들은 풀뿌리 단계에서 정치 생활을 발전시켜 나갔다. 모두가 정치 생활에 참여하라는 자극을 받았고, 따라서 미국인들은 자신의 운명을 기록하고 계획하는 데 익숙해졌다. 지역 수준에서 이뤄지는 통치 행위는 그 한계를 인식하는 데 도움이 됐다. 그리고 자유에 대한 사랑과 결합하면서, 최소한의 분권화된 통치를 선호하게 됐다. 번영은 "동요의 수단으로 활용할 수 있는 공공의 절망이 없다."는 의미였지만, 물질적 불평등조차 불안정의 토대가 되지 못했다. 공평한 경쟁의 장이 존재하며 자기 의지대로 살 수 있다는 것을 모든 사람이 인정하기 때문이었다.

그러나 헌법 작성자들은 국가가 한 덩어리로 유지된다면 공정한 수준의 중앙집권적인 권력이 필요하며, 게다가 군대를 조직하거나, 통화체계를 구축하거나, 우편제도를 운영하거나, 나라 구석구석을 연결할 주요 도로를 건설하거나, 세금을 징수하는 등 오직 중앙정부만이 할 수 있는 일들이 있다는 사실을 깨달았다. 정부는 일을 처리할 만큼 크면서도 명성이나 권력을 구하는 인간들이 끌릴 만큼 그리 크지 않아야 했다. 토크빌은 이를 남아메리카의 공화국들과 비교했다. 그곳은 진정한 연방구조가 없어서 권력은 공유되기보다는 부여됐다. 개별의 미국인들은 연방을 지키겠다는 의지를 가지고 자신의 땅이나 마을도 지킨다.

미국의 정당에 대한 장에서 토크빌은 정당들이 활발하게 경쟁하지만 대부분의 국가들과는 달리 정부나 헌법의 기본 형태를 타도하려 하지 않는다고 지적한다. 그 대신 정치는 상세한 내용과 구체적인 정책을 관건으로 한다. 오늘날 미국 방문객들은 가끔은 대단치 않은 국가의 쟁점이랄까 연예인의 삶에 대한 집착 등 미디어를 중심으로 빙빙 돌아가는 엄청난 논란을 보고 깜짝 놀랄 때가 있다. 토크빌은 일찍이 이를 목격하고 "방문객은 그런 충분히 사소한 일들을 진지하게 받아들이는 이들을 가엽게 여겨야 할지, 아니면 공동체에서 이런 것들을 논할 수 있는 행복을 부러워해야 할지 당황스러운 수가 있다"고 덧붙인다.

이렇듯 사소한 것들에 집중하는 것은 단순히 풍요로운 국가의 표시가 아니라 국가가 자신들의 문제를 해결해 줄 것이라 기대하지 않는 국민들의 특질이다. 실제로 한 미국인이 모두에게 도움이 될 새로운 기업을 세우려고 꿈꿀 때 이 사람은 정부에 가서 도움을 요청한다거나 자원을 지급해 달라고 하지 않으며, 스스로 자원을 모으거나 연대를 형성한다. 그 결과는 '정부가 해줄 수 있었던 모든 것을 훨씬 능가하는 이 개인적인 동작들의 총합'이다. 여기서 우리는 단순히 (일부 프랑스혁명가들이 보았듯) 어느 영광스러운 순간에 국민에게 주어진 권력을 이야기하는 게 아니라, 세월의 흐름에 따라 확장되고 발전하는 국민의 권력이 주는 내재적인 감정을 이야기하는 것이다. 미국 헌법은 정부를 통한 행복을 약속하지 않으며, 행복을 정당하게 추구할 수 있는 틀일 뿐이다. 그리고 세부적인 내용은 국민들에게 남겨둔다. 실제로 토크빌에게 시민단체는 '다수의 횡포'에 저항하기 위한 핵심 요소로 보였다.

언론의 자유가 있는 나라

토크빌은 미국 신문과 조국의 신문 간의 차이를 언급한다. 프랑스에서 신문은 중요한 사건들을 다룬 뉴스가 우위에 있고 광고는 몇 안 된다. 미국에서는 종이의 4분의 3이 광고로 채워졌고 나머지 공간에 정치뉴스와 하찮은 소식들이 채워진다. 유럽의 언론에서 발견되는 심오하고 열정적인 논의는 거의 완전히 빠져 있다. 또 다른 큰 차이점은 언론의 집중도다. 프랑스에서는 모든 뉴스거리가 파리를 중심으로 하며, 몇몇의 손에 달려 있다. 미국에서는 19세기 이후 진정한 중심지라 할 것이 없기 때문에 뉴스는 더욱 현지화되고 분산화된다. 누구든 신문을 만들 수 있고, 이미 수백 곳의 신문사가 있어서 언론이 지닌 다양성의 힘을 강화한다. 사람들은 자신들이 뭘 좋아하는지 말할 수 있지만, 정말로 다채로운 의견들이 존재해서 혁명적인 효과는 전혀 있을 수 없다. 토크빌은 자신의 입장을 분명히 밝혔다.

"나는 언론의 독립을 고민할수록… 더욱 확신하게 된다. 근대 세계에는 언론의 독립이 자유의 주요하고 소위 구조적인 요소가 된다. 따라서 자유롭게 남기로 결정된 국가는 어떤 대가를 치르더라도 이 독립의 실행을 바로 요구하게 된다."

민주주의가 가진 위험과 혜택

토크빌은 선거 과정을 살펴보면서 미국의 국민선거는 빙산의 일각에 지나지 않는다고 언급한다. 여성은 '가사노동에서 휴식을 취하려고' 대중연설을 보러 가고 '토론 모임은 연극 오락의 대체재'라고 했다. 한 사람의 정신을 자유롭게 말하는 습관은 미국 시민이 되기 위한 기본이었다.

책 전체에서 토크빌은 소위 '다수의 횡포'를 신중하게 표현한다. 미국은 앙시앙 레짐에서 프랑스인들이 왕의 지혜에 아무런 의문도 갖지 못했던 것과 같은 방식으로 다수의 목소리를 존중한다. 다수는 개인과 똑같은 방식으로 권력을 잘못 사용할 수도 있다. 그러나 토크빌은 특정 법률이 위헌이라고 결정하는 미국 법정의 능력은 '정치집회의 폭정에 맞서 고안되어 온 가장 강력한 장벽을 형성'해서 균형을 맞춘다는 것을 깨달았다.

귀족사회에서는 오직 몇 명만이 고급 학습과 과학을 누릴 수 있었다. 신분에 따라 이들이 무엇을 알 수 있는지가 결정됐다. 미국에서는 대부분의 사람들이 토의에 참여하고 혼자 공부하며 일반적인 자기계발을 하는 것을 자신의 권리로 본다. 토크빌은 과학적 탐구와 예술, 그리고 학습 수준은 유럽보다 훨씬 열등하지만 미국인들은 더 많이 알고 '자기 나름대로' 이 지식을 얻으려는 열렬한 욕망을 가졌다는 데 경의를 표했다.

또한 그는 민주주의 국가에서 노동인구는 노동 강도를 줄이거나 더 적은 시간 안에 더 많은 일을 하기 위해 생산성을 높이고 혁신하면서 부단히 노력한다는 것을 발견했다. 노동자들의 생산성이 올라가도 더 많은 돈을 벌지 못하는 체제에서는 존재하지 않는 유인이었다. 미국 같은 민주주의 국가에서는 왕과 귀족의 후원이 없기 때문에 평균적인 좋은 물건을 생산해서 가장 많은 사람들이 사용하는 (그리고 구매하게 하는) 것이 목표가 된다. 토크빌은 대중들이 구매할 수 있는 자동차인 모델 T 포드가 프랑스나 러시아가 아닌 미국에서 탄생한 것이 우연이 아니라고 생각했을 것이다.

📌 함께 읽으면 좋은 책

• 대런 아세모글루, 제임스 A. 로빈슨 《국가는 왜 실패하는가》
• 에드먼드 버크 《프랑스혁명에 관한 성찰》
• 장자크 루소 《인간불평등기원론》
• 토머스 페인 《상식론》

부와 교육의 엄청난 불균형으로 인해 프랑스는 숭고한 예술과 건축, 문학을 생산해냈고 일부 개인은 아찔한 수준까지 올라갔다. 토크빌에 따르면, 민주주의 사회는 모든 것을 평등하게 맞추면서 뛰어난 품질 대신에 풍요로움의 추구가, 인격의 고귀함 대신에 자기계발의 욕망이 자리를 차지한다. 그러나 《미국의 민주주의》의 마지막 부분에서 토크빌은 인류의 그 거대한 움직임을 막을 자가 누구인지 궁금해한다. 인간의 눈은 무엇이 더 크거나 좋은지에만 확고하게 고정되어 있지만, 신의 눈은 모든 사람을 평등하게 바라보며 '내 눈에는 인간의 쇠퇴로 보이지만 신의 눈에는 발전으로' 보일 수 있다.

나폴레옹 등을 언급하며 토크빌은 이렇게 말한다. "우리 시대의 지배자들은 그저 상황을 개선하려고 인간을 이용하는 것처럼 보인다. 나는 지도자들이 훌륭한 인간을 만들기 위해 더 많이 노력하길 바란다… 사회에서 그 어떤 정치적 조직체의 형성이나 조합도 무기력하고 쇠약한 시민들의 공동체에서 정력적인 사람들을 이끌어내기 위해 만들어지지 않았다." 민주주의 사회에서 세련됨이 부족하다면 이는 정의로움으로 만회된다.

17

The Gulag Archipelago

소비에트 정권의 비도덕적 실상을 고발하다
수용소군도

> "
> 이데올로기, 이것은 악행을
> 오래 바라오던 대로 정당화하고,
> 악을 행한 자에게는 그에게 필요한 확고함과
> 결단력을 안겨준다.
> "

알렉산드르 솔제니친 Aleksandr Solzhenitsyn

1918년 키슬로보츠크에서 태어났다. 로스토프대학교에서 수학과 물리학을 공부했다. 제2차 세계대전이 발발하자 포병 중대 장교로 참전해 두 개의 훈장을 받기도 했으나 1945년 2월, 친구와의 편지에서 스탈린을 비난했다는 이유로 8년 형을 선고받고 각지의 수용소를 체험했으며, 형기가 끝난 1953년부터는 유형지에서 생활했다. 1956년 석방되어 본격적인 작품 활동을 시작했다. 1970년 노벨문학상을 받았으나 1974년 KGB에 체포되어 반역죄를 선고받고 독일로 추방됐다. 스위스와 미국에서 거주하다가 1995년 러시아로 돌아왔고 2008년 세상을 떠났다.

제2차 세계대전 후 뉘른베르크 재판에 쏟아지는 세간의 관심 속에서 나치가 벌인 잔혹 행위의 참상이 낱낱이 드러났다. 반면에 스탈린주의 러시아는 훨씬 더 관대한 체제처럼 보였고, 서구의 좌파들은 여전히 공산주의가 미래라고 생각했다. 그러나 집단농장의 행복한 소작농들과 기쁨에 넘치는 공장 노동자들이 등장하는 소개 영상 뒤로는 히틀러조차 꾀하지 못했을 수준의 대이동과 굶주림, 부당함 등의 현실이 놓여 있었다.

《수용소군도》는 볼셰비키혁명과 1950년대 사이에 소비에트 러시아에서 고문당하고 살해당한 수백만 명에 바치는 솔제니친의 기념비적인 작품이다. 그는 굴라크에서 8년형을 마치고 3년이 지난 뒤인 1958년 글을 쓰기 시작했다. 굴라크는 'Glavnoye Upravleniye ispravitel-no-trudovyh Lagerey'의 머리글자를 딴 것으로 '교정노동수용소 최고관리부'라는 의미였다. 이 원고는 등사판으로 인쇄되어 소련으로부터 몰래 반출되었고, 1973년 프랑스에서, 그리고 1974년 미국과 영국에서 출간됐다. 솔제니친은 소련에서 추방된 후 미국에서 살았다. 미국인들에게 그는 소련 체제의 잔인성을 보여주는 살아 있는 증거였다.

이사야 벌린Isaiah Berlin은 이렇게 말했다. "《수용소군도》가 발표되기 전까지 공산주의자와 그 동지들은 추종자들에게 소비에트 정권을 비난하는 내용은 거의 부르주아의 프로파간다라고 설득했다." 책 한 권이 마음을 바꾸고 세계를 바꿨다. 이 책으로 인해 소비에트연방이 자본주의와 민주주의보다 도덕적으로 우월하다고 주장하는 것은 불가능해졌다. 소설가 도리스 레싱Doris Lessing은 이렇게 말했다. "이 책의 중요성은 아무리 강조해도 부족하다. 한 제국을 무너뜨리는 데에 일조했다."

《수용소군도》는 솔제니친이 무명의 증언자 227명으로부터 받은 보고서와 편지, 회고담과 함께 자신의 기억과 메모를 바탕으로 썼다. 그는 자신의 글이 생전에 출간될 것이라 생각하지 못했고, 더군다나 베스트셀러가 되거나 〈타임〉지 표지에 자신의 사진이 실린다거나 노벨문학상을 받으리라고는 상상도 하지 못했다. 그러나 그는 결코 안주하지 않았다. 각 세대가 스탈린과 같은 체제가 주는 공포를 배우지 않는다면 역사는 다시 되풀이될 것이기 때문이었다.

죄수의 땅으로 가다

책의 제목은 솔제니친이 수많은 소비에트 노동수용소를 나머지 러시아 땅에서 가차 없이 끊어져 나온 섬이라고 인식한 데서 비롯됐다. 서로 수천 킬로미터 떨어져 있음에도 심리적인 관점에서는 이어졌고, 그렇게 억압받는 이들의 나라 굴라크와 '죄수zek'라고 하는 국민들이 만들어졌다.

10월혁명 이후 처음 몇 달 동안 블라드미르 레닌Vladimir Lenin은 붉은군대와 경찰, 법정을 포함한 강력한 기관들이 원칙과 질서를 보장해 주기를 요구했고, 복종하지 않는 자들에게 강제노역을 명했다. 일찍이 1918년 레닌은 굴라크를 세울 기초 작업을 하면서 "모든 의심스러운 자들을 가두고 이들을 강제수용소에 고립시킴으로써 그 계급의 적들로부터 소비에트공화국을 보호하라."라는 전보를 보낸다. 1920년대 말 43개 지역에 걸쳐 84곳의 수용소가 생겼고 그렇게 굴라크는 커져만 갔다. 1923년 솔로베츠키 수용소에는 약 1,000명의 죄수가 갇혀 있었고, 1930년이 되자 그 수는 5만 명으로 늘어났다.

수용소는 한때 사회의 '의심스러운' 자들을 정화하기 위한 수단이었으나, 이제는 철도와 운하 등 대규모 인프라를 건설하고 벌목이나 채굴, 아니면 머나먼 영토를 개척할 때 필요한 노예 노동을 제공하는 체계가 됐다. 백해-발트해 운하는 현대의 기계는 전혀 사용하지 않은 채, 죄수들이 오직 곡괭이와 도끼만 휘둘러서 건설했다. 운하는 1933년 '제때' 완공됐으나, 솔제니친은 대략 25만 명이 사망했을 것으로 추정한다.

'노동 규범'에 따르면 남성들은 가끔은 얼어 죽을 것 같은 날씨에도 어처구니없을 정도로 긴 시간을 일해야 했다. 수용소의 철학은 '노동을 통한 교정'이었으나 더 가혹한 수용소에서는 '노동을 통한 파멸'이라는 의미로 이해됐다. 목표는 극심한 피로와 배고픔, 혹은 질병 따위가 수감자의 목숨을 앗아가기 전에 될 수 있는 한 많이 부려 먹는 것이었다. 공식적인 식량 배급은 간수나 수용소 내의 범죄자들이 가져가고, 나머지 죄수들은 그저 배 속을 채우기 위해 썩은 말고기나 윤활유, 나무이끼 등을 먹어야 했다.

수용소의 참혹한 실상

솔제니친은 1945년 프로이센에서 소비에트군의 대위로 근무하다가 체포됐다. 그는 친구에게 보내는 편지에서 이오시프 스탈린Joseph Stalin을 은근하게 비판했고, 그로 인해 '반소비에트 프로파간다'라는 죄목으로 굴라크에서 8년 동안 노역할 것을 선고받았다. 재판도, 항소도 없었다.

체포와 가혹한 처벌의 물결이 법 규범에 따라 이어졌다고 주장했지만, 법률체계는 국가의 범죄를 모두 다루기에는 종잇장만큼이나 얄팍했다. 1926년 형법은 어떤 종류의 생각이나 행동도 소비에트 국가를 전복하려는 시도로 해석될 수 있게 허용했고, 다른 법규들과는 달리 최고형도 정해져 있지 않았다. 많은 학생들이 '미국 기술력을 찬양함', '미국 민주주의를 찬양함' 혹은 '서구에 아첨함' 등의 죄목으로 체포됐다. 수용소로 보내진 대부분의 사람들은 가장 미약한 '범죄'로도 가혹한 처벌을 받게 된 평범한 러시아인들이었다. 예를 들어, 한 주먹의 감자나 실 한 타래를 훔친 것만으로도 10년형을 선고받았다. 생산수단이 이제는 민중의 손에 쥐어졌기 때문에 그런 사건은 자동적으로 한 사람을 민중의 적으로 만들었다.

솔제니친은 모스크바 지역에서 스탈린 동지를 위해 건배를 하며 끝난 어느 정당회의를 언급한다. 모두가 벌떡 일어나 열렬히 환호하고 그 후 10분간 필사적으로 박수를 쳤다. 그 누구도 먼저 자리에 앉으려 하지 않았다. 마침내 어느 제지공장의 공장장이 앉았고 그 후 다른 사람들이 따라 앉았다. 바로 그 작은 행동들에서 관련 당국은 '누가 독자적인 사람인지 발견'했다. 공장장은 그날 밤 체포됐고 날조된 명목에 따라 10년형을 받았다. 그가 자신의 '유죄'를 인정하는 최종 심문 서류에 서명을 하자, 심문관은 이렇게 말했다. "절대 처음으로 박수를 멈추는 사람이 되지 마시오!"

솔제니친은 묻는다. "체호프Anton Chekhov는 러시아가 현대 시대에 이렇게 미개한 국가로 퇴보했을 것이라 믿을 수 있었을까? 체호프 연극에 등장하는 인물들이 굴라크에 가야만 했다면, 그들은 결국 정신병원에서 마지막을 맞이했을 것이다."

자백을 끌어내기 위한 가혹한 심문

체포 후에 심문의 목적은 이 사람이 무슨 행동을 했는지, 혹은 하지 않았는지를 발견하려는 것이 아니라 '100건 중에 95건은 기진맥진하게 만들고 마모시키고, 약화시킨 후 이 가여운 사람을 피고로 만들어서 무슨 일이 있어도 상황이 끝나버리길 바라게' 하는 것이었다. 대부분의 심문은 밤에 이뤄졌는데, 피고는 가족들이 보는 앞에서 침대에서 끌려 나와 모스크바의 악명 높은 루비얀카 교도소로 실려 갔다. 솔제니친은 '자백 내용'에 서명하고 선고에 동의하도록 만들기 위해 다음과 같은 방법들이 사용됐다고 설명한다. 눕는 것이 불가능하도록 좁게 만들어진 수직 감방에 일주일 동안 세워두고 억지로 잠을 자지 못하게 한다거나, 배고프고 목마른 상태에서 소금물을 마신다거나, 감방을 얼음처럼 차가운 공기 혹은 역겨운 냄새가 나는 뜨거운 공기로 채운다거나, 구속복을 입히거나, 엉덩이를 뜨거운 막대기로 지지거나 때리거나, 고립시키는 등이었다. 1938년 이전까지 고문을 위해서는 공식 서류가 필요했으나, 수많은 사람들이 체포되면서 더 이상 그런 세부사항들을 챙길 여력이 없어지고 심문관들은 '할당량'을 채우기 위해 심문할 수 있는 무제한의 권한을 부여받았다.

자백이 전체적인 체계의 기본이 되면서, 무슨 일이 있더라도 자백을 받아야만 했고, '가장 성공적인' 심문관들이 사용하는 방법들이 널리 전파됐다. 심문관들은 '푸른 모자Bluecaps'라고 불렸는데, 거의 모든 죄목을 만들어낼 수 있었다("일단 사람을 보내라. 사건은 우리가 만든다!"가 그들의 슬로건이었다). 이들은 체계를 유지하는 데에서 권력과 고정적인 소득, 승진 같은 여러 혜택을 누릴 수 있었다. 목표를 달성하고 전진하는 데에 방해가 되는 죄수를 보고 심문관이 왜 자비를 느끼겠는가?

그러나 간수와 관리자들은 '자신이 옳다는 생각을 지키기 위해 이데올로기적인 논거가 필요했다. 그렇지 않으면 머지않아 미칠 것' 같았다. 스페인 재판관들이 신의 이름으로 모든 행동을 정당화한 것처럼, 소비에트의 안보를 지키려는 모든 것은 스탈린의 소망과 프롤레타리아의 영광을 위한 것으로 보았다. "이데올로기 덕에 20세기는 백만 단위까지 세세히 계산되는 척도에 따라 행해지는 악을 경험하는 운명이 됐다."고 솔제니친은 썼다. 또한 이데올로기 덕에 이 악행은 '건조하고 맑은' 눈빛으로 이뤄졌다.

악마를 보았다

스탈린주의 러시아의 야만성을 보여주려 애쓰면서, 솔제니친은 가끔 이를 차르시대와 비교한다. 노동자들을 위한 영광의 시대를 열어줄 공산주의가 아니라, 그저 농노제도 대신 훨씬 더 악화한 제도로 바뀐 것 뿐이었다. 어쨌거나 농노는 해가 떠서 질 때까지만 일하면 됐고, 일요일과 명절에는 언제나 쉬었다. 옛 러시아에서는 굶어 죽는 일이 절대로 없었다.

차르시대 러시아에서 수많은 범죄에 사형선고가 내려졌지만 사형당하는 인민은 평균적으로 1년에 겨우 17명 정도였다. 볼셰비키혁명 이후 사형은 위풍당당하게 돌아왔다. 1918년 6월부터 1919년 10월까지 고작 16개월 만에 16,000명이 총살당했다. 1937년과 1938년에는 50만 명의 '정치사범'과 또 다른 50만 명의 '습관적 좀도둑'이 총살됐다. 솔제니친은 모스크바의 비상위원회Cheka(1917년 10월혁명 성공 후 국내외 상황을 타개하기 위해 창설된 소련 비밀정보기관―옮긴이) 본부에서 2년 동안 매일 밤 200명씩 총살했다는 증언을 제공한다. 그러나 현실은 더욱 심각했다. 기밀 해제된 소비에트 기록보관소에 따르면 1937년에서 1938년 사이 150만 명 이상이 구금됐고, 그 가운데 68만 명이 총살당했다.

솔제니친은 스탈린주의에서 사망한 모든 사람의 사진이 담긴 책을 만들자고 제안한다. 그는 《수용소군도》에 여섯 사람의 사진을 싣고 그 사람들의 이름과 언제 어디서 총살됐는지를 삽입했다. 이 초상을 보고 영향을 받지 않기는 어렵다.

📌 함께 읽으면 좋은 책

- 조지 오웰 《동물농장》
- 칼 포퍼 《열린 사회와 그 적들》
- 프레데리크 바스티아 《법》
- 한나 아렌트 《전체주의의 기원》

솔제니친은 독자들이 책의 내용에 너무 큰 충격을 받은 나머지 "그래, 나쁜 일이 었어. 하지만 여기에선 일어날 수 없을 거야."라고 생각할 위험을 언급한다. 그는 그럴 수 있다면 다행이라고 말한다. 현실에서 "20세기의 모든 악행은 지구 어느 곳에서든 벌어질 수 있다." 평범한 사람과 무한한 권력의 조합은 끔찍한 결과를 자아내고, 가끔은 생각의 자유를 배제한 이데올로기나 보편적인 기준을 가진 체제에서도 나타난다. 그렇기 때문에 교육자와 지성인, 저널리스트, 성직자들이 스탈린 통치하에서 표적이 됐다. 이들은 체제와는 동떨어진 가치들에 지나치게 애착한다고 간주됐다.

1953년 스탈린이 죽고 같은 해 비밀경찰 총수였던 라브렌티 베리야Lavrentii Beriya가 사형당한 후, 위대한 관용의 바람이 러시아에 불었다. 그리고 여기에는 굴라크도 포함됐다. 그러나 수용소는 여전히 유지됐고 소비에트연방은 고르바초프 시대가 오기 전까지 여전히 정치적인 이유로 사람들을 감옥에 보냈다(예를 들어, 반정부인사 나탄 샤란스키Natan Sharansky처럼 독방에 가뒀다).

《수용소군도》는 3권 1,800쪽으로 구성되어 있지만, 에드워드 에릭슨의 훌륭한 요약본(470쪽)만으로도 상세하고 풍부한 설명과 모든 중요한 통찰들을 접할 수 있다. 책에는 러시아사가 상당히 많이 포함되어 있어서 솔제니친이 전하는 내용들을 온전히 이해하기 위해서는 사건과 역사적 인물들을 찾아봐야 할 수도 있다. 솔제니친은 이를 저널리즘 연구라고 설명하지 않는 겸손함을 보였다. 그의 독특한 문체가 책 전체를 관통하는 역작이다.

18

Reflections on the Revolution in France

혁명 뒤에 오는 불안과 폭력을 예견하다

프랑스혁명에 관한 성찰

> 66
>
> 국가는 그저 살아 있는 자들 간의 제휴가 아니라,
> 산 자와 죽은 자, 그리고 태어날 자들 간의 제휴가 된다.
> 개개의 국가가 맺은 개개의 계약은 영원한 사회의
> 위대한 원시 계약에 등장하는 한 조항이다.
>
> 99

에드먼드 버크 Edmund Burke

1730년 더블린에서 태어났다. 10대 중반에 트리니티 칼리지에 입학했고, 1748년 졸업한 후에는 변호사인 아버지의 희망에 따라 법대에 들어갔다. 런던의 미들템플 법학원을 졸업한 뒤 작가로서 살아가기로 결심했다. 20대 후반에 아일랜드 주재 영국 비서실장의 조수가 됐으며, 이후 휘그당 총리이자 미국의 독립을 지지한 로킹엄 Rockingham의 개인비서가 됐다. 1865년 하원의원에 당선됐고, 영국이 미국을 지배하는 데 더 많은 관용과 유연함이 필요하다고 주장했다. 1782년 세상을 떠났다.

프랑스에서 혁명이 발발했을 때 세계 전역에서 이 혁명에 매료되었고 호의를 드러냈다. 런던혁명회는 프랑스 국회와 교류했고, 영국의회에서는 찰스 제임스 폭스Charles James Fox와 윌리엄 피트William Pitt 같은 주요 인물조차 새로운 정부에 지지를 보냈다.

철학자이자 문인인 에드먼드 버크는 초기에는 그다지 걱정하지 않았으나, 사람들이 영국에 혁명을 '적용할 수 있다'고 이야기하기 시작하자, 이 확산하는 전염병을 막아야 한다고 생각했다. 몇 달 후 그는 최초의 '반혁명적' 책으로 꼽히는《프랑스혁명에 관한 성찰》을 썼다. 이 책은 영국에서 베스트셀러가 됐고, 프랑스에서는 빠르게 10쇄를 찍었다. 이 책은 토머스 페인의《상식》과 메리 울스턴크래프트의《여성의 권리 옹호》같은 책이 그랬던 것처럼 많은 반발을 자아냈고, 그때까지 진보적 인물이라 여겨졌던 버크는 수구적이라는 비난을 받았다.

그러나 (윌리엄 워즈워스William Wordsworth와 새뮤얼 테일러 콜리지Samuel Taylor Coleridge를 포함해) 자유주의 지식인들 가운데 다수가 당시 자신의 의견을 수정하고 버크를 선각자로 보기 시작했다. 그가 혁명 뒤에 따르는 테러뿐 아니라 군사 독재자의 출현을 예측했기 때문이다. 9년 후 나폴레옹 보나파르트Napoléon Bonaparte는 유럽 열강들과 대규모 전쟁을 일으켰다.

특정한 역사적 사건에 대해 글을 쓰면서도 1789년과 그 이후 프랑스에서 벌어진 사건에 대한 버크의 해석은 현대 보수주의에 대한 완벽한 설명이자, 신을 믿지 않는 합리주의자들의 국가 장악에 대한 경고임이 드러났다. 버크는 혁명의 흥분이 필연적으로 개인과 재산의 학대와 오용으로 이어진다고 처음으로 말한 사람이었다. 자유와 평등은 그럴듯하게 들리지만, 급작스레 강제적으로 취득하게 된다면 그 대가는 무엇이 될까?

혁명의 파괴성과 폭력성을 경고하다

《프랑스혁명에 관한 성찰》은 실제로 버크가 파리에 사는 친구 샴-장-프랑수아 드 퐁Chames-Jean-Francios de Pont에게 쓴 기나긴 편지로, 드 퐁은 막 새로운 프랑스 국회의 구성원이 된 참이었다. 서간문 형식은 버크가 영국의 정치체제가 지닌 특성을 외부인에게 설명하는 데 편리하면서도, 동시에 비공식적이고 독단적인 의견을 피력할 수 있는 핑계가 되었다. 그러나 실제로 그의 분노를 자극한 것은 유명한 반성공회 성직자인 리처드 프라이스Richard Price가 내놓은 설교로, 그는 영국 국민들이 프랑스혁명과 마찬가지로 군주정과 관련 없는 나름의 정부를 세울 수 있어야 한다고 주장했다. 프라이스와 런던혁명회(1688년에 일어난 명예혁명을 기리기 위해 설립 됐다)는 프랑스의 폭동을 미국혁명과 같은 맥락으로 보았고, 영국 역시 유사한 방향으로 움직여야 한다고 주장했다.

격노한 버크는 그런 '역사적 불가피성'을 싹부터 솎아내기를 간절히 바랐고, 영국과 프랑스는 완전히 다른 정치적 변화를 겪었음을 지적했다. 또한 명예혁명이 실제로는 영국 군주들의 독단적인 권력을 끝냈으며 의회주권의 개념을 세웠다고도 언급했다. 그러나 새로운 왕 윌리엄 3세가 승인했던 '권리선언' 규정에는 대중들이 군주정을 선택할 수 있다는 의견이 존재하지 않았으며, '왕국의 평화와 고요, 안전을 위해' 계승체제가 명확해져야 한다고 시사할 뿐이었다. 영국으로서는 프랑스를 따라간다는 것이 100년 동안 자리 잡은 원칙들을 갑작스레 내버린다는 의미였으며, 결과적으로 성공적인 입헌군주정을 낳았다. 버크는 영국의 헌법을 장기간 동안 유기적으로 성장하고 있는 훌륭한 구조라고 부르면서, 서서히 자유를 확대하고 군주정을 안정적인 영향력으로 유지하면서 독단적인 군주의 권력을 중지시킨다고 보았다. 영국의 자유의 내력은 마그나 카르타Magna Carta(대헌장을 뜻하는 말로, 1215년 6월 15일에 영국의 존 왕이 귀족들의 강요에 의해 서명한 문서로 국왕의 권리를 문서로 명시한 것. 국왕이 할 수 있는 일과 할 수 없는 일을 문서화하기 시작하여 전제 군주의 절대권력에 제동을 걸기 시작했다는 점에서 의의를 찾을 수 있다—옮긴이)까지 거슬러 올라갔다. 이는 영국 시민들의 정치적 권력은 상속받은 유산으로, 토머스 페인이 보듯 추상적인 '인간의 권리'가 아닌 명확한 영국 남성들의 권리였다.

버크는 그럼에도 맹목적인 보수주의자가 아니었으며, 상속의 원칙이 발전의 원칙을 방해하는 것은 아니라고 언급했다. 그야말로 토대가 상속되는 것으로, 이는 회수할 수 없으며 더 많은 자유가 그 토대 위에 더해질 수 있다. 버크는 프랑스에서 막 벌어진 사건을 이와 대조했다. 프랑스혁명은 기존의 질서를 파괴해야만 하는 자유의 폭력적인 획득이라고 보았고 프랑스 친구에게 이렇게 썼다. "너희는 잘못되기 시작했어. 너희에게 속한 모든 것을 경멸하면서 시작했기 때문이야. 자본 없이 장사를 시작한 거지."

재산 소유와 혁명의 관계

버크 학자이자 정치가인 코너 크루즈 오브라이언Conor Cruise O'Brien
이 지적하길, 프랑스혁명은 그저 20세기 마르크스주의 철학이 내세웠던 주장을 선구적으로, 그러나 더 대대적인 규모로 실천한 사건일 뿐이다. 이들은 기존 질서가 속속들이 썩었다고 묘사하며 이를 완전히 전복하고 뿌리째 뽑으려 했다. 또한 재산을 강탈하고 국유화했으며, 몇 세대에 걸쳐 쌓아온 권리를 종료시키고, 귀족과 교회를 타파하는 한편, 가족을 사회제도의 고착화라고 폄하했다.

버크는 '새로운 시작'이 필연적으로 폭력적인 결과를 가져오는 반인간적인 철학을 수반한다고 보았다. 실제로 이런 폭력은 국가의 적이라고 인식된 모든 사람을 제거하려는 혁명재판소의 피비린내 나는 열의와 함께 벌어졌다. 버크의 분석은 스탈린주의부터 모택동주의까지 다양한 공산주의 혁명이 잔인한 방식으로 끝이 났다는 사실에서 그 정확성이 입증됐다.

프랑스의 새로운 통치자들에 대해 버크는 이들이 똑똑한 수완가이면서도 재산이 없었다는 사실이 문제라고 제기했다. 따라서 이들은 기존의 질서를 파괴하고 비합법화함으로써 자신들과 비슷한 대중들이 위험부담 없이 새로운 '평등'으로부터 이익을 누리도록 해야만 유리해진다. 프랑스혁명가들은 사회를 사람들 간의 계약이자 여러 세대에 걸쳐 쌓아 올린 상태로 보지 않았으며, 자신들의 기호에 맞지 않을 때 교체할 수 있는 대상으로 보았다.

버크는 영국의 제도가 민주적 권리의 완전한 평등에 기반하지 않았음을 인정하는데, 여기에는 그럴 만한 이유가 있다. 재산을 가진 자들에게 좀 더 가중치가 주어지기 때문이다. 특히나 상원과의 관계에서 더욱 그런데, 과거에 상속 재산을 바탕으로 어느 정도 부를 소유해야만 상원에서 활동할 자격이 주어졌다. 오직 자산가만이 국가적 문제에 관여할 수 있으며, 이들은 굳이 그럴 필요가 없기 때문에 자신들의 금전적 이익을 위해 의사결정을 하지 않을 것이라는 확신 때문이었다. 이는 고대 로마에서 원로원 활동에 참여할 수 있는 자격요건 가운데 하나가 바로 상당한 재산을 소유해야 한다는 원칙에서 나왔다. 버크의 경우 재산은 '국가라는 배의 중심을 잡아주는 바닥짐'이었다. 가문을 영속화할 때 사회도 영구화되며, 따라서 "어느 정도 적절하게 규정된 우위와 타고난 특혜는 부자연스럽지도, 부당하거나 무분별하지도 않다."고 보았다.

평등에서 시작해 압제로 끝난 혁명

버크는 죽음으로 이어진 루이 16세의 행보를 본 영국 남성들이 이를 '승리'라고 표현했다는 사실에 역겨워했다. 그는 이를 피비린내 나는 희생을 준비하는 야만성의 일종이라 보았다. 그는 군주정을 무조건 나쁘다고 하는 생각을 비롯해 극단적인 상태를 싫어했다. 현실에서는 법률과 세습적인 부를 통해 권력과 균형을 맞추어 줄 수 있는 군주정이 존재할 수 있다. 또한 군주제의 특정한 측면을 지지하고 민주주의를 전적으로 지지하지 않는다고 해서 '폭군의 친구'라고 묘사해서도 안 된다. 버크는 '민중의 압제'를 언급하며, 새로운 프랑스가 "순수 민주주의에 영향을 미칠 것이며, 이는 곧 유해하고 비열한 과두정으로 향하는 직통 열차라고 생각한다."고 경고했다.《프랑스혁명에 관한 성찰》에는 '병사들을 회유하는 기술을 알고 있는 일부 인기 있는 군사령관'이 군을 장악할 것이며, 군대와 함께 '공화국 전체의 주인'이 될 것이라고 말하는 예언적인 성격의 구절들도 포함되어 있다.

　나폴레옹에 대해서는 더 이상 훌륭하게 설명하는 것이 불가능하다. 나폴레옹의 등장은 옛것들을 쓸어버린 사회가 (의식적이든 아니든) 안정감이나 신뢰감을 회복하려는 새로운 인물들과 함께 어떻게 공백을 메워나가는지를 보여준다. 혁명가들이 이해하지 못한 부분은 정부가 단순히 국민의 욕구와 필요성을 달성하는 수단이 아니며, 열정을 억제하고 관습을 상기시켜 주는 역할을 한다는 사실이라고 버크는 덧붙였다. '국민'을 지도 원리로 삼을 때 국가는 훌륭한 단일 해결책을 제시하는 과두정이나 독재자에 의한 착취에 노출된다. 그리고 여기서 고통받는 것은 개인과 가족, 그리고 국가시설과 민간시설들이다. 버크는 단일 해결책들이 가끔 '한없이 매혹적'이지만 실제로는 체계를 부패시킬 수 있는 소수에게 엄청난 혜택을 안겨주는 결과를 낳는 경향이 있다고 지적했다. 그와는 대조적으로, 영국의 헌법과 같이 유기적으로 진화한 헌법은 단순하거나 즉각적인 답을 내놓지는 않지만 시간이 흐를수록 국민 전체에 혜택을 안겨준다.

새로움에 대한 욕망을 경계하라

버크는 어느 유명한 구절에서 16년 전 마리 앙투아네트Marie Antoinette를 본 순간을 회상하며, 그녀가 "바로 눈앞에 나타나 자신이 막 들어선 고상한 구역을 아름답게 꾸미고 유쾌하게 만들었다. 마치 샛별처럼 빛났고, 활기와 광채, 기쁨으로 가득 차 있었다."고 묘사했다. 그런 인물이 한때 '신사의 나라'였던 집단에 의해 짓밟힐 수 있음에 한탄하며 그는 이렇게 덧붙였다. "그러나 그런 기사도의 시대는 지나갔다. 궤변가와 경제학자 나리들, 그리고 계산하는 자들의 세상이 왔고, 유럽의 영광은 영원히 사라지고 말았다."

사회가 오직 논리와 이성에만 기반을 둘 때 우아함과 취향, 아름다움이라는 감각을 모두 잃고 만다. 한 사람의 자아보다 위대한 존재에 대한 비합리적인 사랑과 존경도 필요하고, 왕실은 일상에서 부족한 매력과 경외감을 안겨준다. 그에 반해서, 이성 자체의 '야만적인 철학'은 진실과 아름다움으로 끝나는 것이 아니라 사형집행인에게서 끝이 난다고 버크는 말한다. 이는 20세기 공산주의 혁명이 벌어지는 동안 다시 한번 그를 소환한 통찰력이기도 하다.

귀족과 성직자 계급은 모두 프랑스혁명가들이 파괴하려 했던 대상이지만, 격변과 전쟁의 흐름에 따라 지식과 예의, 그리고 문명의 지속성을 제공했다. 이들 덕에 사회는 늘 처음부터 다시 시작할 필요가 없었다. 버크의 보수주의는 무엇보다도 시간과 인간을 초월하는 가치와 제도를 존중하는 정치 기풍이다.

🔖 함께 읽으면 좋은 책
- 메리 울스턴크래프트 《여성의 권리 옹호》
- 아리스토텔레스 《정치학》
- 이사야 벌린 《자유의 두 개념》
- 프레데리크 바스티아 《법》

18세기를 이끌었던 자유주의 인물들 가운데 하나이자 미국 혁명가들과의 위대한 동조자였던 윌리엄 버크는 왜 프랑스혁명을 그토록 강경하게 비판했을까? 오브라이언은 그 답이 종교에 있다고 보았다. 미국 헌법이 어느 정도 종교의 자유와 양심의 자유를 보존한 반면에, 프랑스혁명은 사제에 대한 공격, 권위 있는 가톨릭교회의 재산 압수, 그리고 무신론적인 이성의 숭배 등을 통해 체계적으로 기독교적 특징을 없애려 했다.

버크는 프랑스 귀족들이 윤리적으로 지나치게 태만했고, 게다가 프랑스는 영국이 행했던 것과 같은 방식으로 사회적 유동성을 허락하지 않았다고 인정한다. 그러나 버크의 마음속에서 이 가운데 그 무엇도 혁명의 전체적인 대격변을 정말로 정당화하지 못한다. 1793년에서 1794년 사이의 공포정치는 단두대의 이슬로 사라진 16,000명을 비롯해 25,000명이 처형당하는 모습을 지켜보았다. 프랑스에서는 두 번의 군주정 부활과 나폴레옹 시대를 거친 후에야 제3공화국이 시작됐다. 그 모든 것이 정말 그럴 만한 가치가 있었던 걸까?

19

Why Nations Fail

실패한 정치제도가 가져오는 국가의 비극

국가는 왜 실패하는가

"

국가가 빈곤한지 부유한지를 결정짓는 데에는

경제제도가 핵심적이지만,

한 국가가 어떤 경제제도를 가질 것인가를 결정짓는 것은

정치와 정치제도다.

"

대런 아세모글루 Daron Acemoglu, **제임스 A. 로빈슨**James A. Robinson

1967년 이스탄불에서 태어난 대런 아세모글루는 요크대학교를 졸업한 뒤 런던정치경제대학교에서 계량경제학과 수리경제학으로 석사학위와 박사학위를 취득했다. 현재 MIT 경제학과에서 제임스 킬리안 교수직을 맡고 있다.

1960년에 태어난 제임스 A. 로빈슨은 런던정치경제대학교와 워릭대학교를 졸업하고 예일대학교에서 박사학위를 취득했다. 현재 시카고대학교의 해리스 공공정책대학원에서 국제분쟁론 교수로 근무하고 있다.

빈곤한 국가의 국민들이 가장 원하는 것은 무엇일까?《국가는 왜 실패하는가》는 이집트에서 호스니 무바라크 정권을 무너뜨리는 데 일조한 젊은 시위자들의 말을 인용하며 시작된다. 더불어 이 시위자들은 자신들이 추구하던 문제를 해결하고 싶어 했다. 예를 들어, 소프트웨어 엔지니어이자 블로거이고 시위를 주동한 지도자 가운데 하나인 와엘 칼릴Wael Khalil은 변화시키고 싶은 12가지 항목을 제시했다. 높은 임금과 낮은 물가 이외에 칼릴이 요구한 내용들은 모두 정치에 관한 것이었다. 이집트의 경제적 문제들은 엘리트들이 정치와 정치제도를 독점한 데에서 나온 직접적인 결과였다. 이것이 변하지 않으면 경제를 비롯해 그 무엇도 변할 수 없었다.

아세모글루와 로빈슨은 정치를 최우선으로 두는 것이 당연해 보이는데도 교수와 전문가들은 보통 한 국가의 실패를 설명하기 위해 다른 이유들을 제시하곤 한다고 주장한다. 이집트의 경우 지리와 문화, 그리고 지도자들의 잘못된 의사결정 등이 그 이유에 포함됐다. 즉 지리적으로 녹지가 풍부한 지역과 비교해 물과 경작지 부족은 필연적으로 발전을 지연시켰고, 문화적으로 이집트인들에게는 성공을 위한 직업윤리가 없다고 보이며, 이슬람적 신념은 경제적 성공에 불리했다. 또한 이집트가 더욱 잘 관리되고 다스려졌다면 지금쯤 훨씬 더 잘 살 수 있었을 것이라고 말한다.

아세모글루와 로빈슨은 시위자들이 옳았고 전문가들은 틀렸다고 단언한다. 이집트든 시에라리온이든 짐바브웨나 북한이든 간에 가장 빈곤한 국가들에는 공통점이 많다. 빈곤한 국가에는 정치권력을 장악하고 거의 모든 부를 약탈한 엘리트들이 존재하며, 그들이 민중들의 발전과 번영의 기회를 고갈시킨다. 반면에 성공적이고 부유한 국가들은 널리 배분된 정치적 권리, 국민들을 책임지는 정부, 그리고 모두에게 열린 경제적 기회 등을 가지고 있다. 《국가는 왜 실패하는가》는 부유한 국가와 빈곤한 국가 간의 핵심적인 차이는 개인과 기업에게 다양한 유인을 제공하는 제도에 달렸다고 주장한다. 이 유인들을 제공하는 것은 경제제도지만, 이는 정치적인 법률과 규칙을 기반으로 한다.

역사는 중요하다. 영국, 프랑스, 미국 같은 국가들이 오늘날 부유한 이유는 이 국가들이 오래전부터 권력과 부를 독점한 집단을 타도했기 때문이다. 물론 여러 '혁명'들은 결국 엘리트로서 한 집단이 다른 집단을 대체했을 뿐임이 증명됐으며(이집트는 오스만제국의 지배를 받았고, 그 후에는 영국의 식민지였으며, 다음으로는 군주정, 이후 세속주의 독재가 지배했다), 정치적 권리가 실질적으로 변화하지 않고 결과적으로 민중의 부는 증가하지 않았다. 그러나 가끔 (1688년 영국의 명예혁명 또는 1789년 프랑스혁명처럼) 영구적인 정치적 변화가 일어나고, 그 변화가 모두를 위해 국고를 활짝 열어젖히기도 한다.

개방적 경제제도가 부국을 만든다

투명한 재산권, 교환의 자유, 계약을 집행하기 위한 법률체계, 상거래를 지원하기 위한 도로 건설 등 이 모든 것들은 오직 국가만 이룩할 수 있다. 그리고 모든 사람들이 여기에 참여하고 그로부터 도움을 얻을 수 있도록 국가가 구성됐을 때, 우리는 이를 포용적 제도라고 부른다. 그러나 법률체계와 경제제도가 공동체의 일부에만 이익을 안겨주도록 설계되면(예를 들어, 라틴아메리카 식민지의 스페인인들이나 바베이도스의 대규모 농장주, 북한의 권력 엘리트 등), 이 착취적 제도는 민중이 발전하려고 노력하거나 인생의 행복을 위해 일하고 싶은 유인과 능력을 전혀 주지 않는다. 이런 상황이 벌어지면 경제는 침체된다.

부유한 국가와 빈곤한 국가 사이의 차이를 만드는 것은 깨끗한 물과 안정적인 전기 공급, 잘 닦인 도로, 그리고 의료보장 같은 공공시설뿐만이 아니다. 더 나은 법률과 질서, 형법의 투명성 등도 일반적으로 국가의 부에 기여한다. 선진국에서는 그 누구도 한밤중에 명확한 이유 없이 자기 집에서 질질 끌려 나갈 수 있다고 예상하지 않는다. 또한 정부가 손쉽게 국민의 집이나 기업을 빼앗을 수도 없다. 더욱 중요한 것은 아마도 기회의 격차일 것이다. 사람들은 단순히 자기 집에 수도를 설치하고 싶어서 리오그란데강을 넘거나 정원이 꽉 찬 보트에 비집고 올라 지중해를 건너려고 시도하는 게 아니다. 이들은 본국에서 엘리트에 속하지 않기 때문에 누릴 수 없는 기회들을 손에 넣으려고 탈출을 시도한다. 이들은 자기 능력에 가장 잘 들어맞는 직업 분야를 선택할 수 있는 노동시장에 참여할 수 있기를 바란다.

그러나 아세모글루와 로빈슨은 포괄적 경제제도가 국가를 부유하게 만들어준다는 것이 반복적으로 증명되어 왔다면 왜 모든 국가가 권위주의적 정권이라 할지라도 포괄적 경제제도를 도입하고 싶어 하지 않는지를 묻는다.

어떤 국가든 엘리트들은 일반적으로 더 다각화되고 개방적인 경제제도를 구축하지 않으려고 저항한다. 이런 경제제도는 엘리트들의 착취적 권력을 위협하지만, 권력을 포기하기란 쉽지 않기 때문이다. 대부분의 독재자들(저자들은 1965년부터 1997년까지 콩고를 지배한 옛 독재자 조제프 모부투를 예로 든다)은 단순히 부유한 국가의 지도자가 되는 것과 비교했을 때 자신의 국가를 약탈하고 제멋대로 비행기와 저택에 호화로운 돈을 쓰는 게 낫다고 믿는다. 불행히도 모부투와 그 부류들이 옳았다. 콩고 같은 국가에서는 부패한 왕이든 식민권력이든 사회주의 혁명가들이든, 또는 약탈하는 반군이든 간에 이런저런 집단들이 언제나 권력을 장악하고 손에 쥐고 있을 것이다. 반면, 포괄적 제도들은 불법 전리품들을 축적하고 책임을 회피하기 어려운 방식으로 부와 권력을 분배한다. 부정부패 같은 사건이 벌어진다면 집권자가 누구든 투표를 통해 추방당하게 된다.

정유회사 스탠더드 오일이 점유했던 것과 같이 19세기 미국의 거대한 독점기업들은 시장만으로는 포괄적 제도가 성립하지 않음을 보여준다. 실제로, 시장독점은 다른 이들을 위한 기회를 몰아내면서 권력과 부를 쌓는 데 사용될 수 있다. '트러스트 해소Trust Busting'는 여전히 가장 중요한 정부의 역할 가운데 하나로 남아 있다. 아이다 타벨Ida Tarbell 같은 사생활 폭로 전문 언론인들은 사업가 코닐리어스 밴더빌트Cornelius Vanderbilt와 존 데이비슨 록펠러John Davison Rockefeller를 포함해 '강도 귀족'의 수상한 관행들을 강조하면서, 일부 정치인들이 강도 귀족 자체였더라도 정치인들에게 행동을 촉구하는 압박을 가했다. 자유언론은 착취적 경향을 확인하는 데 필수적이다. 사실 TV이든 신문이든, 혹은 SNS이든 간에 언론 통제는 착취적 체제에서 가장 중요한 강령이다.

권력 분산이 성공한 국가를 만든다

세계의 불평등은 끈질기게 계속될 뿐 아니라 세월이 흐름에 따라 더욱 강화되기까지 한다(아세모글루와 로빈슨은 종종 "과거에 단단히 뿌리내리고 있다"라고 설명했다). 한 국가의 제도는 어떻게 해서든 불평등한 상태를 밀어붙이기 때문이다. 한 국가가 처음에 조직된 방식은 변하기 어려운 시각과 행동 방식을 작동시킨다. 모두에게 열려 있는 기회가 부족하고, 이 문제가 먼저 해결되지 않으면 이런 상태는 고착되기 쉽다. 그리고 현재 합의된 상태가 특정 집단이나 계층에게 만족스러울 때, 이들은 국민 대다수에게 이익을 주기 위해 변화하려는 유인을 가지지 못할 것이다. 따라서 사회는 더 많은 사람들에게 더 많은 이익을 안겨줄 수 있게 보장하는 제도와 정책을 합리적으로 평가하는 것이 아니라, 권력을 쥔 자들이 자신의 이익을 보호하기 위해 실시하는 정책들에 의해 형태를 갖추게 된다. 소외 계층이라고 느끼는 집단, 이를테면 좌파 정당은 그저 자기네 집단의 지위를 향상하기 위해 정부를 타도하고 나머지 국민들을 희생할 수도 있으며, 그로 인해 불안정의 패턴은 영속된다. 독일의 사회학자 로베르트 미헬스Robert Michels는 이를 '과두정의 철칙'이라 불렀다. 그리고 이 철칙은 뒤엎기 어렵다는 것이 증명됐다.

권력이 널리 분산되도록 보장하는 체제만이 모두가 번영하고 참여할 수 있는 기회를 누리는 진정으로 성공한 국가가 될 수 있다. 보통, 분산된 권력의 지시에 따라 국가가 움직이는 이유는 기회 혹은 '중대한 시점' 때문으로 보인다. 처음에 북미 식민지들은 저렴한 노동력 또는 노예 노동을 통해 부를 착취하는 부유한 지주를 포함한 유럽의 봉건적 상황을 모사하려 했다. 이런 상황이 남부 플랜테이션 경제에서 확실히 벌어진 반면에, 북부 식민지에서는 활용 가능한 노동력(백인과 원주민 모두)이 부족했기 때문에 개척자들에게 좀 더 협상력이 있었고, 땅 자체도 한 가족이 농사지을 수 있는 소규모 자유 경작지에 더욱 적합했다. 이 현실들로 인해 자립적인 태도가 구축됐고, 영국 정부는 국민들이 부자가 된다는 유인을 가질 경우에만 신대륙이 발전할 수 있음을 깨달았다.

모든 경제 성장이 건강한 건 아니다

적어도 단기적으로 보았을 때 착취적 제도를 지닌 모든 국가가 빈곤하게 살아가는 것은 아니다. 1930년대부터 1970년대 사이 소련은 경제적으로 빠르게 성장했다. 국가 권력의 도움을 받아 농업에서 공업으로 자원들을 이동시켰기 때문이다. 그러나 1980년대에 접어들면서 기력이 모두 쇠하고 말았다.

때로는 착취적 정부가 경제를 빠르게 성장시킬 수 있다. 세상이 원하는 뭔가를 독점적으로 생산한다거나(바베이도스와 설탕 생산), 스탈린이 농장을 집단화한 후 소득을 러시아의 제조업을 육성하는 데 전용한 것처럼 가치가 낮은 산업(농업)에서 높은 산업(공장 생산)으로 자원을 이동시킨다면 가능한 일이다. 그 과정이 시장경제와 비교해 비효율적이고 기술이 지체됐으며 강제로 달성된다 하더라도, 여전히 성장은 이뤄질 수 있다. 1928년과 1960년 사이 소비에트 경제는 6퍼센트 성장했고, 그로 인해 많은 사람들은 소련이 지속적으로 성장할 수 있고, 심지어 미국 경제를 앞지르게 될 것이라고 속고 말았다. 실제로는 1970년대가 되자 '혁신의 부족과 빈약한 경제 유인은 더 이상의 발전을 가로막았으며' 성장은 멈추고 말았다고 아세모글루와 로빈슨은 지적한다.

지난 15년간 중국의 성장 역시 소련의 폭발적인 성장과 매우 유사하다고 저자들은 말한다. 저자들은 현대의 중국 경제는 소련보다 훨씬 더 다각화되어 있으며 중국에는 수백만 명의 사업가들이 존재한다고 인정했다. 그러나 여기에는 동일한 법칙이 적용된다. "정치적 제도가 착취적으로 남아 있는 한, 다른 모든 유사한 사례에서 그랬듯 성장은 본질적으로 제한될 것이다." 아세모글루와 로빈슨은 이렇게 언급했다. 경제 내에서 '창조적 파괴'가 허용된다면 중국에서만 지속적인 성장이 이뤄질 것이다. 그렇다면 정부가 거대한 국영기업의 상당 부분을 소유하거나 통제할 때 지속적으로 성장할 가능성은 어느 정도나 될까? 더욱이 창조적 파괴는 포괄적 정치제도를 통해서만 일어날 수 있으며, 중국에서 이런 현상이 나타나고 있다는 조짐은 전혀 보이지 않는다.

이 책을 통해 우리는 식민지화가 현지국現地國에 미치는 치명적인 약화 효과에 눈을 뜰 수 있을 것이다. 또한 역사를 통틀어 도대체 얼마나 강제노역이 횡행해 왔는지, 그리고 설령 권력 분산을 통해 국가 전체의 번영을 이룰 수 있더라도 기회만 주어진다면 인간들은 권력을 분산시키는 대신, 어느 정도로 다른 이들을 지배하기로 선택하는지 깨달을 것이다. 책을 읽다가 매우 다양한 체제들이 지배에 위협이 된다는 이유만으로 어떻게 해서든 국민이 발전하고 부유해지지 못하게 방해했음에 분노할 수도 있다. 그러면서도 이 책에서 자유와 개방성을 옹호하며 훗날 큰 성과를 가져다준 사소하고 드문 결정들을 보며 독자들은 희열을 느낄 것이다.

📌 함께 읽으면 좋은 책

- 맨커 올슨《국가의 흥망성쇠》
- 존 달버그 액턴《자유와 권력에 관하여》
- 칼 포퍼《열린 사회와 그 적들》

톰 버틀러 보던의 ★ 한마디 ★

부유한 민주주의 사회의 시민들은 일부 국가가 정치기관과 헌법기관을 적법하게 갖추지 못했음을 쯧쯧거리며 못마땅해하기 쉽지만, 아세모글루와 로빈슨은 의회 민주주의와 자유로운 언론, 독립된 사법부, 그리고 재산권 등이 자리 잡기 위해서는 몇 십 년이 필요하다고 반복적으로 주장한다. 이 요소들은 보통 고매한 동기를 통해서가 아니라 국가에서 가장 많은 집단에 최고의 경제적 성과를 보장해 주기 때문에 생겨난다. 역설적이게도, 사람들의 이기적인 동기가 충족되도록 보장해 줄 때 모두에게 더 공정한 결과를 가져온다.

그러나 저자들은 자신들의 이론이 결정론적이라는 주장에 반대한다. 미국이나 영국, 또는 프랑스가 부유해지고 현대사에서 지배적인 역할을 맡아야만 한다는, 그리고 반드시 유럽이 세계의 다른 지역들을 식민지로 만들었어야 했다는 역사적 필연성은 없었다. 국가들이 시작 단계에서 여러 차례 실패를 겪은 뒤 언제 착취적 제도에서 포괄적 제도로 영구적으로 변화하게 될지는 아무도 예측할 수 없다. 여기에는 우발적인 사태나 운 등이 상당히 관여하며, 설령 조건이 적절하게 보이더라도, 그 누구도 과두정의 철칙을 과소평가해서는 안 된다.

20

The Rise and Decline of Nations

이익집단이 국가경제에 미치는 영향

국가의 흥망성쇠

> 66
>
> 다른 조건들이 동일했던 두 사회 중에서 안정과 보안,
> 결사의 자유 등에서 더 오랜 역사를 가진 사회는
> 진입과 혁신이 제한적인 제도를 더 많이 갖추고,
> 구성원들 사이의 사회적 상호작용과 동질성을 장려한다.
>
> 99

맨커 올슨 Mancur Olson

1932년 미국의 노스다코타주에서 태어났다. 1954년 노스다코타 농업대학교를 졸업한 후 로즈 장학금을 받아 옥스퍼드대학교로 갔으며, 그곳에서 철학과 정치학, 경제학을 공부했다. 그리고 1963년 하버드대학교에서 경제학 박사를 취득했다. 1960~1961년까지 프린스턴대학교에서 강의했고, 1963~1967년까지 조교수로 활동했으며, 1967~1969년까지는 미국 보건복지부에서 근무했다. 1970년대에 메릴랜드대학교의 교수가 되었고, 그 후 30년간 그곳에 남았다. 1998년 갑자기 세상을 떠났다.

경제학자 맨커 올슨이 《국가의 흥망성쇠》를 쓰기 시작하면서, 우리가 이 주제에 대해 아는 것이 거의 없다는 사실이 명백해졌다. 국가 간의 차이를 설명하는 가장 흔한 개념이 '문화'다. 예를 들어, 중세 프로테스탄트들은 가톨릭 신자들보다 발전적인 직업윤리를 가졌다. 독일인들은 남유럽과 비교했을 때 성실성 덕에 언제나 잘해왔다. 그리고 일본인들은 인종적 동질성과 단일한 목표 덕에 부유해졌다. 그러나 올슨은 여러 근거들을 살펴보면서 특정 장소의 특정 기간은 효과적으로 설명할 수 있지만, 일반적인 규칙으로 적용하기에는 유효하지 않음을 발견했다.

어쩌면 정치적 안정성이 장기적인 번영을 설명하기에 더 나을 수도 있다. 어쨌든 이 두 가지는 항상 떨어질 수 없는 듯 보인다(아세모글루와 로빈슨의 《국가는 왜 실패하는가》가 이 관점을 뒷받침한다). 그러나 올슨은 대놓고 이 논지에 반대한다. 그는 사회가 더 오래 존재할수록 전체 사회를 희생해서 자기 구성원들에게 혜택을 주려는 특별이익연대(산업조직, 카르텔, 조합, 농부들의 로비단체 등)가 정책과 법을 몰아갈 가능성이 높다고 강조한다. 안정에는 대가가 따르며, 아마도 예전의 사회적 유동성과 경제적 활력을 되찾기 위해서는 혁명이나 전쟁을 통해 사회를 '재설정'하는 수밖에 없을 것이다.

책을 쓰던 당시에는 압력단체가 민주주의의 건강한 일부라는 관점이 널리 받아들여졌지만, 올슨은 모든 집단이 동등하지 않음을 보여줬다. (자금이나 조직, 영향력 등에서) 유리한 위치에 있는 단체들은 시간이 흐르면서 그 유리함이 더 커지는 것을 볼 수 있다. 실제로 올슨의 책은 미국에서 더할 나위 없이 적합했다. 그의 모델은 사회에서 소수의 부류가 어떻게 해서든 세금 경감을 이루고 성장의 혜택 대부분을 누리게 되면서 미국 정치의 양극화, 자금이 풍부한 워싱턴 로비 단체의 영향력, 지난 몇 년의 입법적·예산적인 경화, 소득격차의 확대 등을 가져올 것이라 예측했다.

로비단체, 경제의 효율성을 망치다

1965년 올슨의 《집단행동의 논리》는 시간이 흐름에 따라 인간본성은 민주주의적이고 평등주의적인 원칙을 왜곡하고 약화시키는 경향이 있음을 밝혔다. 합리적인 기준에 따르면 집단이나 조직이 사회의 경제성장으로부터 혜택을 입게 되면 전체 성장을 지지하고 촉진하는 것이 이익이 된다고 가정할 수 있다. 어쨌든 경제가 성장하면 사람들은 더 많은 물건이나 서비스를 사들일 것이기 때문이다. 그러나 현실에서 특별이익집단은 이런 세계관을 받아들이지 않는다. 이들은 경제라는 파이에서 파이를 더 키우는 것보다 더 큰 조각을 직접 차지하는 것이 더 생산적이라고 믿는다. 올슨은 도자기 가게에서 서로 싸우는 레슬링 선수들을 그려보는 게 더 낫 겠다고 말한다. 이들은 도자기가 깨지는 것에는 상관하지 않는다. 그저 이기고만 싶어 한다.

특별이익집단과 연합, 카르텔, 그리고 로비단체의 '지대추구 Rent-Seeking'(기존의 부에서 자기 몫을 늘리는 방법을 찾으면서도 새로운 부를 창출하지 않는 활동─옮긴이) 행동은 전반적으로 경제의 효율성을 낮 추는 경향이 있다. 예를 들어, 한 산업의 진입장벽은 상당한 비용 을 발생시킨다. 특정 직업은 공공의 안전을 이유로 특별한 자격을 갖춘 사람만을 인정하려는 입법을 추구할 수 있다. 이 직업의 보호 는 대중이 더 많은 돈을 지불한다는 의미이며, 따라서 이들의 돈은 다른 곳에 생산적으로 쓰일 수 없게 된다. 다시 말해서 "특별이익 조직의 대다수는 소득을 창출하기보다는 재분배하며, 그렇게 해 서 사회적 효율과 성과를 감소시킨다."는 것이다.

사회의 부를 이런 식으로 분배하는 것은 공동의 정치적 이익이 가지는 중요성을 낮춘다. 전쟁 동안 사회는 적을 물리치기 위해 협 력할 수 있다. 다른 모든 이익을 능가하는 공통의 이익을 인식하기 때문이다. 그러나 사회의 재화와 부를 위해 투쟁할 때는 그 누구도 상대방이 잃지 않고는 이길 수 없고, 그렇게 적의가 생겨난다. 특별 이익집단과 연합의 힘이 커질수록 정치는 점점 더 분열되고 불안정해진다. 기존의 선거에서 한 선택이나 정책은 영향력 있는 집단의 로비력에 따라 완전히 무효가 되거나 뒤집힐 수 있기 때문이다. 나라는 더 이상 시간의 흐름에 따라 모두에게 혜택을 주는 번영과 자유, 정의의 전진적인 발전을 대표하는 것이 아니라, 가장 강력한 자가 자신의 이익을 위해 끝까지 싸우는 경기장이 되어버린다.

특별이익집단이 갖는 지나친 영향력의 결과

특별이익집단이 지나친 영향력을 가지게 될 때 경제적으로 확실히 영향을 미친다. 가장 중요한 것은 변화를 수용하는 능력이 감소할 수 있다는 점이다. 예를 들어, 어떤 조합은 노동자 수를 줄이는 기술혁신을 도입하는 데 반대하는 운동을 벌일 수 있다. 이것이 산업의 생산성이나 사회의 번영에 엄청난 이득이 된다고 해도 그렇다. 산업 카르텔 역시 가끔은 혁신에 저항한다. 한 기업이 새로운 기술을 개발하면, 이는 다른 기업의 번영을 위협하기 때문이다. 반면, 산업이 카르텔화되지 않으면 각 행위자는 기술이나 생산성을 개선해서 다른 행위자들을 능가하려고 활발한 경쟁을 벌이게 된다.

특별이익집단이 끌어가는 사회는 공정하지 않은 환경을 반영해 훨씬 더 복잡한 규제를 만들어낸다. 특정 집단에 유리하도록 특별한 고려사항이 법에 삽입되면 이후에 다른 집단들이 이의를 제기하게 되고, 정부는 이 문제들을 처리하기 위해 몸집을 키운다.

게다가 올슨은 "목소리를 명확하게 내고 교육 수준이 높은 집단은 규제와 정치, 복잡한 합의 등에서 상대적으로 유리하다."고 언급한다. 다시 말해, 이 집단은 타협적인 경제에서 힘의 지렛대가 어떻게 작동하는지 이해하기 때문에, 혁신과 창의성을 보상해 주지 않는 환경에서도 그만큼 번창할 수 있다. 이때 사회의 두뇌집단이 사회를 더 활기차게 만드는 대신 현 상태를 유지하는 쪽으로 움직이는 부정적인 효과가 발생할 수 있다.

특별이익집단의 영향을 강하게 받는 사회들은 그렇지 않은 경우보다 더 느리게 성장한다. 이는 국가 이외에 모든 경쟁하는 이익들을 없애버리는 전체주의 체제나 전쟁과 체제 변화가 모든 기존의 이익연합들을 파괴한 사회를 살펴보면 쉽게 이해할 수 있다.

올슨에 따르면 독일과 일본은 제2차 세계대전 이후 빠르게 성장했다. 초고속 성장의 앞길을 막을 기존의 이익이 없었기 때문이다. 히틀러는 조합을 불법화했고, 일본에서는 좌파 노동조합을 억압했다. 여기에 더해 연합군이 전쟁 후에 두 나라에 반독점 조항을 제정했으며 탄탄한 경제성장의 공식도 보유하고 있었다. 반면에 오랜 안정성과 제도들을 유지하고 있는 나라인 영국은 전후에 무기력한 성장률을 보였다. 지나치게 강한 노동조합들 덕에 쟁의행위도 빈번히 일어나고 제어가 어려운 것으로 보였다. 또한 올슨은 홍콩과 타이완, 한국, 싱가포르를 언급하면서, 이 국가들은 전후 시대에 급성장했다고 강조한다. 이 국가들은 과거에 다른 국가가 소유하거나 통치했기 때문에, 성장을 방해할 분포적 연합이나 강력한 특별이익을 만들어낼 자유가 없었다.

올슨은 자신의 논지가 한 나라 안에서도 다양한 경우에 적용될 수 있음을 발견했다. 미국의 서부 주들과 남부 주들은 최근 들어 더 빠르게 성장했다. 북동부와 중서부 지역처럼 오랜 정치단체가 없기 때문이었다. 북동부와 중서부에서는 특별이익집단과 기업조직들이 오랫동안 정책을 개발하고 영향력을 발휘해 왔다. 사람들은 곧 한 지역이나 나라가 소수에 의해 좌지우지되면 평범한 사람들에게는 성공할 기회가 더 적어진다는 것을 깨닫게 된다.

마지막으로, 더 자유로운 교역은 경제와 기업을 키워준다. 지구를 누비며 홈그라운드에서든 다른 곳에서든 기득이익과 기득세력을 약화시킬 수 있기 때문이다. "자유국제무역이 존재하면, 그 어떤 로비단체의 통제에서 벗어난 국제시장이 존재하게 된다." 장벽이 낮아지면 리카르도의 유명한 '비교우위' 원칙이 본격적으로 적용되며, 국가들은 비효율적인 산업과 기업을 보호하기 위해 '미투 me too' 산업정책을 받아들이는 대신에 더 잘할 수 있거나 더 싸게 할 수 있는 것들을 생산하기 시작한다. 외국기업이 들어와서 현지기업과 경쟁하도록 허용되면, 이 기업은 현지시장의 경쟁력을 높여주는 한편, 카르텔과 기존의 방식을 제거하고 생산과 혁신의 새로운 아이디어를 떠올리는 데 도움을 준다. 그렇게 해서 관세장벽은 사라지기도 한다.

문제는 정부의 크기가 아니다

올슨은 정부의 크기와 경제성장의 관계가 그저 미약할 뿐이라고 주장한다. 프랑스와 스웨덴 모두 공공부문이 큼에도 불구하고 전후에 꾸준히 성장했다. 정부의 크기는 특정집단의 이익이 경제에 마비 효과를 가져오는지 여부보다 덜 중요하다. 실제로 스웨덴과 노르웨이는 영국처럼 강력한 특별이익집단을 보유하고 있음에도 영국과는 달리 전후에 상당한 수준으로 성장할 수 있었다. 주요한 이유는 두 스칸디나비아 국가에서 노동조합들은 '포괄적'이라는 점이다. 다시 말해서, 이 국가들은 경제에서 거의 모든 노동자들을 포함하는 아주 커다란 노조들을 가지고 있었다. 따라서 경제가 전반적으로 성장하는 모습을 보는 것이 이들에게 해당하는 이익이었다. 영국의 노조들은 더 협소하고 더 추출적이다. 스웨덴과 노르웨이의 노동조합 모두 다른 국가들과는 달리 수입물품에 관세가 매겨지길 바란다. 상대적으로 시장원리에 더 개방적이 될 수 있고, 그 결과 산업이 더 효율적이게 되기 때문이다.

전통적인 자유주의 경제이론은 경제가 느리게 성장하는 것은 정부 탓이라고 말한다. 그리고 정부가 더 작아지고 한발 물러나야 더 자유로운 시장들이 번창할 수 있다고 본다. 그러나 올슨은 "정부는 결코 사회에서 강압이나 사회적 압력의 원인이 아니다."라고 말한다. 예를 들어, 카르텔은 (자유방임주의 정부를 포함) 정부와 상관없이 만들어지는 경향이 있다. 그의 요점은 국가들은 좌파나 우파의 이익에 좌지우지되거나 국가가 너무 크게 성장해서가 아니라, 모두에게 혜택을 주도록 만들어진 과정이 일부에 의해 타락하기 때문이다. 국가의 번영에 도움이 되지 않는다고 정부의 크기를 공격하는 기업 또는 무역집단을 볼 때 이 사실을 명심해야 한다. 이들은 우선 어느 특정한 고려사항이나 입법을 상대로 로비활동을 벌일 때 경제의 활력을 제한할 수 있는지 살펴야 한다. 실제로 우리는 한 사회에서 부의 재분배가 언제나 부자에게서 빼앗아 가난한 자의 고통을 덜어줘야 한다는 동기를 가지고 이뤄진다고 가정하지만, 대부분의 재분배는 가난한 자에게서 부자에게로 이뤄진다고 올슨은 말한다. 의료보험제도는 내역을 잘 아는 의사의 자문을 바탕으로 하지, 사용자인 일반대중의 이야기를 듣지 않는다. 세금의 구멍은 부자를 더 부자로 만들어주고 '기업복지'는 실제로 도산해야만 하는 실패한 기업들을 되살려주는 경향이 있다.

법과 제도를 왜곡하는 특별이익집단의 은밀한 특성은 사회 전반에 퍼져 있다. 최소임금법과 노동조합의 임금 지급 기준은 기업과 노동자 모두에게 도움이 될 새로운 협상이 불가능하도록 가로막는다. 그 결과 실업률은 필요 이상으로 높아진다. 단순히 한 국가가 억만장자와 민간기업의 이익에 좌지우지되어서 쇠락한다고 말할 수 없다. 지나치게 강력한 노동조합의 영향력은 경제적 활기에도 영향을 미치기 때문이다. 올슨이 걱정한 것은 특정 집단이 아니라, 특별이익집단의 장악이 포괄적으로 퍼져 있는 현상이었다.

📌 함께 읽으면 좋은 책

- 대런 아세모글루, 제임스 A. 로빈슨《국가는 왜 실패하는가》
- 이저벨 윌커슨《카스트》

**톰 버틀러 보던의
★ 한마디 ★**

《국가의 흥망성쇠》가 처음 출간됐을 때 영국은 마거릿 대처 밑에서 일종의 혁명을 겪고 있었다. 민영화를 통한 경쟁의 시장화, 금융시장의 자유화, 그리고 노동조합 영향력의 해체 등은 1970년대의 경화증을 끝내고 경제가 빠르게 성장할 수 있게 도왔다.

올슨이 흥미를 가지고 있는 주장 가운데 하나는 계급관계가 산업이나 노동조합의 이익과 같은 방식으로 작동한다는 것이다. 다시 말해 사회계급이나 카스트제도가 계급 간 결혼을 제한하는 이유는 단순히 사회적인 우월의식 때문이 아닌 경제적 배타성을 위해서다. 계급이 낮을수록 다른 사람들을 배척하는 데 힘을 확고히 하고 유지하는 데 초점을 맞추게 된다. 귀족정은 단순히 특별이익집단의 역학을 더 극단적으로 본 사례로, 뛰어난 안정성은 경제적 침체와 맞물린다.

우리는 안정적인 경제를 볼 때마다 이렇게 물어야 한다. "사회의 모든 시민과 집단들이 운영방식과 관련해서 발언권과 그 이익에서 오는 지분을 누리고 있는가? 혹은 자기에게 유리한 방식대로 법과 제도를 왜곡하는 일부 집단의 성과인가?" 성공적인 사회는 18세기 경제학자 조시아 터커 Josiah Tucker가 지적한 대로 현실에 대응할 복합적인 견제와 균형, 대책을 갖추고 있어야 한다. 터커는 이렇게 말했다. "모든 인간은 할 수만 있다면 독점자가 될 것이다."

PART 3

정치권력은
절대 한곳에
머무르지 않는다

50 POLITICS CLASSICS

전쟁은 왜, 어떻게 일어나는가
전쟁론

> 66
>
> 학살이 소름 끼치는 구경거리로 전락한다는 점에서
> 우리는 전쟁을 더 심각하게 받아들여야 하지만,
> 이것이 인류애라는 이름으로 우리의 칼날을
> 점차 무디게 만드는 핑계가 되어서는 안 된다.
>
> 99

카를 폰 클라우제비츠 Carl von Clausewitz

1780년 프로이센에서 태어났다. 13세의 나이에 프로이센군의 사관후보생이 됐고, 이 듬해 프랑스와의 전투에 참전했다. 10대 시절에 이미 중위로 승진한 그는, 21세에 프로이센 전쟁대학에 입학했다. 동기들 가운데 상위권으로 학교를 졸업한 뒤 아우구스트 왕자의 직속 부관이 됐다. 1810년 전쟁학교의 교수가 됐으나, 1815년 워털루전쟁을 비롯해 여러 사건으로 인해 종신재직권은 받지 못했다. 1818년 소장직에 올랐고 프로이센 전쟁학교의 교장으로 임명됐으며, 이후 10년 동안 연구에 몰두했다. 1831년 브로츠와프에서 세상을 떠났다.

클라우제비츠 이전에 전쟁에 대한 문헌은 병참학과 지형, 부대 기동작전, 또는 위대한 전투들에 대한 화려한 설명 등으로 구성되어 있었다. 《전쟁론》에서 이 독일의 장군이자 군사학자는 전쟁 연구를 좀 더 과학적인 토대 위에 끌어다 놓으려 한다. 서문에서 그는 이렇게 썼다. "나는 무슨 수를 써서라도 모든 진부한 문구들을 피하고 싶었다. 수백 번 언급되었고 일반적으로 믿고 있는 너무 뻔한 모든 것을 말이다."

600쪽에 달하는 이 작품은 주둔지와 행진, 전투의 순서, 부대의 숙영, 통신선, 그리고 전투전술의 복잡성 등 전통적인 기반 모두를 다루고 있지만, 《전쟁론》이 차별화되는 이유는 전쟁과 그 정치적 측면에 대한 통찰 때문이다. 레닌과 마오쩌둥, 그리고 미국의 군사 지식층들은 책의 이러한 측면에 끌렸고, 이 책은 여전히 전 세계 군사학교에서 필독서로 꼽히고 있다. '전장의 안개'라는 표현은 클라우제비츠가 쓴 것이다. "전쟁은 불확실성의 영역이다. 전쟁에서의 모든 행위들이 기반하고 있는 것들 가운데 4분의 3은 어느 정도까지 불확실성의 안개 속에 놓여 있다." 또한 전쟁이 극단적인 형태이기는 하나 일종의 전략이라는 개념 또한 그가 제시했다.

《전쟁론》에서 두드러지게 부족한 부분은 윤리적인 죄책감의 표현으로, 오늘날에는 대부분의 전쟁들이 이를 염두에 둔다. 클라우제비츠의 힘의 철학은 단순한 편의주의다. 침략하거나 침공하거나 영토를 뺏을 수 있으면 그렇게 하라는 것이다. 기술로 인한 전쟁의 변형은 물론 책의 많은 부분들이 시대에 뒤처지지만, 전쟁의 정신과 정치적 맥락, 그리고 일반적인 정책의 측면에서 그의 생각은 여전히 유익하게 읽을 수 있다.

전쟁이란 무엇인가?

클라우제비츠는 전쟁을 '우리의 의지를 실행하기 위해 적을 굴복시키는 힘의 행위'라고 정의 내리면서 '호의에서 나온 실수들이 가장 최악이 되는 매우 위험한 사건'이라고 언급했다. 한쪽이 생명을 잃을까 두려워서 지체할 때 즉각 적에게 우위를 빼앗기게 된다. 전쟁에서 중용을 찾으려는 것은 '논리적 부조리'라고 그는 말한다. 전쟁은 선천적으로 양극단의 문제다.

이마누엘 칸트Immanuel Kant나 헤겔Georg Wilhelm Friedrich Hegel처럼 동시대의 이상주의 사상가들을 따라 클라우제비츠는 전투원들이 최소한의 희생으로 총 승리를 거두는 이상적이고 완벽한 결과를 추구한다는 단일하고 순수한 사상에서 전쟁관을 시작한다. 그러나 인간 자체가 완벽함과는 거리가 멀기 때문에 그러한 성과는 절대 얻을 수 없다. 전쟁의 총력은 양측의 결점으로 인해 완화된다. 또한 타고난 신중함에 따라 모든 에너지를 단 하나의 초기 타격에 쓰지 않으며, 첫 번째 공격이 성공하지 못한다면 두 번째 공격을 위해 조금 물러선다.

클라우제비츠는 전쟁이 "결코 고립된 행위가 아니다."라고 주장한다. 전쟁은 자발적으로 벌어지지 않으며, 전쟁의 발발로 인해 놀랐다면 이는 우리가 잠재적인 적을 현실이 아닌 우리의 기대에 따라 바라보았기 때문임을 시사한다. 우리는 국가지도자가 국제법에 따라 행해야 하는 일이라는 관점에서 그를 평가할 수 있지만, 그 사이에 그의 탱크가 한 영토를 침공하고 있기도 하다.

클라우제비츠의 표제 가운데 하나는 "전쟁에서 결과는 결코 최종적이지 않다."이다. 전쟁의 시초는 정책의 연속이므로, 패자에게 그 끝은 정말로 결말이 아닐 수 있다. 그저 누군가가 원하는 것을 달성하기 위한 과정에서 '일시적인 재앙'일지도 모른다. 클라우제비츠의 요점은 광범위한 역사적 · 경제적 관점에서 본다면 재미있다. 예를 들어, 제1차 세계대전의 결과로 독일이 겪은 굴욕은 히틀러 치하에서 독일이 재기하는 씨앗을 뿌렸다. 제2차 세계대전에서 다시 한번 패한 독일은 경제적 황폐함과 평화헌법을 가지고 모든 에너지를 산업적인 성공에 쏟을 수 있었다. 똑같은 일이 전후 일본에서도 벌어졌다.

정책적 동기가 명확해야 전쟁에서 승리한다

전쟁은 단순히 감정이 불러일으킨 임의적인 폭력행위가 아니다. 특히나 문명화된 국가가 전쟁을 일으킨다는 것은 언제나 정책의 행위다. 게다가 (폭력의 임의적인 발생과는 대조적으로) 전쟁은 적어도 어느 정도까지는 그 전쟁을 지휘하는 지성이 인도해 나갈 수 있을 만큼 오래 지속된다. 군사적 노력은 처음 시작된 지점에서부터 끊임없이 정책으로 되돌아와야 한다. "정치적 목적이 목표가 된다. … 전쟁은 그 목표에 도달하기 위한 수단이다." 클라우제비츠는 이렇게 말한다.

클라우제비츠는 여기에 명석한 관찰을 덧붙인다. 전쟁에 나서야 할 동기가 명확하고 강력할 때 군사행동은 정치적 목적과 긴밀히 일치한다. 그러나 동기가 덜 명료하고 덜 강력하다면 전쟁은 질질 늘어지고 성과도 불분명할 가능성이 더 높다. 국가가 전쟁의 노력 이면에서 단결하지 않으면 군인들도 이를 알아차리고, 군사작전은 열의가 없어진다.

우리 시대에는 아프가니스탄 전쟁과 제2차 이라크 전쟁에서 확실히 이런 상황이 벌어졌다. 불확실한 정치적 동기가 불확실한 군사적 성과로 이어지고 말았던 것이다. 예를 들어, 히틀러에 맞선 연합군의 싸움과 비교해 보자. 동기가 너무나 강력했기 때문에 모든 역경을 극복하고 모든 에너지는 승리에만 집중됐다. 모든 전쟁은 정치에 의해 움직이지만, 그 가운데 일부만이 의도했던 대로 정책적 성과를 얻는다. 그러기 때문에 정치인들과 최고사령관들은 무엇을 위해 전쟁에 나서는지를 정확히 알고, 전쟁으로 그것을 달성할 수 있는지 철저히 생각하는 것이 매우 중요하다.

전쟁의 '전반적인 현상'에는 세 가지 요소가 포함된다고 클라우제비츠는 말한다. 각 요소에는 각기 다른 행위자가 관여한다.

1. 원시적인 폭력과 증오, 원한의 삼위일체: 대중의 관심사다.
2. 가능성과 기회: 움직임을 계획하는 최고사령관에게 중요한 문제다.
3. 이성을 조건으로 하는 정책의 도구: 정치인들의 영역이다.

각 요소의 영향력을 온전히 인식하지 않고 전쟁에 나서는 행위는 시작부터 결점을 가진다. 그러므로 전쟁에서 승리하기 위해서는 세 요소 간의 균형을 찾아야 하며, 그래야만 전쟁의 동기와 실제가 '세 개의 자석 사이에 매달린 물체처럼' 된다.

전쟁은 딱히 과학도 아니지만 기술도 아니다. 전쟁은 인간의 삶에서 사회적 측면의 일부로 보는 게 낫다. 상거래와 마찬가지로 전쟁은 이익의 대립과 관련 있으며, 다만 해결되는 방식이 다를 뿐이다. "정치는 전쟁이 성장하는 자궁이다. 수정란에 존재하는 생명체의 특성들과 마찬가지로 전쟁의 윤곽은 숨겨진 초기 형태 안에 이미 존재하고 있다." 클라우제비츠는 이렇게 썼다.

전쟁의 최고 전략은 완전한 파괴

클라우제비츠의 전쟁이론은 여러 전쟁에 참여했던 베테랑으로서 그의 경험에 어느 정도는 기반하고 있으며, 뛰어난 군인들과의 교류와 토의 등도 바탕으로 삼았다. 그는 위대한 군인과 최고사령관들은 만들어지는 것이 아니라 태어나며, 본능적으로 좋은 결정을 내린다고 믿었다. 그러나 가끔은 다른 사람들을 설득하거나 어떤 행동에 이유를 제시하는 것이 필요하며, 이 시점에서 '주요 작전(혹은 전략)에 대한 이론'이 중요해진다.

클라우제비츠는 방어가 공격보다 훨씬 더 강력한 힘이라고 반복적으로 주장하며, 값어치 이상으로 희생이 큰 전쟁을 일으켜서 적을 약화시키는 것은 가끔 강대국에 맞서는 약소국이 채택하는 전략이라고 말한다. 용기냐, 의지냐? 이것이 저항운동이나 소규모 군이 거대한 적에게 시험해 보는 대상이다.

그러나 전쟁의 최고 전략은 언제나 적의 군대를 완전히 파괴하는 것이다. 이해관계가 크지 않다면 다른 전략들로도 충분할지 모르지만, 파괴는 출발점이 되어야 한다. 모든 전략은 궁극적으로 전쟁을 구성하는 교전상에서 전투의 기본 원리와 관련된다. 군인의 모든 훈련과 노력은 결국 적절한 시간과 장소에서 싸울 준비가 되었는지, 그리고 적군을 완패시킬 수 있는가로 귀결된다. 전투가 전혀 벌어지지 않았더라도 마찬가지다. 상대편의 병력이 중요성을 결정짓는 경우가 자주 있기 때문이다.

전쟁의 심리학

전쟁에서 물리적인 고려는 누구나 배울 수 있을 만큼 간단하다. 이보다 더 도발적인 부분은 지적인 측면으로, 이때는 실시간으로 작동하는 무수한 요인들의 복잡성과 인간의 본성까지 고려해야 한다. 최고사령관은 전투의 '무형적인 것들'로부터 가장 많은 영감을 얻을 수 있다고 클라우제비츠는 말한다. 예를 들어, 훨씬 더 큰 적을 이길 수 있게 도와주는 군의 단결심 같은 것들 말이다. 또한 전쟁에 대한 비평적인 고찰을 읽는 것이 아니라 '광범위한 인상과 직감의 번득임'을 통해 더욱 효과적인 전투를 벌이는 법을 배울 수 있다.

전쟁은 신중한 계산의 문제라고 여겨지지만, 결국에는 언제나 도박이 된다. 인간의 심리를 중심으로 돌아가기 때문이다. 클라우제비츠는 전쟁이 용기와 과감함, 심지어 무모함을 비롯해 '생존 및 도덕적인 힘을 다루는 것'이라고 말했다. 그는 자신의 책이 전쟁을 다룬 최초의 과학적 연구가 되길 바라면서도, 전쟁 자체가 과학적으로 추진된다고 주장하지 않는다. '그 어떤 인간의 활동도 전쟁처럼 꾸준하게, 혹은 보편적으로 가능성과 밀접한 관계를 맺고 있지 않기 때문'이다. 전쟁은 행운이 당신 편이리라는 확률과 짐작, 희망을 가늠하는 활동일 뿐이다. 성공을 위해서는 적의 마음속에 들어가야 한다. 엄밀히 말해 전쟁은 과학이 아니지만, 승리와 패배 사이의 차이를 만들 수 있다.

전쟁의 목표를 달성하고 이를 뒷받침할 전략을 마련하는 것은 쉽다. 어려운 것은 수많은 견제에도 불구하고 목적과 계획에 충실한 것이다. 두려움과 불안, 그리고 의심이 스밀 여지가 매우 많으며, 최고사령관은 허영과 야망, 복수심으로 동요할 수도 있다. 이런 것들은 모두 본래의 전략을 잊어버리고 특정한 개입의 목표를 불분명하게 만들 수 있다.

클라우제비츠는 전쟁에 대한 과학적 논문을 기대하던 독자들에게 사과하면서, 대신 인간의 본성에 대한 진실들을 전달한다. "그 어느 곳에서보다 전쟁에서는 우리가 예상하는 대로 되지 않는다."는 것이 현실이다. 한 최고사령관이 타협해야 할 것은 불확실성이다. 온종일 보고서가 쏟아지고 어느 것이 진실이고 어느 것이 거짓이며, 무엇이 중요하고 중요하지 않은지를 결정해야 한다. 또한 불복종과 악감정, 게으름, 그리고 예측할 수 없었던 사고들을 감수해야 한다. 용기와 능력 외에도 최고사령관은 인내력이 있어서, 한번 정한 길은 바꾸고 싶은 강렬한 이유가 생겨나도 고수해야 한다.

위대한 지휘관은 시간과 공간의 지배에서 뚜렷하게 드러난다. 속담에서 말하듯, 그는 전투를 현명하게 선택하고, 자신의 명령하에 모든 역량을 쏟을 수 있는 적절한 조건과 시간, 정확한 장소 등을 결정해야 한다. 훌륭한 최고사령관은 한 번의 공격으로 모든 전력을 집중시킬 수 있는 지점을 적극적으로 모색할 것이다. 그것이 위험하지만 승리의 가능성을 가장 크게 높여준다.

🔖 함께 읽으면 좋은 책

- 노먼 에인절 《위대한 환상》
- 윈스턴 처칠 《폭풍의 한가운데》
- 한스 모겐소 《국가 간의 정치》

톰 버틀러 보던의
★ 한마디 ★

현대의 독자들에게 클라우제비츠가 어렵게 느껴지는 부분은 전쟁이 민족과 사회의 특성에 도움이 된다고 가정하는 부분이다. 예를 들어, 6장 마지막에서 그는 오직 전쟁만이 민족 안에 대담함을 주입할 수 있으며 '번영을 이루고 교역이 확장되는 시기에 사람들의 수준을 떨어뜨리는 부드러움과 편안해지고픈 욕망'을 상쇄한다고 말한다.

전쟁의 '특성의 형성'이라는 능력에 대한 믿음, 그리고 군사력이 국가적인 부의 기본이라는 가정은 모두 제1차 세계대전의 참상으로 이어졌다. 독일은 오직 무엇이 자국에 도움이 되는지의 관점에서만 생각했고, 이익을 달성하기 위해 다른 국가들을 짓밟을 준비가 됐다는 사실은 전적으로 클라우제비츠의 무無 윤리구역과 일맥상통한다. 그러나 그가 집필하던 19세기는 상대적으로 평화로운 시기였고, 그가 묘사한 위대한 전투들은 20세기 전쟁 돌발과 비교해 볼 때 자질구레한 사건이었다.

긍정적인 측면에서 보자면, 클라우제비츠의 전쟁의 '3요소' 이론은 현대에 벌어진 전쟁이 실패한 여러 사례들을 명확하게 설명한다. 국민과 군, 그리고 정치인들이 전쟁 참전 이유에서 합심하지 않는 한, 전쟁의 노력 자체는 비능률적일 가능성이 높다(베트남과 아프가니스탄을 보라).

22

The Great Illusion

전쟁을 망상하는 국가를 향한 일침
위대한 환상

> **"**
>
> 한 국가가 강제로 다른 국가의 부나 교역을 빼앗고,
> 또한 강제로 다른 국가에 자신의 의지를 강요하거나
> 복종시킴으로써 부유해지는 것은 불가능하다.
> 요컨대 전쟁에서 승리를 거두더라도 민족들이 추구하는
> 그 목표들을 더 이상 달성할 수 없다.
>
> **"**

노먼 에인절Norman Angell

1872년 영국 링컨셔 홀비치에서 부유한 상인의 아들로 태어났다. 젊은 시절 런던의
한 경영대학원과 제네바대학교에서 수학했으나, 유럽의 문제점에 절망하여 캘리포
니아로 이주했고 샌프란시스코에서 막노동꾼, 탐사자, 기자로 일했다. 1929년부터
1931년까지는 브래드퍼드 노스 하원의 노동당 의원이었지만 노동당 정권과 함께 의
석을 잃었다. 90세가 될 때까지 매해 세계를 돌며 평화와 국제적인 쟁점들에 관해 강
연을 계속했고, 1933년 노벨 평화상을 수상했다. 1967년 95세의 나이로 런던에서 눈
을 감았다.

"모든 강대국은 유럽뿐 아니라 세계정치에서 가능한 한 가장 커다란 영향력을 발휘하는 데 노력을 기울여야 한다. 대개는 경제력이 결국 정치력에 달려 있기 때문이며, 세계무역에 가능한 한 대규모로 참여하는 것이 모든 국가에게는 사활이 걸린 문제이기 때문이다."

독일 정치가 카를 폰 슈텐겔Karl von Stengel 남작의 이 발언은 1914년 이전 유럽에서 통용됐던 지혜를 전형적으로 보여준다. 독일은 영국의 식민지와 지배권, 무역력, 그리고 부를 부러워했으며, 이것들은 오직 우월한 해군력을 소유해야만 손에 넣을 수 있는 것이라 믿었다. 독일은 인구가 늘어나면서 영국이 소유한 것들이 필요했고, 따라서 이를 손에 넣기 위해 대대적으로 군사력을 구축하기 시작했다. 그러면서 제1차 세계대전의 씨앗을 뿌렸다.

영국의 젊은 지식인 노먼 에인절은 1909년 자비로 출간한 장문의 소책자 《유럽의 착시Europe's Optical Illusion》에서 다른 견해를 드러냈다. 에인절은 유럽에서 최근에 벌어진 대규모 전쟁(1870~1871년 보불전쟁) 이후 더 이상 전쟁을 일으키는 것이 그 누구에게도 이득이 되지 않을 정도로 국가 간의 경제 통합이 늘어났다고 썼다. 이 새로운 시대에 대규모 갈등을 일으킨다는 것은 엄청나게 어리석은 짓이었다. 그러나 겨우 5년 후 독일은 벨기에를 침략했고, 이어진 대학살로 1,600만 명이 사망했고, 20년 후 또다시 5,000만 명의 목숨을 앗아가는 사건이 발생했다.

분명히 에인절, 그리고 그와 비슷한 똑똑한 사람들은 착각했을 것이다. 경제 통합은 유럽이 평화를 유지하는 데 도움이 됐을 수도 있지만, 인간의 비합리성(공포, 탐욕, 자만심 등)을 막아주는 장벽은 되지 못했다. 언제나 그래왔고, 언제까지나 그럴 것이었다.

에인절의 소책자는 그러한 논쟁을 불러일으켰고(윈스턴 처칠조차도 여기에 응했다), 1910년 《위대한 환상》이라는 책으로 증보되어 출간됐다. 이후 나온 개정판(그 가운데 하나는 또 다른 전쟁의 위협을 경고하기 위해 1933년 출간됐다)은 비판에 대응해 그의 주장을 뒷받침하기 위한 새로운 자료들이 더해졌다.

그러나 실제로 에인절은 무슨 말을 하고 있는 걸까? 그리고 오늘날 우리는 그의 말을 너무 쉽게 묵살하고 있는 건 아닐까?

전쟁은 무모하다

에인절은 "국가는 증가하는 인구와 팽창되는 산업에 대한 배출구를 찾기 위해, 혹은 그저 국민이 누릴 수 있는 최선의 조건을 확보하기 위해 필연적으로 영토를 확장하고 다른 국가들에 대해 정치력을 발휘해야 한다는 압박을 받는다."라는 그 시대의 가정을 언급하며 시작한다. 예를 들어, 독일의 해군력 강화는 인구가 증가하고 있다는 표현이자, 정복을 통해 영국의 식민지와 무역을 차지하고 부를 얻고자 하는 소망이었다. 더 간단하게 설명하자면, 국가의 번영이 정치력에 달렸다는 개념이었다. 그리하여 국가는 산업이나 무역에서 승리하기 위해 평화롭게 경쟁할 수도 있지만, 치열한 경쟁이 이뤄지는 경우 군사력으로 최적의 지원을 받는 국가가 이길 것이다. 다원주의적인 지정학적 투쟁에서는 더 약한 국가가 더 가난한 국가가 되기도 한다.

에인절은 이런 관점을 고루하다고 보았다. 에인절에 따르면, 국가적 부는 영토 확장에 달려 있지 않다. 한 국가는 대규모 군사력의 지원 없이도 부유해지고 영향력을 가질 수 있다. 현대에서 중요한 것은 원초적인 힘이 아닌 부다. 전쟁 자체는 소용없다고 에인절은 말한다. 한 국가가 다른 국가를 장악하고 정복하더라도 가치 있는 것은 전혀 얻지 못할 것이기 때문이다. 더 많은 영토를 얻을 수는 있겠으나, 그 영토를 무엇으로 바꾸겠는가. "현대국가의 경우 영토를 넓히는 것은, 런던이 허트포드주를 합병하더라도 런던 시민들의 부가 늘어나지 않은 것처럼 더 이상 그 국민의 부를 늘려주지 않는다." 그는 이렇게 썼다.

복잡하고 상호연결된 지구공동체 속에서 전쟁은 무의미하며, 전쟁을 일으키는 국가들은 다원주의적으로 보았을 때 실질적으로 '생존에 덜 적합'하다. 다시 말해, 국내에서 부족한 부분이 있어서 다른 국가들을 정복하려 한다는 의미다. 생존에 가장 적합한 국가들은 경제적으로나 정치적으로 잘하고 있기 때문에 다른 국가의 자원을 부당하게 사용할 이유가 없다. 에인절은 "호전적인 국가들은 지구를 물려받지 못한다. 이 국가들은 퇴락한 인간적 요소를 나타낸다."라고 했다. 그의 선견지명에 따르면, 기술적으로 연결되어 개념들이 빠르게 퍼져나가는 시대에 국민의 특정 권리를 착취하거나 부정하려고 시도하는 국가들은 폭동에 취약하다. 체제의 권력을 유지하고 본질적인 내부 분열과 약점을 감추기 위해 공격적인 전쟁을 벌이는 것은 오직 약소국들뿐이다.

경제적 부가 평화를 부른다

에인절은 국가의 부가 군사력에서 나온다는 생각을 '미신'이라고 표현하면서 한 나라의 군사력 크기가 부를 보장해 준다는 믿음 역시 근거 없다고 본다. 그는 스위스, 벨기에, 덴마크, 스웨덴 등 유럽의 여러 중소국가들이 1인당 국민소득으로는 독일, 러시아, 프랑스, 그리고 오스트리아 같이 큰 국가들 못지않게 부유하며, 어떤 경우에는 더 부유하기도 하다고 지적한다. 또한 벨기에나 노르웨이처럼 뒷받침할 군사력이 없는 작은 무역국가의 경제적 안정성이 지닌 가치는 고도로 무장한 러시아와 독일이 지닌 더 낮은 가치의 안정성과 비교했을 때 큰 차이가 있다고 강조한다. 그러므로 시장은 가치가 어디에 있는지 잘 안다. 가치는 군사력이 아닌, 국가의 사업가와 상인들의 지성과 능력에 달렸다는 것이다. 자본가들은 네덜란드가 독일보다 부유하며, 독일의 영향력에 휘둘리든 아니든 여전히 더 부유할 것임을 알았다. 한 국가를 침략한다고 해서 개개인이 결국에는 개별적으로 쌓아 올린 국가의 부를 갑자기 얻을 수 없기 때문이다. 부는 관계 안에 존재하며, 전쟁이나 침략이 벌어졌을 때 그 관계는 깨져버리곤 한다.

또한 에인절은 영국이 오직 식민지들 덕에 부유했으며 해군력을 통해 식민지들을 얻었다는 개념을 드러내고 싶어 한다. 영국은 결코 식민지를 '소유'한 적이 없다. 영국의 식민지들은 상대적으로 독립적인 국가들이었으며 그저 무역 네트워크의 일부였다. 또한 절대로 본국에 현금으로 조공하지 않았다. 따라서 이 식민지들을 지배하는 그 어떤 국가도 영국이 했던 것만큼 조공을 잘 받아내지 못했을 것이다.

전쟁의 무용함

'전쟁을 위한 심리적 사례'라는 장에서 에인절은 자신의 이론에 대한 가장 중요한 반론을 언급한다. 경제적으로 연결된 국가들 사이에서 벌어지는 전쟁을 논리적으로 설명할 수 있는 경우가 없을 지도 모르지만, 인간의 비합리적 특성을 갖춘 강대국 앞에서는 더 이상 중요치 않다는 반론이다.

에인절에 따르면, 전쟁은 허영심, 경쟁의식, 우위, 일류가 되고 싶은 욕망, 세계에서 가장 좋은 위치를 차지하고 싶다는 욕망, 권력이나 특권을 손에 넣고 싶다는 욕망에서 비롯되며, 또는 모욕이나 상처에 대한 즉각적인 분개 또는 두 경쟁 국가 사이에 존재하는 '내재적 적대감'에서 일어날 수도 있다. 전쟁이 단순히 경제적인 문제에서 나왔다면 발발 빈도는 훨씬 낮았을 것이다. 오히려 국가들은 '극도로 분개했을 때' 혹은 물리적인 조건과는 전혀 상관이 없는 윤리적인 이유로 전쟁을 일으킨다.

에인절은 '힘의 철학'이라는 개념을 개략적으로 제시했다. 그는 호전적인 독일인들에게 전쟁이란 독일의 생활권과 이상주의적인 권리를 확장하기 위한 방식이라고 언급했다. 또한 전쟁은 신이 국가의 미덕을 가늠하기 위해 사용했던 방식이라고 묘사했는데, 충성심과 집념, 영웅적 행위, 창의성, 경제, 그리고 육체의 건강 등은 모두 전쟁 중에 노출되는 특성들이기 때문이다. 영국과 미국의 작가들 역시 진화의 법칙을 들먹이며 전쟁을 지지하는 관점들을 과학적으로 포장했다. 이들은 전쟁을 통해 주도적인 위치에 오르는 국가들이 분명 생존에 가장 적합하다고 썼다. 전쟁은 인간의 사악함 때문이 아니라 보편적인 법칙을 실행하면서 발발한다. 그러나 에인절은 전쟁의 수행을 그저 국가가 행하는 일의 일부로 받아들이면서 인내의 가치를 무시하는 수가 있다고 언급했다. 인내는 개인의 삶에서만큼이나 국제정치에서도 매우 필요한 가치다.

전 지구적인 평화의 철학을 펼치다

에인절 시대의 평화주의자들은 "과도하게 이상적이고, 감상적이며, 고된 투쟁의 세상에서 살아가는 인간의 고된 필요성을 의식하지 못하고, 인간성을 과하게 요구하는 경향이 있다"고 비판받았다. 그러나 이 태도에 변화가 생겼다. 이제 평화를 추구하는 자들은 물질주의적이라고 여겨졌다. 이들은 전쟁을 일으키는 윤리적이거나 이상적인 이유들을 부인했으며, 그 대신 무역과 산업으로 사들인 안락함을 택했다.

그러나 에인절이 보기에 이런 비난은 당시 일어나고 있는 더 근본적인 변화를 놓치고 있었다. 과거에는 민주주의 국가조차 정부와 국가가 걸핏하면 이념적이거나 권력을 획득하기 위한 목적에서 전쟁을 일으켰지만, 이제는 특정 국가의 일반 대중들이 그 위험을 무릅쓸 각오가 되어 있을 때만 그 국가가 전쟁에 임한다. 대중들은 전쟁에 참여했을 때 자신들의 행복이 증진될 것인지를 고려해야 한다. 당연하게도 전쟁이라는 쟁점에 있어서 오늘날 지정학적 전략만큼이나 총리와 대통령의 판단을 결정하는 것은 여론조사다. 조지 W. 부시나 토니 블레어처럼 여론조사를 무시하는 이들의 입장에서, 국민의 전폭적인 지지 없이 전쟁을 일으키면 대가가

따르고, 전쟁을 선동한 자들에게는 전범戰犯이라는 꼬리표가 붙을
수도 있다.

에인절은 당시에 전쟁을 일으키기 위한 주요한 지적 토대였던
다윈주의적인 '생존 투쟁'의 비유에 반박하려고 애를 썼다. 영국은
노섬브리아를 차지하려고 시도하는 웨식스Wessex(영국 남서부에 있
던 고대 앵글로색슨 7왕국 가운데 하나—옮긴이) 덕분이 아니라, 하나로
통합하려는 나라의 여러 지역들 덕에 번창하고 평화로워졌다는
것이다. 사람들은 총합이 부분들보다 낫다고 깨달을 수 있었다. 세
계적으로 보면, '가장 잘 적응한' 국가가 협력을 통해 자국뿐 아니
라 모든 국가들을 위해 최고의 성과를 달성할 것이다. 어쨌든 인류
의 환경은 단순히 한 국가의 국경 안이 아니라 지구 전체다. 이러
한 인식이 자라나면 연대 책임도 커진다. 에인절은 현대 세계의 진
정한 갈등이 세상을 보는 다양한 방식, 즉 민주주의 대 전제주의,
사회주의 대 개인주의, 보수 대 진보 등의 사이에서 생겨난다고 지
적하며 긴 안목을 선보인다.

에인절의 저서는 여러 비평가들이 언급했듯, 한 평화주의자의
망상이 아니다. 그렇다. 에인절은 스스로 인정하듯 경제적 상호의
존이 전쟁의 발발을 막아주리라고 지나치게 굳게 믿기도 했지만,
갈등이 아무런 이득도 되지 않는다는 주장을 고수했다. 실제로 그
는 결코 전쟁이 더 이상 일어나지 않을 수 있다고 말한 적이 없다.
다만 소용이 없다고 말했을 뿐이다.

🔖 함께 읽으면 좋은 책

- 대런 아세모글루, 제임스 A. 로빈슨 《국가는 왜 실패하는가》
- 윈스턴 처칠 《폭풍의 한가운데》
- 카를 폰 클라우제비츠 《전쟁론》
- 한스 모겐소 《국가 간의 정치》

톰 버틀러 보던의
★ 한마디 ★

제1차 세계대전 발발 100주년을 앞두고 <이코노미스트>는 오늘날의 아주 긴밀한 경제적 상호의존과 1914년 직전의 시기 사이에 기분 나쁜 유사성이 존재한다고 보도했다('불안한 얼굴로 돌아보라Look Back with Angst', 2013년 12월). 기사는 아마도 우리가 에인절식의 사고방식을 지나치게 추종해 왔고 그래서 지나치게 현실에 안주하고 있다고 꼬집었다. 예언과도 같은 예상이었고, 고작 몇 달 후 푸틴의 러시아군이 독립국인 우크라이나의 크림반도를 병합하면서 히틀러나 스탈린을 떠올리게 만들었다. 동시대의 그 어떤 지도자도 새 영토를 얻으려고 자기네 나라의 경제와 신용등급, 그리고 국제적 지위를 잃을 위험을 무릅쓸 정도로 미치지는 않았을 것이란 낙관적인 합의가 있었지만, 그 무엇도 푸틴을 가로막지 못했다. 정서가 경제와 합리성을 이겼고, 다시 한번 "인간 행동의 모든 측면에서 무력의 역할이 감소하고 있다."는 에인절의 논지는 틀렸음이 입증되는 것처럼 보였다.

그러나 장기적으로 보았을 때 '현재의 침략 동기 중 대부분은 효력을 잃을 것'이라는 에인절의 관점이 옳다고 증명되었다는 주장도 있다. 스티븐 핑커Steven Pinker가 《우리 본성의 선한 천사》에서 지적하듯, 20세기에는 두 번의 세계대전과 다수의 집단학살이 일어났음에도 불구하고, 역사상 그 어느 때보다도 일반인들이 전쟁으로 인해 목숨을 잃을 가능성은 매우 낮다.

23

Politics among Nations

복잡한 국제관계의 본질을 꿰뚫다
국가 간의 정치

66

국제정치학도가 배우고 잊지 말아야 할 첫 번째 교훈은
국제문제는 복잡하기 때문에 단순한 해결책과
믿을 만한 예상을 내놓기가 불가능하다는 것이다.

99

한스 모겐소 Hans J. Morgenthau

1904년 바이에른 코부르크에서 태어났다. 프랑크푸르트와 베를린, 제네바에서 대학
교를 다녔고, 이후 독일에서 변호사로 활동했다. 1932년에서 1935년까지 제네바에
서 법률을 가르쳤으며 미국에 정착한 뒤에는 정치학과 역사학 교수가 됐다. 시카고대
학교의 미국 외교정책 연구소 소장을 맡았으며 케네디와 존슨 행정부의 자문으로도
근무했으나, 1965년 베트남 전쟁을 격렬하게 반대하는 바람에 해임됐다. 1980년 뇌
출혈로 세상을 떠났다.

한스 모겐소는《국가 간의 정치》에서 모든 세대가 권력 다툼을 더 합리적인 뭔가로 대체하기 위해 새로운 사상과 철학을 내놓는다고 언급한다. 19세기 자유주의자들은 당시 입헌민주주의가 절대주의와 전제정치를 대체하면서 전쟁의 원인을 없애줄 것이라고 믿었다. 평화주의자와 공상적 이상주의자들은 문제의 근원을 다루는 고도의 과학지식으로 국정운영 기술을 대체할 수 있다고 보았다. 예를 들어, 국경을 결정하기 위해 '평화 과학'과 '천연 국경'에 대해 충분히 이야기를 나눈 후 국제연맹을 설치하는 식이다.

국제문제의 이러한 마법의 알약은 계속 '복잡하고, 비합리적이며, 헤아릴 수 없는' 현실에 직면해 왔다고 모겐소는 밝힌다. 실제로 '권력의 투쟁은 시간과 공간 모두를 초월해 보편적이고 명백한 경험적 사실'이며, 정치는 언제나 인간의 본성, 혹은 생존하고 번식하고 지배하려는 '생물심리학적 동기'로 되돌아간다. 국내 정치든 국제정치든 정치적 행위의 동기에는 세 가지 기본 유형이 있다. 바로 권력을 지키고, 확장하고, 과시하는 것이다. 세계정세를 과학적이거나 이성적인 '국제관계'의 관점에서 이야기하는 것은 솔직하지 못한 짓이다. 현실에서 '국제정치는 당연히 권력정치'이기 때문이다. 정치는 평등이나 정의에 관한 추상적인 사상과 관련되기보다는, 언제나 궁극적으로는 이해관계를 다룬다. 이 점을 감안하면, 모겐소는 국제정치에서 세계가 바랄 수 있는 최선은 '절대적인 선이 아니라 덜한 악을 실현하는 것'이라고 말한다.

모겐소의 독일계 유대인 가족은 1930년대 초반 나치를 피해 달아나야만 했다. 1937년 미국으로 이민을 떠난 후 그는 최고의 학자이자 공공지식인으로서 놀라운 활동을 펼쳤고, 두 대통령의 자문을 맡기도 했다. '현실주의' 정치학파의 뛰어난 저술 가운데 하나로 꼽히는 《국가 간의 정치》는 1948년 처음 출간된 후 7편의 개정판이 나왔고, 여전히 주요 명문대의 국제관계 필독서로 남아 있다. 모겐소의 죽음 이후 동료인 케니스 W. 톰슨Kenneth W. Thompson이 새로운 사례들을 갱신하고 있다.

정치에서의 도덕성은 중요하지 않다

많은 국가들이 도덕적 방어의 탈을 쓰고 자국의 목적을 신 또는 운명과 결부 짓는다. 현실주의 정치학은 그러한 주장에 대해 거시적인 관점을 가지면서, 외교정책을 이해할 수 있는 믿을 만한 방법으로는 오직 권력 면에서의 이익뿐이라고 주장한다. 모겐소에 따르면, 현실주의라고 해서 정치의 도덕적 측면을 깎아내리거나 무시하지 않으며, 도덕성이 국제 권력에서 중요한 부분을 차지하긴 하나 '시간과 공간이라는 구체적인 환경에 따라' 여과되기도 한다.

국가의 생존은 명백하게 도덕적인 태도를 취하는 것보다 더 중요하다. 정치인이 '옳다'고 하더라도 국가가 지위나 권력, 또는 정통성을 잃는다면 무슨 의미가 있겠는가? 현실주의적 관점에서 신중성Prudence은 정치적 도덕성에서 중요한 미덕이다. 서구는 중국의 공산주의 정부가 1949년 집권했을 때 이를 인정할지를 두고 도덕적 딜레마에 빠졌다. 도덕적 측면에서 서구는 접촉을 중단해도 정당했다. 그러나 정치적 차원에서 여전히 중공과 협상할 필요가 있었고, 적어도 무역과 외교의 통로는 계속 열어두어야 했다.

전적으로 정치적인 본성을 가진 사람은 짐승이지만, 전적으로 도덕적인 본성 때문에 현실적으로나 신중하게 행동하지 못하는 사람은 바보라고 모겐소는 말한다. 사제나 수도승에게 정치의 기준을 들이밀지 않는 것처럼, 정치인에게 순수하게 윤리적인 기준을 적용해서는 안 된다. 정치인을 판단하는 데에는 정치적 기준을 따라야 한다. 다시 말하자면, 그가 국가의 권력을 유지할 수 있는지 여부가 판단 기준이 된다. 사람들은 언제나 정치의 진정한 본성을 보지 못하고 속아 넘어가지만, 정치꾼과 정치인들은 그런 호사를 누리지 못하고 가끔은 평범한 사람들이 기함할 일들을 해야 할 때도 있다. 모겐소가 특별히 언급하지는 않았지만, 이것이 바로 마키아벨리가 4세기 전에《군주론》에서 말한 내용이다.

세력균형으로 정치의 안정화를

모겐소는 정치사에서 중요한 안정화 요소로 '세력균형'의 원칙을 강조한다. 이 원칙은 보편적인 평형의 원칙을 따르기 때문에 효과가 있다. 강대국은 보통 거만해지거나 지나치게 몸집을 키우는 바람에 저항을 만들어내거나 공격을 당하고, 그로 인해 새로운 강대국이 등장한다.

세력균형 이론이 고대 로마와 그리스, 인도까지 거슬러 올라간다고 해서 시대착오적이라는 의미는 아니다. 경험은 믿음을 더해 줄 뿐이다. 나폴레옹 전쟁 이후의 시대에 영국과 미국은 어느 유럽 강대국이 세력균형에 가장 큰 위협이 되는지 판단해야만 했다. 처칠은 영국이 역사상으로 여러 차례 그저 가장 적극적이거나 강력한 강대국과 손을 잡고 전리품을 얻을 수도 있었지만, 그 대신에 언제나 더 어려운 길을 걸어왔다고 강조했다.

권력에 있어서의 위신

권력 투쟁의 중요한 부분은 위신Prestige을 세우는 것이라고 모겐소는 강조한다. 위신은 사람 간의 관계에서만큼이나 국가 간의 관계에서도 기본이 된다. '다른 사람들이 우리를 어떻게 생각하는지는 우리가 실제로 어떤지만큼 중요'하기 때문이다.

국가들은 외교적, 의식적, 또는 상징적인 노력을 기울이거나 군사력을 드러내면서 좋은 인상을 안겨주려 노력한다. 1945년 포츠

담회담에서 처칠과 스탈린, 트루먼은 누가 방에 먼저 들어갈 것인지를 두고 이견을 보였고, 따라서 세 개의 다른 문을 통해 동시에 걸어 들어갔다. 미국과 남북 베트남 정부, 그리고 베트콩 간의 평화협상은 회의 탁자의 모양을 두고 갈등이 벌어지는 바람에 10주 동안 지연됐다. 이런 식의 터무니없는 분쟁은 협상에서 실제로 무엇이 문제가 되는지를 보여준다.

위신의 목적은 한 나라가 다른 국가를 구해줄 수 있는 능력이 있다는 명성을 실제 병력 배치에 투영하는 것이다. 로마제국과 대영제국이 이를 훌륭하게 잘 보여주는 사례이며, 선린외교정책(F. D. 루스벨트 대통령이 라틴아메리카와 협력체제를 강화하기 위해 실시한 불간섭 정책―옮긴이)을 추진하던 미국도 그랬다. 한 국가가 무적의 힘을 가졌지만 그 힘을 사용하지 않으려고 자제한다는 인식이 결합되면 결국 다른 국가의 존경과 경외감은 커진다. 각각의 경우에 다른 국가들 덕에 '우월성의 부담을 가능한 한 쉽게 짊어질 수' 있었다. 굳이 강대국의 권력을 강탈할 가치가 없었고, 이 국가들에 합류해서 그 부유함과 권력의 일원이 되는 것을 즐기는 게 나았기 때문이다.

위신의 역할은 독일과 일본이 미국의 참전 의지와 능력을 아주 낮게 평가했던 제2차 세계대전에서 드러났다. 미국의 실제 능력은 위신보다 높았고, 따라서 독일과 일본의 추정은 치명적인 실수가 됐다. 마찬가지로, 전쟁이 시작됐을 때 영국 해군이 가진 위신은 실제 군사력보다 높았고, 그러다 보니 히틀러의 침략 시도가 지연됐다. 영국 해군에 대한 두려움이 실제 함대와 화력만큼 강력한 억제력이 됐던 것이다. "한 국가가 소유한 힘을 다른 국가들에게 적당한 수준으로 드러내며 시연하는 것이 현명하게 구상된 위신 정책의 임무다." 모겐소는 이렇게 말한다.

정치적 행동에 이데올로기를 씌워라

정치의 즉각적인 목적은 권력이기 때문에, 항상 그런 것은 아니지만 이데올로기는 외교정책에서 유용하고 수용 가능한 겉치레가 된다. 지도자는 자신의 행위를 정당하다고 방어하면서도 다른 이들은 부도덕하다고 지속적으로 주장할 수 있다. 어떤 국가는 자국의 안보 때문에 확장이 필수적이라고 방어하지만, 다른 국가가 해외국가로 진출하는 것을 '제국주의'라고 이름 붙인다.

모든 국가는 자기 행동을 도덕적으로 정당화할 필요가 있으며, 그렇지 않으면 기피국가가 될 수도 있다. 히틀러는 체코슬로바키아를 침략하면서, 그곳에 있는 독일어 사용 민족을 모국으로 돌려보낸다는 핑계를 댔다. '나치의 유럽 재패를 위한 첫걸음'이라고 소문낼 수는 없었다. 더 최근의 사례로, 푸틴은 '러시아어를 사용하는 우크라이나인의 안보'를 내세우며 크림반도와 동우크라이나를 침공했다. 이를 서구에 맞서 동유럽에서 러시아의 영향력을 확고히 하기 위한 권력 장악이라고 홍보할 수 없었다. "이데올로기는 모든 사상과 마찬가지로 국가의 사기를 높이고, 이를 통해 한

나라의 힘을 키울 수도 있는 무기가 되며, 그렇게 함으로써 상대 국가의 사기를 낮출 수 있다.” 모겐소는 이렇게 말한다.

부유한 국가와 빈곤한 국가 간의 불평등은 이데올로기적인 태도를 취하는 데 무한한 가능성을 준다고 모겐소는 강조한다. 빈곤한 국가는 자신들이 겪는 문제들에 대해 식민주의와 제국주의, 자본주의 등을 탓하고, 부유한 국가는 격차를 치유해야 한다는 도덕적 의무감을 느낀다. 실질적인 문제들이 대부분 잘못된 행정과 부패, 비합리적인 경제정책에 관련 있다 하더라도 마찬가지다.

이데올로기는 정치적 효율성을 희생해야 한다는 문제가 있다. 종교전쟁은 한 세기 동안 유혈이 낭자하게 진행되다가, 마침내 한편의 생존이 다른 한편의 전멸에 달리지 않았음을 깨닫게 됐다. 마찬가지로 모겐소 시대에는 냉전이 있었다. 냉전이 끝나고 어느 쪽도 ‘승리’하지 않았다. 다만 공산주의와 자본주의 추종자들 모두 각자의 신념이 보편적으로 적용될 수 있다고 믿었을 뿐이다. 모겐소는 권력을 유지하기 위해서 “국가들은 결정적인 타격을 입히지 않는 이상 모든 문제에서 기꺼이 타협해야 한다.”고 덧붙인다. 실제로 국가는 ‘정치적 신념에 대한 맹목적인 십자군 정신’을 내려놓은 후에야 진정한 국익을 인식하게 된다.

군국주의의 한계

군국주의는 규모가 큰 육군이나 매우 강력한 공군, 또는 엄청난 핵

무기가 국력을 결정짓는다고 보는 신념이다. 테디 루스벨트는 권력의 핵심은 '큰 목소리로 말하고 커다란 몽둥이를 드는 것'이라고 했다. 군국주의의 문제는 무형의 힘을 인정하지 않는다는 데에 있다. "로마와 영국이 제국을 수립하던 당시의 정책과 비교했을 때 스파르타와 독일, 일본 군국주의의 실패는 현실에서 소위 '군국주의'라는 그 지적 오류가 초래하는 파괴적인 결과를 보여준다." 모겐소는 이렇게 밝힌다.

실질적으로 국력이 더 많이 사용될수록 저항도 커진다. 15세기에 근대국가가 등장하면서, 그 어떤 국가도 언제까지나 무력만 써서는 다른 나라에 의지를 표명할 수 없게 됐다. 영국은 무력을 사용하지 않아 호의를 얻었고, 그 덕에 제국이 무너지기 시작한 후에도 영향력을 유지할 수 있었다. 인생에서와 똑같이, 온건함과 자제력이 수명을 늘려준다.

외교는 왜 중요한가

부와 무력행사, 광활한 대륙, 높은 인구수 등은 국력을 만들어내는 기본 재료이지만, 외교를 통해 일관성 있는 하나의 통일체로 조합할 수 있다. 모겐소는 외교를 '국력의 두뇌'라고 부른다. 그렇게 국가는 자신이 가진 것을 최대한 활용해서 세계에 개입하고, 이해관계가 달린 상황에 영향을 주려 한다. 국가가 잘못된 판단을 내리거나 비전이 없을 때 모든 자연적 이점이나 산업적 이점은 소용이 없다. 실패한 외교도 있지만, 대부분은 성공을 거둔다. 19세기 내내 영국과 러시아는 발칸반도와 다르다넬스해협, 그리고 지중해 동부를 두고 갈등을 빚었지만 크림전쟁 이후 50년 동안 실질적인 충돌은 피했다. 국제정치는 파워 게임이라 하더라도, 외교는 여전히 목표를 달성하고 권력을 무너뜨릴 우려가 있는 값비싼 전쟁을 막아주는 국가의 매우 중요한 도구다.

📌 함께 읽으면 좋은 책

- 니콜로 마키아벨리 《로마사 이야기》
- 카를 폰 클라우제비츠 《전쟁론》
- 토머스 홉스 《리바이어던》
- 폴 케네디 《강대국의 흥망》

톰 버틀러 보던의 ★ 한마디 ★

모겐소는 독자들에게 "권력을 위한 국가적 열망을 자제하지 않고 국제평화의 문제를 해결하려는 시도는 성공한 적이 없다."고 일깨워준다. 국제연맹이나 국제연합은 냉전 수준의 갈등을 안정시키거나 해결할 힘이 없다. 그래도 국제연합이 없는 것보다는 있는 게 낫고, 힘이 없다고 해서 국제정치를 각 국가에 맡겨두는 핑계가 되어서는 안 된다.

'세계 국가'가 설립되려면 자국과 타국의 권력을 인정하고 자제하는 주권국가들의 동의가 있어야만 가능하다. 이런 국가는 인간의 본성을 초월할 수 없으며, 오히려 권력과 이득을 추구하는 인간의 동기라는 현실을 받아들여야만 작동할 것이다. 모순적이게도 이를 무시하고 인간의 가장 고귀한 부분에만 호소하면 오히려 확실하게 갈등과 전쟁을 조장하게 된다.

24

The Rise and Fall of The Great Powers

경제력과 군사력이 국가의 운명을 좌우한다

강대국의 흥망

❝

부는 대개 군사력을 증강하는 데에 필요하며
군사력은 대개 부를 획득하고 보호하는 데에 필요하다.
국가의 자원 대부분을 부를 창출하기 위해서가 아니라
목적을 위해 배분한다면, 장기적으로 보았을 때
국력을 약화시킬 가능성이 높다.

❞

폴 케네디 Paul Kennedy

1945년 노섬벌랜드에서 태어난 폴 케네디는 뉴캐슬대학교에서 사학을 공부했다. 박사
학위는 옥스퍼드 세인트앤서니 칼리지에서 취득했다. 1970년에서 1983년까지 이스
트앵글리아대학교에서 역사를 가르쳤고, 1983년에 예일대학교 영국사 교수가 되었다.
현재는 국제안보 연구소장이다. 2007년과 2008년에는 런던정치경제대학교에서 사
학 및 국제관계학 필립 로만 교수를 역임했다. 케네디는 영국 왕립역사학회와 영국학사
원 소속 학자이며, 2014년에는 미국 해전대학교의 하텐토르프상을 수상했다.

세계정세에서 부와 군사력은 확실히 연결되어 있지만 우리는 가끔 이를 곱씹어 봐야 한다. 패권국들의 세력과 그 범위는 너무나 명백히 눈에 들어오기 때문에, 이들의 지배가 영원히 계속되리라고 생각하기 쉽다. 그러나 역사상 군사적이고 지정학적인 야망과 의지를 가득 품었던 강대국들이 견디지 못하고 사라져버린 사례가 많다. 이 국가들은 그저 어느 시점에 로마인들이 '임페리움 Imperium'이라고 부르던 그 절대권력을 감당할 수 없게 되어버린 것이다.

《강대국의 흥망》은 책이 출간된 1987년에 그 논의를 중단했다면 역사적인 명서로 남았을지도 모른다. 작가는 20세기 말 미국을 포함해 세계 강대국들의 운명을 과감히 예견하면서 명성을 얻었다. 미국인들은 이 책을 읽고 충격을 받았다. 영국에서 태어나 예일대학교에서 역사학을 강의한다는 케네디라는 작자가 대담하게도 미국을 두고 예전부터 되풀이된 '제국의 과확장'의 또 다른 사례가 되고 말 것이라고 예언했기 때문이다. 다른 강대국들과 비교해 미국이 쇠퇴할 것임은 분명했고, 정책입안자들이 할 수 있는 일이라고는 그저 잘 버티는 것뿐이라고 그는 말했다.

한 국가가 부유해지는 것과 그 국가의 정치적 · 군사적인 영향이 커지는 것 사이에는 항상 시차가 존재하는 것처럼 보인다. 많은 국가들이 처음에는 부에 초점을 맞추다가 나중이 되어서야 (해외투자를 비롯해) 자신들의 풍요로움을 특히나 주변의 신흥세력들로부터 보호해야 한다고 깨닫는다. 그러다가 성장 속도가 점차 느려짐에 따라 보호에 더 큰 노력을 쏟게 된다. 예를 들어, 영국의 국방비 지출은 제국주의적 팽창이 최고조에 이르렀던 1860년대보다 1910년에 훨씬 더 폭발적으로 늘었다. 케네디에 따르면 "상대적으로 쇠퇴기에 접어든 강대국들은 본능적으로 '안보'에 더 많은 돈을 쓰며 반응하고, 그로 인해 '투자'로부터 잠재적인 자원을 끌어와야만 한다. 따라서 장기적으로는 이들의 딜레마가 더욱 깊어지는 사태가 벌어지는 것이다."

국가의 부와 군사력 사이의 상관관계

책의 대부분은 스페인과 네덜란드, 프랑스와 대영제국, 그리고 마침내 미국과 소련까지 근대 혹은 탈 르네상스 시대의 강대국을 철저히 연구하는 데 할애되어 있다. 케네디는 장기적으로 보았을 때 국가적 부와 군사력 사이에 분명한 상관관계가 존재한다는 것을 입증할 수 있었다.

서기 1500년경에는 전 세계에서 힘의 중점이 여러 곳 존재했다. 중국의 명과 오스만 제국, 인도의 모굴왕국, 모스크바 대공국, 일본의 도쿠가와 막부, 그리고 중서부 유럽의 국가군 등이었다. 왜 이 유럽 국가들은 다른 국가들이 쇠퇴하는 동안 힘을 크게 키울 수 있었을까?

케네디에 따르면, 다른 비유럽 강대국들의 문제는 자유를 제한했다는 데 있다. 이들은 종교적 신념에서 획일성을 요구했을 뿐 아니라 무기 개발 역시 통치자의 동의가 있을 때만 가능했다. 반면에 유럽에는 모든 분야를 아우르는 통치자가 없었으며, 왕국과 도시 국가 사이에서 끊임없이 전쟁이 벌어지면서 군사학의 발전을 촉진했으며, 이는 다른 분야의 기술 발전으로 이어졌다. 또한 경쟁은 부를 창출하는 데 도움이 되는 기업문화를 장려했다. 따라서 유럽의 사회는 경제적으로 '꾸준히 우상향을 그리며' 성장하기 시작했고, 군사적 효율성을 강화하면서 순조롭게 나아가는 모습을 지켜볼 수 있었다.

케네디는 스페인과 오스트리아 합스부르크가 유럽을 손에 넣기 위해 전력을 다했지만, 그렇게 함으로써 경제적 기반과 관련한 자원들을 무기와 전쟁에 너무 많이 쏟아부었고, 그리하여 점차 힘이 쇠하게 됐다는 이야기를 연관시킨다. 다른 국가와 제국들은 그만큼 강력하지 않았으나 분수에 맞게 몸을 사렸다. 1815년 유럽을 정복하려던 나폴레옹의 시도가 끝이 난 후, 이후의 세기는 상대적인 안정과 평화라는 특징을 띠었다. 미국과 러시아가 불안정한 국내에 초점을 맞추고 광활한 영토를 개발하고 있는 동안, 영국은 해군 지배력을 갖추고 무역과 식민지를 통해 이익을 확보했고, 국내에서는 산업 경쟁력을 갖추었다. 19세기 후반부에 접어들면서 다른 국가들이 새로운 세계에 익숙해지면서 산업화를 시작했지만, 20세기의 시작과 함께 유럽에서는 부와 권력의 어마어마한 불평등이 존재하게 됐다. 일부 국가들은 군을 근대화하지 못했고 이를 뒷받침할 산업 인프라를 갖추지 못했기 때문에, 이를 만회하기 위해 아프리카와 아시아, 남태평양에서 새로운 식민지를 획득하려는 쟁탈전이 벌어졌다.

그러나 이 모험은 제1차 세계대전이라는 대재앙과 비한다면 아무 의미 없었다. 제1차 세계대전은 세계적인 권력 구조를 단번에 바꿔놓았다. 오스트리아-헝가리 제국은 끝이 났고, 독일은 패배했으며, 영국과 프랑스는 그저 제자리를 지키느라 엄청난 돈을 써야만 했다. 미국이 세계에서 가장 강한 국가로 등극했지만, 볼셰비키 정권하의 러시아가 그랬듯 고립주의로 돌아섰다. 다만 두 국가 모두 산업력에서 그 누구도 범접할 수 없는 수준에 오르고 있었다. 제2차 세계대전은 독일이 눈부시게 성장하고 영국이 최종적으로 승리를 거두었음도 불구하고, 결국 미국과 러시아의 성장세와 비교해 영국과 독일, 프랑스가 저물어가고 있음을 확인해 주었을 뿐이다. 미국과 러시아는 이제 의존 가능한 어마어마한 산업자원과

너른 대지, 그리고 매우 높은 인구수를 갖추게 되었다. "1943년
이 되자 몇 십 년 전에 예상했던 양극화된 세계가 마침내 도래했
고, 군사력의 균형은 다시 세계적인 자원 분배에 따라 달라지게 됐
다." 케네디는 이렇게 썼다.

지금의 강대국이 미래의 강대국?

케네디는 "강대국들 사이에는 역학이 존재하며, 이 역학은 본질적
으로 기술적·경제적 변화에 따라 움직인다."고 언급하지만, 경제
하나만으로 세계적으로 중요한 사건들이 벌어진다고 주장하는 것
은 아니다. 지리학과 국가의 기세, 동맹, 그리고 다른 요인들이 모
두 국가체제 안에서 국가들의 상대적인 힘에 영향을 미칠 수 있다.
그러나 장기적으로 보았을 때, 스페인 선장들이 말하듯 승리는 '마
지막 은전 한 닢을 쥔 사람'에게 돌아가는 경향이 있다. 요즘 식으
로 말하자면 '가장 풍족한 생산기지'를 가진 연합이나 국가가 승
리한다는 의미다. 500년 역사를 살피면서 케네디는 중대한 전쟁
의 승자와 그 승자가 소유한 자원의 범위 사이에 강한 상관관계가
존재한다고 보았다. 지리멸렬한 전쟁은 '각 연합의 상대적인 능력
을 시험해 보는 장으로 변신'하고, 싸움이 계속되면 '더 많이' 소유
하는 것이 매우 중요하다는 것이 증명된다.

　1987년에조차 케네디는 어떻게 소비에트연방이 초강대국의
지위를 유지할 수 있는지 의아해했다. 소련은 밀 농사에 실패하면

서 대대적인 곡물 수입국이 되었고, 철강산업은 전혀 경제적이지 않았다. 근대화를 이루려는 의지는 통제의 필요성 때문에 심각하게 손상됐다. 복사조차 금지된 상황에서(복사를 허용하면 반대 의견이 퍼질 수 있기 때문이었다), 검열과 경찰의 정보 통제를 해제하지 않고서는 어떻게 컴퓨터와 이메일 같이 생산성을 강화해 주는 도구를 받아들일 것인지 알 수 없었다. 인구통계학적으로는 출산율과 기대수명이 줄고 신생아 사망률이 높아지면서 도움이 되지 않았다. 케네디는 소련이 어떻게 이런 식으로 유지될 수 있을지 알 수 없었고, 실제로 소련은 버티지 못했다.

케네디는 미국이 부분적으로는 전략방위구상Strategic Defense Initiative을 통해 군사기술을 강화한 덕에 냉전에서 '승리'를 거두었다는 사실에 전혀 놀라지 않았으리라. 소련은 더 많은 국가자원을 군사 연구와 개발에 쏟아붓지 않고는 '스타워즈Star Wars'(레이건 대통령 시절 발표된 전략방위구상의 별칭으로, 소련의 핵 공격 위협에 맞서 우주장비를 개발하고 핵미사일을 우주 공간에서 제거하겠다는 구상—옮긴이)와 경쟁하지 못할 것임을 알고 있었다. 그리고 소련은 도저히 이를 감당할 수 없었다. 냉전이 계속될수록 미국의 군사적 우위는 더욱 확연해졌다.

그러나 이러한 우위가 스스로에 대한 저주일 수 있었다. 책의 마지막 장은 중국과 일본, EU, 소련, 그리고 미국이라는 다섯 강대국의 세력권이 맞게 될 운명을 사색적으로 다룬다. 이중에서 케네디는 미국의 지배에 따른 대가, 즉 우위를 유지하기 위해 발생하게 되는 적자와 계속 유지하지 못할 가능성 등에 초점을 맞춘다. '총' 때문에 '버터'에 투자하지 않고 전용해야 한다면, 그 어떤 강대국도 "성장 속도가 점차 느려지고, 세금은 무거워지며, 소비의 우선순위에 대한 국내의 분열이 깊어진다. 또한 방어비 부담을 견딜 능력이 약화된다."고 케네디는 말한다.

케네디는 1980년대 후반의 미국이 1914년의 영국과 비슷하다고 본다. 껄끄러운 계산을 해야만 하는, 누가 봐도 논쟁의 여지가 없는 강대국이라는 의미다. 그는 미국과 소련이 빠르게 성장하고 있는 동양권(당시 일본은 20년 동안의 불황에 접어들기 일보 직전이었으나, 미국은 일본의 경제력을 엄청난 위협으로 보았다)과 공업화하는 제3세계 국가에 밀려 우위를 잃게 되는 '다극 체제'에 대해 경고한다.

케네디는 소비에트연방이 얼마나 빠르게 붕괴할 것인지 예견하지는 않았다. 그러나 그의 거시적인 관점은 옳았다. 초강대국이 지위를 유지하기 위해서는 너무 많은 비용이 들기 때문에 권력을 계속 손에 쥐고 있더라도 급부상하는 다른 강대국들과 비교해 경제적인 우위를 이어가기 쉽지 않다. 이 주장을 뒷받침하는 나라가 바로 케네디가 책을 쓴 이후 급부상한 중국이다. 막대한 군비를 지출할 필요가 없었던 중국은 상업적 발전에 초점을 맞출 수 있었고, 이제는 소망하는 대로 중요한 군사력을 갖출 수 있는 준비가 됐다.

📌 함께 읽으면 좋은 책

- 한스 모겐소《국가 간의 정치》
- 마이클 필스버리《백년의 마라톤》

톰 버틀러 보던의
★ 한마디 ★

미국은 영국과 같은 길을 걷게 되고 중국은 세계에서 가장 강한 초강대국이 될 것인가? 케네디의 옛 제자인《흔들리는 세계의 축》을 쓴 작가 파리드 자카리아 Fareed Zakaria는 미국이 여전히 기술과 교육 면에서 중국보다 앞서 있다는 점에서 볼 때 국방비는 감당할 수 있는 규모이며, 또한 미국이 허약해져 가는 경제적 기반을 바탕으로 한 가분수의 군사력이라고 볼 수 없다고 주장했다.

케네디는 이를 몰락한 제국의 전형적인 형태라고 보았다. 게다가 하버드대학교의 랜트 프리칫Lant Pritchett과 래리 서머스Larry Summers가 쓴 2014년도 논문('맹목적인 아시아 낙관론의 한계', 전미경제연구소)에 따르면, 매년 경제 성장률이 10퍼센트에서 약 7퍼센트로 떨어졌음을 감안하면, 중국은 앞으로 20년은 경제적인 성과 면에서 미국에 견줄 수 없다.

중국의 경제력은 이미 권위주의적 통치와 부패로 인해 주춤한 상태이지만, 점차 자유주의에 가까워진다 하더라도 역사적으로 보았을 때 민주주의로 전환하는 과정에서 성장률은 줄어든다. 미국의 경제 회복력과 중국 정치의 취약성이 결합한다면, 당연히 미국의 쇠퇴를 주장하는 케네디의 글이 잘못됐음이 증명될 것이다.

25

The End of History

자유민주주의, 승전보를 울리다
역사의 종말

> 66
> 자유민주주의의 성장은
> 경제적 자유주의와 함께 지난 400년 동안
> 가장 주목할 만한 거시 정치적인 현상이었다.
> 99

프랜시스 후쿠야마 Francis Fukuyama

1952년 시카고에서 태어난 후쿠야마는 일본계 미국인 3세로 코넬대학교에서 고전학을 전공했다. 예일대학교에서 비교문학을 공부한 후, 하버드대학교에서 정치학을 연구하기 시작했는데, 새뮤얼 헌팅턴이 그의 스승 가운데 하나였다. 1996년부터 2000년까지 조지메이슨대학교에서 공공정책학 교수로, 이후에는 존스홉킨스대학교에서 10년간 정치경제학 교수로 재직했다. 현재는 스탠포드대학교 국제학과의 선임연구원이다.

1989년 프랜시스 후쿠야마가 미국 정치학술지인 〈내셔널 인터레스트〉에 '역사의 종말'이라는 글을 기고해서 흥미를 자아내자, 잘나가는 출판사들은 그에게 이 글을 책으로 내자고 요청했다. 《역사의 종말》로 후쿠야마는 대중적인 유명 지식인 반열에 올랐다. 자유민주주의가 유일하게 발전할 수 있는 형태의 정치조직임을 스스로 증명하는 지점에 도달했다는 관점에서, 역사가 끝났다는 후쿠야마의 주장은 당시 설득력이 있었다. 베를린장벽이 무너지고 소련 세력권의 공산주의가 붕괴하고 얼마 지나지 않은 시대였다. 그러나 1990년대에 접어들고 사담 후세인의 쿠웨이트 침략과 베이징의 천안문 사태와 같은 중요한 사건들은 후쿠야마의 생각을 비웃는 듯 보였다.

그러나 후쿠야마는 대부분의 비판이 '역사'라는 자신의 용어를 잘못 이해한 데서 나왔다고 말했다. 그는 결코 중대한 사건이 다시는 일어나지 않을 것이라 이야기하지 않았다. 다만 헤겔과 마르크스가 보았듯, 역사를 '일관성 있고 진화적인 단일한 과정'으로 보는 관점이 이제는 종말에 이르렀다는 의미였다. 인류는 동굴 생활과 부족국가에서 노예제도와 봉건주의로, 그리고 신정과 군주정을 거쳐 자유주의 사회와 자유방임 자본주의로 발전했으며, 각 사회 형태는 평등과 번영이라는 주요 문제들을 해결하려 애썼다. 권위주의적이고 집산주의적인 형태의 정치가 가진 필연적인 '결함과 비합리성'을 가지고 있지 않기 때문에, 자유민주주의는 장기적으로 보았을 때 진정으로 지속될 수 있는 유일한 정치 형태임을 증명할 것이라고 후쿠야마는 주장했다. 물론 자유민주주의에는 수없이 많은 문제점이 있지만, 그는 그저 '자유와 평등이라는 쌍둥이 원칙을 불완전하게 수행'하는 데서 비롯됐을 뿐이라고 썼다. 구성원의 자유를 주로 보호하면서 동시에 물질적인 복지를 달성하려고 도모하는 제도를 능가할 수 있는 것은 없다.

후쿠야마는 역사가 일관성과 방향성이 있는 과정의 일부라는 사상 자체가 터무니없으며, 특히 히틀러와 스탈린, 캄보디아의 독재자 폴 포트Pol Pot 등에 비추어 봤을 때 더욱 그렇다. 그러나 이 모든 공포(오늘날에는 빈 라덴을 덧붙일 수도 있겠다)는 우리가 나무만 보고 숲을 보지 못한다는 의미일 수 있다. 그는 장기적으로 더 큰 자유와 참정권을 향한 움직임은 틀릴 수가 없다고 주장한다.

최종적 정치제도로서의 자유민주의의

20세기에 벌어진 예상치 못한 사건들의 비합리적인 잔인성은 이

전 세기의 상대적인 합리성과 평화, 낙관주의와 극명한 대조를 이루었다. 19세기에는 자유와 번영이 자연스레 증가하고 전 세계로 퍼져나갈 것이라는 믿음이 있었다. 실제로 1910년에서 1911년 사이, 브리태니커 백과사전은 '고문'이라는 표제어에서 "주제 전체는 유럽에 관한 한 그저 역사적 흥미에 지나지 않는다."라고 언급했다. 노먼 에인절은 제1차 세계대전이 발발하기 바로 전날 자유무역이 선진국 간의 전쟁을 비합리적이고 쇠퇴하게 만들었다는 유명한 예언을 한 바 있다.

그러나 제1차 세계대전은 '진보'의 개념을 산산이 부숴버렸다. 선진문명이 우연히 이웃한 국가에서 온 동갑의 사람들을 살해하는 데 활용된다면 무슨 의미가 있겠는가. 이 전쟁으로 인해 역사에 긍정적인 방향성이 있다는 환상이 깨지지 않았더라도, 그 뒤에 벌어진 전쟁이 확실히 깨뜨려 주었다.

전쟁에 적용된 현대과학은 수백만 사람들에게 독가스를 주입했고 도시 전체를 한순간에 없앴다. 동시에 비할 데 없는 잔혹성을 지닌 전체주의 국가가 수백만 명의 생각과 생활을 통제하기 위해 세워졌다. 파시즘과 공산주의가 널리 퍼졌으며, 계몽적으로 보인 유럽이 자기파괴 성향을 보였다는 점에서, 후쿠야마는 일부러 반대 입장을 취하면서 이렇게 묻는다. "자유민주주의를 세계가 향하고 있는 최종적인 유형의 정치제도라고 믿는 것은 그저 자민족 중심주의가 아닌가. 아마도 민주주의는 역사의 과정에서 덧없이 지나가는 현상임이 증명되리라."

1970년대 국무장관이었던 헨리 키신저는 공산주의가 사라질 것이라고 생각하는 것은 희망사항일 뿐, 미국은 소련과 영구적인 냉전 상태에 머무를 것이라고 인정했다. 사실상 모든 사람(좌우 양측의 학자, 언론인, 정치인)이 1970년대와 1980년대에는 냉전체제의 안정성과 영속성, 그리고 심지어 정통성까지 믿었다. 동시에 "민주주의에 대한 믿음이 절실히 부족하다."고 후쿠야마는 언급했다. 민주주의는 그저 '서양의 것'이며, 공산주의는 어쩌면 중국인, 러시아인, 쿠바인에게는 문화적으로 더 적합할 수 있었다. 이들 역사는 자유민주주의에 전혀 관심이 없었음을 보여준다. 게다가 빈곤국가의 좌파 정권이 의료와 교육을 개선하는 등의 선한 행위를 한다면, 정치적 자유를 위해 대가를 치르는 것이 과연 합리적인가?

후쿠야마는 10년 혹은 20년 주기로만 살펴본다면 자유민주주의의 보급에는 패턴이랄 게 거의 없지만, 역사적으로는 확실한 동향이 존재한다고 인정한다. 그는 자유민주주의가 "지난 400년 동안 가장 주목할 만한 거시정치적인 현상으로, 유럽과 북아메리카라는 전통적인 고향을 성큼 뛰어넘어 자리 잡았으며, 서구의 문화적 제국주의라고 볼 수는 없다"고 말한다. 가끔은 파시즘과 공산주의, 또는 권위주의적 자본주의 같은 새로운 형태의 정치에 밀려나지만, 이 형태들은 시간의 흐름에 따라 붕괴하는 모습을 보게 될 뿐이다. 자유와 평등은 수용되거나 유지된다. 두 가지 모두 장기적으로는 평화와 안정성, 그리고 번영을 안겨주기에 가장 적합하다고 여겨지기 때문이다.

자본주의와의 싸움에서 진 공산주의

헤겔의 '최초의 인간'은 다른 인간들로부터 인정받길 바랐고, 실제로 생존의 본능을 거스르는 행동을 취하면서 뿐만 아니라 영광을 위해서도 전투에 목숨을 걸 수 있었다. 반대로 후쿠야마의 '최후의 인간'은 물질적인 관점에서 인생이 너무나 만족스러워서 그 어떤 위험도 무릅쓸 준비가 되어 있지 않은 현대인이다. 그러나 인간은 궁극적으로 경제 하나로만 움직이지 않으며 헤겔이 '인정받으려는 투쟁'이라고 부른 비합리적인 충동으로 움직인다고 후쿠야마는 주장한다. 천안문 사태부터 타흐리르 광장 사태에 이르기까지, 사람들은 여전히 자유를 위해 목숨을 내놓을 준비가 되어 있다는 사실이 그 증거다.

후쿠야마는 공산주의가 단순히 부를 창출하는 데 있어서 자본주의와 견줄 수 없다고 비판하는 것이 아니다. 다만 개인의 고유성을 전적으로 인정해 주지 않는다는 점을 비판한다. 권리와 인정을 위한 투쟁은 소비지상주의적인 현대사회에서 놀라워 보일 수도 있지만, 여전히 계속 정치를 형성해 나간다. 스코틀랜드의 독립운동은 경제적인 문제에 기반을 둔 게 아니며, 영국과는 문화적으로나 사회적으로 다르다고 인정받기 위한 바람에서 나왔다. 이것은 큰 규모의 정치연합에서 탈퇴하려고 노력하는 모든 지역 혹은 인종집단에게도 마찬가지다.

자유민주주의의 또 다른 대안

후쿠야마는 안정적인 민주주의와 경제개발 간에는 경험에 의거한 견고한 연결고리가 존재한다는 정치학자 시모어 마틴 립셋Seymour Martin Lipset의 이론에 크게 동의하면서, 기술과 현대과학의 수용은 언제나 산업화로 이어지고, 차례로 중산층의 부상과 소비주의의 등장을 가져온다고 언급했다. 그러나 그 과정이 더 큰 정치적 자유(자유민주주의)로 이어질 수도, 아니면 생활수준이 발전한 후에도 여전히 인구를 통제하는 관료주의-권위주의 국가로 이어질 수도 있다는 증거들이 존재한다.

후쿠야마는 한 국가가 경제성장을 먼저 이루고 싶다면 자유주의 경제를 권위국가와 결합하는 것이 나을 수 있다고 주장한다(이는 후쿠야마가 책을 쓰던 당시 중국에서 실행된 방식이다. 역사적인 사례로는 메이지 시절의 일본과 제국주의 독일, 그리고 피노체트 정권하의 칠레 등이 있다). 민주주의 자체는 국가의 부를 쌓을 수 있는 수단이 아니다. 특수 이익집단들은 언제나 보호받길 원하며, 그로 인해 비효율성이 발생한다. 유권자들이 바라는 복지 수준은 더 많은 공적 부채와 적자로 이어지며, 정치인들은 쇠퇴기의 산업을 지탱해 달라는 압박을 받는다. 반면에 이런 제한을 겪지 않는 나라는 놀라운 방식으로 '성장을 추진'할 수 있다. 그 방식이란 새로운 기술과 혁신에 대한 개방성과 사회적 제재, 즉 양 세계에서 가장 좋은 부분들을 결합하는 것이다.

📌 함께 읽으면 좋은 책

- 대런 아세모글루, 제임스 A. 로빈슨《국가는 왜 실패하는가》
- 새뮤얼 헌팅턴《문명의 충돌》
- 존 달버그 액턴《자유와 권력에 관하여》
- 프리드리히 하이에크《노예의 길》

톰 버틀러 보던의 ★ 한마디 ★

국가자본주의는 자유민주주의에 대한 확실하고도 매력적인 대안이다. 그러나 그 답은 세월만이 말해줄 것이다. 사람들은 부유해질수록 더 많은 권리를 바라며, 정실 자본주의가 수반하는 불평등에 분개한다. 싱가포르는 법 규범에 철저히 전념한 덕에 혁명을 억누르고 있지만, 중국이나 중동의 기름 왕국들에게는 그 무엇도 확실치 않다. 아리스토텔레스조차 민주주의가 엉망진창에 비효율적이더라도 다른 과두정이나 폭군정에 비하면 안정적이라고 말했다.

후쿠야마의 이론이 틀렸음을 증명하는 큰 사건과 체제들은 앞으로도 더 많이 등장할 것이다. 그러나 이조차도 모든 정부 형태 가운데서 자유민주주의의 강력한 논리에 반대하는 반작용일 수 있다. 자유민주주의는 자유와 인정에 대한 우리의 깊은 욕망의 관점에서 인간의 본성을 가장 크게 고려하는 형태다. 다른 정부 형태들은 제대로 작동하는 것처럼 보일지 몰라도 그저 한때일 뿐이리라.

26

The Clash of Civilizations and The Reclaiming of World Order

21세기 국가 갈등의 주요 원인은 문화와 종교다

문명의 충돌

> 66
>
> 문명은 인류를 분류하는 궁극적인 틀이며,
> 문명의 충돌은 세계적인 규모에서 벌어지는
> 종족 간의 갈등이다.
>
> 99

새뮤얼 P. 헌팅턴Samuel P. Huntington

1927년 뉴욕시에서 태어났다. 어머니는 단편소설가였고 아버지는 출판사를 운영했다. 예일대학교를 졸업한 후 미군에서 근무하다가 시카고대학교에서 석사학위를 취득했다. 하버드대학교에서 박사과정을 마친 후 1959년까지 정치학과에서 학생들을 가르쳤고, 이후 컬럼비아대학교로 이직했다. 1963년 하버드대학교에서 종신재직권을 받아서 학자로서의 여생을 그곳에서 보냈다. 평생을 민주당원으로 산 그는 1968년 휴버트 험프리Hubert Humphrey의 대선캠페인에서 자문 역할을 했고, 1977년과 1978년에 지미 카터 행정부에서 안보문제를 담당했다. 2008년 세상을 떠났다.

1993년 미국과 서구는 여전히 냉전에서 '승리'했다는 사실에 취해 있었다. 베를린 장벽이 무너진 지 4년도 채 되지 않았고 자유민주주의와 서구의 가치는 승리를 거둔 듯 보였다.

그러나 그해 여름, 하버드대학교 교수 새뮤얼 헌팅턴은 〈포린 어페어스〉에 기고한 글을 통해 자기만족에 빠진 사건들에 맹공을 퍼부었다. 훗날 책으로 출간한 글 '문명의 충돌'에서 그는 냉전의 종결은 승리의 순간이라기보다는 세계를 동과 서, 공산주의와 자본주의로 나누는 것이 얼마나 일시적인지를 보여준다고 주장했다. 임의적인 정치적 구분이 사라진 자리에 훨씬 더 오래된 문화와 종교의 단층선이 다시 한번 모습을 드러낸다. 옛 유고슬라비아가 피비린내 나는 전쟁을 거치며 붕괴되는 과정과, 이후 종교(기독교, 정교회, 무슬림)와 민족에 따라 재편된 것이 가장 대표적인 사례다.

헌팅턴은 더욱 불편한 진실을 늘어놓았다. 서구는 영향력 면에서 몰락하고 있으며 아시아 문명의 영향력은 확장되고 있는 한편, 이슬람은 무슬림 국가와 그 이웃의 안정을 위협할 '인구 폭발'을 겪고 있었다. 서구의 '보편 구원론적 허세'는 다른 문명, 특히 이슬람 국가와 중국과의 갈등을 일으켰다. 서구 국가들은 전 세계에 자신들의 존재를 강요하는 대신, 이민자 제한을 포함해 비서구 사회와 대립되는 독특한 정체성과 가치들을 지지할 수 있게 단결해야 했다. 또한 헌팅턴은 근대화가 '의미 있는 보편 문명 또는 비서구 사회의 서구화'를 가져오지도 못한다고 과감히 지적했다. 전 세계 국가들은 신나게 근대화를 받아들이지만 서구의 가치는 거부하고 있었다.

헌팅턴이 가끔 간과하는 부분은 이 다극적이고 다문명화된 새로운 세계가 영구적인 전쟁으로 이어질 수밖에 없는 운명은 아니었다는 점이다. 그보다는 각 문명이 저마다의 영역에서 서로의 우세함을 인정하고 협력해서 그 영역들을 존중할 때 세계평화가 달려 있었다.

25년의 세월 동안 《문명의 충돌》은 미래를 예언했을까, 아니면 그저 정교하게 공포를 조장하는 으름장이었을까?

문화와 인종, 종교라는 새로운 세계질서

민족국가는 여전히 세계 정세에서 주요 행위자이지만, 이들은 중화권(중국-유교), 일본권, 힌두권, 이슬람권, 정교회권, 서구권, 라틴아메리카권, 그리고 아프리카권 등 세계의 문명에 의해 형성됐다고 헌팅턴은 말한다. 단, 불교는 세계 주요 종교임에도 대규모 문명의 기반이 되지 못했다고 주장한다. 21세기를 지배할 여섯 개의 강대국인 미국과 중국, 유럽, 일본, 러시아, 그리고 인도는 서로 다른 다섯 개의 문명에 속해 있고, 막대한 인구와 풍부한 자원, 그리고 전략적 중요성 덕에 영향력을 가지게 될 여러 이슬람 국가들도 있다. 아프리카는 상대적인 빈곤과 분열로 우리 시대에서 주요한 역할을 맡지는 못할 것이다. 헌팅턴에 따르면, 가장 심각한 갈등은 부유층과 빈곤층 사이에서가 아니라, 스스로를 서로 다른 문명의 일부라고 인식하는 민족들 사이에서 발생할 것이다.

문화로 통합된 국가들은 점차 하나가 되고(동독과 서독, 남한과 북한을 생각해 보자), 역사적 환경이나 이데올로기로 통합되어 있지만, 상당히 다른 문화들을 가진 국가들은 분리되거나 점차 긴장감이 고조될 것이다. 소련에서 바로 그런 사태가 발생했지만, 헌팅턴은 우크라이나, 나이지리아, 수단, 인도, 스리랑카 등에서도 같은 모습을 보게 될 것이라 주장한다. 책이 출간된 후 수단은 둘로 분열됐고, 우크라이나는 유럽 영역과 러시아 영역으로 갈라지고 있는 것으로 보인다. 세계의 중요한 경계선이 한때는 철의 장막이었으나, 이제는 유럽과 서구를 정교회와 무슬림 국가로부터 분리하는 선이라고 헌팅턴은 말한다.

헌팅턴의 관점은 프랜시스 후쿠야마가 내놓는 주장(273쪽을 참고하자)과는 거의 정반대인데, 후쿠야마는 이데올로기 논쟁이 자유민주주의로 대체될 것이라고 강력하게 주장하지만, 헌팅턴은 "베를린 장벽이 무너진 후 5년 동안 '집단학살'이라는 단어가 냉전중의 어느 5년보다 더 많이 들렸다."면서 네오파시스트 운동이 일어나고 있다고 언급한다. 이것은 '탈역사' 시대가 도래했다는 증거가 아닌, 새로운 세계질서가 다시 한번 문화와 인종, 종교에 달려 있다는 증거가 된다.

지는 서구 vs. 뜨는 나머지 세계

서구는 정교분리와 법치주의, 사회적 다원주의, 대의 또는 민주주의 기구, 그리고 개인주의 등으로 특징지어지지만, 비서구 국가들은 이 모든 것을 다양한 수준에서 거부한다. 여러 국가들이 근대화를 기꺼이 받아들이려 하지만 이것이 서구화를 의미하지는 않는다. 21세기의 불협화음은 서구가 자신들이 보편적이라고 보는 가치를 장려하고자 하는 욕망을 가졌으나, 그렇게 할 수 있는 능력이 줄어드는 데에서 크게 발생할 것이다. 냉전이 끝나자 서구는 최고의 통치 형태(자유시장과 결합한 자유민주주의)에 대한 논쟁에서 이겼다고 생각했지만 '서구의 보편주의는 나머지 세계에 대한 제국주의'라고 헌팅턴은 언급한다.

실제로 그는 "냉전에서 서구의 승리는 환희가 아닌 탈진을 가져왔다."고 주장한다. 서구국가들은 이제 경제 성장의 둔화와 인구 정체, 대규모의 정부 부채, 그리고 낮은 저축률 등의 문제로 괴로워하고 있으며, 동시에 경제력은 아시아로 향하고 있다. 1900년대에 서구 국가들은 전 세계 인구의 절반을 지배했지만 이제 이들이 지배하는 것은 자국뿐이다. 비서구인들이 더 건강해지고 더 많은 교육을 받으며 더욱 세련되어지면서, 서구인들은 더 이상 건강하고 부유한 소수가 아니게 됐다. 서구의 군사력은 계속 우위를 차지하겠으나, 전통적인 '큰손'과 비교해 중국과 러시아, 인도의 군사비 지출이 올라가는 추세이기도 하다. 비서구 국가들이 더욱 부유해지고 강력해지면서, 더 이상 서구의 제도와 가치, 사상 등을 받아들이거나 높이 평가할 필요도 없어질 것이다.

냉전시대에 서구의 정치제도를 도입한 많은 국가들이 '토착화'를 통해 유교와 이슬람교, 또는 불교적인 뿌리로 되돌아갈 것이라고 헌팅턴은 주장한다. 비서구 국가의 정치인들은 민족성이나 국수주의, 또는 종교적인 색채의 정체성에 호소하며 선거에서 승리를 거둔다. 무슬림 국가들이 흥망성쇠와 통치자의 대격변을 겪어왔지만 이슬람교는 지속적인 정체성을 제공하고 있다. 러시아에서 정교회가 1000년을 거슬러 올라가는 안정적인 역할을 하는 것과 같다. 전 세계적인 종교의 부활은 근대성의 특징이자 비서구적 사상에서는 '타락한' 서구와 동의어인 소비지상주의와 세속주의, 상대주의 등에 대항하기 위함이다.

중국의 부상

우리 시대에서 중요한 특징은 아시아, 특히나 중국의 경제적 부상이다. 싱가포르의 초대 총리 리콴유李光耀는 이렇게 말했다. "그저 또 하나의 거물이 나타났을 뿐인 척하기가 불가능하다. 중국은 인류 역사상 가장 큰 영향력을 휘두를 거물이다." 헌팅턴은 아시아를 지배하려는 중국의 시도에 미국이 이의를 제기하는 것이 가장 크나큰 잠재적 화약고가 될 것이라고 제시한다.

일본과 한국을 제외하고 아시아의 경제란 기본적으로 중국인의 경제라고 헌팅턴은 말한다. 태국과 말레이시아, 그리고 싱가포르와 인도네시아에서 현지의 경제 엘리트들은 중국계이며, 중국 본토의 중국인과 다른 동아시아 국가의 중국인들을 잇는 '대나무 네트워크'는 상거래에서 더 큰 이점이 된다. 헌팅턴은 중국과 타이완 간의 전쟁은 문화적 동류의식이 너무 크기 때문에 발발할 가능성이 낮다고 본다. 아시아의 갈등은 국경과 영토분쟁을 두고 다른 국가들 사이에서 일어날 가능성이 크다. 아시아가 한때의 유럽처럼 수많은 국가와 수많은 갈등 가능성을 보이기 시작하는 것도 무리가 아니다. 서구는 '아시아'를 하나의 연합으로 보는 경향이 있으나 실제로는 여섯 가지 문명으로 나뉜다. 그럼에도 헌팅턴은 중국이 아시아의 패권국이 되고 있다고 보며, (일본을 비롯해) 모든 국가가 결국에는 미국 대신 중국에 복종하게 될 것이라고 주장한다.

이슬람, 세계의 화약고?

21세기에 문명 간의 관계는 '머나먼 관계에서 폭력적인 관계까지' 다양하다고 헌팅턴은 말한다. 보리스 옐친은 러시아와 서구의 미래 관계를 묘사하기 위해 '냉랭한 평화Cold Peace'라는 용어를 사용했다. 이슬람과 서구 간의 관계는 더욱 악화될 가능성이 높다.

서구의 정치인들은 말한다. 문제는 이슬람이 아니라 오직 이슬람 극단주의에 있다고. 하지만 헌팅턴은 진실이 아니라고 쓴다. 20세기 자유민주주의와 마르크스주의 간의 갈등은 기독교와 이슬람 사이의 더 오래고 깊은 원한 관계가 일시적으로 드러났을 뿐이다. 정교분리라는 서구의 사상, 그리고 (통치를 비롯해) 모든 것이 알라신의 이름으로 명해져야 한다는 이슬람교의 사상은 근본적으로 분리되어 있다. 무슬림은 서구에는 도덕관념이 없다고 보면서도 그것을 매력적이라고 생각하기 때문에, 그에 맞서 방어할 수 있는 유일한 방법은 서구를 적으로 돌리고 더욱 순수한 이슬람 사회를 만들어가는 것뿐이다. 이들은 기독교를 용인하지 못한다기보다는 서구의 세속주의와 무교적 특성을 용인할 수 없는 것이다.

9·11 테러를 예언한 듯한 문단에서 헌팅턴은 이렇게 썼다.

"중동 어딘가에서 여섯 명의 젊은이들이 청바지를 입고 코카콜라를 마시며 랩을 들으면서, 메카를 향해 기도해야 하는 시간 사이에 틈틈이 미국 항공기를 폭파하려고 폭탄을 조립하고 있을 수도 있다. … 서구인들은 오직 순박한 오만함을 품고 비서구인들이 서구의 문물을 받아들이면서 '서구화' 되리라고 추측한다."

헌팅턴은 아프가니스탄 전쟁과 사담 후세인 사살, 그리고 근본주의자들에 대한 드론 공격이 일어나기도 전에 이미 서구와 이슬람이 '준 전시상태'에 있다고 주장한다. 실제의 싸움은 그저 장기적인 문명의 갈등이 가장 확실하게 드러난 것일 뿐이다. 서구와 친분을 유지하는 몇 안 되는 무슬림 국가는 군사적으로 서구에 의존하는 국가들(사우디아라비아, 쿠웨이트)이며, 경제적으로 지원을 받아오고 있는 국가들(이집트)조차 그 의존관계에 분개한다.

헌팅턴은 이슬람이 불안정한 세력인 이유는 중심국이 없기 때문이라고 믿는다. 인도네시아든 이집트나 이란, 파키스탄, 아니면 사우디아라비아나 튀르키예든 이슬람 세계에는 갈등을 해결하거나 심판할 수 있을 만큼 강력한 무슬림 국가가 존재하지 않는다. 또한 어떤 국가도 비무슬림 세계에서 무슬림 세계를 대표할 만큼 강하지 않다. 이슬람의 인구 폭증은 분노에 찬 젊은 남성들을 수없이 양성했고, 흔히 실업자인 이 남성들은 비무슬림에 저항하는 행동을 하도록 부추김당한다. 그러나 헌팅턴은 긍정적인 목소리로 이 무슬림 인구 붐이 언제까지나 계속되지는 않을 것이며, 경제개발이 함께 이뤄질 때 불안정의 근원이 차츰 사라질 것이라고 말한다.

갈라진 국가와 찢어진 국가

헌팅턴은 국가들을 묘사할 때 '갈라진cleft'과 '찢어진torn'이라는 표현을 사용한다. 갈라진 국가는 문명 간의 단층선을 물리적으로 뛰어넘어 다스리며, 국가적 단결을 유지해야 하는 심각한 문제점을 가지는 경향이 있다. 이미 언급했듯 수단은 무슬림과 기독교 사이의 단층선을 따라 분열됐다. 나이지리아와 케냐 역시 기독교와 무슬림 간의 증오로 인해 불안정해지고 있다. 탄자니아는 기독교 위주의 본토와 무슬림 위주의 잔지바르로 구성되며, 1993년에는 기독교의 에티오피아와 무슬림 사이에 분열이 일었다. 인도는 1948년 분리독립 이후에도 무슬림과 힌두교 사이에서 빈번하게 갈등이 인다. 그리고 필리핀에도 기독교와 무슬림이 분리되어 있다.

헌팅턴의 '찢어진' 국가는 대중들은 한 문명에 속했지만 지도자는 또 다른 문명에 속하기를 바라는 경우다. 예를 들어, 튀르키예는 근본적으로 무슬림 문명의 일부이지만, 아타튀르크 대통령 이후로 튀르키예의 지도자들은 스스로를 근대 서양의 일부로 보았다. 튀르키예는 EU 가입에 실패했기 때문에, 우즈베키스탄과 투르크메니스탄, 카자흐스탄, 키르기스스탄 등 튀르키예어를 사용하는 옛 소련 공화국들과 긴밀한 관계를 구축하고 있으며, 국내 이슬람주의자들을 달래기 위해 이슬람 학교와 기관들에 자금을 대주고 있다. 헌팅턴은 "튀르키예의 지도자들은 자국을 '동서양을 잇는 다리'라고 묘사하길 좋아한다면서, 그럼으로써 이들은 완곡하게 나라가 찢어져 있음을 확인한다."고 말한다.

호주는 문명적인 현실 앞에서 약해지는 정치인들을 보여주는 훌륭한 사례다. 1990년대에 특히 폴 키팅 전 총리를 포함해 정치인들은 호주가 분명 서구국가임에도 아시아의 일부라고 말했다. 대중들은 이를 인정하지 않았다. 영국 여왕이 국가의 수장이 아닌 공화국으로 바꾸는 한편, 유니언잭을 뺀 새 국기를 만들려는 호주의 시도는 실패했다. 결과적으로 아시아 국가들은 호주를 문화적으로 여전히 서구국가라고 보며 '아시아' 국가로 받아들이기를 꺼려한다. 인권과 언론의 자유를 포함해 자유주의 서구의 가치에 애착을 가진 호주는 동아시아 국가들과 차이가 있다. 간접적이고 비대립적인 아시아의 행동방식조차 호주의 솔직함과 개방성에 반대된다.

평화를 향한 핵심국가의 기여

새로운 세계질서에서 미국을 포함해 그 어떤 국가도 '세계적인 안보 이익'을 누리지 못한다고 헌팅턴은 주장한다. "세계는 문명을 기반으로 질서를 형성하거나 아예 형성하지 못할 것이다." 그는 이렇게 말한다. 평화는 다양한 문명을 대표하는 핵심국가들이 서로의 영역을 존중할 때만 존재한다. 그렇게 해서 (동의하에) 같은 문명권 안의 국가들을 지배하는 중국과 미국, 러시아 같은 핵심국가가 존재하게 된다. 그러나 이런 문명권은 핵심국가와의 문화적 관련성이 있어야만 가능하다. 예를 들어, 파키스탄과 스리랑카, 방글라데시는 인도를 자신들의 핵심국가이자 질서 제공국으로 인정하지 않을 것이며, 마찬가지로 일본도 문화적으로 홀로서기를 하고 있기 때문에 그 어떤 국가도 일본을 그렇게 보지 않을 것이다.

'유럽'은 핀란드에서 지중해를 잇는 단층선을 따라 나눠져서, 서쪽의 기독교 유럽을 동쪽의 정교회와 이슬람 국가로부터 갈라놓는다. 철의 장막은 몇 십 년 동안 이 자연스러운 선을 모호하게 만들었지만, 이 선은 스스로 모습을 드러냈다. "냉전의 종결과 함께 나토는 하나의 중심적이고 강력한 목적을 가지게 됐다. 중부유럽에서 러시아의 정치적이고 군사적인 지배가 재등장하지 않도록 보장하는 목적이었다." 그는 그리스의 EU 가입이 문제가 될 것이라고 정확히 예견했다. 문화적으로 그리스는 정교회 국가이며 결코 EU의 기준을 갖춘 적이 없었기 때문이었다.

'문명의 충돌'은 정말 존재하는가

《문명의 충돌》을 비판하는 이들은 다음을 지적한다.

- 지구를 문명에 따라 구분하는 것은 너무 단순하다. 세계는 그보다 더 복잡하기 때문이다.
- 헌팅턴은 문명의 영향력을 강조하면서도 세계와 자신의 운명을 형성하는 국가들의 영향력을 과소평가하고 있다.
- 무슬림 세계의 심각한 분열(예를 들어, 수니파와 시아파)은 단일한 무슬림 정체성의 존재를 불가능하게 만들며, 따라서 이슬람 대 서구라는 생각은 지나치게 간단하다. 게다가 이 분열은 과장된 것이다. 오랜 역사 동안 두 종교는 서로의 곁에서 평

화롭게 지내왔다.

· 대부분의 정치학자들과 경제학자들은 정치의 동인이 '문화'라고 보는 헌팅턴의 주장에 동의하지 않는다. 예를 들어, 아세모글루와 로빈슨의《국가는 왜 실패하는가》는 동아시아의 경제 성장이 '유교 가치'만으로는 설명될 수 없다고 말한다. 후쿠야마는《트러스트》에서 문명들이 부대끼면서 갈등을 만들어내기보다는 서로에 대한 자극과 창의적인 변화를 이끌어낸다고 주장한다.

· 헌팅턴의 '현실정치Realpolitik'라는 우파적 분석은 부시와 블레어를 잘못된 방향으로 이끌어 이라크와 아프가니스탄 침공을 초래한 지적인 토대가 됐다.

· 헌팅턴의 주장은 거의 인종차별과 맞닿아 있다. 그는 남아프리카의 보타 정권에서 자문역을 맡았고, 그 과정에서 인종과 문화의 분리에 개인적인 관심을 가졌음을 드러냈다. 비교문학자 에드워드 사이드Edward Said는 헌팅턴의 관점이 무슬림에 대한 서구의 케케묵은 비난을 정당화한다고 언급했다.

이 주장들 모두 타당하지만, 헌팅턴이 1990년대 중반에 예견했던 사태들은 대부분 현실로 드러났다. 수단과 우크라이나처럼 문화적 혹은 종교적 단층선을 따라 나라가 분리되었고, 중화문화권이 급부상하고, 러시아는 유럽과 서구를 거부한다. 또한 터키와 이집트 같이 세속적인 무슬림 국가들을 이슬람화하려는 시도나 이슬람 원리주의가 영향력을 키운다. 마린 르 펜Marine Le Pen의 국민전선부터 나이절 패라지Nigel Farage의 UKIP, 그리고 헤이르트 빌더스Geert Wilders의 자유당까지, 유럽에서 반이민정책을 내세우는 우파 정당들이 성공한다는 것은 서구의 유권자들이 자신들의 가치와 제도, 그리고 한때 동질성을 띠었던 인구가 '외래' 문화와 종교로부터 위협받고 있다고 본다는 신호다.

📌 함께 읽으면 좋은 책

- 프랜시스 후쿠야마《역사의 종말》
- 폴 케네디《강대국의 흥망》
- 마이클 필스버리《백년의 마라톤》

톰 버틀러 보던의 ★ 한마디 ★

세계화와 근대화가 자연스럽게 민족들 사이의 차이를 무너뜨린다는 생각은 헌팅턴이 보기에 순수한 이상주의였다. 세계무역은 세계평화를 가져다주지 않았고, 그저 경합하는 가치체계 사이에서 충돌의 기회를 더 늘렸을 뿐이다. 다문명 세계에서 살아가는 헌팅턴의 '첫 번째 원칙'은 각 문명의 핵심국가가 다른 국가들의 영역을 존중하며, 단층선에서 불거지는 전쟁에 대리 참전하지 말라는 것이다. 헌팅턴은 서구가 몰락하지 않기 위해서는 오만하지 말아야 하고, 선교활동을 하지 말 것이며, 타고난 경계선 안에서 독창적인 가치와 제도를 보존하는 데 관심을 기울여야 한다고 보았다. 그의 마지막 메시지는 하나의 인류를 인정하기 위해서는 우선 그 심오한 차이들을 고려해야 한다는 것이다. 그래야만 우리는 인류가 무엇을 공유하고 있는지 알게 되며, '문명'이라는 용어를 단수형, 즉 단일한 세계 공동체라는 의미로 사용할 수 있을 것이다.

27

The Hundred-Year Marathon

21세기의 중국, 어디로 가고 있는가
백년의 마라톤

❝

미국이 매파와 비둘기파, 소위 신보수주의와 간섭주의,

현실주의, 그리고 고립주의 등으로 갈리듯이,

중국 엘리트들도 나뉜다. 물론 중국 인민과 서구 언론의 입장에서는

그에 관한 토론이 거의 일어나지 않는다는 점에서 차이가 있다.

❞

마이클 필스버리Michael Pillsbury

1945년 캘리포니아에서 태어났다. 스탠포드대학교에서 역사를 전공했고, 컬럼비아대학교에서 박사과정을 이수했다. 1969년에서 1970년 사이 국제연맹에서 근무를 마치고 대만의 국립과학재단에서 박사논문 연구원으로 일했다. 레이건 정권에서 국방부 정책기획담당 차관보로, 조지 W. 부시 정권에서는 국방부 장관실의 아시아 문제 특별보좌관이자 네 곳의 미국 상원위원회에서 활동했다. 워싱턴 D.C. 허드슨연구소의 중국전략 국장이자 선임연구원이며, 미국 외교협회와 국제전략연구소에 소속해 있기도 하다.

몇 십 년 동안 미국 정부가 중국을 향해 취하는 공식적인 입장은 '건설적 관여'였다.

1980년대 이후 미국 정부의 중국 자문가인 마이클 필스버리는 일반적인 통념과 맥을 같이한다. 미국은 중국이 부유하고 평화로우며 바라건대, 민주적인 강대국이 되길 도와야 한다고 본다. 중국을 (미국이 거의 구축한) 국제법의 현 제도 안에 흡수함으로써 그 에너지를 긍정적인 방향으로 인도할 수 있으리라. 중국이 '점차 미국을 닮아가는 방향으로 진화할 것'이라는 데 의견이 일치했고, 스타벅스나 맥도널드, 그리고 애플 같은 서양 소비자 브랜드의 성장은 이를 뒷받침하는 것처럼 보였다.

트럼프 대통령의 중국 자문가가 된 필스버리는 이것이 실수라고 생각하게 됐다. 중국은 정치적으로나 경제적으로 자유화될 의도가 없었다. 실제로 중국이 부유해질수록 공산당은 그 권력을 확대해 갈 뿐이었다.

중국의 '평화로운 부상'이라는 개념은 서구의 정책전문가와 싱크탱크, 학계, 심지어 기업들조차 인정하고 있다. 사람들은 중국의 의도가 실질적으로 지닌 특성을 인정하지 않고도 중국과 관계를 맺으며 이익을 볼 수 있다.

중국에는 이 '평화로운 부상' 이야기에 동조하는 중도파 정책 전문가들이 존재한다. 그러나 강경파 중국 국수주의자들에게 중도파는 진짜 중국을 대표하지 않는다. 마오쩌둥의 시대 이후 이들은 유럽 제국주의 시대 동안 중국이 당한 치욕에 복수하기 위해 장기적인 계획을 세우라고 지도자들에게 조언해 왔다. 이들의 관점은 한때 변방에 밀려 있었으나 이제는 대세가 됐다.

중국의 진짜 목표는 2049년까지 세계 제1의 경제적, 군사적, 정치적 강대국이 되는 것이라고 필스버리는 《백년의 마라톤》에서 밝힌다. 2049년은 공산당이 집권한 지 100년을 기념하는 해다. 따라서 이 계획의 이름은 '백년의 마라톤'이다. 계획의 핵심은 반드시 부인되어야 하며, 오직 기만을 통해서만 성공할 수 있다. "마라톤의 첫 번째 규칙은 마라톤에 관해 이야기하지 않는 것이다."

중국의 진짜 모습

중국은 평화로운 공자의 유산을 내세우기를 좋아하고, 실제로 공자학원이 세계 곳곳에 흩어져 있어서 중국 정부의 자금지원을 받으며 '소프트 파워'의 핵심을 이루고 있다. 그러나 17세기 이후 서양 방문객들은 근본적으로 조작된 중국 역사를 받아들였고, 이 조작된 역사는 동일하게 강력한 유산을 대단치 않은 양 깎아내렸다. 중국 국수주의자들이 본보기로 삼아야 할 이 유산은 바로 전국시대(기원전 403년-221년)의 전략 수립과 잔혹성이다.

모호함과 기만은 서양과는 다른 방식으로 중국에서 높은 가치를 가진다고 필스버리는 말한다. (《손자병법》같이) 전략에 관한 책들은 의도를 감추고 적을 놀라게 만들어서 싸울 필요조차 없이 만드는 방법을 다룬다. 중국 전략의 교활함을 인정하는 것은 정치적으로 정당하지 않은 일이다. 서구국가들이 과거에 중국에서 저질렀던 제국주의적 통제와 착취를 속죄해야 한다고 느끼게 되기 때문이다. 중국 국수주의자들은 이런 속죄의식을 매우 기쁘게 받아들이면서, 반미 정서를 부추기며 최대한 활용하고 있다.

20세기 초 근대 중국의 아버지 쑨원은 서양 제국주의 강국들을 타도하려고 했다. 그는 '백인'들이 '황인'을 정복하거나 몰살하려고 하는 상황에서 이를 인종의 생존을 위한 싸움이라고 보았다. 1949년 공산주의 중국이 등장하고 마오 주석이 권력을 잡으면서, 다윈주의적 사상이 살아남았다. 마오는 중국이 이 가혹하고 경쟁적인 세계에서 중국 민족의 독창적인 특성을 발견하는 장기적인 전략을 통해서만 생존할 것이라 믿었다.

1990년 초반 중국의 지도자들은 비밀리에 전국시대 사자성어인 '도광양회韜光養晦'(재능을 감추고 드러내지 않는다)를 활용했다. 이 사자성어가 포함된 서류가 유출되었을 때 베이징은 이를 '알맞은 시기를 기다리면서 능력을 쌓아라.'라는 의미라고 번역했다. 몇 년 동안 중국에 거주했고 표준 중국어에 능한 필스버리는 이 성어가 실제로는 "오랜 패권국을 타도하고 복수를 강행하라. 그러나 일단 신흥 강대국이 그렇게 할 능력을 개발해야 한다."라는 의미라고 설명한다.

이는 중국이 미국을 다루는 방식이 되었으며 우리는 닉슨 대통령이 중국을 방문한 결과로 이 전략이 도입되는 것을 보았다. 관계가 발전하면서 경제적으로나 군사적으로 엄청난 원조가 중국으로 향했다. 소련의 대항마로서 중국과 친구가 되는 것은 당시에 현명해 보였다. 그러나 중국은 미국과 소련 사이에서 싸움을 붙이면서, 자신은 그 어느 쪽과도 지나치게 가까워지지 않았다. 스스로를 약소국 자리로 낮추면서 중국은 경제적·정치적 야망을 감춘 채 소련으로부터 원조를 받았다. 1991년 소련이 붕괴되면서 중국은 23세기 강대국이 되기 위해 모든 노력을 미국을 대체하는 데 쏟을 수 있었다. 마오쩌둥이 가장 좋아하던 책은 《자치통감》으로, 이 책은 마키아벨리의 《군주론》에 비견할 수 있는 옛 전국시대 서적이었다. 이 책에서 가장 유명한 구절은 "한 하늘에 두 개의 태양이 뜰 수 없다."이다.

변칙적으로 움직이는 중국

표면적으로 중국은 경제를 개방하고 자유시장을 향해 노력하고 있다. WTO에 가입함으로써 중국은 '주식시장과 사채 발행 시장, 뮤추얼 펀드 산업, 연금기금, 국부펀드, 통화 시장, 외국인 참여, 국제주의 중앙은행, 주택자금융자, 신용카드, 그리고 급성장하는 자동차산업 등을 개발하기 위해 서양 최고의 기술'에 접근할 수 있었다. WTO 회원국이 되면서 중국은 발전한 자본주의 경제가 될 수 있는 지름길을 찾았다.

이를 바라보는 또 다른 관점이 있다. 전국시대 기술 가운데 하나는 상대방의 생각과 기술을 강탈해 가는 것이다. 그리고 중국 기업들은 뻔뻔스럽게 지적재산권을 훔쳐간다. 또한 국영기업(경제의 40퍼센트를 차지하며 공산당의 바람대로 수행한다)을 강화하면서 WTO의 규칙을 위반한다. 수출 가격을 낮추려고 위안화 환율을 조작하기도 하고, 환경과 노동기준을 느슨하게 지킨다.

중국은 외국기업에 경제의 일부분을 개방하려고 노력해 왔지만, 폐쇄적인 부분도 많다. 페이스북과 트위터, 유튜브, 구글 모두 차단되어 있으며, 관계 당국이 위안화 거래신청을 처리하는 데에도 몇 년이 걸린다(비자와 마스터카드엔 통탄할 일이었다). 이는 텐센트, 바이두, 유니온페이 등의 국내기업이 대대적으로 성장하는 데 도움을 줬다. 외국기업보다는 국내기업을 통제하는 것이 훨씬 쉬운 법이다(2021년 공산당은 알리바바가 기업공개IPO를 진행하지 못하도록 막았다).

다시 말해, 중국은 규칙에 따라 움직이지 않는 것이 성공한다는 것을 발견했다. 세계의 나머지 국가들은 일대일로一帶一路(중국이 동남아시아와 중앙아시아, 서아시아, 아프리카, 유럽을 잇는 경제벨트를 따라 인프라와 무역, 금융, 문화 등을 교류한다는 전략—옮긴이)상의 인프라 및 금융 계획에 따라 수출이나 지원을 중국에 의존하고 있으며, 따라서 중국을 고립시키거나 처벌할 수 없다는 계산을 하고 있는 것처럼 보인다.

반면에 중국은 제아무리 국내의 소비자 경제를 구축하려 애쓰더라도 여전히 미국과의 무역에 의존하고 있다. 제조업을 미국으로 되찾아오려는 트럼프 행정부의 노력(과 다른 국가들의 유사한 움직임)은 중국의 수출 영향력을 서서히 좀먹으며 위협했다. 마침 중국의 성장세가 꺾이던 시기였다. 도전자는 여전히 패권국을 필요로 하다. 그리고 사실 미국은 여전히 경제적으로 성장하고 있으며, 나토부터 할리우드까지 중국이 갈망할 수밖에 없는 여러 동맹과 소프트파워를 보유하고 있다.

군사 대국으로서의 움직임

중국이 세계를 지배하는 군사 강대국이 될 가능성은 어느 정도일까? 필스버리는 그리 크지 않다고 본다. 그러나 전국시대의 가르침 가운데 하나는 "장기간의 경쟁에서 이기려고 할 때 군사적인 힘이 결정적인 요소는 아니다."이다. 실제로 소련은 미국보다 동등한 군사 능력을 갖췄고 거의 비슷한 수의 핵탄두를 보유했다.

중국은 그 대신 '필살기撒手锏'(고대 중국에서 더 강력한 상대를 만났을 때 승리를 확정 짓기 위해 사용하는 무기) 전략을 따르고 있다. 전통적인 군사와 무기를 강화하는 대신 중국의 접근법은 '비대칭'으로 규정될 수 있다. 예를 들어, "스마트 무기로 레이더와 라디오 방송국을 공격하고 적의 커뮤니케이션 센터와 시설, 지휘함을 마비시킨다. 전자기파 무기로 전산체계를 파괴한다. 컴퓨터 바이러스로 소프트웨어를 삭제한다. 지향성 에너지 무기를 개발한다." 등이다.

이 중국은 결코 서구국가처럼 식민지 강대국이 아니었다는 것은 사실이 아니다. 그러나 중국은 '티엔시아天下' 체제를 보유하고 있었다. 티엔시아 체제에서는 중국의 황제에게 공물을 바치며, 그 대가로 중국은 질서와 안정성, 문명을 제공했다. 티엔시아는 모든 국가가 평등하다고 간주하는 국제법을 기반으로 삼은 근대세계 질서에 부딪혀 사라졌다. 실제로 일대일로 투자를 통해 (도로든, 항구든, 금융대출이든 간에) 중국의 어마어마한 인프라 투자를 수락한 국가들은 다양한 방식으로 중국에 저당 잡혀 있다. 이 국가들은 국제무대에서 중국의 요구 사항이나 계획에 반대할 가능성이 낮다.

📌 함께 읽으면 좋은 책
- 새뮤얼 P. 헌팅턴《문명의 충돌》
- 쑨원《삼민주의》
- 폴 케네디《강대국의 흥망》
- 한스 모겐소《국가 간의 정치》

그레이엄 앨리슨Graham Allison(111쪽을 참고하자)은 '투키디데스의 함정'이라는 용어를 만들어냈다. 이 용어는 군림하는 강대국이 신흥 강대국에게 위협받을 때 전쟁으로 이어지는 경로를 설명한다. 투키디데스가 《펠로폰네소스 전쟁사》에서 썼듯, '전쟁을 불가피하게 만든 것은 아테네의 급부상과 그로 인해 스파르타가 느끼게 된 공포'였던 것이다.

그러나 필스버리는 미국의 쇠퇴를 점치던 중국 국수주의자들이 실망하고 있으리라고 주장한다. 미국은 바다로 둘러싸여 공격으로부터 보호받는 대륙이자 1인당 GDP가 높으며, 혁신과 기술, 교육의 수호자이기도 하다. 게다가 (처음에는 오바마 행정부에서, 그 후로는 바이든 행정부에서) 중국으로 '중심축Pivot'을 이동한다는 것은 타이완에 대한 중국의 계획과 남중국해에 대한 추가적인 주장이 미국 군사력과 충돌할 수도 있다는 의미다.

필스버리의 '현실정치'는 책이 쓰였을 당시에는 어느 정도 불필요한 우려를 자아내는 것으로 보였을 수 있지만, 중국이 홍콩의 민주주의를 탄압하고 남중국해로 계속 진출하고 있으며 위구르족과 티베트인들을 탄압하는 등 일련의 사건들로 인해 이제는 크게 지지를 얻고 있다.

미국은 중국에 저항하는 국가연대를 결성할 수 있으며, 무역과 화폐 기준 위반에 대항할 수도 있다. 또한 최고위층의 부패와 검열을 폭로하고 친민주주의 개혁가들을 지지할 수도 있다. 미국과 다른 서구 강대국들은 아직 국제법과 무역 관련 규범을 강요함으로써 중국이 국제체계 안에 휘말릴 수 있게 만들 시간이 있다. 대안은 문명국가다. 이 문명국가에는 마라톤을 마치고 이제는 자신의 상상에 따라 나머지 세계를 형상화할 힘이 있기 때문이다.

PART 4

정치의
진정한 목적은
무엇인가

50 POLITICS CLASSICS

28

The Law

인류 역사에 법이 존재한 이유
법

"

생명, 자유, 그리고 재산은 인간이 법을 만들었기 때문에
존재하는 것이 아니다.
오히려 인간이 애초에 법을 만들게 된 원인은
생명, 자유, 재산이 먼저 존재했다는 사실에 있었다.

"

프레데리크 바스티아 Frederic Bastiat

바스티아는 1801년 프랑스 남서쪽 바욘에서 성공한 사업가의 아들로 태어났다. 어머니와 아버지는 각각 바스티아가 7세와 10세였을 때 세상을 떠난 탓에 친할아버지와 비혼주의자 고모 밑에서 자랐다. 24세에 할아버지의 재산을 물려받은 후 철학과 역사학, 정치학, 경제학 등의 연구에 전념했고, 1832년 랑드 일반의회 또는 지방의회의 일원이 되었다. 1848년 유럽 전역으로 전파된 프랑스혁명 이후 파리에서 국회의원으로 선출됐다. 1850년 49세에 결핵으로 세상을 떠났다.

프레데리크 바스티아의 《법》은 간결하고 단순한 표현을 통해 그보다 2년 전 1848년 혁명의 여파 속에서 출간된 마르크스와 엥겔스의 《공산당 선언》에 반기를 들었다. 마르크스는 사회주의가 군주국과 제국의 과도함과 부당함을 해결해 줄 답이라고 보았지만, 바스티아는 국가 자체가 문제라고 지적했다.

《법》은 그 어떤 사회주의도 합법화된 절도의 한 형태라고 주장한다. 정치지도자들에게는 '뭔가를 해야 한다'는, 그리고 시민들을 '진보'시키기 위해 사회정의 프로그램을 추진해야 한다는 유혹이 지속적으로 존재한다. 그러나 이 노력들이 그 노력의 비용을 부담해야 하는 사람들의 자유를 약화시킨다는 사실은 단 한 번도 언급되지 않는다.

바스티아는 애덤 스미스Adam Smith의 최소국가 개념에서 영향을 받았다. 다만 1848년에 출간된 《정의와 박애Justice and Fraternity》에서 이렇게 썼다. "특정한 상황에서 발생한 위급한 경우에 대해, 국가는 일부 불행한 사람들을 구호하고 이들이 변화하는 조건에 적응할 수 있게 도와주기 위한 자원을 따로 확보해야만 한다.”

개인의 최대 자유와 결합한 최소국가에 대한 바스티아의 주장에 이의를 제기하기란 쉽지 않다. 문제는 그의 비전이 오늘날에 특히나 정부가 국가 경제의 절반을 취하고 정치인들이 스스로를 ‘사회정의’의 투사로 내세우는 나라들에서 실현될 수 있는가다.

법은 안전을 위한 장치

바스티아가 말하길, 인간은 자신의 인격과 자유, 그리고 재산으로 규정된다. 우리가 무엇을 위해 노력해 왔고 소유하고 있는가는 마치 자기 자신의 연장선과 같고, 따라서 우리 몸을 보호하려 하는 것과 같은 방식으로 보호되어야 한다.

사람들은 서로의 개인적인 자유와 재산을 보호하기 위해 연대한다. 그것이 본질적으로 법이 존재하는 이유의 전부다. 개인은 다른 개인으로부터 보호받으면서도, 결정적으로 사회의 더 큰 힘으로부터 보호받기도 한다.

그러한 체제에서 모든 사람이 자연스레 서로에 대해 완전한 책임을 느낀다. 우리는 부유해졌을 때 국가에 고마워하지 않는다. 힘겨운 시기에 접어들었을 때 국가가 우리를 위해 뭔가를 해줄 것이라 기대하지 않는다. 국가를 바라보는 유일하게 올바른 방식은 바로 안전의 관점에서다. 다시 말해, 국가는 어떤 사람이나 재산에 대한 다른 사람의 불법적인 포식 또는 다른 국가의 공격으로부터 국민을 보호해 주는 역할을 한다고 보는 것이다.

바스티아는 국가가 개인적인 사건에 개입하지 않는다면 "우리의 결핍과 그들의 만족은 저마다의 자연율에 따라 스스로 발전할 수 있다."고 말한다. 빈곤한 가정은 문자 교육을 받길 기대하기 전에 배를 채우고 싶어 하는 것이 당연하다. 도시와 지방은 저마다의 필요와 속도에 따라 발달한다. 노동, 자본 또는 주민의 대대적인 이동이나 재조직 등 어떤 입법 명령 덕에 벌어지는 격변을 보는 것은 자연스럽지 않다.

사람들이 자신의 의지에 따라 움직이도록 내버려 둔다면 발전은 자연스레 일어난다. 바스티아는 이렇게 말한다. "모든 사람이 자유롭게 자기 능력을 발휘하고 자유롭게 성과를 관리하며 즐길 수 있다면, 사회발전은 끊임없이 연속적이며 필연적으로 일어날 것이다."

현대국가의 모순은 본래는 보호하도록 계획된 여러 권리들을 남용하고 앗아간다는 데 있다. 오늘날 국가들은 자유와 재산을 보호해 주는 만큼 빼앗아 간다.

합법적 약탈 수단이 되어버린 법

인간에게는 서로를 대가로 살아가는 것이 자연스러운 경향이 있다. 우리는 전쟁과 약탈, 노예제, 그리고 사기와 거래의 독점 등을 통해 이익을 얻는다. 이런 식의 활동은 노동을 통해 가치 있는 것들을 창조하는 것보다 훨씬 더 쉽다.

모든 법의 목표는 단순하다. 사람들이 노동 대신 약탈을 선택하지 않도록 억제하고 방지하는 것이다. 또한 노동을 통해 정직한 방식으로 형성된 재산이 적절히 보호받도록 보장하는 것이다.

그러나 '부당함에 대한 억제' 대신 법은 합법적 약탈의 수단이 되었다. 특정 세력이 국가를 차지하고 자신들에게 이로운 법을 제정한다. 따돌림을 당한 나머지 국민은 합법적 약탈을 끝내거나 직접 국가에 접근할 기회를 만들기 위해 노력할 수 있다. 그러나 그 누가 지배하든 당연히 그들의 이익에 맞게 법률을 제정한다. 합법적 약탈에는 관세와 보호정책, 누진세, 노동권, 임금권, 이윤에 대한 권리와 보조받을 권리 등이 있다. 이 목록은 바스티아의 시대 이래로 훨씬 더 길어지고 있지만, 그 원칙은 동일하다.

법이 폭력으로부터 국민을 보호하고 국민의 재산을 지켜주는 도구가 아니라 발전과 이윤의 수단이 되는 한, 모두가 그 일부를 장악하고 싶어 할 것이다. 바스티아는 보통선거권이 본질적으로는 자신의 이익을 위해 법을 이용할 수 있길 바라는 사회의 모든 개인과 무리에게 주어져야 한다고 제안한다. 역사적으로 보면, 합법적인 인권 약탈을 재산의 보존이라고 표현하려 했던 노예 소유주가 여기에 포함된다. 오늘날 표면적으로는 테러리즘에서 시민들을 보호하려는 법률 제정을 밀어붙이지만 실제로는 수익 확대를 목표로 삼은 방위산업체나 보안회사들이 여기에 해당된다.

바스티아 시대에 가장 인기 있었던 편견은 법이 단순히 정당해서는 안 되며 반드시 박애주의적이어야 한다는 생각이다(오늘날에는 얼마나 더 그럴까?). 법은 모든 사람에게 능력을 자유롭게 발휘할 수 있는 권리를 보장해 주는 데 그쳐서는 안 되며 사람들을 발전시켜 주는 역할도 맡아야만 한다. 바스티아는 사회를 연구하고 눈에 띄는 어마어마한 불평등에 슬퍼하는 정치인을 떠올린다. 이 정치인은 '뭔가를 해야 한다'고 결심하고 자유와 재산의 보호보다 한층 더 나아간 새로운 법과 제도를 만들어내려 한다. 필연적으로 그의 개입은, 관세와 보호정책이든, 노동 혹은 임금권이든, 또는 누진세든 간에 자유와 재산권의 축소를 가져오게 된다.

법에는 두 가지 형태가 있다. 바로 정의와 박애다. 두 번째 형태의 법을 가진 사회에서는 법과 정의 간의 관계가 희석된다. 법은 더 이상 법이기를 멈추고, 누군가가 다른 사람들을 희생해 이익을 얻는 정책이 된다. 사람들은 법을 신뢰하길 그만두고, 자신의 양심에 충실하기 위해 법에 불복종한다.

법은 박애가 아니라 정의다

프랑스의 공화당 정치인 알퐁스 드 라마르틴Alphonse de Lamartine은 바스티아에게 이런 서신을 보냈다. "당신의 신조는 내가 제시하는 계획의 겨우 절반밖에 안 되오. 당신은 자유에서 그치지만, 나는 박애까지 아우르니까 말이오."

바스티아는 이렇게 답했다. "당신 계획의 나머지 절반이 처음의 절반을 파괴할 텐데요."

박애와 연대는 자발적이어야 한다. 강요하는 순간 둘 다 그 의미를 잃게 된다.

사회적 대책과 원조 비용을 대기 위해 더 많은 세금을 걷어야 한다고 압박하는 이들은 반대 의견을 가진 이들을 향해 반사회적이고 반진보적이라고 비난한다. 이들의 외침은 항상 같다. "우리는 뭔가를 해야만 해. 그렇게 하지 않는 것은 비인도적이야."

우리는 정치인이 어쨌든 고귀한 혈통을 가진 인간이라고 믿도록 강요받는다. 플라톤이 상상한 철인 왕이 모든 백성의 발전과 계몽을 위해 사심 없이 통치하듯이 말이다. 이것이 바로 프랑스혁명에서 가장 중요한 철학자인 장 자크 루소의 희망찬 신념이었다. 그러나 바스티아가 인용하듯, 혁명의 핵심 인물인 로베스피에르 Robespierre가 한 다음의 말을 곱씹어 보자.

"공화정의 원칙은 선행이다. 그러나 공화정을 수립하는 동안 적용되어야 할 수단은 공포다. 우리는 우리 조국에서 이기주의를 도덕으로, 특권을 청렴결백함으로, 관습을 원칙으로, 예의범절을 의무로 대체하고 싶다. … 다시 말해서, 우리는 군주정의 모든 악덕과 부조리를 공화국의 선행과 기적으로 모두 대체하려 한다."

바스티아에게 절대적인 법과 정의의 체계는 민주주의와 보통 선거보다 훨씬 더 중요했다. 모든 성인이 투표할 수 있다는 권리는 실제의 상황을 흐려놓는 망상이다. 보통선거를 치르는 사회는 언제나 지나치게 통제받고 정치인들에게 너무 많은 신념을 품기 때문이다. 혁명 전의 프랑스는 보통선거를 치르지 않았으나 개인을 틀에 맞추려는 시도는 훨씬 더 적었다.

최소국가가 더 도덕적이다

바스티아가 전하는 핵심 메시지 가운데 하나는 모든 정책과 '대책'에는 예기치 않고 의도치 않은 결과와 비용이 존재한다는 것이다.

바스티아는 '깨진 유리창의 역설'이라는 유명한 사례를 제시한다(그의 저작《보이는 것과 보이지 않는 것That Which is Seen, and That Which is Not Seen》에서 찾아볼 수 있다). 한 상점 주인이 아들이 깬 창유리 한 장을 고치기 위해 6프랑을 쓴다. 표면적으로 그 돈은 유리 장수의 호주머니로 들어가기 때문에 경제 규모를 늘리는 듯 보인다. 그러나 이는 이 사건의 보이지 않는 기회비용을 간과한 것이다. 유리가 깨지지 않았다면 상점 주인은 그 돈을 무엇에 더욱 생산적으로 사용할 수 있을까? 더 나아가, 책정된 자금을 정부가 세금으로 떼어갔기 때문에 어느 상점 주인이든 결코 실현되지 못하리라 깨달을 생산적인 사용처는 어디일까?

정부는 세금을 걷고 지출하는 것을 자신의 역할이라 여기지만,

정부의 지출은 실제로 얼마나 생산적일까? 대체로 돈을 번 사람이 지출에 관해 결정할 수 있을 때 더 큰 가치를 생산할 수 있는 법이다. 그러나 바스티아는 우리에게 최소국가가 효율성을 위해서만 필요한 것이 아님을 상기시켜 준다. 최소국가는 도덕적 기반을 갖춘 유일한 국가다.

기본법 이상의 법을 요구하지 말라

바스티아 시대의 수많은 사상가들은 고대 로마와 그리스를 국가와 계몽적인 입법자들이 세운 성공적인 사회의 증거로 보았다. 바스티아의 주장에 따르면, 실제로 이 제국들은 몇 세기 동안 천천히 진화해 성장했다. 당시 존재하던 법은 주로 개인들이 서로 폭력을 행사하거나 재산을 훔치지 못하게 보호하기 위해 제정됐다.

바스티아는 법이 종교나 박애, 평등, 산업, 문학이나 예술 등을 위해 제정되는 순간 '여러분은 모호함과 불확실성 속에서 갈피를 잃을 것이며, 강제적인 이상향 속 미지의 땅에 머물게 될 것'이라고 말한다. 법이 모든 사회적 불평등과 고충에 책임을 지게 된다면 "불만과 짜증, 말썽과 혁명이 끝도 없이 잇달아 벌어지는 문을 열게 된다."고도 덧붙인다.

국가가 종교나 과학, 교육, 건강, 개인의 수입과 복지에 더 많은 책임을 질수록, 그 국민은 더욱 수동적이 된다. 이들은 마치 선의를 가진 정치인이 빚어주길 기다리는 진흙처럼 된다.

그러나 이는 인간이 실제로 어떠한지와는 다르다. 자유와 재산을 보호해 주는 기본법이 존재하는 한, 사람들은 자연스레 잘 살려고 노력할 것이다. 사회문제가 무엇이든 답은 항상 자유에 있다. "모든 체제를 거부하고 자유를 시험하라. 이것이 하느님과 하느님이 하신 일에 신앙을 품는 행위다." 바스티아는 이렇게 설명한다.

오늘날 바스티아의 책을 읽는다는 것은 상쾌한 경험이 된다. 마치 오래된 집을 대대적으로 치워서 본래의 구조가 지닌 아름다움을 드러내는 것과 같다. 우리는 왜 장식과 증축으로 뭔가를 더할수 있으리라 생각했을까? 그러나 이제 우리가 바스티아가 바라던식의 최소국가로 되돌아가는 것은 불가능해 보인다. 지나치게 확장되고, 낭비하며, 엄청난 실수를 저지르는 것은 오늘날 정부의 특성이다. 특정 이해집단에 의해 정부가 더욱 장악될수록 정부는 사회보장계획에 돈을 지불하기 위해 더 많은 빚을 지고, 생산적인 사람들은 인내심을 더욱 잃게 된다. 이들은 반대 의사를 나타내기 위해 자리를 털고 일어나 잡범들뿐 아니라 국가로부터 개인과 재산을 보호해 줄 어딘가로 가버릴 수도 있다.

📌 함께 읽으면 좋은 책

- 로버트 노직 《아나키에서 유토피아로》
- 존 달버그 액턴 《자유와 권력에 관하여》
- 이사야 벌린 《자유의 두 개념》
- 존 로크 《통치론》

바스티아의 논쟁 상대인 라마르틴은 이렇게 말했다. "국가는 자신의 임무가 국민의 영혼을 계몽하고, 발전시키고, 확장하고, 강화하며, 승화하고, 신성하게 만드는 것이라 여긴다."

그러나 국가가 무역제제와 보호정책, 관세 등을 통해 경제 수명을 통제하고 지시하려고 법을 제정할 때, 그리고 (모든 사회개발에 비용을 대는) 경제가 성장하지 않을 때 무슨 일이 벌어지는가? 생산능력을 가진 많은 이들이 더욱 많이 약탈당하는 상황에 처하게 된다. 가치와는 상관없이 정치인들이 선출직을 유지하기 위해 존재하는 계획들에 비용을 대기 위한 약탈이다.

라마르틴의 사상에 대한 바스티아의 해결책은 다음과 같다. "무엇보다도, 강해지고 싶다면 사회주의의 모든 요소들이 몰래 침투해 있는 제정 법률을 뿌리 뽑는 데에서 시작하라. 수월한 작업은 아닐 것이다."

보호주의와 복지국가주의를 해체하는 일이 처음에는 법과 명예, 정의에 위배된다고 보일 수도 있다. 많은 사람들이 부정적인 영향을 받을 테니 말이다. 그러나 더 장기적인 관점에서 보호받아야 할 것들은 바로 법과 명예, 정의 등의 국가 기반이다.

29

The Road to Serfdom

진정한 자유시장경제로 가는 법
노예의 길

> ❝
> 전체주의 체제는 '이기적인' 개인의 이익이
> 추구하는 목표를 충분히 실현하지 못하게 방해하는 것이
> 허용된 제도보다 자신의 제도가 우월하다고 본다.
> ❞

프리드리히 하이에크 Friedrich A. von Hayek

1899년 오스트리아 빈에서 태어났다. 제1차 세계대전에 오스트리아-헝가리 제국군에 입대했고 이탈리아 전선에서 근무했다. 빈대학교에서 법과 정치학, 경제학, 철학, 그리고 심리학을 공부했다. 1927년 루트비히 폰 미제스Ludwig von Mises와 함께 오늘날의 오스트리아 경제연구소를 설립했으며, 1950년 시카고대학교 교수로 부임했다. 조지 W. 부시로부터 대통령 자유훈장, 엘리자베스 2세로부터 명예훈장을 받았다. 1992년 세상을 떠났다.

1931년 런던정치경제대학교에서 교수직을 맡기 위해 영국에 정착하기 전까지 프리드리히 하이에크는 평생을 빈에서 살아왔다. 철학자 루트비히 비트겐슈타인Ludwig Wittgenstein의 사촌이었던 하이에크는 대학교를 졸업한 뒤 경제학자 루드비히 폰 미제스 밑에서 일했다. 하이에크는 그간의 문제에도 오스트리아-헝가리제국의 자식을 자처했고, 히틀러가 독일에서 권력을 키워가다가 1938년 오스트리아를 합병하는 모습을 보고 아연실색했다.

새로이 영국 시민이 된 하이에크는 점차 여러 영국 지식인들의 '진보적인' 세계관에 실망했다. 이 지식인들은 히틀러의 국가사회주의가 품은 진짜 본성을 보지 못했고 소련의 프로파간다에 넘어갔다. 영국이 그런 체제들로 이어질 동일한 반자유적 사상을 실험해 볼 것이라는 두려움에 빠진 그는 '계획' 경제와 정치적 탄압 사이의 연결고리를 드러내기로 다짐했다. 그 결과 《노예의 길》은 영국과 미국을 비롯한 국가들이 혁명이 아닌 더 위대한 경제 조직으로 가기 위한 선의의 과정을 통해서 쉽게 전체주의에 빠질 수 있다는 충격적인 주장을 한다.

1940년에서 1943년 사이에 하이에크는 런던정치경제대학교에서 순수경제 이론을 연구하면서 책을 썼다. 전쟁 중에 종이 공급 부족으로 1944년이 되어서야 출간됐지만, 영국에서 즉각적인 반향을 낳았다. 미국에서도 뜻밖의 베스트셀러가 되었고(미국에서는 〈리더스 다이제스트〉에 실린 축약이 크게 기여했다), 미국 진보주의자들의 노여움을 샀다.

고작 260쪽이었던 《노예의 길》이 자유와 시장경제에 대한 학술적인 입장(이는 1960년 《자유헌정론》에 수록됐다)을 전적으로 담을 수는 없었지만, 간결하게 쓰인 덕에 메시지의 힘은 더욱 커졌다. 로널드 레이건과 마거릿 대처, 밀턴 프리드먼, 그리고 소비에트혁명 이후 중부 유럽의 지도자들은 모두 하이에크로부터 큰 영향을 받았다. 하이에크는 역설적이지만 스웨덴 출신의 사회경제학자 군나르 뮈르달Gunnar Myrdal과 함께 1974년 노벨경제학상을 수상한 최초의 자유시장 경제학자가 됐다.

자유주의 경제의 빛과 그늘

왜 하이에크는 계획경제와 전체주의를 명확하게 연결 지었을까? 중세 이탈리아 도시국가부터 산업화된 영국까지 경제사를 살펴보면, 사람이 태어나서부터 신분이 확정되는 위계사회에서 자유로워질 수 있던 것은 상업의 성장 덕이었다고 그는 설명한다. 역사상

가장 커다란 정치적 자유를 가져다준 경제적 자유에서 서구는 권력과 부를 키워나갈 수 있었다.

그러나 하이에크는 자유주의의 성공 자체가 서구의 몰락을 가져온 원인이었다고 말한다. 경제적 번영으로 대부분의 유럽 국가가 발전했지만 그 어느 때보다 야망과 욕망이 피어났고, 따라서 기존 제도를 실패작이라고 비난하기도 쉬웠다. 프랭클린 루스벨트에 따르면 자유기업 체제가 실패한 것이 아니라, 이를 제대로 (최선을 다하여) 적용하지 못한 탓에 실패한 것이었다. 국가가 개입해서 상황을 해결하겠다는 소망은 필연적으로 자유 행위자와 잠재성의 원칙을 위축시킬 수밖에 없었다. 없는 자에게 더 많은 것을 주려고 시도하다 보니 전체적인 자유는 줄어들 수밖에 없었고, 개인주의적이고 자유주의적인 서구의 전통을 점차 침식할 수밖에 없었다.

사회주의 사상은 19세기 후반부와 20세기 첫 25년 동안 유럽에 뿌리내렸다. 독일과 오스트리아의 주요 사회주의 정당들은 개인주의와 자유주의, 민주주의, 자본주의를 '영국의 자유 가치'라고 규정하기 시작했다. 자유무역은 세계를 지배하기 위한 영국의 음모였다. 반대로, 독일의 발전은 독일 경제의 계획적인 특성과 반자유주의의 확산이 미래임을 증명하는 듯 보였다.

사회주의에 감추어진 진실

하이에크는 사회주의를 '이윤을 위해 일하는 기업들이 중앙계획기관에 의해 대체되는' 집단주의의 한 종류라고 규정한다. 계획의 매력은 분명하다. 우리가 스스로를 합리적인 인간이라고 간주한다면 모든 것을 운명에 맡기기보다는 계획하고 싶을 것이다. 그러나 문제는 우리가 이 계획을 어떻게 할 것인지에서 생겨난다. 사회주의자는 우리가 미래를 만들어가기 위해 중앙의 지시와 조정이 필요하다고 보지만, 자유주의자들은 똑같은 선한 목표를 달성하기 위해서는 경쟁의 자유로운 힘을 허용해 주고 최소한으로 강요하는 제도를 모색한다. 대체적으로 사회는 사람들이 가격을 포함해 접근 가능한 정보를 바탕으로 자유로이 결정을 내릴 때 번창한다.

중앙계획을 옹호하는 쪽은 경제가 너무나 복잡해서 국가의 인도가 필요하기 때문에 '필수적'이라고 가끔 주장한다(이 논리에 따라 독일은 국가조합주의를 '독점자본주의'로 발전시켰다). 그러나 하이에크는 정확히 그 반대가 진실이라고 말한다. 복잡성이 커질수록 무슨 일이 일어나고 있는지 전체적으로 파악하기 불가능해지며, 분권화될수록 더 많이 발전한다. 이것이 바로 가격 신호에 대응하는 자유시장 방식이다.

명확한 사회적 목표를 달성하기 위해 사회의 모든 자원을 체계적으로 관리하겠다는 소망은 그럴듯하게 들리지만 단번에 개인의 자유를 침해하며, 소위 '사회적 목표'를 달성할 수 있는 개인의 능력을 믿지 않는다는 의미이기도 하다. 심지어 사회주의자들은 우리가 이 사회적 목표에 동의한다고 가정한다. 하이에크는 이미 1928년에 독일 정부가 국민소득의 절반 이상을 통제했다는 사실에 주목한다. 실제로 이 사실은 "개인적인 목표를 달성하기 위해 국가의 행위에 의존하지 않는 경우는… 거의 없다."는 의미였고, 분명 우려되는 생각이었다.

사회주의와 법치주의의 차이

자유주의 사회가 작동하는 법치주의하에서 법은 "다른 사람들보다 특정 사람들에게 유리한지 여부를 알지 못하게 만들려는 의도를 오랫동안 지녔다."고 하이에크는 강조한다. 계획 사회에서는 자원을 배분할 때 미래 혹은 알지 못하는 사람들에게 맡겨놓지 않는다. 더 정확히 말하면, 특정한 우선순위가 존재하도록 결정함으로써 승자와 패자를 알려준다. 이것이 바로 교통법규상 '통행 규칙'을 제공하는 것과 사람들에게 여행지를 짚어주는 것 간의 차이라고 하이에크는 말한다.

법치주의에서 요점은 법이 평등을 보호해 준다는 데 있다. 법치주의는 그 누구도 지위나 인맥 때문에 더 나은 대우를 받지 않는다고 가정한다. 하이에크는 법치주의가 경제적 불평등에 맞서 보호해 주지 않으며, 특정한 사람들에게 특정한 방식으로 혜택을 주기 위해 설계되지도 않았다고 인정한다. 사회주의자들은 바로 이점 때문에 법과 사법권의 독립을 혐오한다. 그러나 법이 '분배의 정의'를 위해 만들어지는 순간, 어떤 이들은 이 법을 다른 이들에게 적용할 것이며, 설령 선한 의도로 그런다 하더라도 법치주의의 붕괴로 이어질 수밖에 없다. 실제로 법치주의는 단순히 사회가 법에 따라 운영된다는 것이 아니며, 집권자보다 먼저 제정된 헌법이나 법률에 의해 통치 권력 자체가 제한을 받는다는 의미다. 정부가 일단 권력을 잡은 후(예를 들어, 스탈린 체제의 러시아나 히틀러의 독일처럼) 기본원칙을 바꾼다면, 이는 법치주의가 작동하는 것이 아닌 거짓 탈을 쓴 게 된다.

계획경제와 전체주의 아래에서의 개인

계획경제를 옹호하는 자들은 계획이 '오직' 경제에만 적용된다고 말한다. 따라서 이 측면에서 통제를 포기한다면 인생에서 더 고귀한 가치들을 추구할 수 있게 된다고 덧붙인다. 그러나 경제적 분투는 절대로 우리 삶의 '이차적인' 측면이 아니라 진정한 목적을 달성하고 특정한 가치를 이루며 살아가기 위한 근본적인 수단이라고 하이에크는 말한다. 진짜 질문은 계획경제가 우리가 원하는 것이나 필요한 것을 제공하는지가 아니라, 우리가 무엇이 중요하거나 바람직하다고 결정할 수 있는 자유를 앗아가느냐다. 계획경제에서 우리는 뭔가를 사기 위해 몇 년을 노력한 후에, 국가가 그것을 가치 없다고 여기고 금지하거나 가격통제로 인해 극도로 비싸지거나, 또는 단순히 생산의 우선순위에서 밀려 구할 수 없게 되었음을 깨닫게 될 수도 있다. 따라서 '한낱' 경제의 방향이 결국에는 우리가 살 수 있는 삶의 형태를 만들어낼 수 있다.

계획경제를 책임지는 자들은 항상 직업을 선택할 자유가 있을 것이라 주장하지만, 현실은 경제적 방향이 특정 직업과 산업, 부문을 다른 것들보다 중요시하며, 따라서 다른 분야로 접근하는 것이 더 어렵거나 제한되며 기회도 거의 주어지지 않는다는 의미가 된다. 그 대신 모든 사람은 군대에서와 마찬가지로 특정하게 규정된 카테고리의 일에 적합한지 여부에 따라 평가받게 된다. 사람들은 더 이상 자신의 이익이나 잠재성을 충족하기 위해 일하는 것이 아니라, '모두에게 바람직한 결과'를 달성하기 위한 수단이 되어버릴 뿐이다.

인간을 수동적으로 만드는 계획경제

지시경제 혹은 계획경제에서 가장 큰 문제는 사람들이 최선을 다 하도록 만드는 유인이 없다는 데 있다. 만약 당신의 지위가 기술이나 창의력이 아니라 그 직업의 중요도에 대한 국가의 판단에 따라 달라진다면, 더 열심히 일하거나 더 똑똑하게 일하는 것은 중요하지 않은 문제가 된다. 특별히 얻을 게 없기 때문이다. 이 효과를 수백만 명에게 적용한다면, 생산성이 원래보다 상당히 떨어지는 사회가 만들어질 것이다. 게다가 모두가 '경제적 안정성'을 추구하는 국가 프로그램하에서 직업을 확정할 때, 직업의 수준이나 필요성이 아닌 모두가 일정한 종류의 직업을 가져야 한다는 사실이 가장 중요해진다. 경제적 안정성이 떨어지는(실직당할 수도 있고 기술이 발전함에 따라 내 직업이 쓸모없어질 수도 있는) 경쟁경제에서 스스로 직업 경쟁력을 갖추기 위해 재교육을 받거나 연구할 수 있는 유인이 훨씬 많다. 결과적으로 당신은 잠재력을 발휘할 수 있을 뿐 아니라 사회 전체적으로도 더욱 생산성이 높아진다.

경쟁경제에서의 실패는 결국 집행관과 함께 (파산 상태에서) 끝나지만 계획경제에서는 교수형 집행인과 함께 끝이 난다고 하이에크는 표현한다. 이론상 모든 사람의 직업은 사회주의 제도에서 안정적이어야 하지만, 실제로 상관의 의지에 완강히 저항하는 자는 '공동체에 반하는 범죄'를 저지른 것이며 심각한 처벌에 직면한다. 하이에크는 레온 트로츠키Leon Trotsky가 1937년 러시아에서 벌어진 일을 비판하며 한 말을 인용하고 있다. "유일한 고용주가 국가인 나라에서, 반대의견은 서서히 굶어 죽는다는 의미가 된다. '일하지 않는 자, 먹지 말라'는 옛 원칙이 새로운 원칙으로 대체됐다. '복종하지 않는 자, 먹지 말라.'"

경제적 안정성이 자유보다 더 중요하다고 간주되는 사회에서 자유 자체는 경시된다. '이 세상 좋은 것들'을 제공하는 데 아무 소용없기 때문이다. 이런 환경에서 사람들은 기꺼이 안정성을 위해 자유를 희생한다.

놀랍게도 하이에크는 일종의 복지국가에는 반대하지 않았다.

하이에크는 극도의 궁핍을 겪지 않게 보호받아야 하지만 사회의 기본 가치로서 경제적 안정성이 자유보다 우선해서는 안 된다고 여긴다. 시장제도는 손상되어서는 안 된다. 왜곡이나 의도치 않는 결과를 만들어낼 수 있기 때문이다.

한때 경제학을 둘러싸고 하이에크의 사상은 밀턴 프리드먼과 다른 자유시장주의자들과 함께 주류가 됐었다. 정치인들이 이 사상을 온전히 실천에 옮기기 어렵다는 것을 깨달았더라도 성장하는 국가는 그런 경향을 갖춰야 했다. 지나치게 열성적인 경제계획과 개인적인 자유의 침범 사이의 연관성에 대한 하이에크의 경고가 파악하기 어려워 보일 수 있지만, 우리가 건강한 경제뿐 아니라 열린 사회를 지키고자 한다면 결정적인 경고가 될 것이다.

📌 함께 읽으면 좋은 책
- 존 달버그 액턴 《자유와 권력에 관하여》
- 이사야 벌린 《자유의 두 개념》
- 한나 아렌트 《전체주의의 기원》

상당히 자유주의적인 독재정권이냐, 또는 국가가 경제나 사회의 모든 면에 개입하는 민주주의냐의 선택을 두고 하이에크는 전자를 선택할 것이라고 대답했다. 이를 바탕으로 그는 칠레에서 살바도르 아옌데가 경제적으로 끔찍한 사회주의 실험을 벌이고 이것이 쿠데타와 아우구스토 피노체트의 권위주의 체제로 계속 이어지는 사건들을 주시해 왔다. 하이에크는 시장 자유화 개혁이 후자의 상황에서 벌어졌다는 사실에 감탄하며 1977년과 1981년 칠레를 방문했다. 아마도 그는 인권의 관점에서 칠레에서 벌어지고 있는 상황을 너무 순진하게 받아들였을지도 모른다. 그러나 하이에크 연구가인 브루스 콜드웰Bruce Caldwell과 레오니다스 몬테스Leonidas Montes는 2014년 조사보고서에서 하이에크가 결코 칠레 정권에 자문을 한 적이 없으며, 이를 민주주의로 회귀하기 위한 과도기라고 보았다고 언급했다.

칠레에 대한 하이에크의 관심은 민주주의가 실제 인물과 경제적 자유를 의미하지 않는다는 그의 식견과 맞닿아 있었다. 실제로, 선출된 아옌데 정권 하에서 벌어지는 가격통제와 민간사업의 국유화는 기본적인 교환과 소유의 자유를 공격하는 것이었다. 경제적 자유는 투표권보다 덜 중요해 보일지 몰라도, 인간이 스스로의 운명을 계획해 나가는 능력에서는 근본이 된다.

30

The Open Society and Its Enemies

개인의 자율성에 기대는
국가가 열린 사회다

열린 사회와 그 적들

66

자유의 적은 언제나

자유의 옹호자에게 모반죄를 묻는다.

그리고 거의 언제나 정직하고 선의를 지닌 이들을

설득하는 데 성공한다.

99

칼 포퍼 Karl Popper

1902년 오스트리아 빈에서 태어났다. 빈대학교에 입학하여 좌파 정치와 마르크스주의에 푹 빠졌지만, 학생소요 이후 완전히 선을 그었다. 1925년 초등학교 교사 자격증을 취득했고 1928년에는 철학박사학위를 취득했다. 나치주의가 세력을 키워가자 오스트리아를 떠나 1937년 뉴질랜드의 캔터베리대학교에서 강의를 했다. 1946년 런던으로 이동해서 런던정치경제대학교에서 논리학 및 과학적 탐구를 가르치는 교수가 됐으며, 1965년 기사 작위를 수여받았다. 1969년 은퇴한 뒤 작가이자 방송인, 강연자로 활발히 활동하다 1994년 세상을 떠났다.

칼 포퍼는 문명이란 작고 폐쇄적인 부족사회에서 진정한 인간의 자유를 보장해 주는 크고 열린 사회로의 전환이라고 정의했다. 역사는 열린 사회의 개념에 반대하고 인간을 통제적인 사회의 손아귀로 되돌려놓으려 하는 반동적인 움직임과 국가를 꾸준하게 토해냈다. 실제로 1938년 히틀러의 오스트리아 침략은 포퍼가 책상에 앉아 《열린 사회와 그 적들》을 쓰게 만든 계기가 됐다. 친구 프리드리히 하이에크와 마찬가지로, 그는 사회과학과 철학이 '국가 사회주의자' 사회가 단결을 도모하기 위해 부적절한 방식을 요구한다는 사실을 보지 못 할까 봐 걱정했다.

　이 책의 제1부는 플라톤을 비판하고 그가 닫힌 사회의 위대한 주창자라고 폭로하는 데 할애되어 있다. 제2부는 주로 마르크스에 초점을 맞추고, 그가 어떻게 몇 안 되는 개념을 바탕으로 새로운 사회의 '불가피성'을 믿음으로써 끔찍하게 자유를 제한하는 체제를 탄생시켰는지 보여준다. 포퍼는 플라톤과 마르크스 모두 선의를 가진 매우 훌륭한 사람들이었다는 것을 의심치 않지만, 그가 지적하는 핵심이 바로 여기에 있다. 그런 체제들은 '많은 사람들을 잘살게 해줘야 한다는 조바심'에서 갑자기 등장한다. 반대로, 열린 사회는 유토피아나 하나님의 도시, 위대한 공화국 혹은 노동자의 천국을 만들어내려 노력하지 않는다. 열린 사회의 온건한 욕망은 구체적인 문제점에 단편적인 해결책을 찾고 그 외에는 개인의 자유과 책임을 보존하는 것이다. 포퍼에 따르면, 똑똑하기보다는 이성적인 것이 낫다.

플라톤이 추구하는 이상국가

플라톤은 전쟁과 대격변의 시대를 살았다. 이에 대응해서 그는 '모든 사회적 변화는 타락이나 부패, 또는 퇴보'라는 믿음을 키웠다. 유일하게 의미 있는 힘은 절대적인 수준에서 보이지 않게 작동하는 힘이었다. 이것이 바로 플라톤의 '이데아'다. 진실, 아름다움, 정의 등은 완벽하고 변하지 않는다. 그러한 이데아를 바탕으로 만들어진 '억제된 국가'는 타락할 가능성이라고 적었다.

　플라톤은 국가가 계급전쟁과 물질적이고 경제적인 사리사욕 때문에 타락한다고 보았다. 처음은 금권정(명예와 명성을 추구하는 귀족들의 통치), 그 후에는 과두정(부유한 가문의 통치), 그리고 민주정(다수에 의한 통치지만 사실상 무법상태), 마지막으로 폭군정(네 번째이자 도시국가 최후의 병폐)이 나타난다.

　사회가 반＊ 완벽하게 작동할 수 있는 유일한 방법은 통제를 하고 적재적소에 사람을 배치하며 모두에게 이익이 되는 방식으로 개인과 계급적 차이를 보존하는 것이다. 계급전쟁을 피하기 위한 플라톤의 해결책은 '도전할 수 없는 우월성을 지배계급에 부여'하는 것이다. 그의 국가는 오직 이 계급만 교육하고, 이 계급만 무기를 다룰 수 있게 한다. 나머지 서민들은 양이나 가축과 같아서, '너무 잔인하지 않게, 그러나 적당히 멸시해 가며' 다뤄야 한다고 포퍼는 언급한다. 그러나 이 지배계급은 통일을 유지해야 하므로, 그러기 위해서는 모든 재산과 여성, 아이들을 공유해야 한다고 플라톤은 주장했다. 가족은 분열되고 경제적 사리사욕은 배신을 초래하기 때문이다. 계급이 진정으로 섞일 일은 벌어지지 않고, 실제로 인간의 양육체계는 상류층이 가장 뛰어난 능력을 가진 자녀를 계속 길러내도록 보장해 준다.

플라톤이 아테네의 정치를 증오했다는 점을 감안하면, 포퍼는 그의 이상국가가 도시국가 이전에 존재했던 폐쇄적인 부족국가로 회귀하는 것이며, 철인이 무지한 다수를 통치하는 국가를 의미한다고 주장한다. 이는 사람들 사이의 태생적인 불평등을 기반으로 하기 때문에 안정적이었다. 도시사회는 사회적 유동성과 이기적인 경제이윤이라는 사상을 도입했고, 그로 인해 내재적인 불안정이 생겨나고 변화와 혼란이 일반적인 추세가 됐다.

플라톤이 추구한 이상국가에 대한 오해

플라톤의 국가는 절대로 존재하지 않았음에도, 포퍼는 이것이 '공익을 위한다'는 집단주의 사고방식과 사회공학을 기반으로 하는 모든 국가의 틀이 됐다고 주장한다. 몇 번이나 되풀이해서 우리는 플라톤의 선한 의도가 어떻게 자유를 파괴하고 사람들의 잠재력과 창의성을 빼앗았는지 지켜봤다. 사회의 선 앞에서 개인적인 열망은 더 이상 중요치 않았기 때문이다.

플라톤은 국가와 개인 사이에 유사점을 밝힌 것으로 잘 알려져 있다. 오늘날 우리는 국가의 우수성은 시민의 기여가 화합하면서 생겨난다고 보는 경향이 있다. 그러나 플라톤은 이에 반대했다. 개인의 우수성은 그저 국가의 능력과 정의를 존경하는 데에서 나온다는 것이다. 국가의 법은 '인간에게 올바른 사고방식을 만들어주기 위해' 존재하며 '이들을 느슨하게 놓아줘서 모든 사람이 소신대로 행동할 수 있게 하는 것이 아니라, 국가를 하나로 결합시키기 위해 자기 자신을 활용할 수 있도록' 존재한다. 가장 잔혹한 집단주의 및 전체주의 체제는 언제나 하나가 다수보다 위대하다는 정서까지 거슬러 올라간다. 포퍼는 또한 플라톤의 《법률》에서 다음의 말을 인용한다. "모든 예술가는 전체를 위해 부분을 만들어내지, 부분을 위해 전체를 만들어내지 않는다." 실제로 시민의 행복을 위한다는 고귀한 의도에도 불구하고, 플라톤의 국가는 결코 근대 전체주의 국가보다 우월한 설계라고 말할 수 없다. 근대 전체주의 국가도 어쨌거나 정의와 행복과 번영이 목적이기 때문이다.

포퍼의 시대에 플라톤에 대한 전통적인 관점은 여전히 그가 고귀하게 이 세계에 하느님의 도시를 제시하는 위대한 인도주의자라는 것이었다. 그리고 국가와 그 법에 대한 반동적인 요소는 숨겨야만 했다. 플라톤을 자유주의자로 보는 관점은 그의 저서를 '공화국The Republic'이라고 오역하는 바람에 더욱 강화됐다. 실제로는 '도시국가The City-State'나 '국가The State'가 되어야만 했다. 공화국은 국민이 운영하는 국가를 의미하지만, 플라톤이 실제로 구상한 형태는 지배하는 초엘리트와 멍청한 노동계급이었다.

더 이상의 유토피아는 없다

포퍼가 설명하듯 '유토피아적 사회공학'의 문제점은 설득력 있고 매력적이며 이성적으로 보인다는 데 있다. 그러나 얼마나 많은 현인들이 맨 처음부터 고결한 사회를 떠올리고 성공적으로 이를 이룩할 수 있겠는가? 일부의 사회악을 치유하거나 기존의 것을 고치기 위해 단일한 새 제도를 만들려고 노력하기는 훨씬 더 따분하다. 그러나 그런 노력을 기울일 때는 성공하기를 바라는 사람들이 더 많이 개입해 있기 때문에 실제로 더 성과를 보인다. 타협은 가끔 해악인 양 그려지지만, 그 결과는 강권이나 법령이 만들어낸 상황보다 더 안정적이다. 한편, 모든 유토피아적 비전은 '새롭고 더 위대한 선'이라는 명분으로 현재 소유한 것을 포기해야만 하는 사람들을 희생하도록 만든다. 반대 의견은 침묵해야 하고, 그렇지 않으면 다른 사람들의 의욕을 꺾게 된다. 레닌은 위협하듯 이렇게 말했다. "달걀을 깨지 않고는 오믈렛을 만들 수 없다."

포퍼는 플라톤이 완벽한 비전을 가지고 이제는 현실세계에서 충실한 닮은꼴을 만들어내려는 예술가 정신을 가졌다고 본다. 정치 자체는 가장 고귀한 예술이다. 그리고 어떤 뛰어난 예술가가 타협을 받아들일까? 캔버스를 지울 때조차 열정을 가지고 지울 수 있다. 그러나 "사회가 예술품처럼 아름다워야 한다는 관점은 너무 쉽게 폭력적인 수단으로 이어질 뿐이다."라고 포퍼는 말한다.

포퍼에게 사람은 목적에 이르기 위한 수단이 아니다. 사람에게는 다른 이들을 해치지 않는 한, 자기만의 계획에 맞춰 삶을 개척해 나갈 권리가 있다. 이 땅에 천국을 만들려고 애쓰다 보면 불가피하게 지옥으로 이어진다. 따라서 무엇이 유효한지를 근거 삼아 개별적인 사회문제를 이성적으로 고치려는 점진적 접근법을 따르는 것이 훨씬 낫다.

헤겔과 마르크스를 넘어

사회철학은 역사에서 방향성을 찾는다. 역사 속에서 표면적인 사건들은 "구체적인 역사적 또는 진화적 법에 의해 통제되며, 그 법을 발견함으로써 우리는 인간의 운명을 예언할 수 있다."면서 포퍼는 이를 '역사주의'라고 불렀다. 포퍼는 오랜 예로 바로 '선민사상'을 드는데, 이들은 하나님의 뜻을 땅에서 이루는 도구다. 또 다른 예가 마르크스주의로, 특정 계급이 땅을 상속받았다고 본다. 또한 인종차별주의는 한 인종이 다른 인종보다 태생적으로 우월하다는 '자연법'으로 본다. 모든 역사주의 사상에서 개인은 더 큰 힘과 역사의 움직임 속에서 아무것도 아니다.

포퍼는 헤겔이 플라톤과 마찬가지로 국가를 숭배하는, 매우 흠결이 많은 철학자라고 공격한다(실제로 헤겔은 프로이센 최초의 공식 철학자였다). 개인은 국가의 도덕적 권위 앞에서 아무것도 아니며, 개인은 국가에 모든 것을 신세 진다. "근대 전체주의의 중요한 개념들은 거의 모두 헤겔에게서 물려받았다." 포퍼는 이렇게 주장한다. 모든 도덕적 권위는 국가에 부여되고, 따라서 프로파간다와 거짓말도 허용된다. 전쟁은 국가에 영광을 안겨주기 때문에 도덕적인 행위다. 헤겔은 오직 물질적 목표를 위해서만 사는 천박한 부르주아에 대비되는 영웅이라는 개념을 제시한다. 이 사상은 제1차 세계대전에 앞서 강대국으로 급부상 독일에 전사적인 태도를 주입했다. 유명한 반국수주의자인 철학자 아르투르 쇼펜하우어Arthur Schopenhauer에게는 헤겔의 사상이 독일에 파괴적인 영향을 미친 것으로 보였다고 포퍼는 덧붙인다.

마르크스는 역사적 필연성을 제외하고 헤겔 철학의 모든 것에 반대했다. 그는 기존의 제도를 가지고는 사회공학이나 땜질tinkering이 가능하다고 믿지 않았다. 사회제도에 속한 이들이 그에 대해 객관적일 수 없기 때문이다. 이들은 현재 벌어지고 있는 일들이 단순히 더 큰 힘의 표현임을 정말로 볼 수 없다. 프롤레타리아가 '계급의식'을 가지고 자신이 착취당하고 있음을 깨달을 때에야 변화가 일어날 수 있다. 마르크스의 생각 중 하나는 이 크고 비인간적인 역사적 힘에 맞선 일상의 정치와 정책 입안은 정말로 중요하지 않다는 것이다.

역사주의자들은 오직 사상이나 어떤 지도자만이 국가가 잠재력을 발휘할 수 있게 해준다고 주장한다. 하지만 이 관점은 이성과 과학이 발전의 수단이 될 수 있다는 믿음에 반대된다. 사실 역사주의는 사회적 문제를 해결하는 데 과학적 접근법을 택한다. 우리가 예언자적인 태도를 보일 때 현재에 대한 책임은 포기하는 것이기 때문이다. 포퍼는 사람들이 원대한 역사주의적 사상을 지지하는 이유를 이해하기 위한 핵심은, 이 관점이 개인적인 책임감을 면제해 준다는 점이라고 주장한다. 어쨌든 사회가 비인간적인 힘으로 인해 구성된다면 개인의 발전은 불필요해진다.

마르크스는 자신을 합리주의자라고 생각했지만, 포퍼는 합리주의자란 '지적 활동뿐 아니라 관찰과 실험을 지지하는' 사람이다. 다시 말해, 실증적인 사실을 우선시하는 사람이 합리주의자로, 합리성의 접근은 내가 틀릴 수도 있고 당신이 맞을 수도 있으나, 사실이 우리를 올바른 길로 인도할 것이라는 태도다. 이는 플라톤이나 마르크스와는 거리가 멀었다. 둘의 의제는 모두 잘못된 전제로 이어졌고, 그로 인해 전체 이론이 영향을 받았다. 합리성은 똑똑함보다 중요하고, 실제로 '기브 앤드 테이크'를 수반한다는 점에서 사회적이다. 우리는 우리의 생각을 다른 사람의 생각보다 우선시해서는 안 된다.

📌 함께 읽으면 좋은 책

- 로버트 노직《아나키에서 유토피아로》
- 아리스토텔레스《정치학》
- 이사야 벌린《자유의 두 개념》
- 한나 아렌트《전체주의의 기원》

톰 버틀러 보던의 ★ 한마디 ★

플라톤에게 '정의'는 단순히 '국가에 최선의 이익이 되는 존재'를 의미했다. 강한 국가든, 통일된 국가든, 안정적인 국가든 상관없었다. 개인의 자유는 그 앞에서 아무것도 아니었다. 플라톤의 적은 평등과 평등주의였고, 이 가치는 페리클레스Pericles 이후로 아테네의 핏속에 흐르고 있었다. 개인에 새로이 방점을 찍는 것이 아테네의 핵심이었고, 그 덕에 부족국가에서 아테네 민주주의로 전환할 수 있었다. 충격적이게도, 플라톤의 진짜 적은 개인이었다고 포퍼는 지적한다. 개인은 플라톤의 신분제 사회가 제대로 운영되지 못하게 망쳐버릴 존재이기 때문이다.

오늘날 국가가 모든 것을 해줄 것이라고 기대하는 사람들이나 모든 문제를 정부 탓하는 사람들에게서 닫힌 사회의 울림이 느껴진다. 이들은 열린 사회의 핵심적인 특징을 파악하지 못했다. 열린 사회는 부족의 터부와 고정적인 사회관계로부터 해방됨과 동시에, 개인적인 책임을 기대한다. 우리가 우리 의지대로 살게 된다는 것은 부담이지만, 이는 자유롭게 살기 위해 지불해야 할 대가라고 포퍼는 인정한다.

31

The Origins of Totalitarianism

전체주의라는 괴물은 어떻게 탄생했는가
전체주의의 기원

> 66
>
> 전체주의적 통치의 이상적인 대상은
> 투철한 나치주의자나 투철한 공산주의자가 아닌,
> 더 이상 사실과 허구, 그리고 진실과 거짓을
> 구분하지 않는 사람들이다.
>
> 99

한나 아렌트 Hanna Arendt

1906년 하노버에서 태어나 고등학교를 졸업한 후 마르부르크대학교에서 신학을 공부했다. 1933년부터 독일 시오니즘 단체에서 일하면서 시오니즘 정치에 관여하기 시작했는데, 이 일로 게슈타포에 체포됐지만 파리로 탈출하여 또 다른 유대인 단체에서 일했다. 1940년 프랑스 남부의 독일 수용소에 구금되었으나 수용소를 탈출해 미국으로 갔다. 프린스턴대학교 최초의 여성 정치학 교수이자 당대 지식인으로 명성을 높이다 1975년 세상을 떠났다.

제2차 세계대전이 저지른 잔혹 행위의 여파 속에서 한나 아렌트는 수많은 사람들과 함께 왜 전쟁이 발발했는지 절실하게 알고 싶었다. 나치당이 점차 권력을 얻고 영향력을 휘두르게 되자, 이 독일계 유대인 지성인은 독일의 대학에서 강의하지 못하게 되었고 게슈타포에게 체포되고 말았다. 아렌트는 우선 프랑스로 달아났고, 이후 남편과 함께 독일 강제수용소를 탈출해서 미국으로 건너갔다. 그리고 1951년 미국 시민이 되었고, 5년 동안 뉴욕의 아파트에서《전체주의의 기원》을 집필해 명성을 얻었다. 10년 후에는 나치의 전범을 연구한 후속작《예루살렘의 아이히만》을 발표했는데, 여기에서 그 유명한 '악의 평범성'이라는 개념을 기술했다.

아렌트에게 히틀러와 스탈린의 전체주의 체제는 단순히 시민들을 통제하는 데 그치는 과거의 폭군 정치나 독재 정치와는 상당히 달랐다. 전체주의의 가장 충격적인 측면은 "모든 체계적인 반대가 사라지고 전체주의 통치자 자신이 더 이상 두려울 게 없음을 알게 될 때 네 활개를 친다."는 점이다. 예를 들어, 스탈린은 1934년 잠재적인 반대자들이 모두 처형당하거나 강제노동수용소로 보내진 뒤에야 어마어마한 숙청을 시작했다. 전체주의 지도자는 단순히 주민을 통제하는 것만으로 만족하지 않는다. 지도자와 국가, 그리고 국민이 하나가 될 수 있게 마음과 정신을 통제하고 싶어 한다. 따라서 이를 위해 대규모의 뛰어난 조직을 요구할 뿐 아니라, 새로운 차원의 악을 초래하게 된다. 개인은 아무런 의미가 없으며 모든 국가 범죄는 정당화될 수 있기 때문이다.

전체주의 운동은 여러 형태를 띨 수 있다. 독일에서 나치주의는 인종을 기반으로 삼았지만('생명과 자연의 법칙'), 볼셰비즘은 계급에 초점을 맞췄다('변증법과 경제학'). 아렌트의 위대한 통찰력에 따르면, 히틀러와 스탈린은 동일한 전체주의 동전의 양면이었고 윤리적으로도 동일했다. 1950년대 초반으로서는 대담한 주장이었다. 당시 스탈린 체제의 진정한 공포는 아직 드러나지 않았고 수많은 서구의 지성인들은 여전히 소련을 선의의 사회주의 실험이라고 생각했으니 말이다. 아렌트의 정당성은 솔제니친의 작품과 같은 반체제적인 서술이 등장하기 시작하면서 입증되었다.

아렌트는 저서의 첫 두 부분에서 히틀러보다 수십 년 앞선 시대의 독일에 초점을 맞추고 있다. 그녀는 당시의 반유대주의와 제국주의가 전체주의라는 야수의 부모였다고 주장한다.

반유대주의의 시작을 알리다

나치는 그저 '대중들을 설득하기 위한 구실'이자 민족주의적 열기를 결집하기 위한 훌륭한 구호로서 반유대주의를 활용했다고 보는 것이 전통적인 설명이라고 아렌트는 언급한다. 그러나 나치주의 철학은 단순한 독일의 민족주의보다 언제나 지나쳤다. 볼셰비즘이 러시아 이상의 것을 의미하는 것과 같았다.

반유대주의는 부가 창출되는 동안에는 정치적으로 주변부에 머물러 있었다고 아렌트는 주장한다. 실제로 20세기가 동이 틀 때 독일에서 '유대인 문제'는 뒷전이었지만, 제1차 세계대전의 파멸과 전후의 경제적 빈곤으로 인해 맹렬히 되살아났다. 부유한 유대인들은 17세기와 18세기에 독일과 오스트리아, 프랑스, 영국의 통치 체제에서 자본가 역할을 맡았지만, 전쟁 이후 '쓸모없는 부'의 상징이 되었다. 유대인은 자본주의 기업과 산업에 아무런 기여도 하지 않았고, 더 이상 정치적 기능도 가지지 못했다. 이들은 시대에 뒤떨어지고 갈등적인 질서의 흔적이므로 제거될 예정이었다.

오스트리아-헝가리 제국은 여러 민족으로 구성됐기 때문에 독일과 오스트리아를 묶는 '아리안족의 피'에 기반한 범독일국가의 비전에 비교하면 나약하고 방종해 보였다. 여전히 제국의 군주와 왕자들의 시종으로 취급받으며 일종의 범유럽주의를 대표하던 유대인들은 이 비전에서는 설 자리가 없었다. 이 모든 것이 빈에서 살던 히틀러라는 젊은이에게는 명백해 보였다. 그는 유럽에서 유대인을 청소해 버리는 것을 최우선 과제로 삼게 될 인물이었다. 반유대주의는 그저 일부 나치주의자들이 공유하는 의견이 아닌, 나치주의의 핵심이었다.

제국주의와 민족주의, 그리고 인종의 관계성

1880년대의 아프리카 쟁탈전은 당시 내부적으로 사회 세력과 정치 세력의 위협을 받고 있던 유럽 민족국가들의 수명을 새로이 연장해 주었다. 아렌트는 제국주의가 "모든 골칫거리를 몰아내고 거짓된 안정감을 안겨주었다."고 썼다. 제국주의는 중산계급의 지지를 받았는데, 정치적 스테이터스 쿠오_{status quo}(일반적으로 경제적, 정치적, 대외적인 상황을 반영한 현상 유지의 의미로 사용한다. 보통 현재의 상황에서 변화를 싫어하는 보수적인 성향을 가리킨다―옮긴이)가 흔들리게 되면 잃을 것이 많았기 때문이다. 해외 영토의 시장을 포용하기 위해 국내경제를 확장하면 경기 변동과 다양한 폭락, 침체 등이 안정될 터였다. 따라서 제국주의는 미래에 대한 희망으로서 사회의 모든 계층에 이익을 안겨줄 것으로 보였다. 자본주의자들은 노동자가 제국주의적 정복에 기여하지 않는다면 다른 국가들을 모두 잃게 되리라고 경고했고, 따라서 '군중(유럽의 노동계급)'과 자본가 사이에서 연합이 이뤄졌다. 세계는 부자와 가난한 자에 따라 갈라지는 것이 아니라 '주인'과 '노예' 인종, 흑인과 백인, 그리고 인류의 '고귀한' 혈통과 '천박한' 혈통 사이의 제국주의적 프로파간다에 따라 나눠졌다. 식민지와 그 부는 백인 노동계급의 생득권이 되었다. 이 주장은 계층과 불평등의 문제를 무효화했기 때문에 득세했다. 아렌트가 신랄하게 지적했듯, 모든 러시아인들이 '슬라브인'이 되고, 모든 영국인들이 '백인'이 되었으며, 모든 독일인들이 '아리아인'이 되자, 서양인이라는 개념을 감출 수 있었다.

아렌트는 '공동체로서의 국가Nation'라는 개념이 '영토로서의 국가State'라는 개념을 장악해 버렸다고 주장한다. 이는 민족국가Nation-State가 특정 민족 집단과 연합하고 나머지 소수민족을 지워 버릴 수 있다는 의미였다. 히틀러는 유대인을 독일인으로 여기지 않았고, 따라서 합법적으로 제거하기 위한 상황을 조성했다. 독립된 사법부와 같이 국가의 법적 요소 역시 국가의 모든 시민을 보호하기보다는 국가를 지원해야 했다. 아렌트에게 이는 "모든 합법적이고 '추상적인' 제도보다 국가의 의지가 우위에 있다."라는 의미였다. 그녀는 심리적 차원에서 인종적 사고는 평등의 개념을 강조하는 경향이 있는 민족국가들의 충성보다 더 강력하다고 말했다. 그 덕에 히틀러는 단순히 독일의 새로운 국가 지도자가 아닌, 우월성을 과시하게 될 인종의 우두머리로 부상할 수 있었다. 독일이 가장 중요한 제국주의 국가이자 바다의 지배자인 영국을 패배시키는 데 실패했다는 사실은 히틀러에게 커다란 수치감을 안겨주었다. 그는 이 손실을 복수로 되갚을 예정이었지만, 그렇게 하기 위해서는 독일 국가의 인정사정없는 정화가 필요했다.

국민의 정신을 장악하는 전체주의

유럽은 나라를 더 쉽게 다스리기 위해 사회적 위계를 파괴하고 균질화하길 추구하는 전제국가들을 수없이 목격해 왔지만, 이것이 공동체와 가족의 비정치적인 유대를 파괴하지는 못했다. 스탈린과 히틀러 모두 삶의 일부 영역을 비정치적으로 남겨두었을 때의 위험성을 깨달았고, 삶과 인간관계의 모든 측면을 정당과 나라라는 미명하에 끌어가야 한다고 확신했다. 또한 스탈린과 히틀러 체제는 절대적인 충성을 욕망하면서, 왜 자신들이 존재해야 하는지 그 이론적 근거를 제거해야만 했다. 레닌은 당연히 모든 정부 정책을 마르크스주의와 적합한지의 관점에서 보았지만, 스탈린 치하에서 정책은 더 이상 중요치 않았고 오직 통제와 권력만이 중요했다. 소비에트 러시아는 스탈린이 전날 밤 결정한 대로 움직이는 국가가 됐다.

파시즘 정권이 사회의 모든 요소들을 지배할 만큼 강력한 권력을 쥔 엘리트 계급을 양성하는 데 만족한 반면, 전체주의 정권은 "내부로부터 인간을 지배하고 공포에 떨게 만드는 수단을 발견했다."고 아렌트는 말했다. 국가와 국민 간의 차이는 사라지고, 이들은 하나가 된다. 히틀러는 나치돌격대를 상대로 연설을 하면서 이 사실을 인정했다. "여러분의 모든 것, 여러분은 저를 통해 존재하고, 저의 모든 것, 저는 그저 여러분을 통해서만 존재합니다." 히틀러와 스탈린, 그리고 모든 전체주의 지도자가 노리는 진정한 목표는 특정한 국내외 성과가 아니라, 전체 국민을 정부의 사고방식 안에 가두는 것이다. 이 목표에는 제한이 없으며, 따라서 귀족정치를 방해하거나 성공적으로 이웃 국가를 침략하려고 시도하는 단순한 폭군정치보다 훨씬 더 사악하다. 전체주의가 장악해야 할 구역은 바로 정신이다. 정신을 손에 넣으면 객관적인 진실은 무의미해지고 프로파간다가 권세를 부리게 된다. 예를 들어, 국가는 그저 실업수당을 폐지함으로써 더 이상 실업이 존재하지 않는다고 말할 수도 있다.

전체주의는 이를테면 유대인 또는 트로츠키파의 음모와 같은 프로파간다 메시지의 핵심을 통역해서 정권을 기능적인 조직으로 바꿔놓는 것을 목표로 삼는다. 조직화된 구성원들의 극단적인 충성을 통해 반대파는 제거되며, 구성원들의 서열이 형성되고 강화되면서 그 누구도 달아나지 못하게 된다. 실제로 살아남거나 전진할 수 있는 유일한 수단은 옆 사람보다 더욱 극단적인 충성과 태도를 선보이는 것이다. 훌륭한 나치당원은 다른 동료보다 유대인 숙청에 더욱 신경을 쓰는 것처럼 보이면서 발전하듯, 스탈린주의 러시아에서는 더 이상 단순히 프롤레타리아 계급의 해방이나 국제적인 계급투쟁에 관여하는 것만으로는 충분치 않았다. 그리고 인정사정없이 누군가의 보안이나 군사적 역할을 고발해야만 했다.

아렌트에 따르면, 전체주의 정부는 파악하기 어렵다. 다른 국가들은 자신들이 관료정치든 독재정치든 평범한 국가와 거래하고 있다고 생각하는 실수를 저지르며, 전체주의 지도자가 자신의 국가를 '그저 세계 정복을 향해 나아가고 있는 국제적인 운동의 임시본부'라고 보고 있다는 것을 깨닫지 못한다. SS친위대는 독일을 유럽의 다른 지역까지 확장하기 위해 싸웠을 뿐 아니라, 자신들이 지배자 민족의 세계 정복을 위한 근원임을 자처했다. 여러 운동들이 새빨간 거짓말을 일삼을 수도 있지만, 통치체제에서 이 거짓말을 실행하고 유지하기 위해서는 엄청난 노력이 필요하다. 전체주의 지도자는 조국이 아니라 자신의 위대한 사상이나 그에 대한 착각을 위해 존재하며, 국민의 행복에는 전혀 관심을 기울이지 않는다고 아렌트는 주장한다.

아렌트는 이 책의 서문에서 전체주의가 없었다면 '우리는 결코 진짜로 과격한 악의 특성을 알지 못했을 것'이라고 썼다. 히틀러와 스탈린은 은폐해야 할 돌연변이가 아니라, 우리가 인간을 바라보는 새로운 방식의 중심이었다. 이 체제들이 휘두르는 가장 충격적인 무기는 이데올로기였으며, 이 이데올로기들이 '과학적'임을 표방했기에 성공했다. 아렌트는 프리드리히 엥겔스가 카를 마르크스의 장례식에서 한 말을 인용했다. "다윈이 유기 생명체 발달의 법칙을 발견했듯, 마르크스는 인류사 발전의 법칙을 발견했다." 불행히도 그런 식의 '법칙'이 제대로 평가받기 위해서는 시간이 필요하며, 보통은 너무 오랜 시간이 걸린다.

톰 버틀러 보던의
★ 한마디 ★

아렌트가 언급한 전체주의 체제의 한 가지 장점은 바로 수명이 짧다는 것이다. 전체주의 체제는 불현듯 등장해서 존재하는 동안에는 최고의 자리에 있지만, 빠르게 붕괴해서 거의 아무런 흔적도 남기지 않을 수 있다. 아렌트는 이런 일이 벌어지는 이유는 어떤 운동이 국가로 바뀌자마자 다음과 같은 운명적인 역설이 작동하기 때문이라고 말한다. 전체주의 지도자는 한편으론 '운동이 추구하는 가상의 세계를 일상생활에 실제로 존재하는 명확한 현실로' 만들어내야 하지만, 또 다른 한편으로는 지나치게 안정적으로 유지되게 내버려 둘 수도 없다. 운동의 열정이 다 꺼져버리면, 세계 정복을 위한 욕망을 잃고 다양한 국가공동체 속의 그저 그런 국가가 될 수도 있기 때문이다. 결국 현실과 불편한 진실이 외부 세계로부터 서서히 스며들면 가상 세계는 무너지기 시작한다. 따라서 내부의 반대를 진압하기에는 경찰만으로 충분함에도, 사상을 계속 전체적으로 지배하기 위해서 강제수용소를 세우는 것이 상당히 타당하고 필연적이다. 체제가 지속되기 위해 더욱 전체적인 지배가 이뤄져야 하며, 모든 사람들이 국가와의 관계에서 동등해지기 위해 '사적' 생활은 제거되어야 한다.

히틀러와 스탈린은 이미 오래전에 세상을 떠났다. 그런데도 이 책은 왜 여전히 현대적으로 의의를 가질까? 아렌트는 공화국부터 독재정권에 이르기까지 모든 형태의 정부가 한때의 실패에도 불구하고 유지되어왔음을 지적한다. 전체주의가 계속 되살아나지 않으리라 믿을 이유가 없다. 이 책과 같은 과학적 해부 덕에, 적어도 우리는 야수의 진정한 본성을 알 수 있게 되었다.

32

Essays on Freedom and Power

자유는 그 자체로 정치적 목적이다

자유와 권력에 관하여

> **"**
> 자유는 고차원적인 정치적 목적에
> 다다르기 위한 수단이 아니다.
> 자유는 그 자체로 가장 고귀한 정치적 목적이다.
> **"**

존 달버그 액턴 John Emerich Edward Dalberg-Acton

1834년 나폴리에서 태어났다. 어릴 때부터 이탈리아어와 독일어, 프랑스어, 영어를 유창하게 사용한 액턴은 파리와 영국의 가톨릭 오스코트 칼리지에서 공부를 마친 뒤 유명한 가톨릭교도 역사학자인 이그나츠 폰 될링거Ignaz von Döllinger의 지도를 받았다. 1872년 뮌헨대학교에서 명예박사학위를, 이후 케임브리지(1889년)와 옥스퍼드(1891년)에서 명예학위를 받았으며, 1892년 케임브리지 트리니티컬리지에서 현대사 교수로 활약했다. 1902년에 세상을 떠났다.

역사학자였던 액턴은 세 가지 면에서 뛰어난 사람이다. 첫째, 범세계주의적인 시야(우리는 한 국가의 역사에 집착하는 대신 보편적인 진실을 추출해 내기 위해 여러 국가와 역사를 아울러야만 한다), 둘째, 실증연구에 대한 믿음(그는 유럽의 기록보관소들을 열정적으로 드나들었다), 셋째, 시대를 초월한 도덕규범, 특히나 기독교적 규범에 따른 역사의 평가(액턴은 "아테네의 자유가 거둔 짧은 승리와 급격한 몰락은 옳고 그름의 기준이 정해져 있지 않던 시대에 벌어졌다."고 썼다)가 그것이다.

액턴은 자유주의적·휘그당적 접근법을 따르면서, 역사를 자유가 증가하는 과정이라 보았다. 그는 역사에 '조직적이고 보증된 자유의 방향으로 향하는… 진보의 항상성恒常性'이 존재한다고 썼다. 이는 '현대사의 특징적인 사실'이기도 했다. 알렉시스 드 토크빌처럼 액턴은 신의 섭리가 역사를 통틀어 작용하며 무지와 악에 대해 선이 승리를 거둘 것임을 점차 보장해 준다고 믿었다. 그는 자신의 관점이, 역사적 사건들에는 패턴이나 방향성이 존재하지 않는다고 보는 레오폴드 폰 랑케Leopold von Ranke 나 토머스 칼라일Thomas

Carlyle 같은 역사학자들의 현대적 관점에 반한다고 인정했다.

그럼에도 액턴은 "신성한 지배의 타당성은 완벽함이 아니라 세계의 발전에서 드러난다."고 말함으로써 이 접근법에 단서를 달았다. 그는 완벽한 사회를 세운다는 사실상 불가능한 일에 대해 전혀 환상을 가지고 있지 않았고, 정치적 자유란 행동의 자유를 의미함을 알고 있었다. 통치자나 국가가 완벽함을 달성하려고 시도하거나 세상이 어때야 하는지에 대한 '단 하나의 관점'을 얻으려고 애쓰는 순간 상황은 악화되기 시작한다. 그러나 액턴은 자유를 '성숙한 문명의 연약한 열매'로 묘사하며, "언제나 자유에게 진정한 친구는 거의 없었다."라고 강조했다. 자유가 제도에 뿌리내리기 위해서는 오랜 시간이 걸리며, 그 후에도 파괴와 부패로 인해 희생될 수 있다는 의미다.

그러나 액턴은 자유가 언제나 취약한 존재라면 절대주의와 폭군정치는 영원히 지속되지 않는다는 사실 역시 진실이라고 언급했다. 권력 집단은 절대로 오랫동안 맹목적인 복종을 유지할 수 없다. 권력은 계속 스스로를 정당화하며, 또한 정당화하느라 힘겨운 시간을 보내기도 한다. 직접적으로 비교하자면, '길고 고된 경험과 시련을 견뎌낸 확신이라는 성벽, 그리고 축적된 지식이 존재해 왔고, 보편적인 도덕성과 교육, 용기, 자제 등이 상당한 수준에 이른' 사회들은 일정 시간이 흐른 후 확실한 힘과 회복력을 가진다. 그토록 강력해 보이는 절대주의 체제야말로 달걀처럼 연약하다.

자유의 절대성

액턴은 자유란 '모든 사람이 권위와 다수의 사람, 관습과 의견의 영향력에 저항해 자신의 본분이라고 믿는 행동을 하면서도 보호받을 수 있도록 보장해 주는 것'이라고 정의했다. 그의 말에 따르면, 더 자유로운 사회는 보편적인 표현이 가능하고, 노예제도가 존재하지 않으며, 여론이 영향력을 가지고, 게다가 결정적으로 "약자들을 보호하고, 적절히 보장된 의식의 자유가 나머지를 보장해 준다."는 점 등으로 뚜렷이 구분된다. 액턴은 부유하고 인맥도 좋았지만, 오랫동안 차별받아 온 소수집단에 속해 있기도 했다. 그는 대부분의 국민이 프로테스탄트 교도인 영국에서 가톨릭교를 믿는 신자였고, 신앙 탓에 케임브리지대학교에 불합격했다. 당연하게도 액턴에게 신앙의 자유는 정치적 자유의 기반이었다. 그리고 자유에 대해 확신을 가졌던 그는 또 다른 명언을 남겼다. "자유는 고차원적인 정치적 목적에 다다르기 위한 수단이 아니다. 자유는 그 자체로 가장 고귀한 정치적 목적이다."

액턴은 자유의 역사가 '인간의 권력으로부터 인간이 해방된' 역사라고 말한다. 그는 대부분의 진보가 영국에서 이뤄졌으며, 영국은 언제나 다른 국가에 비해 상대적으로 관용적이고 권력욕이 덜하다는 점을 기쁘게 인정했다. 그러나 그 어떤 국가도 정치적으로, 혹은 제도적으로 계속 승자의 자리에 머물 수 없다. 단순히 그리스와 로마만 떠올려 봐도 그 사실을 깨닫기 마련이다. 실제로 자유의 역사는 절대 끝나지 않는다. 자유는 세심하게 관리되어야 하며, 결코 자유의 발전을 확신할 수는 없다.

자유는 민주주의나 평등보다 중요하다

액턴은 급부상하는 민주주의적 견해와 사회적·경제적 권력을 유지하면서 결정되는 뿌리 깊은 귀족정치 간의 투쟁이 중세 유럽의 특징이라고 보았다. 국가들은 현재처럼 강하지 않았고, 국가의 권위는 권력을 가진 계급과 조합에 의해 제한받았다. 그러나 시간이 흐르면서 교회와 국가는 귀족정치와 균형을 이루기 위해 힘을 합쳤고, 그러자 부패와 악용이 생겨났다. 이 패러다임에 이의를 제기하기 위해서는 마르틴 루터Martin Luther와 같은 사람이 필요했고, 자유와 훌륭한 통치를 적절히 조합한 선에서 일종의 합의가 이뤄졌다. 참정권이 제한적인 초기 민주주의가 수립됐고, 대표나 합의 없이는 조세도 없다는 원칙이 수반됐다. 농노제는 여전히 남아 있었지만 노예 자체는 사라졌다.

액턴은 어스킨 메이Erskine May의 《유럽의 민주주의Democracy in Europe》에서 자유와 민주주의 간의 차이에 관한 자신의 관점을 상세히 설명했다. 그는 민주주의가 노예무역이 흥하도록 허용했으며, 가장 종교적으로 편협한 사회들 가운데 다수가 민주주의였음을 잊지 말아야 한다고 말했다. 게다가 다수의 횡포는 한 사람의 폭정만큼이나 해로울 수 있었다. "군주정과 마찬가지로 민주주의는 어느 정도까지는 유익하지만 과도해지면 치명적이다." 우리는 프랑스혁명에 이어 찾아온 공포정치에서 이를 목격했고, 그보다 몇 세기 앞서 아테네에서도 투표권을 가진 대중이 그 무엇도 강력한 도시국가를 저지할 수 없다고 믿으면서 권력에 한껏 취하는 일이 발생했었다. 이들이 자기네 방식의 오류를 깨달을 즈음, 이미 국가를 구하기에는 너무 늦어버렸다.

액턴은 미국 헌법의 입안자들이 프랑스혁명에서 집요하게 주장하는 국민주권을 영국 의회의 몇 가지 경고와 결합했다고 말했다. 최종적인 결과로 독립적인 사법부부터 권한을 가진 행정부까지, 그리고 정부와 교회의 확실한 분리부터 상원까지 아우르는 현명한 견제와 균형의 제도가 탄생했고, 그 모든 근원에는 연방주의가 있었다. 연방주의는 중앙정부가 일을 처리할 수 있을 만큼 강하면서도 그 권력이 각 주州와 균형을 이루도록 보장했다. 액턴은 연방주의에 대해 다음과 같이 썼다. "가장 완벽한 형태의 민주주의로, 귀족정치와 군주정치보다는 자체적인 약점과 무절제에 대비해 무장하고 경계한다."

1789년 프랑스혁명을 불러일으킨 앙시앙 레짐에 대한 맹렬한 증오와는 대조적으로, 미국 독립을 가져온 결정적인 특성은 중용과 성공하고 싶은 사람들의 단순한 욕망이었다. 재산 소유권과 금전적 부는 사회적 지위의 새로운 주역이 되었다. 중요한 것은 실질적인 평등보다는 기회의 평등이었다. 액턴은 이를 가리켜, 프랑스혁명가들이 욕망하던 부의 분배와 '피비린내 나는' 평등과는 대조된다고 언급했다. 가장 중요한 요점은 자유와 민주주의, 평등 사이에는 뚜렷한 관계가 없다는 것이다. 액턴은 여기에 절충해야 할 것들이 있으며, 세 가지 중에서 자유가 가장 중요하다고 확신했다. 개인의 자유를 소중히 여기고 보호하지 않는다면 민주주의는 무슨 가치가 있었겠는가? 그리고 재분배가 부자의 것을 훔치고 폭력을 행사한다는 의미라면 어떻게 정당화될 수 있겠는가?

📌 함께 읽으면 좋은 책

- 니콜로 마키아벨리 《로마사 이야기》
- 알렉시스 드 토크빌 《미국의 민주주의》
- 이사야 벌린 《자유의 두 개념》
- 프랜시스 후쿠야마 《역사의 종말》

액턴 연구가 조세프 알톨츠Josef Altholz는 옥스퍼드 인명사전의 기나긴 도입부에서 액턴의 삶이 '대체적으로 실패'였다고 밝혔다. 액턴은 사실상 실패한 정치인이었고 상속재산을 관리하는 데에서도 형편없었다(그는 상속재산을 운용하다가 빚을 졌고, 강압에 못 이겨 자신의 도서관을 매각해야 했다). 그리고 학습능력으로는 전설에 가까우리만큼 유명했지만, 책은 한 권도 완성하지 못했다. 더욱이 성공적인 사회는 윤리적이고 기독교적인 근간을 지녀야 한다는 그의 주장은 21세기와는 더욱 동떨어진 것으로 보였다.

그러나 자유와 민주주의, 권력에 대한 액턴의 이 광활한 사상들은 우리에게 여전히 영감을 안겨주고 우리를 인도한다. 가장 뛰어난 통찰 가운데 하나는 민주주의가 결국 (그저 '민중의 지배'가 될 수도 있는) 국민주권과 법의 지배 사이에서 선택해야만 한다는 것이다. 그는 법의 지배가 언제나 훨씬 더 강력한 자유체제를 제공한다고 느꼈다. 우리는 그저 너무 쉽게 자유와 민주주의가 똑같은 것인 양 묶어서 취급하지만, 액턴은 개인의 자유가 명백한 '민중의 의지'라는 힘에게 쉽사리 짓밟힐 수 있음을 깨우쳐 준다.

온전한 참정권을 갖춘 민주주의라도 개인이 견고한 헌법과 법률이 보호해 주지 않는다면 그다지 가치가 없다. 견고한 헌법과 법률은 원하는 것을 믿고 원하는 사람과 어울릴 수 있는 개인의 자유를 보장해 주기 때문이다.

액턴은 마지막으로 민주주의 체제에서 살아가는 우리는 절대로 현실에 안주하면 안 된다는 메시지를 보낸다. 민주주의는 자유를 강화하고 보존하는 한 바람직하며, 이를 충족하지 못했을 때 투표함에 표를 던지는 것은 공허한 행위가 되어버린다.

33

Two Concepts of Liberty

우리는 어떤 자유를 추구하는가

자유의 두 개념

66

동양과 서양에서 그토록 많은 사람들이
사회적·정치적 신조에 광적으로 사로잡혀서
개념과 삶이 철저히 바뀌고, 어떤 경우에는
폭력적으로 뒤집혀버린 그런 시기가 없었을 것이다.

99

이사야 벌린 Isaiah Berlin

1909년 라트비아에서 태어났으며, 러시아어를 사용하는 유태인이었던 부모와 함께
10대 시절에 런던으로 이주했다. 옥스퍼드대학교를 졸업하고, 20대 중반에 올소울즈
칼리지의 선임연구원이 되었다. 제2차 세계대전 도중과 직후에 워싱턴과 모스크바에
서 영국 외교관으로 근무했다. 옥스퍼드대학교에서 치첼레 석좌교수로 사회·정치이
론을 연구했으며, 1966년부터 1975년까지 울프슨 칼리지 학장을 역임했다. 에라스
무스 상, 리핀코트 상, 아넬리 상 등을 수상했고, 일생 동안 시민의 자유를 옹호한 공로
로 예루살렘 상을 받기도 했다. 1997에 세상을 떠났다.

이사야 벌린은 정치철학자이자 사상가로 20세기 가장 위대한 지성인 가운데 하나다. 그의 가장 유명한 저작인 《자유의 두 개념》은 원래 1958년 10월 옥스퍼드대학교에서 열린 강의였다. 10년 후 이 글은 《자유에 관한 네 편의 논문Four Essays on Liberty》에 실렸고, 2002년 편집된 논집인 《자유론》의 일부로 출간됐다.

이 글은 당시 획기적이었다. 1950년대에는 다양한 형태의 사회주의와 공산주의가 억압받는 이들을 '해방'시키는 데 기여한다는 것이 지배적인 관점이었기 때문이다. 부유한 목재상이었던 아버지가 볼셰비키혁명 직후 러시아에서 가족들을 탈출시켜 영국으로 날아간 덕에, 벌린은 그러한 환상이 없었다. 그는 미국과 영국의 좌파들이 왜 소비에트연방과 동양의 새로운 사회주의 국가들을 특별하게 묘사하면서 이 체제들의 일부로서 개인적인 자유가 말살되는 것을 외면하는지 궁금했다.

글의 첫 문단에서 벌린은 '오랫동안 정치에 관한 주요한 질문이었던 것'에 대한 두 가지 대립하는 관점 사이의 '끝없는 전쟁'을 언급했다. 문제는 "우리는 바라는 대로 행동할 수 있도록 자유로워야 하는가? 그렇지 않다면 우리는 어느 정도까지 복종해야 하며 누구에게 복종해야 하는가?"였다. 벌린은 이 문제가 수많은 사람들에게 영향을 미치는 만큼 더욱 자세히 조사해 볼 가치가 있으며, 특히나 '자유'라는 말이 실제로 무엇을 의미하는지를 살펴보아야 한다고 생각했다.

긍정적 자유와 부정적 자유의 의미

자유liberty와 자유로움freedom을 이해하는 데에는 두 가지 개념 혹은 방식이 있다고 벌린은 말했다. 부정적 자유Negative Liberty는 우리가 간섭으로부터 자유로운 정도를 의미한다. 한 사람이나 집단이 다른 사람이나 집단, 또는 정부의 강압 없이 누릴 수 있는 영역이나 구역이다. 토머스 홉스는 부정적 자유를 《리바이어던》에서 다음과 같이 요약했다. "자유인은… 자신이 의지를 품은 행동을 하는 데에 방해받지 않는다."

긍정적 자유Positive Liberty는 '스스로가 분별력 있고, 자발적이며, 적극적인 존재임을 자각하고, 자신의 선택에 책임지며, 자신의 생각과 목적들을 참고해서 그 선택에 관해 설명할 수 있는' 어떤 사람이 될 수 있는 자유로움이다. 우리는 "내가 진실이라고 믿는 정도까지 자유로우며, 그렇지 않다고 깨닫도록 만들어진 정도까지 구속되어 있다."고 벌린은 말한다.

긍정적 자유를 극찬해야 할 것처럼 보이지만, 벌린은 이를 논리적인 결론으로 끌어간다. 벌린에 따르면, 긍정적 자유의 개념은 '극기_{克己}'의 윤리를 낳으면서, 내 잠재력이 온전히 실현되도록 '진실된' 또는 '고귀한' 자신이 되기를 원하게 만든다는 것이다. 그리고 내가 이 행동을 하고 싶고 행동의 편익이 무엇인지 볼 수 있을 때, 더 나은 공중보건이나 교육, 정의 등으로 이어지는 조치를 취하도록 다른 사람들에게 강제하는 것이 정당하다고 믿는 상황이 벌어질 수도 있다. 결국 사람들이 조금이라도 더 깨달음을 얻었다면 그래도 자발적으로 행동에 옮길 것이므로, 나는 그저 그 사람들의 이익을 위해 행동하고 있다고 추측할 수 있을 것이다.

문제는 일단 사람들에 대해 이런 관점을 가지게 되면 '그들의 진짜 자신을 대신해서 그들을 괴롭히고, 억압하며, 고문하도록' 허용하게 된다는 데 있다고 벌린은 주장한다. 결국 사람들은 조금 더 깨달음을 얻었다면 내가 그들을 위해 마련한 것과 동일한 길을 선택할 것이며, 오직 무지한 자신으로부터 해방될 수 있는 만큼만 자유롭다는 것이다.

벌린은 누군가에게 이익이 되도록 강제하는 일이 정당화되는 경우가 있음을 인정한다(예를 들어, 우리는 나중에 아이들에게 도움이 될 것임을 알기에 학교를 보낸다). 하지만 그 사람에게 도움이 되기 때문에 강제하는 것이 아니라, 정말로 그 사람이 원하는 것인 척 가장하는 것은 완전히 다른 문제다. 1881년에 영국의 철학자 T. H.

그린T. H. Green은 "진정한 자유의 이상은 인간사회의 모든 구성원들이 자신의 역량을 최대한 발휘할 수 있게 권력을 최대화하는 것이다."라고 말했다. 그러나 그린이 자유주의자임에도 "여러 독재자가 가장 사악한 억압 행위를 정당화하기 위해 이 공식을 활용할 수도 있었다."고 벌린은 지적한다. 체제들은 다음과 같은 식으로 어떤 행동도 옹호할 수 있다. "우리는 당신이 좋아하지 않더라도, 아니면 당신의 자유를 제한하더라도 이렇게 되게, 혹은 이것을 하게 만들고 있어. 왜냐하면 당신의 발전과 사회의 진보를 위한 일이거든. 함께하길 거부한다면, 당신은 분명 인민의 적이야."

정반대로 진정한 자유는 이마누엘 칸트의 말대로 "그 누구도 나를 자기 식대로 행복해지도록 강요할 수 없다."라는 신념을 바탕으로 전개된다. 특정한 종류의 사람을 창조하기 위해 긍정적 자유를 행사하는 동안, 부정적 자유의 지지자들은 인간의 완성이란 위험한 미신과 같다는 것을 안다. 아무리 선의를 가졌더라도 필연적으로 편협하고 대개는 불쾌한 결과로 이어지고 만다.

모두의 선을 위해서라면

바뤼흐 스피노자Baruch Spinoza와 헤겔, 마르크스는 모두 이성적 사회에서 권력과 지배를 꿈꾸는 인간의 욕망은 사그라지고 만다고 가정했다. 여러분이 진정으로 이성적 사회를 창조한다면, 모든 사람들은 자연스레 더 위대한 선善과 일치하는 목표를 추구하고 싶어

하고, 따라서 그들을 강제할 필요가 없을 것이다. 엥겔스는 "인간에 대한 통치를 사물에 대한 관리로 대치한다."라고 씀으로써 이 관점을 잘 표현했다.

이성적 사회는 노골적인 권력을 대신해 법을 가지고 있다. 이 법은 개인적 차원에서 방해하고 제한할지라도 전체에 이득을 준다. 존 로크는 "법이 없는 곳에 자유도 없다."라고 말했다. 몽테스키외Montesquieu와 칸트, 그리고 정치인이자 정치철학자 에드먼드 버크Edmund Burke 역시 동일한 이야기를 했다. 정치적 자유는 우리가 원하는 것을 할 수 있는 승인이 아니라, 이성적인 사회구조 안에서 '우리가 해야 하는 일을 하는' 권력이자 수단이다. 18세기 인간의 권리를 선언한 이면에는 자유 해방과 법이 동일하다는 생각이 있었다. 이성적 법은 하느님과 자연, 혹은 역사와 같은 권위를 가졌기 때문이다. '자명'한 존재라는 것이다. 요컨대 우리는 시간을 초월한 가치와 생산적인 목표를 향해 우리를 이끌어가고, 비이성적이고 비도덕적인 욕망과 본능으로부터 우리를 멀어지게 만드는 국가와 법을 필요로 한다. 벌린의 관점에서 독일의 철학자 요한 고틀리프 피히테Johann Gottlieb Fichte가 이 세계관을 완벽하게 요약했다. "그 누구도 이성에 반하는 권리를 가지지 않았다."

그러나 의도가 얼마나 선한지와는 상관없이 '우리가 해야 할 일을 하라'고 장려하는 이성적 사회를 욕망하는 것은 필연적으로 자유를 대가로 삼을 수밖에 없다. 결국 오귀스트 콩트Auguste Comte가

지적하듯, 우리가 화학과 생물학에서 자유로운 생각을 허용하지 않는다면 정치와 사회적 문제에서 그것을 허용해 주어야 할 이유가 무엇이겠는가. 실제로 벌린은 우리가 이성적 관점을 끝까지 추구한다면 '올바른 삶의 방식은 단 하나'일 수도 있다고 강조했다. 현명한 사람들은 이 방식을 당연히 따라가지만, 사회의 나머지 구성원들은 자신들의 편익을 위해 억지로 이 방식에 꿰맞춰져야 한다. 이것이 플라톤이 《국가론》에서 설명한 철인통치자들로 이뤄진 계몽계급('수호자')의 이유이며, 이들은 다음과 같이 정당하게 물을 수 있다. "왜 살아남고 번식하기 위해 입증할 수 있는 오류를 겪어야 하는가?"

벌린은 이 관점이 우리가 이성적이며 여기에 동의하지 않은 이들은 이성적이지 못하다고 추정했을 때만 타당하다는 문제점을 가진다고 첨언한다. 그리고 동의하지 않는 이들이 명백히 비이성적이라면, 이들의 자유를 제한하고 처벌하는 것은 모두 괜찮다고 보므로, 우리는 이성적이고 '명백한' 진실에서 폭정으로 이어지는 확실한 길을 가게 된다.

벌린은 이성적 모델의 근본적인 가정을 다음과 같이 꼽았다.

1. 모든 사람에게는 한 가지 진정한 목표가 있다. 바로 이성적인 자기 주도다.
2. 모든 이성적 존재의 목표는 당연히 단 하나의 보편적이고 조

화로운 패턴에 맞추는 것이며, 어떤 사람들은 이 패턴을 다른 사람들보다 훨씬 명확하게 알아차릴 수 있다.

3. 모든 갈등, 그리고 그 결과에 따른 모든 비극은 오직 비이성 혹은 불충분한 이성(개인적이든 집단적이든 인생에서 미숙하고 미발달한 요소들)과 이성 간의 충돌 탓이다. 원론적으로 그러한 충돌들은 피할 수 있으며, 전적으로 이성적인 존재들끼리는 충돌이 불가능하다.

4. 모든 사람이 이성적으로 빚어졌다면, 이들은 타고난 자기 본능의 이성적인 법에 복종할 것이다. 이 법은 모든 사람에게서 동일하며, 따라서 사람은 철저히 법을 준수함과 동시에 철저히 자유롭다.

그러나 그는 위의 가정 가운데 무엇이든 진실이거나 증명할 수 있을 만큼 명백한 가정은 절대 없을 뿐더러, 끝까지 위의 가정들을 따른다면 오싹한 결론에 도달할 수 있다고 주장한다. '무엇이 진실인지 보고 인정할 수 있다면, 나는 네 삶을 형성하고 통제할 수 있는 권위를 가진다.'가 되기 때문이다.

프랑스혁명은 프랑스를 해방시켰다고 한다. 그러나 벌린은 '국민주권'이 개인에게 더 많은 자유를 준다는 의미가 아니라고 강조한다. 장자크 루소가 상상했던 대로의 '민의民意'의 통치는 실제로 '나머지 구성원들에 의한 각각의 통치'를 의미했다. 존 스튜어트 밀은 '다수의 독재'가 다른 종류의 독재와 다를 바 없다고 썼다. 프랑스 정치철학자 뱅자맹 콩스탕Henri Benjamin Constant이 품은 진짜 의문은 누가 권력을 쥐었는가가 아니라, 정부가 얼마나 큰 권력을 가져야 하는지였다. 콩스탕은 "내 자신을 모두 (민주주의인 정치적 통일체)에 양도함으로써 그 누구에게도 양도하지 않는다."라는 루소의 주장을 참을 수 없었다. 실제로 개인은 민주공화국에서 폭군정에서 만큼 쉽게 억압받을 수 있다. 벌린에 따르면, 홉스는 결코 군주정이 대중을 억압하거나 노예로 삼지 않는 체제인 척 보이려고 애쓰지 않았으며, 적어도 루소처럼 그러한 노예제를 '자유'라고 부르지 않았다. 자발적인 노예제라 할지라도 여전히 개인의 자유를 똑같이 갉아먹는다.

그 무엇보다 개인의 가치가 중요하다

한 교수가 조용히 연구하다가 떠올린 연구가 문명을 송두리째 뒤흔들 수 있다고 벌린은 말한다. 예를 들어, 독일의 시인 하인리히 하이네Heinrich Heine는 프랑스인들에게 사상이 가진 힘을 경고하면서 루소의 작품이 '로베스피에르가 손에 쥐고 구체제를 파괴시킨, 피로 물든 무기'라고 보았다.

　벌린은 현대의 철학자들이 자신들의 추상적인 추론이 마음에 든 나머지 정치를 경시한다고 말한다. 철학자들은 두 영역을 분리하기 위해 더욱 애써왔지만, 현실에서 정치는 모든 철학적 사색과

'서로 떼어놓을 수 없게 얽혀' 있다. 추상적인 철학을 정치의 차원보다 우위에 두었을 때 소리 없이 위험이 생겨나기도 한다. 우리가 정치적 신념의 힘을 인정하지 않는다면, 이런 신념 가운데 일부는 소리 소문 없이 아무런 비판도 받지 않은 채 퍼져나간다. 그러다가 너무 늦어버리고 만다.

벌린은 자신이 인류를 발전시키려고 노력하는 모든 사회적·정치적 운동에 반대하는 것이 아니라고 말한다. 실제로 그는 이런 운동들을 칭송했다. 벌린이 반대했던 것은 '인간이 추구하는 다양한 목표들이 조화롭게 실현될 수 있는 영역에서 원칙적으로 어떤 한 가지 공식이 발견될 수 있으리라는 신념'이었다. 이 '한 가지 공식'은 스스로 자연이나 역사와 조화를 이룬다고 생각한, 또는 그저 자신들이 지배하는 국민들을 위해 최선의 행동을 하고 있다고 믿은 모든 끔찍한 체제와 가부장적 국가들의 정당화에 쓰였다.

그러나 칸트가 말했듯, 개인의 가치보다 더 높은 가치는 없으며, 인간을 목표를 달성하기 위한 수단으로 취급할 때 절대 성공할 수 없다. 벌린은 이렇게 말한다. "대중을 조작하고, 사회개혁가는 볼 수 있지만 대중들은 볼 수 없는 목표를 향해 몰아가는 것은 이들의 인간적 본질을 부인하고 자기 자신의 의지가 없는 물건으로 취급해서 결국에는 이들을 비하하는 것과 같다. … 마치 대중의 목표는 내 자신의 목표보다 근본적이거나 신성하지 못한 양 행동하는 것이다."

**톰 버틀러 보던의
★ 한마디 ★**

액턴이 말했듯, 자유는 그 자체로 목적이 된다. 이는 (밀의 표현대로) 수많은 '삶의 실험'이 이뤄지고 그 가운데 다수가 실패하지만 적어도 실패한 이들은 저마다 교훈을 얻게 된다는 의미이기도 하다. 인간성 혹은 절대이론에 대한 원대하고 통일된 관점의 문제는 인간을 우리가 바라는 모습이 아닌 (무한한 다양성을 가진) 실제의 모습 그대로 이해하지 않으려는 데 있다. 더 고귀한 보편적 기준에 맞춰 살아가도록 대중을 독려하는 것이 자연스러워 보이지만, 그럼에도 사회적·정치적 삶은 문제들에 에둘러 접근하는 것이 가장 바람직한 영역이다.

우리는 자유가 가장 고귀한 가치일 때 더 안전할 수 있다. 사람들을 바꿈으로써 세상을 '일으켜 세우려는' 임무를 가진 이들은 이해하지 못할지도 모르지만, 우리 시대의 다원주의적 윤리는 차라리 절대자들을 바라는 자들에게 적합할 수도 있다. 벌린은 다원주의를 윤리적이고 정치적인 미성숙의 증거라 믿었으며, 그의 글은 도스토옙스키Dostoevskii의 《카라마조프가의 형제들》에 등장하는 재판관의 우화를 연상시킨다. 종교재판관은 다음과 같이 싸늘하게 선언한다. "우리는 승리를 거두고 시저 황제가 되리라. 그후 인간의 보편적 행복을 계획하리라."

34

Anarchy, State, and Utopia

개인의 자유가 최우선 가치인
작은 유토피아를 꿈꾸며

아나키에서 유토피아로

❝

폭력·절도·사기의 방지와 계약 집행 같은 협소한 기능에만

국한되는 최소국가가 정당하다.

…광범위한 영향력을 발휘하는 국가는

개인의 권리를 침해하며 이는 정당하지 못하다.

❞

로버트 노직 Robert Nozick

1938년 뉴욕 브루클린의 한 러시아 이민자 가정에서 태어났다. 10대 시절 플라톤에
빠지면서 컬럼비아대학교에서 철학을 전공했다. 1963년 프린스턴대학교에서 철학
으로 박사학위를 취득했고, 2년간 강의를 하다가 하버드대학교와 록펠러대학교로 이
직했다. 30세에 하버드대학교의 정교수가 됐으며 그곳에서 여생을 보냈다. 그가 쓴
이 책《아나키에서 유토피아로》는 전미도서상을 수상했고 <더 타임스>가 선정한 '전
후 가장 영향력 있는 책 100권'으로 꼽혔다. 2002년에 세상을 떠났다.

오늘날 큰 국가의 지나친 행태를 비난하는 자칭 '자유지상주의자'가 유행이긴 하나 1970년대 중반에 엄격하게 제한된 정부는 분명 정치적으로 비주류였다. 철학 교수인 로버트 노직은 국가와 사회에 대한 이런 관점이 너무 냉정하다고 생각하기 시작했고 국민을 돕는 것이 국가의 의무라고 믿었다. 그러나 노직은 진정한 개인의 자유를 허용하면서 무정부상태의 폭력과 무질서를 방지해 줄 수 있다고 믿는 견해의 논리에서 벗어날 수가 없었다. 그는 《아나키에서 유토피아로》의 도입부에서 최소국가가 사람들에게 많은 것을 베풀겠다고 약속하는 정부에 비해 흥미진진하지 않다는 점에서 고생할 수도 있다고 인정한다. 그러나 독자들에게 "최소국가는 옳을 뿐 아니라 고무적이다."라고 납득시키고 싶어 한다. 이 책이 그토록 인상적인 이유는 20세기 중반부터 후반까지의 이데올로기적 패러다임이었던 재분배적 정의에 대해 단호하고도 충격적인 답을 내놓기 때문이다. 재분배적 정의는 복지국가를 뒷받침하며 존 롤스John Rawls의 《정의론》이 이를 이론적으로 가장 훌륭하게 설명한다.

서문에서 노직은 미국 동부의 지식인들이 자신의 타협 없는 의견에 동의하지 않는다는 사실이 즐겁지 않다고도 인정한다. 특히나 국가의 제한적 역할에 대한 자신의 입장으로 인해 몇몇 '나쁜 친구들'과 묶였기 때문이라고 했다. 예를 들어 그는 극단적인 자유지상주의자인 철학자 아인 랜드Ayn Rand로부터 자신의 논리정연한 견해를 분리해 낸다. 《아나키에서 유토피아로》는 공격적인 정치서가 아니라 자체적인 맹점을 인정하고 반대 의견을 충분히 존중하는 철학 작품이다.

이 책이 오랫동안 사랑받는 또 다른 이유로는 상대적으로 접근이 쉽다는 점이다. 좌파 철학의 대들보인 피터 싱어Peter Singer조차 이 책이 쉬운 말로 쓰였다는 데 경의를 표했다. 또한 자신은 노직의 주장이 틀렸다고 믿으면서도 이 주장들이 큰 울림을 가졌다는 것은 큰국가의 옹호자들이 이제 자신들의 입장이 옳다고 증명하기 위해 지적으로 최선을 다해야 한다는 의미라고 덧붙였다.

최소한의 국가가 정당하다

노직은 정치철학의 근본적인 질문이 다음과 같다고 제시한다. "왜 국가가 있어야 하는가? 왜 그냥 무정부이면 안 되는가?"

그는 로크의 '자연상태' 이론으로 시작한다. 사람들은 다른 사람을 해치거나 그 사람의 재산이나 자유를 빼앗으려고 하지 않는 한,

저마다 자유롭게 목표를 추구할 수 있다는 내용이다. 주어진 지리적 영역 안에 정의로운 분배자라고 주장하는 보호기구들이 경쟁하고 있을 수 있다. 이들은 서로를 지배하기 위해 전쟁에 나서기도 한다. 그러면 모든 권력은 '시장'을 차지한 기구나 집단에게로 가서 권위를 갖추게 되고, 그 대가로 항복과 순종을 요구한다. 보호해 주고 정의를 분명히 보장해 주는 대신 힘을 독점하겠다는 동의를 포함해 이 협정이 바로 우리가 아는 국가의 시작이다.

노직은 국가가 어떻게 생겨났는지에 대한 계약이론을 거부하며, 대신 '보이지 않는 손'을 통해 생겨났다고 본다. 다시 말해, 저마다의 이익을 쫓다 보면 결국 이 모든 것을 보호해 줄 기관이 생겨난다. 어느 쪽이든, 노직은 폭력과 절도, 사기, 강제 계약으로부터 시민을 보호해 주는 '야경국가'만이 정당하다고 본다. 국가에 더 많은 기능을 부여하고, 누가 무엇을 가졌는지 뿐 아니라 왜 가져야 하거나 가지지 말아야 하는지를 판단하는 심판으로 바꿔놓기 위해서는 필연적으로 자유가 축소된다.

분배적 정의는 없다

노직은 '분배적 정의'라는 용어가 장악하는, 광범위한 영향력을 발휘하는 국가를 정당화하려는 근거들을 살핀다. 그는 이 용어가 중립적이지 않으며, 무엇을 분배하거나 재분배해야 하며 어떻게 할지 결정해 줄 누군가가 개입한다고 주장한다. 그러니 핵심을 살펴보자. 핵심은 누군가는 분배할 대상을 소유하고 있다는 사실이다. 재화는 어디선지 모르게 불쑥 생겨나지 않으며, 누군가는 그 재화를 만들어내기 위해 자원을 준비하거나, 구입하거나, 개발했을 것이다. '각자의 필요에 따라'라는 철학을 바탕으로 사회가 형성될 때, 그다지 중요하지 않은 것들은 누가 만들어줄 것인가? 분배적 정의에서 유일한 의문은 '어떻게 공정하게 분배할 것인가'지만, 애초에 가치를 창출한 자를 인정하지 않는다면 무엇이 공평하다는 이야기인가? 한 사회에서 뭔가를 정당하게 양도하려면, 반드시 소유자가 선택해서 누구에게 주고 교환하고 판매할 것인지 정해야 한다. 이것이 바로 노직의 '권원이론'의 핵심이다.

노직은 한 주에 수백만 달러를 버는 축구나 야구선수의 '불의'를 논한다. 수많은 사람들이 그 선수의 경기를 볼 준비를 한다면, 그렇게 많은 돈을 받는 것은 정당화될 수 없는가? 자유사회에서 사람들은 무엇이 자기들에게 가치 있는지 자유롭게 결정하며, 자원들은 필요가 아닌 가치에 따라 이동한다. 누군가가 이것이 틀렸다고 생각하면서 똑같은 사회가 필요에 따라 움직이길 바란다면, 사람들의 행동의 자유는 제한받기 시작한다. 또한 그 잘나가는 야구선수를 보기 위해 돈을 쓰던 사람이 더 '가치 있는' 목표를 위해 그 돈을 써야만 한다. 게다가 제품이나 서비스의 이윤이 전체적으로 사회에 분배되어야 한다고 판단되면, 사업가들은 더 이상 뭔가를 만들거나 개발하기 위한 유인을 갖지 못할 것이다.

노직은 철학자 존 롤스John Rawls의 걸작《정의론》에서 제시하는 개념에 반박한다(《세계 철학 필독서 50》을 참고하자). 롤스의 '차등의 원칙'은 태생적으로 불리함을 타고난 사회 구성원에게 더 많은 자원이 가야 한다고 요구한다. 사회는 그저 재산이나 생명을 보호하는 데에서 그치는 것이 아니라, 반드시 공정해지기 위해 노력해야 한다는 것이다. 그러나 노직은 차등의 원칙은 가족 내에서조차 적용되어서는 안 된다고 주장한다. 가족 안에서 대부분의 자원을 가장 재능 없는 아이에게 쏟고, 나머지 아이들에게 쓴 자원은 가장 재능 없는 형제의 상황을 개선하려고 노력함으로써 갚아야 한다고 요구하는 것이 옳은가? 가족 차원에서 이 논리가 말이 안 된다면, 어째서 더 큰 차원인 사회에 적용되어야 하는가? 게다가 롤스의 이론은 궁핍한 사람들의 권리에만 치중해 있고, 내어주는 자의 권리는 전혀 언급하지 않는다.

롤스는 노직의 권원이론의 문제점은 자원의 배분을 '도덕적 의미에서 제멋대로인' 방식으로 고려한다는 것이라고 보았다. 다시 말해서, 천부적인 재능과 행운, 사회적 환경, 또는 의도치 않은 출생 등으로 인해 자원의 불평등이 생겨났을 때 이를 그저 정당화해서는 안 된다는 의미다. 반대로 노직은 사람들이 자기가 소유한 자원을 개발하기 위해 노력했다는 사실을 롤스가 언급하지 않는다는 데 놀라움을 금치 못한다. 롤스는 한 사람에게 두드러진 모든 것은 '외부 요인'에서 나온 것이라고 결론 내린다. 롤스는 한편으로 자신의 이론이 인간의 존엄성과 자존감을 다룬다고 말하지만, 다른 한편으로는 인간의 자율성과 한 사람의 선택이 지닌 특성을 폄하한다.

노직은 또한 징세를 언급한다. 그는 징세는 다른 사람의 욕구를 위해 돈을 지불해야 하니 추가적으로 더 일하라고 강제하기 때문에 '강제 노역'이라고 설명했다. 사람들은 환자나 실업자의 욕구를 채워주려고 일주일에 다섯 시간을 추가로 일하라고 요구하면 거부하겠으나, 그게 바로 징세다. "세금을 통해서든, 임금을 통해서든, 특정 액수를 넘은 임금에 대해서든, 이윤의 몰수를 통해서든, 또는 무엇이 어디서 왔고 어디로 갈 것인지 확실치 않은 사회의 공동자금이 있던 간에, 분배적 정의의 원칙에는 다른 사람들의 행위를 전용轉用하는 개념이 들어간다." 노직은 이렇게 쓴다. 사회의 공동자금으로부터 뭔가를 받는 사람들은 당신의 노동을 소유하기 때문에 부분적으로 당신의 소유주가 된다. 이런 논리는 인간이 자기 자신과 자신의 노동과 노동의 생산물을 소유하는 주인이라는 (로크가 목 놓아 이야기하던) 모든 자유주의 개념에 어긋난다. 노직은 더 크고 재분배를 실행하는 국가는 시민들이 부담스러운 징세를 통해 기꺼이 자기 자신을 노예로 팔아먹으려고 할 때만 정당화될 수 있다.

자유를 보호하는 유토피아

"최소국가보다 과한 국가는 절대로 정당화될 수 없다."라고 주장한 노직은 최소국가가 '열광하게 만들거나 마음을 고취하는' 국가는 아니라고 인정한다. 유토피아 이론가나 민족주의자가 꿈꾸던 더 큰 국가들에 비교하면 활기 없고 공허해 보일 수 있다. 그는 최소국가가 더 작은 '유토피아' 또는 어떻게 살 것인지 자체적인 규칙을 정한 정치적 조직체를 다스리는 대안적인 모델로 소개하고 있다. 국가가 해야 할 일은 폭력에 대항해 개인을 보호하거나 움직임의 자유를 보장해 주는 것이다. 이 역할은 국민을 고취하는 것이 아니라, 공동체를 세우고, 합류하고, 떠날 수 있는 능력을 보호해 주려는 것이다.

이런 체제가 보통의 자유지상주의적 비전보다 낫다고 노직은 주장한다. 일반적으로 자유지상주의가 용납하지 않을 공동체도 존재할 수 있게 해주기 때문이다. 실제로 일부 공동체는 사람들의 읽을거리와 성적인 행동까지 규제할 정도로 꽤나 엄격하고, 어떤 공동체는 공산주의거나 매우 가부장적이기도 하다. 그러나 사람들은 그런 공동체에 사는 것마저 자유롭게 선택해야 한다. 또한 노동자 통제 공장 같은 초소형 공동체들도 존재할 수 있는데, 이런 공동체는 더 광범위하고 자유로운 자본주의 사회 내에 존재할 수 있다.

노직은 '메타 유토피아' 체제에 대한 의문이 있을 수 있음을 인정한다. 누가 세울 것인가? 또 어떤 권력을 갖출 것인가? 메타 유토피아의 주요한 역할은 '집행'이다. 한 공동체가 다른 공동체를 침략해서 장악하고 그 국민을 노예로 삼지 못하도록 막는다거나, 공동체 사이에 갈등 해결 수단을 제공한다. 또한 원한다면 공동체를 떠날 수 있는 개인의 권리도 집행한다. 그러나 이 체제에는 대부분의 국가 헌법이 갖추고 있는 '보편적인' 윤리 원칙이 없으며, 실제로 '개인이 자신을 위해서는 선택하지만 타인을 위해서는 선택하지 않을' 뭔가가 존재할 수 있다. 그러나 그의 체제는 '가능한 모든 세계 가운데에 최선의 형태'를 제안한다. 이 체제는 특정한 가치에 따라 다른 사람들과 어울려 살면서 자신의 선택과 가능성을 자발적으로 제한하고 싶은 인간의 본성이라는 사실을 선택할 자유와 결합한다. 또한 사람들이 삶을 개선하고, 마음속 깊이 품었던 꿈과 가치, 비전을 좇는 아주 오랜 욕망에다, 특정 정권이나 공동체에서 살라고 강요하지 않는 근본적인 자유를 결합한다.

"최소국가는 유토피아를 위한 체제가 아니라면, 용기를 주는 비전일까?" 그는 결론에서 이렇게 묻는다. 정부에 기대했던 독단적인 임무들을 여럿 포기하면, 바로 그 자리에 '다른 사람에 의해 수단이나 도구, 기구나 재료로 특정하게 이용당하지 않아야 하는' 개인의 침해할 수 없는 자유와 권리가 매우 명료하게 존재한다.

📌 함께 읽으면 좋은 책

- 존 달버그 액턴 《자유와 권력에 관하여》
- 존 로크 《통치론》
- 칼 포퍼 《열린 사회와 그 적들》
- 프레데리크 바스티아 《법》

톰 버틀러 보던의 ★ 한마디 ★

노직이 주장하는 권원이론의 전제는 "경제적 재화는 이미 소유권에 대한 정당한 권리를 포함한 채 생겨난다."이다. 그 누구도 농장이나 공장, 또는 자동차를 재분배해야 할 적당한 공익이라고 할 수 없다. 근본적인 의문은 (20세기 시대정신이 그러하듯) 어떻게 우리가 평등을 이룰 수 있는지가 아니라, "누가 이것을 소유하는가? 그리고 어떻게 그 소유권을 보호하는가?"이다. 이 마지막 의문은 무시하거나 완전히 덮어보자. 그러면 국가의 전체 조직은 도덕적으로 위태로운 상태가 되어버린다. 노직에게 있어 사람들이 진정으로 가진 유일한 '권리'는 정당하게 얻은 재산에 대한 권리뿐이다. '사회적 정의'는 시민단체나 민간기구, 또는 개인이 철학이나 일시적 기분에 따라 추구하는 것으로, 국가와는 관계가 없다. 국가가 스스로를 사회적 정의의 제공자로 여기게 되면, 그에 따라 높은 세금을 강제로 징수하게 된다. 소득 재분배론자들은 도덕적으로 고결한 입장을 취하고 있지만, 현실에서는 결국 이들이 품은 이상으로 인해 노동으로 번 임금이나 이윤을 간직할 권리를 침범당하고 '대의를 위해' 수입의 일정 부분을 포기하게 된다. 뻔뻔하다는 느낌이 전반적으로 흐른다.

노직은 다수의 공동체와 유토피아가 스스로 노력하도록 허용하는 자기 생각이 수많은 실패를 가져왔다고 인정하며, 그로 인해 국가를 플라톤이 상상하던 '선의 옹호자'라는 역할로 되돌려 놓으라는 요구가 생겨났다는 것도 인정한다. 그러나 노직은 토크빌과 입장을 같이 한다. 토크빌은 오직 자유 속에 살아야만 사람들이 미덕을 인정하고 실천하게 되며, 선을 키우려는 책임을 스스로 맡는다고 말했다. 이렇게 개인의 책임에 초점을 맞추는 것은 모든 도덕적 힘을 나라에 주는 것보다 분명히 낫다.

인간 평등을 위한
정치 투쟁의 역사

35

Das Kommunistische Manifest

사회주의 사상, 전 세계에 울려퍼지다
공산당 선언

"

지성의 생산은 물질의 생산과 비례해서

그 성격을 바꾼다는 것 외에 사상의 역사는 무엇을 증명하는가?

각 시대를 지배하는 사상들은 지배계급의 사상이었다.

"

카를 마르크스 Karl Marx, **프리드리히 엥겔스**Friedrich Engels

카를 마르크스는 1818년 프로이센 라인란트에서 태어났다. 본대학교와 베를린대학교를 졸업한 후 예나대학교에서 박사학위를 취득했다. 급진적인 사상과 그에 대한 전파 활동으로 프랑스와 벨기에에서 쫓겨나고 프로이센 입국을 거부당한 마르크스는 1849년 런던으로 이주했으나 결국 시민권을 취득하지 못하고 1883년 세상을 떠났다. 프리드리히 엥겔스는 1820년 독실한 경건주의 가정에서 태어났다. 1845년 공장의 근로여건과 아동노동착취를 폭로하는 《영국 노동계급의 실태》를 펴내기도 했으며, 마르크스가 세상을 떠난 뒤 여생을 《자본론》의 미완성 부분을 편집하며 보냈다. 1895년에 세상을 떠났다.

카를 마르크스의 조부와 증조부는 랍비였고, 프로이센의 라인란트에 있는 도시 트리어의 유대인 공동체에서 근무했다. 카를 마르크스의 아버지 하인리히는 변호사이자 정치적 자유주의자로, 가족을 반유대주의법으로부터 구하기 위해 루터교로 개종했다. 어머니 헨리에타는 훗날 필립스 전자회사를 창립한 부유한 네덜란드계 유대계 집안에서 태어났다. 기업가이자 은행가였던 외삼촌은 마르크스와 아내 제니가 런던에 정착한 후 빚을 지지 않고 살수 있게 도와주었다. 또한 지성의 동반자인 프리드리히 엥겔스로부터 자주 경제적인 도움을 받았다. 엥겔스의 가족은 맨체스터에 방적공장을 소유하고 있었으며 독일에도 사업적으로 이해관계가 있었다. 이처럼 자본과 자본이 제공하는 자유가 없었더라면 마르크스는 걸작 《자본론》을 완성하거나 여러 국가에서 정치 행동주의를 유지하기 어려웠을 것이다. 그러나 스스로를 인류의 역사적 방향성을 드러내는 계시자로 바라보는 마르크스에게 단기적으로 겪는 경제적인 어려움은 아무것도 아니었다.

학생이었던 그는 헤겔로부터 강한 영향을 받았다. 한동안 그는 '젊은 헤겔 철학자'들과 어울렸으나, 이 프로이센 철학자가 제시하는 세계관을 사상으로 받아들이기엔 불만이 생기면서 이 무리에서 빠져나왔다. 마르크스는 이 세계가 명백하게 물질적이며, 사회와 경제, 정치를 형성하는 우리의 능력 안에 있었다. 1834년 《포이에르바하에 관한 테제》에서 그는 이렇게 썼다. "철학자는 오직 다양한 방식으로 세상을 본다. 그러나 핵심은 세상을 바꾸느냐다."

3년 후 그와 엥겔스는 《공산당 선언》을 쓴다. 최초의 마르크스주의 정당인 공산주의연맹의 런던회의를 위해 준비한 글로, 마음을 울리며 시적이기까지 한 표현 덕에 사회주의 사상이 확산될 수 있었던 결정적인 문서가 되었다. 그리고 실제로 역사상 가장 중요한 정치적 글이기도 하다.

계급투쟁을 위해 혁명을 일으킬 시간

마르크스와 엥겔스는 하나의 거대한 계급투쟁으로서 유럽의 대안적인 역사를 제시하면서 《공산당 선언》을 시작했고, 당시에 이 계급투쟁의 역학이 빠르게 변화하고 있다고 강조했다. 과거의 유럽 사회는 가장 낮은 소작농부터 군주까지 여러 신분계급으로 구분되지만, 이제는 두 개의 획일적인 덩어리로 합쳐졌다고 했다. 부르주아(도시거주민과 상인으로 구성된 도시 상업계급)와 프롤레타리아(노동계급)였다.

부르주아는 주로 세계 곳곳에 새로운 영역을 개척하고 세계무역을 확대하며, 항해술을 포함한 기술을 발전시키면서 이익을 얻었다. 이러한 확장으로 인해 고정적인 계급 관계와 상속재산을 바탕으로 하는 옛 봉건제도는 쓸모없게 되었다. 폐쇄적인 거래와 장인으로 구성된 길드 제도는 새로운 제조업이 활력을 얻음에 따라 밀려났고, 길드 간의 노동 분업은 각 공장 내에서의 업무 분업으로 대체됐다. 새로 탄생한 모든 부는 부르주아들이 한때 자신들을 억압하던 봉건귀족으로부터 돈으로 자유를 살 수 있게 되었다는 의미였다.

부르주아의 성공은 근대 민족국가의 특성을 형성하는 데에 도움이 됐다. 그보다도 마르크스와 엥겔스는 "근대국가의 행정부는 전체 부르주아의 공통적인 문제들을 처리하는 위원회에 지나지 않다."고 보았다. 한때 인민의 사회적 지위가 전통을 기반으로 했다면, 이제는 한 가지 공통분모로 오랜 연대와 관계는 사라지고 말았다. 이들은 돈이 "종교적 진지함과 기사도적인 열정, 속물적인 감상 같은 가장 성스러운 황홀경들을 이기적인 계산이라는 차가운 물속으로 처넣었다."고 말한다. 모든 사람의 가치는 이제 이들의 교환가치로 떨어졌고, 출신과 종교, 그리고 정치적 충성에 따라 구분했던 계급은 상업적 이득을 위해 다른 사람들을 착취하는 수단을 소유했는지에 따라 바뀌었다. 안정된 옛 질서 대신에 부르주아의 시대는 '영원한 불확실성과 동요'라는 특징을 띠게 됐다. 이윤을 얻으려는 욕망은 끊임없이 생산성의 증가를 추구하고 뭔가를 팔 수 있는 새로운 시장을 찾아 나섰다. 이 모든 것은 필연적으로 사회적 관계의 대대적인 이동을 포함했다. "견고했던 모든 것이 공기 중으로 사라진다. 성스러운 모든 것이 불경해진다." 마르크스와 엥겔스의 유명한 주장이다.

둘은 철도부터 운하, 대규모 농업까지 기술과 생산의 폭발적인 발전에 경이로움을 표했지만, 새로운 제도는 예상치 못한 문제를 가져왔다. 과잉생산이었다. 제조기술이 크게 발전하면서 물건이 수요보다 훨씬 더 많이 생산됐고, 따라서 호황과 불황이 빠르게 반복되는 경기변동으로 이어졌다. 노동자는 자본이 어떻게 효율적으로 사용됐는지 아무런 말도 보태지 않으나, 그의 삶과 생계는 이제 '경쟁의 모든 부침, 그리고 시장의 모든 변동에 노출'된다. 게다가 개별 노동자는 그저 '기계의 부속품'일 뿐이다. 더 이상 작업을 하면서 개인적인 장인의 자부심을 느끼지 못하고, 단지 단조로운 공장의 공정에 속하는 요소가 된다. 누구든 그 일을 할 수 있기 때문에 임금은 낮아진다. 노동자는 상품이다. 공장 소유주는 다른 자본가들과 치열한 경쟁에 있기 때문에 그의 관심사는 가격(과 임금)을 낮추는 데에만 쏠린다. 한편, 중산층이 모두 몰락하면서 (소상공인, 기능공, 상점 주인 등) 형태가 일정치 않은 프롤레타리아에 흡수됐다. 이들의 쥐꼬리만 한 자원은 실업가들이 가진 자본이나 조직과 경쟁할 수 없고, 이들의 기술은 새로운 생산방식에 따라 구식이 되어버리기 때문이다.

시간이 흐름에 따라 프롤레타리아는 임금을 안정시키고 인상하며, 노동환경을 개선하고, 노동조합을 결성하기 위해 하나로 뭉친다. 이러한 노력 대부분은 실패하지만 점차 높아지는 계급의식은 결국 정당을 창설하고 노동시간 제한과 같은 입법적인 변화를 요구하게 된다. 모든 사회적 관계가 자본을 토대로 삼는 세계에서 프롤레타리아들은 윤리와 문화, 종교, 그리고 법이 '보편적'이라기보다는 자기들을 제자리에 묶어두려는 부르주아들의 음모라고 확신하게 된다.

사유재산 폐지, 가족제도 폐지, 국가와 민족의 폐지

마르크스와 엥겔스는 공산주의가 다른 노동자들의 움직임과 경쟁하는 것이 아니라, 하나의 국제적인 운동으로 통일하려는 것이라고 본다. 또한 《공산당 선언》이 단일한 '개혁 지망생', 즉 마르크스 한 사람의 사상이 아니라 소유관계를 변혁하기 위한 계급투쟁과 그 불가피한 종료 지점까지의 광범위한 과정을 표현하는 것이라고 강조한다. 공산주의 방식에서 핵심은 사유재산의 폐지다. 그러나 기능공이나 상점 주인이 힘들게 벌어들인 이익을 어떻게 빼앗을 수 있을까? 마르크스와 엥겔스는 자신들이 관심을 가지는 것은 이런 재산이 아니라 '자본과 임금노동 간의 반작용을 바탕으로 한' 재산이라고 계속 주장한다. 사회 전체가 이런 재산을 바탕으로

할 때 자본은 더 이상 개인의 것이 아닌 권력구조의 일부가 된다는 것이다.

공산주의는 개인이 생계를 위해서 돈을 받고 노동을 하는 권리를 없애자는 것이 아니었다. 이들이 바꾸려 한 것은 이 노동이 다른 누군가를 배불리는 데 사용된다는 사실이다. 공산주의 제도에서 노동자의 성과는 그 노동자의 삶을 개선하는 데 쓰인다. 부르주아는 이 제도로 인해 사고, 팔고, 거래할 자유와 개성을 가질 권리가 사라질 것이라고 항변한다. 그러나 현 상황으로서 부르주아 경제는 결국 노동계급의 의존성을 낳고 공장 제도는 개성을 말살하고 만다. 소수가 다수를 착취하는 구조를 바탕으로 부가 극단적으로 집중되는 것이야말로 가장 큰 불의 아니었을까?

부르주아의 관점에서 가장 충격적인 공산주의 사상은 가족제도의 폐지였다. 마르크스와 엥겔스가 실제로 의미하던 바는 단란함과 소유, 안정성을 갖춘 부르주아 가족의 폐지였다. 노동자들은 오랜 시간 동안 고된 노역을 해야 하는 바람에 자식들도 거의 보지 못하고, 자식들은 공장에 나가거나 매춘부가 되어야 할 것이다. 또한 공산주의가 여성 간의 평등과 공동체를 파괴한다는 주장에 대해, 현실적으로 부르주아 여성은 '단순한 생산수단'이며 부르주아 남성이 착취하는 또 다른 물건일 뿐이라고 마르크스와 엥겔스는 주장한다.

또한 공산주의자들은 국가와 민족을 폐지하려 한다는 비난을 받았으나, 마르크스와 엥겔스는 프롤레타리아에게는 민족이 없다고 답한다. 노동자가 정치적 권리를 가졌다면, 이들은 계속 빈곤하고 착취당했기 때문에 공허할 뿐이었다. 민족국가보다 훨씬 더 중요한 것은 전 세계 노동계급의 유사성과 단결로, 《공산당 선언》은 일단 이 연대가 발전한다면 전쟁의 이유 역시 사라질 것이라 예측한다. 정부는 단순히 기술관료 조직이 되어, 오직 생산수단의 재분배와 구성에 관련한 문제만 해결한다.

혁명을 위한 실천적 과제가 없는 정치경제학

레닌처럼 공산주의 혁명의 진심을 믿는 자들조차 마르크스가 사회주의 경제에 관해 쓴 글에는 현실에서 어떻게 실천할 것인지에 대한 내용이 거의 없다고 인정한다. '사회주의는 프롤레타리아 독재이며, 가장 근대적인 전기기계를 가장 광범위하게 도입한 것'이라는 어설픈 슬로건을 만드는 것은 레닌의 몫이었다.

마르크스와 그의 추종자가 경제를 불신했다는 점을 감안하면 (적어도 데이비드 리카도David Ricardo와 아담 스미스Adam Smith 같은 주류 경제학자들을 불신하며 부르주아라고 일축했다), 이들이 확산시킨 정치경제학에는 매우 큰 오류가 있다는 것은 그다지 놀랍지 않다. 프리드리히 하이에크는 다음과 같이 언급했다. "사회주의자들이 경제에 대해 아는 게 있다면, 이들은 사회주의자가 아닐 것이다." 일단 귀족들이 사라지고 새로운 기계로 농장을 운영하게 되면, 그다음에는 어떻게 되는가? 인간이 의미 있는 삶을 살아가기 위해서는 고차원적인 목표가 필요하다. 반면, 자유주의적이고 열린 사회는 무수하게 다양한 개인의 열망을 추구할 수 있게 허용한다.

마르크스는 탐욕과 이윤 추구 동기가 사회를 움직이는 동력이 아니며, 그보다는 우선순위가 잘못된 타락한 사회제도를 보여주는 징후라고 보았다. 그에 따르면 개인은 단순히 제도의 도구이며, 제도 자체를 뒤집어야만 사람들이 실질적으로 자유로워진다. 사회의 모든 문제는 특정 계급의 이기적인 이윤에 맞춰 만들어진 사회제도 때문에 발생한다. 언뜻 보기에 타당해 보이는 관점이지만, 마르크스는 사회가 모든 사람에게 이기적인 욕심을 추구하도록 허용해야 최선의 자원 배분으로 이어진다는 아담 스미스의 기본 논리를 이해하는 데 실패했다. 마르크스의 논리와는 달리 그런 사회는 (평등에 초점을 맞춘 계획경제보다) 빠르게 부유해질 것이다. 인간의 본성을 얕잡아 보았기 때문에 자본주의는 성공하고 인간을 너무 고귀하게 생각하기에 공산주의가 실패했다는 오랜 금언에 반박하기는 쉽지 않다.

📌 함께 읽으면 좋은 책

- 업튼 싱클레어 《정글》
- 엠마 골드만 《저주받은 아나키즘》
- 조지 오웰 《동물농장》

프랑스 경제학자 토마 피케티Thomas Piketty는《21세기 자본》에서 선진경제는 임금소득보다 자본소유에 더 방점을 두게 변화했다고 주장한다. 따라서 부는 점차 집중되고, 사회적 유동성은 줄어들며, 고학력의 국제적인 부르주아가 임금소득의 전통적인 노동계급과 중산계급 모두에서 이탈했다. 모두의 파이가 점차 커질 때 마르크스의 주장은 엉뚱해 보인다. 한 집단을 위해서만 커지면, 갑자기 마르크스의 계급과 착취에 대한 사상이 그럴듯하게 들린다.

공산주의는 분명히 실패한 통치 형태지만, 자본주의를 믿는 사람들이 마르크스를 비웃어도 된다는 의미는 아니다. 어떤 체제든 사람들의 삶을 개선할 기회를 주지 못한다면 혁명이 시작될 가능성은 언제나 존재한다.

36

Discours sur L'origine et les Fondements
de L'inegalite Parmi les Hommes

불평등과 사회정의에 관한
현대적 정의

인간 불평등 기원론

"

자연상태에서는 거의 존재하지 않는 불평등은
인간의 능력이 발달하고 인간 정신이 진보하면서
힘을 얻고 성장한다.

"

장자크 루소 Jean-Jacques Rousseau

1712년 제네바에서 태어났다. 20대 중반에 새로운 악보 표기법을 만들었으며, 31세에 베네치아공화국에서 프랑스 대사로 일하기 시작했지만, 제대로 된 외교관이 아니었다. 루소는 발레 및 오페라 작곡가로도 성공했고, 1752년 루이 15세를 위한 작품을 작곡해서 왕으로부터 후원 제안도 받았다. 기존의 교육 현실과 교리를 비판했다는 이유로 교회로부터 엄청난 공격을 받았고, 이로 인해 피해망상이 생겼다. 친구 데이비드 흄David Hume의 초청으로 영국으로 망명했지만, 훗날 흄이 자신을 해친다는 망상에 시달리다 그와 갈라섰다. 1778년 세상을 떠났다.

1740년대에 장자크 루소는 잘나갔다. 제네바에서 태어난 이 지성인은 파리로 이주해 볼테르Voltaire와 드니 디드로Denis Diderot의 친구가 되었으며, 이 계몽사상가들은 파리의 살롱계에 새로운 생명력을 불어넣었다. 이때까지 사교계에 들어올 수 있는 자격은 오직 명문가 자제들뿐이었으나, 갑자기 재치와 독창적인 식견이 중요해졌다. 루소는 이미 계몽사상 입문서이자 디드로의 유명한《백과전서》에 도움을 준 것으로 잘 알려져 있었고, 당시 1750년에 〈학문예술론〉으로 상을 타서 센세이션을 일으켰다. 이 글에서 루소는 자연상태에서의 인간은 선하지만 문명으로 인해 타락한다는, 당시의 생각과는 정반대의 주장을 펼쳤다. 다음 해 루소는 또 다른 논문공모전에 참가했다. 디종 아카데미의 질문은 '인간 불평등의 기원은 무엇인가? 그리고 자연법에 의해 허용되는가?'였다. 이 주제를 두고 그는 초기 논문의 주제를 계속 이어가면서도 다른 관점에서 들여다보았다. 이번에는 상을 수상하지 못했지만, 다시 한번 그의 글은 영향력을 발휘했다.

불평등과 사회정의에 대한 현대의 논의는 루소의 개념을 바탕에 두고 있다. 인간 사이의 자연적인 불평등은 무시할 수 없으며 심지어 실력 사회가 될 수도 있다. 우리가 마음에 들든 아니든 간에 신체적이고 지적인 차이가 존재한다는 것은 사실이다. 그러나 사회는 능력과 성과의 초기 편차를 굳히고 확대하는 경향이 있으며 이는 상속되는 엘리트를 탄생시킨다. 루소는 우리가 시계를 되돌려 수렵채집사회로 되돌아간다고 말하지 않았다. 그보다 각 세대는 리셋 버튼을 갖추고, 부모의 성과보다는 자신이 행한 일 덕에 두각을 나타내야 한다고 말했다.

　초기 인간에 대한 루소의 인류학적인 주장 가운데 일부는 이제 비현실적으로 들린다. 그가 가진 지식의 대부분은 아프리카와 남아메리카에 사는 토착민들에 대한 여행자들의 설명을 읽으면서 얻었기 때문이다. 그는 (현재의 인류학자들이 그렇듯) 불평등이 수렵채집사회에도 퍼져 있음을 알지 못했다. 원래의 미 대륙에는 부유한 조개 거래상들이 살았고 알래스카 어업사회는 주인과 노예로 구분됐다. 그러나 전근대적 사회들이 불평등을 핵심적인 사회문제로 여겼다는 그의 지적은 대체로 옳았다. 이들은 자부심과 탐욕, 그리고 질투 등이 사회적 유대에 미치는 영향을 지나치게 잘 알았던 것이다. 루소는 오늘날에도 두 가지 사실을 상기시켜 준다는 점에서 현대적 의의를 지닌다. 불평등에는 대가가 따르고, 불평등을 해결하기 위해 뭔가를 하는 사회는 완벽하게 정당하다.

인간은 본능적으로 선한 존재라는 전제

논문이 던지는 질문에서 '자연법' 부분에 동의하면서 루소는 인간이 이성적인 존재가 되기 전에 어떤 자연법이 존재했다고 주장하며 글을 시작했다. 하나가 자기보호의 본능이라면, 또 하나는 다른 사람이나 동물이 고통을 겪는 모습을 보기 싫어하는 것이다. 루소에 따르면, 인간은 자기 생명이 위험에 처하지 않는 이상 다른 인간을 해치지 않는 것이 지식과 이성이 발달하기 전에 먼저 존재한 자연법칙이다. 그는 인간이 태생적으로 탐욕스럽고 경쟁적이라고 보는 홉스(164쪽을 참고하자)의 관점과 정반대로 이야기했다. "끊임없이 욕구와 탐욕, 억압, 욕망, 그리고 자부심 등을 이야기하는 이 철학자들은 사회에서 형성된 개념들을 모두 자연상태로 이동시켰다. 이들은 야만인이라 말하면서 문명인을 묘사한다." 그는 이렇게 말했다.

루소는 초기 인류에 대해 자급자족하고 평화롭게 살아갔다는 대안적인 관점을 제시하면서, 이들은 방어를 위해 가끔씩만 공격적으로 변한다고 보았다. 홉스의 의견에서 결여된 부분은 인간의 연민과 관용, 연민, 우정, 그리고 자비 등이라고 루소는 말한다. 놀랍지는 않다. 동물조차 어느 정도는 연민을 느끼기 때문이다. 말은 다른 동물을 밟지 않으려고 애쓰고, 같은 종의 동물이 죽으면 영향을 받는다. 요컨대, 원시상태의 인간은 본능적으로 동정적이며, 홉스가 생각하듯 본능적으로 못되지 않다.

인간을 타락시키는 사회구조

루소는 초기 인간의 건강한 삶과 문명화된 인간이 겪는 무수한 건강 문제를 대비한다. 근대사회에서 빈곤층은 끝도 없이 꾸역꾸역 일하고, 가끔은 형편없는 음식을 먹거나 아예 굶는다. 반면에 부유층은 게으르게 살면서 음식을 너무 많이 먹어서 온갖 병에 걸린다. 그는 약의 개입에 반대하면서, 그 누구도 손을 대지 않을 때 자연이 얼마나 훌륭하게 몸을 치유해 주는지 언급한다. 근대의 인간은 걱정으로 좀먹고 너무 많은 생각을 해서, 모든 동물들과 같이 단순히 환경에 반응하는 초기 인간들과는 대조된다. 단순한 자연의 인간은 계산하지 않고, 그냥 행동하며, 그에 따라 진정으로 고귀해진다.

> "자부심을 키우는 것은 이성이고, 이성을 강화하는 것은 반성이다. 인간에게 스스로를 들여다보게 하는 것은 이성이다. 자신을 괴롭히거나 영향을 미치는 모든 것으로부터 분리해 주는 것은 이성이다. 인간을 고립시키고, 다른 사람이 고통받는 모습을 지켜보며 '저 자는 죽으면 죽으리라. 그러나 나는 안전하다'라고 비밀스럽게 읊조리게 하는 것은 철학이다."

우리 문제의 대부분은 스스로 만들어낸 것이고, '자연이 우리에게 정해준, 단순하고 바뀌지 않는 독자적인 방식'을 지킨다면 문제는 존재하지 않을 것이다. 초기 인간이 우리보다 우월한 게 있다면 바로 단순함이다. 루소는 타당한 이유를 가지고 "자유로운 상태의 야만인이 자기 삶에 대해 불평하다가 자살까지 한다는 이야기를 들어본 적 있는지" 묻는다.

권력자들로 인한 불평등의 탄생

사회는 사람들 사이의 자연적인 불평등 위에 세워지지 않는다고 루소는 과감히 주장한다. 그보다는 우연히 권력을 잡은 사람이 나머지를 지배할 수 있는 제도로 진화한 것이다. 그는 불평등을 두 가지로 나눈다. 첫 번째 불평등은 신체적 또는 정신적 능력과 관련한다. 어떤 사람은 다른 사람보다 더 튼튼하게, 혹은 더 똑똑하게 태어난다는 단순한 삶의 측면을 의미한다. 두 번째 불평등은 어떻게 일부 사람들이 다른 사람들로부터 존경을 받게 됐는지와 관련한다. 이 사람들은 다른 사람들보다 더 부유하고, 더 명예로우며, 더 영향력 있으며, 자신에게 복종하라고 명령을 내린다.

자연상태의 인간은 모든 개인이 똑같은 일을 하고 똑같은 지식을 가지는 작은 무리 안에서 생활한다. 여기에서는 평등하지 않기가 불가능하다. 반면에 문명에서 광범위한 양육과 상황, 그리고 삶의 방식 등은 '제도화된 불평등'으로 이어진다. 태어난 환경에 따라서 어떤 사람들은 호화롭게 살면서 노동할 필요도 없지만 어떤 사람들은 쉬지도 못하고 매일 힘겹게 일해야 한다.

홉스는 기본적인 상태의 인간을 폭력적이고 남을 지배하려고 애쓰는 존재로 묘사했다. 그러나 루소는 실제로 초기 인간의 삶은 공유를 중심으로 돌아갔다고 주장한다. 누군가가 다른 사람이나 부족으로부터 공격을 받으면 그냥 다른 곳으로 옮기면 됐다. 이때는 지배할 기회랄 것이 없었다. 종살이와 지배가 제도에 단단히 자리 잡게 된 것은 사회에서였다. 인간은 '이성'이 커지면서 사악해져 갔다. 초기 인간의 독립성과 비교해서, 근대의 인간들은 그저 사회의 반영일 뿐이다. 인간은 교육을 받는다. 지식뿐 아니라 문화의 모든 오류도 같이 배운다.

루소는 인간이 문명 전의 공동생활에서 지녔던 자연스럽고 건강한 '아무르 드 수아 멤Amour de Soi-même(자기애)' 또는 자존심과 그 이후의 '아무르 프로프르Amour Propre(자기편애)'를 비교한다. 아무르 프로프르는 다른 사람들과의 관계에서 자부심으로 강화되는 자기애를 의미한다.

"명성과 명예, 승진 등을 바라는 보편적인 욕망은… 우리 모두를 집어삼킨다. … 열정을 자극하고 부풀리며, 모든 인간을 경쟁자나 라이벌, 심지어 적으로 바꿔놓는다. … 수많은 도전자가 똑같은 길을 달리게 만들어서 온갖 실패와 성공과 재앙을 매일 야기한다."

불평등은 재산으로부터 온다

루소에게 재산은 불평등의 원죄다. 인간 역사상 가장 좋았던 시기는 원시시대와 문명시대 사이에 존재했던 기간으로, 이때 인간은 단결하기 시작하면서도 물건을 나누려고는 하지 않았다. 인간은 작은 무리 속에서 살아가며 모든 것을 공유하고 자급자족할 때 행복했다. 어떤 사람이 합당한 자기 몫보다 더 많이 가져도 괜찮다고 생각하자마자, 재산을 가졌다는 싹을 틔웠고, 인간은 다른 누군가의 밭이나 머릿속에서 노동자가 됐다. 그렇게 억압이 시작됐다. 더 많이 소유하려는 모험은 질투와 탐욕, 그리고 전쟁의 세대로 이어졌다.

마르크스가 글을 쓰면서 루소를 인용한 적은 몇 번 없지만, 재산에 대한 루소의 맹렬한 태도는 마르크스주의의 전조가 됐다. 볼테르는 이 극단적인 관점에 아무런 제재가 없는 것을 참을 수 없었고, 따라서 논문 사본의 구석에 이렇게 썼다. "세상에! 땅 한구석에 농작물을 심고, 씨를 뿌리고, 울타리를 세운 사람은 자기 노력의 결실에 대해 권리가 없다니! 이건 부정한 인간인가? 인류의 후원자에 대한 도둑질인가? 부자가 가난한 사람에게 강도질을 당하길 바라는 거지의 철학을 보라!"

권력의 타락이 불러오는 혁명

루소는 사람들이 본래 폭력으로부터 보호받고 소유한 재산을 보호하기 위해 지배자의 우산 밑에 모여들었지만, 현실에서 국가는 부자들이 더 부자가 되고 다른 사람들을 지배하기 위한 수단이 됐다고 언급한다. 새로운 법은 교묘한 횡령을 돌이킬 수 없는 권력으로 바꿔놓고, 일부 야심가의 이익을 위해 인류를 노동과 예속, 빈곤에 종속시켰다.

권력과 통치의 초기 형태가 타당성을 지닌 경우도 있었다. 전원 일치로 왕이 되는 수도 있고, 귀족으로 인정받거나 민주주의가 발달했다. 그러나 눈 깜짝할 사이에 권력은 극단적인 빈곤과 부, 지배와 종속이 단단히 자리 잡게 만들었다. 통치자가 귀족 신분이나 서열 같은 가문의 특권을 부여할 때, 그 가문은 그 지배적인 권력 체계와 유지에 집중하게 된다. 본래 사회를 위해 맡았던 임무는 세월이 흐르면서 잊히고, 오직 권력과 부를 영속화하기 위해 존재하게 된다. 실제로 '가족 내에서 게으름뱅이로 손꼽힐수록 더 빛나는 법'이었다. 루소는 프랑스의 귀족가문을 언급한다. 프랑스의 사회 계층과 불평등은 영국보다 더욱 경직되어 있다. 그는 프랑스혁명에 불을 붙였다는 평을 받는 다음과 같은 말로 논문을 마친다.

"어린아이가 노인을 다스리고, 얼간이가 현자를 안내하며, 굶주린 사람들이 꼭 필요한 것조차 부족한 마당에 소수의 사람들에게 사치품이 넘쳐난다는 것은 자연법이 어떻게 규정되든 간에 명백히 위배되는 것이다."

📌 함께 읽으면 좋은 책

- 에드먼드 버크 《프랑스혁명에 관한 성찰》
- 엠마 골드만 《저주받은 아나키즘》
- 카를 마르크스, 프리드리히 엥겔스 《공산당 선언》

톰 버틀러 보던의 ★ 한마디 ★

루소는 결코 '기회의 평등'이라는 표현을 쓴 적 없으나 좋은 사회라면 반드시 갖춰야 할 원칙이라고 느꼈다. 그게 아니라면 사회가 더 오래 존재할수록 보상과 이익은 직접 일군 사람보다 물려받은 사람들에게로 향한다. 그러나 자연스럽게도, 자신의 이익을 중시하는 인간의 본능을 고려하면 평등에 관한 권리는 사전에 명확히 설명되고 보편적으로 보장되어야 한다.

존 롤스의 유명한 '무지의 베일' 개념은 사회에서 그 누구도 자신이 왕이나 극빈자가 될 것인지, 상인이나 하인이 될 것인지 미리 알 수 없어야 한다고 주장한다. 이 알지 못하는 상태에서 어떻게 법은 개인의 자유를 보존하면서도 모두에게 이익을 안겨주도록 만들어져야 하는가?

사회의 목표를 '공정함'이라고 이해하는 것이 바로 루소가 겨냥한 바였고, 그의 정신은 오늘날에도 사회의 혁명운동 안에 계속 살아 있다. 사회는 단순히 질서를 지키거나 재산을 보호하기 위해 존재해서는 안 된다. 사회는 반드시 도덕적 목표를 가져야 한다.

37

A Vindication of the Rights of Woman

교육을 통한 여성의 해방을 부르짖다
여성의 권리 옹호

> 66
>
> 일부 남성들이 무지한 사회에서 피부색과 인종, 종교 때문에,
> 아니면 식민사회에서 국적 때문에 겪는 일을,
> 모든 여성은 여성이라는 성별 때문에 겪는다.
>
> 99

메리 울스턴크래프트 Mary Wollstonecraft

1759년 런던 스피탈필즈에서 태어났다. 바스에서 귀부인의 시중을 들다가 부유한 가문인 킹스보로스의 집에서 가정교사를 지냈다. 런던으로 돌아와 영국 자코뱅파로 알려진 개혁파와 작가들의 모임에 합류했는데, 이들은 프랑스혁명이 인류의 미래라고 묘사했다. 파리에서 미국인 사업가 길버트 임레이Gilbert Imlay와 순탄치 않은 관계를 시작했고, 1795년 아편을 이용해 자살을 시도했지만 임레이의 도움으로 목숨을 구했다. 임레이와 마지막으로 헤어진 후 템스강에 몸을 던졌으나 가까스로 목숨을 건졌다. 1797년 3월 작가 윌리엄 고드윈William Godwin과 결혼했으나 같은 해 9월 세상을 떠났다.

메리 울스턴크래프트의 아버지 에드워드가 런던의 직공이자 지주였던 자기 아버지에게서 물려받은 재산은 그와 그의 아내, 그리고 일곱 명의 아이들이 유복한 환경에서 즐겁게 살 수 있는 정도였다. 그러나 18세기 영국에서 사업과 무역을 한다는 것은 사교계에 진입하기 어려운 장벽이었다. 그래서 에드워드는 사업을 확장하는 대신 신분상승을 위해 모든 것을 버리고, 시골 땅을 사러 런던을 떠났다. 당시 10대 소녀였던 메리는 신사가 되고 싶은 허세 때문에 가족을 궁핍한 환경으로 몰아넣는 아버지를 지켜보았다. 또한 아버지가 술을 마시는 모습이나 가부장적으로 구는 모습도 마음에 들지 않았다. 영국의 장자상속법 덕에 그나마 남은 돈은 그녀보다 약간 나이가 많은 오빠 네드에게로 갈 운명이었다. 여성은 땅을 소유할 권리도 없었고, 한번 결혼하면 모든 독립성이 사라졌다. 여성은 남편에게 두들겨 맞아도 법적으로 보호받을 수 없고, 이혼소송을 할 수도 없었으며, 부부의 재산이나 소득에도 권리가 없었다. 그녀는 그저 남편의 소유물이었다.

어머니의 절망적인 삶을 지켜보면서, 고집 센 메리는 절대로 결혼하지 않겠다고 결심했지만, 이는 스스로 생계를 꾸려갈 방법을 찾아야 한다는 의미였다. 한동안 바스에서 한 귀부인의 시중을 들던 그녀는 비국교도들이 모이는 런던 북부의 뉴잉턴그린으로 와서(다만 그녀 자체는 성공회교도였다) 학교를 열었고, 이를 운영하며 20대를 보냈다. 이 모험은 성공적이지 못했고 빚을 져야 했지만, 울스턴크래프트는 자신만의 교육철학을 발전시킬 수 있었다.

1787년 울스턴크래프트는 새로 발행하는 〈애널리티컬 리뷰〉에서 평론가로 일하기 시작했고, 그 과정에서 토머스 페인을 비롯해 여러 개혁파 작가와 사상가들을 만났다. 같은 해 첫 번째 책《딸들의 교육에 관하여Thoughts on the Education of Daughters》를 출간하고 뒤이어 소설《메리》를 펴냈다. 울스턴크래프트는 자신을 작가라고 명시한 최초의 여성 가운데 하나다. "나는 신인류 최초의 사람이 될 거야. 이런 시도를 하자니 떨리네." 그녀는 여동생 이베리나에게 이렇게 편지를 썼고, 실제로 작가로서 생계를 유지했다. 선구적인 출판인 조셉 존슨Joseph Johnson이 각종 번역 업무를 맡기거나 그녀가 쓴 원고를 모두 인쇄해서 큰 도움을 주었다. 그리고 새뮤얼 존슨Samuel Johnson은 그녀의 친구이자 멘토가 되어주었다.

가족의 상황과는 별개로, 울스턴크래프트에게 가장 큰 영향을 미친 것은 바로 프랑스혁명과 미국 독립혁명이었다. 교사로 일하는 동안 그녀는 목사인 리처드 프라이스Richard Price 박사와 친해졌다. 이 설교가는 프랑스혁명가들을 후원하고 있었고, 영국 자체도 급진적인 변화를 겪을 필요가 있다는 생각에 불을 붙였다. 프라이스의 견해는 에드먼드 버크Edmund Burke가 왕정과 재산, 전통을 옹호하는《프랑스혁명에 관한 성찰》을 쓰도록 자극했고, 여기에 토머스 페인은《인간의 권리》로 응수했다. 울스턴크래프트가 1790년 펴낸 소책자《남성의 권리 옹호A Vindication fo the Rights of Men》는 버크에게 보내는 일종의 공개서한으로, 널리 논의되고 검토됐다. 당시 여성의 권리는 여전히 많은 사람들에게 터무니없는 주제였다.

그러나 시대의 풍조였던 열렬한 평등주의에 힘입어, 울스턴크래프트는 자신의 사상에 어울리는 시대가 왔다고 느꼈다. 그리고 약 1년 뒤에《여성의 권리 옹호》가 출간됐다. 페인의 베스트셀러에 비하면 아무것도 아니지만 이 책은 3,000부가 팔렸고 그녀에게 영원한 명예와 악명을 함께 가져다주었다. 이 책은 여성의 권리라는 문제를 제기하는 최초의 책이었고 영국뿐 아니라 미국에서도 읽혔다. 미국의 부통령 존 애덤스John Adams의 아내 아비가일 애덤스가 이 책을 읽고, 새로운 헌법의 기틀을 잡는 일을 남편에게 '숙녀들을 기억하라.'고 압박을 넣었다는 이야기는 유명하다.

《여성의 권리 옹호》는 그 시대를 직설적으로 겨냥했고, 서문 마지막의 신랄한 한 줄이 그 사실을 드러냈다. "어떤 여성은 스스로의 품위를 해치지 않고도 남편을 지배한다. 지성이 언제나 지배하는 법이기 때문이다." 여성을 그저 예쁜 인형으로 인식하는 세태에 한 방 먹이면서, 이 책은 시몬 드 보부아르_{Simone de Beauvoir}의 《제2의 성》, 저메인 그리어_{Germaine Greer}의 《여성 거세당하다》, 베티 프리단_{Betty Friedan}의 《여성의 신비》, 그리고 나오미 울프_{Naomi Wolf}의 《무엇이 아름다움을 강요하는가》등의 선조 격이 됐다.

울스턴크래프트는 프랑스 정치인 탈레랑_{Talleyrand}에게 프랑스의 새로운 교육제도를 기획할 때 소녀들을 고려해 달라고 요청했다. 그녀는 여성의 역할과 교육과 관련해 출판된 모든 다양한 개념들에 계속 응답했다. 특히 장자크 루소가 주요 대상이었다.

여성은 왜, 얼마나 다른가

울스턴크래프트는 궁금했다. "여성과 남성을 그토록 차이 나게 만든 것은 자연인가 문명인가?" 여성은 마치 과하게 기름진 흙에 심어진 꽃과 같아서 '강점과 유용함이 아름다움에 묻혀버리는' 존재였다. 꽃은 잠시 피어나지만, 곧 잎사귀는 시들고 식물은 절대 완숙기에 접어들지 못한다. 울스턴크래프트는 주로 교육을 비난했고, 특히 여성들을 가르치는 남성 교육자들이 "합리적인 아내보다 매혹적인 정부로 키우려고 안달이 났다."라고 했다. 그 결과 여성은 자기 능력에 합당한 존경을 받는 대신 사랑을 찾아다니느라 시간을 다 보내버렸다.

그러나 여성은 궁극적으로 남성이 아닌 신에게 자신의 행동을 설명할 수 있어야 한다. 남성은 어쨌든 잘못을 저지를 수 있는 존재니까! 여성과 남성이 다르게 만들어졌기에 인류가 계속 존재할 수 있지만, 분명 신은 두 성에게 미덕을 발휘할 수 있는 똑같은 능력, 그리고 적어도 비슷한 판단력을 주었다. 울스턴크래프트는 남성들이 신체적으로 우월하다는 것을 인정하면서도, 여기에 만족하지 않고 여성을 더 비하하려 하는 모습을 지켜본다. 그 결과로 여성은 오직 남성으로부터 관심을 받고 감언이설만 들으려 살아가고 마음속에 오래 품을 흥미를 구하려 하지 않는다. 여성은 '영원한 어린이'로 시간을 보낼 게 아니라, 남성과 마찬가지로 '능력을 펼치려 이 땅에 태어났다'는 점을 감안하면 비극적인 일이다. 미덕이 영원하고 보편적이라면, 남성과 똑같은 수준으로 개발하지 못하게 여성을 가로막는 것은 무엇인가? 아무리 겉으로는 매력적이더라도 나약한 여성은 변함없이 멸시의 대상이 되고야 만다. 남성과 여성은 모두 개성을 가진 사람이 되겠다는 야망, 그리하여 몸과 마음을 발전시키겠다는 야망을 품어야만 한다.

스스로를 지배하기 위한 교육의 필요성

루소가 《에밀》에서 표현한 사상은 소녀들의 교육까지 이어지지 않았고, 따라서 울스턴크래프트는 루소에게 그 책임을 물었다. 당대의 대표적인 계몽주의자인 그가 그저 여성을 남성의 기쁨조이자 배우자로만 바라본다면, 잘못을 바로잡기까지 너무 많은 힘이 들 것이었다.

결혼에서 여성의 우아한 담쟁이덩굴은 남성의 튼튼한 떡갈나무를 장식한다고 했다. 아아, 오직 남편들만 '몸만 큰 어린아이'가 아니라 그토록 안정적이고 믿을 만한 존재인가. 그러나 아내들은 그렇게 자라왔고 교육도 받지 못했기에 비슷하게 허약했다. 여성의 행동에는 체계가 없었다. 체계성이나 추론하는 방법을 배우지 못했기 때문이었다. 여성들에게는 오직 일상생활과 사교계에서 곁눈질로 배운 '토막 상식'만 있었으며 자기들이 발견한 것을 견주어볼 추상적인 지식체계도 없었다. 여성의 정신적인 능력은 예쁘게 보인다든지 매력적으로 보여야 한다는 필요성에 밀려 희생됐다. 그리고 신체조차도 운동이나 신체적 훈련을 받지 못해 제대로 발달하지 못했다.

　　남성은 직업을 가질 준비를 하지만 여성은 오직 '인류지대사'인 결혼만을 기대하도록 훈련받았다. 그리고 그 결과 얻게 되는 정신적인 공허함은 하찮은 고민거리와 욕정의 먹잇감이 됐다. "그리고 도덕주의자들은 이것이 바로 인류의 절반이 무기력하게 늘어져서 바보 같이 묵인하며 버텨야 하는 그런 상태라고 주장하는 척하려나?" 울스턴크래프트는 이렇게 묻는다. 그러면서 여성 교육의 목적은 여성이 남성보다 강해지기 위해서가 아니라, 스스로를 지배하려는 데 있다고 강조한다.

　　《여성의 권리 옹호》의 마지막에서 그녀는 전국적인 혼성 교육을 제안한다. 기숙사립학교는 잔혹함과 방탕함의 온상이므로 일찍이 정신을 타락하게 만든다고 그녀는 말한다. 그 극단으로는 홈스쿨링이 있다. 홈스쿨링은 아이들에게 과대망상을 심어주는 경향이 있으며, 어쨌든 이 아이들은 자기 가정교사와 보모보다 우월해진다. 울스턴크래프트에게 영국의 교육제도는 위인과 천재들을 간간이 키워내도록 만들어졌지만, 이 제도는 전혀 교육받지 못하거나 부적당한 교육을 받는 다수를 희생한다. 그녀는 소년과 소녀가 반에서 함께 공부하고 계급의식을 줄이기 위해 교복을 입는 통학학교를 상상한다. 학생들은 탁 트인 운동장에서 마음대로 뛰어다니고, 한 번에 한 시간 이상 자리에 앉아 있지 못한다. 지능이 다소 낮은 소녀와 소년은 실용적인 일이나 장사를 배우거나 가사 일을 준비하도록 분리교육 받는다. 더 똑똑하거나 부유한 학생은 외국어와 심화 과목을 공부할 수 있게 된다. 울스턴크래프트는 학교가 더 평등해질수록 사회 역시 더 평등해질 것이라 기대한다. 어린이들은 평등한 존재들과 어울리기 위해 반드시 학교에 가야 하며, 서로 평등함 속에서 부대껴야만 우리 스스로 자신만의 온당한 의견을 형성할 수 있기 때문이다.

여성은 남성보다 열등하지 않다

울스턴크래프트는 "여성이 본질적으로 남성보다 열등하다고 볼 수 없다. 여성은 언제나 남성에게 종속되어 있었기 때문이다."라고 썼다. 군인이나 노예처럼 여성들은 교육을 받지 못했기에 맹목적으로 권위에 굴종해야만 했다. 그러나 이들의 지위는 타고난 상태를 전혀 반영하지 못하며, 다만 '문명'의 강권에 의해 생겨났을 뿐이다.

울스턴크래프트는 단순히 사회에서의 여성의 지위가 아니라 사회 그 자체를 향해 불만을 품었다. 부잣집에서 태어난 바보 같은 아들들은 생산적인 일은 전혀 하지 않고도 평안하게 인생을 살아가지만 여성은 그저 소유물에 지나지 않았다. 가치와 능력의 개발, 그리고 미덕을 바탕으로 삼아야 할 사회가 그 대신에 성별과 계급, 부에 따라 가차 없이 꾸려진다. 그녀는 남성이 '용맹한 척하며 정욕을 품거나 보호자로서 무례한 생색을 내는' 것이 아니라, 여성과 함께 서로를 존경하고 동지애를 가질 수 있는 시대가 오기를 기대한다. 그녀는 인구의 1퍼센트인 재산을 가진 남성만이 투표할 수 있던 시대에 선거의 대표성이 부족하다는 것을 비난했다. 그녀는 여성이 미래에는 직접 대표되어야 한다고 암시하기까지 했다.

📌 함께 읽으면 좋은 책

- 시몬 드 보부아르 《제2의 성》
- 베티 프리단 《여성의 신비》
- 존 스튜어트 밀 《여성의 종속》
- 저메인 그리어 《여성 거세당하다》

울스턴크래프트는 둘째 딸 메리(《프랑켄슈타인》을 쓴 작가이자 시인 퍼시 비시 셸리Percy Bysshe Shelley의 아내 메리 셸리Mary Wollstonecraft Shelley)를 낳은 직후 사망했다. 그리고 불행하게도 고드윈이 노골적으로 쓴 아내의 전기 때문에 울스턴크래프트가 음탕한 여성이라는 거짓 신화를 남기게 됐다. 빅토리아 시대에 밀리센트 포싯Millicent Fawcett 같은 여성 참정권론자들이 그녀에 관한 글을 쓰기 시작하고 나서야 명예를 회복할 수 있었다. 조지 엘리엇George Eliot, 제인 오스틴Jane Austen, 헨리 제임스Henry James, 샬럿 브론테Charlotte Bronte, 엘리자베스 브라우닝Elizabeth Browning 그리고 초기 사회주의자 로버트 오웬Robert Owen 등이 울스턴크래프트에게 마음의 빚을 졌다고 언급했다. 그리고 존 스튜어트 밀과 그의 아내 해리어트는 《여성의 권리 옹호》가 출판되고 나서 75년 후인 1869년 《여성의 종속》을 발표했다. 아나키스트인 엠마 골드만은 울스턴크래프트로부터 영향을 받았다고 밝혔고, 현대에 와서도 이슬람 사회에서 여성의 지위를 비판하고 알리는 소말리아 소설가 아얀 히르시 알리Ayaan Hirsi Ali를 포함해 여전히 추종자를 거느리고 있다. 울스턴크래프트의 성배가 남성과 여성 간의 평등한 관계였다면, 그녀가 남긴 더 구체적인 유산은 바로 여성이 적절히 교육받을 수 있는 권리였다. 100년이 더 지나고 나서야 영국 여성들은 대학에 갈 수 있게 됐고, 오늘날조차 소녀들이 학교에 가는 게 잘못이라고 생각하는 남자들이 존재한다. 울스턴크래프트의 정신이 그들과 함께하리라.

38

Les DamnÈs de la Terre

식민 지배의 폭력성을 고발하다

대지의 저주받은 사람들

66

식민주의는 생각하는 기계도 아니고

추론 능력을 부여받은 기관도 아니다.

자연상태 그대로 폭력이며, 더 큰 폭력을 마주할 때만 꺾인다.

99

프란츠 파농Frantz Fanon

1925년 마르티니크에서 태어났다. 18세의 나이에 '자유프랑스'군에 입대하여 제2차 세계대전에 참전했다. 1944년 부상을 입고 무공십자훈장을 받았으나 나치가 패배하자, 고향으로 돌려보내졌다. 의학과 정신의학을 공부하기 위해 프랑스로 돌아간 파농은 자신의 박사학위 논문을 《검은 피부, 하얀 가면》으로 출간한다. 1953년부터 알제리에서 정신과 의사로 일하면서 민족해방전선에서 적극적으로 활동했으며, 이 활동으로 1957년 강제 추방당했다. 알제리 임시정부는 파농을 가나 대사로 파견했고, 그는 아프리카 전역에서 임시정부를 대표해 회담에 참석했다. 1961년 백혈병으로 세상을 떠났다.

카리브해 프랑스령 섬인 마르티니크에서 태어난 프란츠 파농은 친가가 아프리카 노예의 후손이었으며, 어머니는 아프리카와 인도, 그리고 유럽의 피가 섞인 혼혈이었다.

10대 시절 자치구역이던 마리티니크를 프랑스 해군이 점령하면서 이들은 이곳에 억압적이고 인종차별적인 정권을 세웠다. 파농의 가족은 중산층이었고 섬에서 가장 좋은 학교에 다녔지만, 새로운 통치자 밑에서 그의 사회적 위치를 결정짓는 것은 피부색이었다.

파농은 자신의 학교 교사이자 작가, 그리고 식민주의에 저항하는 '네그리튀드Négritude(흑인성)' 또는 블랙 프라이드Black Pride 운동의 주창자 에메 세제르Aime-Fernand-David Cesaire의 영향을 받았다. 그로 이해 훗날 프랑스 지배령인 알제리에 거주하며 정신과 의사로 일하던 때 반식민 투쟁을 실행하게 된다.

《대지의 저주받은 사람들》은 1961년 프랑스어로 출간됐고 2년 후 영국 공산주의자 콘스턴스 패링턴Constance Farrington이 영어로 번역했다. 제목은 사회주의 찬가인 '인터내셔널가The Internationale'의 첫 번째 절 '일어나라, 대지의 저주받은 사람들이여'에서 따왔다. 서문은 파농의 친구인 장 폴 사르트르Jean Paul Sartre가 썼는데, 그 역시 프랑스 식민정책에 반대하는 운동을 펼쳤다.

비폭력투쟁의 개념에 대한 반대와 분노를 품은 《대지의 저주받은 사람들》은 말콤XMalcolm X부터 스티브 비코Steve Biko에 이르기까지 급진주의자들에게 영감을 주었으며, 여러 국가의 해방운동에 영향을 미쳤다. 그러면서도 정신과 의사였던 파농의 연구에서 파생된 사회학적이고 의학적인 근거를 기반으로 삼아 식민통치 폐지에 대한 지적인 골격이 되었다. 또한 옛 식민국가를 새로이 세우기 위한 일종의 마르크스주의 비법서이기도 했다.

식민국가의 해방을 위한 구체적 방법론

파농은 식민지 개척자들이 목표를 달성하기 위해 피지배 민족의 역사를 왜곡하면서 그 성과를 최소화하거나, 더 심하게는 아예 존재조차 하지 않는 역사, 즉 "우리가 상륙해서 제도와 문명을 전달하기 전까지 딱히 아무것도 없었다."라고 표현하는 모습을 지켜보았다. 이에 따라 모든 민족운동은 저마다의 역사를 내세우고 식민지 개척자가 나타나기 전 문화의 풍요로움을 보여주려고 시도했다. 이 과정에서 지식인이 중요한 역할을 수행했다. 바로 민족감정을 재발견하고 일깨우는 데 도움을 주는 역할이었다. 파농은 이렇게 썼다. "조만간… 식민화된 지식인들은 한 국가의 존재는 문화에 의해 증명되는 것이 아니라 점령국에 대항하는 민족의 투쟁으로 증명된다는 것을 깨닫는다."

1장 '폭력에 관하여'에서 파농은 탈식민지화 과정은 언제나 폭력적이라고 주장한다. 선택권이 없어서가 아니다. 다만 제국주의자·식민지 개척자는 오직 힘의 언어만 사용하기 때문이다. "제국주의를 꺾으려고 결심한 우리에게 있어 역사적 임무란 피로 인해 좌절되거나 좌초된 모든 반역과 모든 필사적인 행동, 그리고 모든 공격에 힘을 실어주는 것이다." 이런 진술들로 인해 책은 테러리즘과 민중항쟁을 위한 간단한 매뉴얼처럼 보일 수 있다.

그러나 파농은 (지금까지 밝혀졌던 것처럼) 단순히 폭력적인 급진주의자가 아니었다. 그는 식민지에서 독립한 나라들이 국가를 건설하는 데 훨씬 더 많은 관심을 가졌다. 구체적으로, 어떻게 해야 모든 사람이 개입하는 사회제도를 세우고, 문맹과 기아를 해결하며, 산업적인 기반을 마련하고, 보편적인 교육제도를 도입할 수 있는가, 그러면서도 어떻게 혼자 힘으로 수많은 이들을 좌지우지하려는 엘리트 집단의 손아귀에 걸려들지 않고 이 모든 것을 행할 수 있는가에 있었다.

식민체제는 '착취적'인 고유의 특성을 지녔기 때문에 모든 사회 구성원의 이익과 발전을 모색할 수 없었다. 이들의 목적은 현지국의 자원을 얻는 것이었다. 이런 점에서 정치가 경제보다 우선시되는 민족자결주의 투쟁과는 대조적으로 비정치적이었다. 뭔가를 달성하기 위해서 정당은 엘리트 계급이 아닌 민중들을 대표하는 정당이 새로이 나타나야만 했다.

탈식민 이후의 혼란

파농은 이 세상의 노동계급이 생각 없이 운명을 수용하는 자에서 강력한 '계급의식'을 가진 자로 바뀐다는 마르크스의 사상에서 영감을 받았다. 따라서 식민지 주체는 참담하게 '없어도 되는 존재'에서 스스로의 운명을 다스릴 수 있는 힘을 일깨운 자로 전환하는 데 개입해야 한다고 보았다. 그는 탈식민지화가 단순히 집단운동이 아니며, 스스로 변화하는 개인의 차원에서 일어난다고 썼다.

그러나 이는 엄청난 투쟁으로, 식민 권력은 언제나 대상 국가에 '가치'와 '질서'를 가져다주며, 토착민과 그 문화는 가치의 적이라고 스스로를 표현하기 때문이다. 교회는 항상 '백인의 교회'로 하느님의 의지에 따라 체제를 방어하고 정당화한다. 식민지는 '동상들의 세상'이 되며, 백인 관리자나 공학자를 기리는 기념물은 "우리가 오기 전까지 아무것도 없었다."라는 사상을 강화한다.

식민지화는 식민화된 집단 간의 갈등도 증폭시킨다. 사회는 공격을 바탕으로 성장하는 치명적인 서열을 갖추게 된다. 스스로를 압제자와 동일시하며 암묵적인 지지를 보내기 시작하는 도시 계층이 생겨난다. 그 대가로 평등이 아닌, 더 나은 조건과 처우를 얻을 수 있기 때문이다. 반식민적 투쟁을 지지할 가능성이 더 높은 이들은 바로 이류 시민(실업자, 경범죄자 등)이었다. 아무것도 잃을 것이 없기 때문이다.

일단 독립을 쟁취하면 무슨 일이 벌어질까? 파농에 따르면, 불행하게도 이 국가는 밑바닥부터 변화를 일으키는 데에는 흥미가 없으며, 상인계급과 옛 식민기업의 이익을 보호하기 위해 그저 권력을 유지하려는 지도자들을 얻게 된다. 국가를 규정하는 것은 이런 이해관계이지, 그곳에 거주하는 민중이 아니다. 따라서 이 지도자들은 계속되는 착취를 정당화하기 위해 이런 형태의 민족주의를 이용한다. 이 부르주아 계급은 국가에 대한 자기들만의 개념을 선전하면서, 유럽 식민주의의 단순한 흑백 인종차별 대신 새로운 식의 인종차별을 주입한다. 부르주아 혹은 상인계급에서 어떤 인종이 우세하든 전체로 보면 소수이며, 따라서 분에 넘치는 경제적 · 정치적 권력을 가지고 다른 인종 혹은 종교집단, 다시 말해 '다른 흑인이나 아랍인'이 기회를 누리지 못하게 가로막는다(비슷하게, 독립 이후의 인도에서는 힌두인들이 무슬림보다 힌두교의 이익을 우위에 두기 위해 민족주의를 이용하는 모습을 보게 된다)는 식이다. 또 다른 효과도 발생한다. 상인계급이 도시의 권력과 영향력을 높이면서 내륙 지역이 부패하게 내버려 두는 것이다.

탈식민 후 대안을 제시하다

파농은 범아프리카 문화적 통합을 촉구한 것이 실수였다고 생각했다. 예를 들어, 기니와 세네갈은 프랑스 식민주의의 대상이었다는 사실을 제외하고는 '공통의 운명'을 가지지 않았다. 마찬가지로, 억압받는 아프리카계 미국인, 그리고 나이지리아와 앙골라에서 자유를 위해 싸우는 사람들 간에는 공통점이 그다지 없다. 흑인의식을 자극한 것은 그저 백인들, 그리고 세상을 흑과 백으로 나누는 단순한 구분이었다.

그러나 파농은 흑인의식의 개념은 정치적 성공을 가져오기에는 지나치게 애매하다고 주장한다. 인종 정체성의 정치는 정체 상태에 머물러 있었다. 더 중요한 것은 유럽 식민주의자들에 저항하는 민족운동의 성공이었다. 예를 들어, 파농이 속한 알제리 민족운동이 그랬다. 강력한 민족의식 없이는 '신생 독립국가들이 국가에서 인종으로, 그리고 정부에서 부족으로 되돌아가기'는 너무 쉬우며, 이는 '민족과 민족 단결성의 발전에는 끔찍하게 불리하고 해로운 퇴행'이 된다.

파농은 독립운동에 대한 식민주의자들의 태도에 분노한다. 식민주의자들은 정말로 독립을 원한다면 궁핍과 혼란, 경제적 고립, 자본과 기술의 회수로 인한 추락 등의 일이 벌어지는 모습을 보게 되리라는 메시지를 제시한다. 이런 적극적인 책임의 손상은 가끔 현지국을 예전보다 더 악화된 상태로 내버려 두기도 한다(파농은 식민시대 이후의 남아메리카와 취약하고 혼란스러운 통치관리를 언급했다). 아주 작은 소수가 모든 자원을 통제하는 상황을 두고 파농은 새로운 국가의 자원들을 모두를 위해 재분배하는 탈식민 사회주의라는 해결책을 내놓았다.

파농에 의하면, 서구 열강들이 식민지로부터 부를 강탈했으니, 훗날 이 지역들에 경제 원조를 하게 된다면 이는 '원조'가 아니라 제1차 세계대전 이후 독일이 지불했던 것과 유사한 '배상'으로 보아야만 한다는 것이다.

전쟁은 인간성을 파괴한다

《대지의 저주받은 사람들》이 다른 반식민주의적 작품과 차별화되는 이유는 심리적 차원에 있다. 알제리에서 정신과 의사로 근무하던 파농은 직업 덕에 식민지화가 식민지 개척자와 개척 대상 모두에게 미치는 파괴적인 영향력을 볼 수 있었다. 프랑스 경찰과 군의 잔혹성으로 인한 희생자는 복수를 노리는 괴물로 변했고, 가해자는 자신들의 행동을 통해 인간성이 파괴됐다.

파농은 다음과 같은 사례들을 제시했다. 프랑스 군인에게 강간당한 아내를 둔 남성이 받은 영향, 아버지가 열 차례 감금되고 고문받은 모습을 지켜봐야 했던 소녀에게서 발병한 신경증, 정신감정을 받기 전에 아무런 이유 없이 자기 아내와 아이들을 때리기 시작한 고문자, 부모가 살해된 후 행동장애를 겪게 된 난민 아동 등이었다.

유럽 국가가 새로운 시장과 땅을 찾으면서 시작된 일이 결국에

는 다른 인간에 대한 말로 표현할 수 없는 굴욕을 주고 몇 세대 동
안 지속되는 영향력을 낳은 것이다.

📌 함께 읽으면 좋은 책

- 넬슨 만델라《자유를 향한 머나먼 길》
- 이저벨 윌커슨《카스트》
- 토머스 페인《상식》
- 헨리 데이비드 소로《시민 불복종》

**톰 버틀러 보던의
★ 한마디 ★**

파농은 현대 서구세계의 중심에 존재하는 추악한 모순을 향해 곧바로 이목을 집
중시킨다. 서구세계는 평등과 자유의 가치를 역설하면서도 식민주의적 모험과
획득은 오직 일부 사람들(백인 유럽인 또는 미국인)만이 이 가치를 즐길 수 있다는 의
미였다. 자유와 평등은 갈색 피부를 가진 이들에게는 닿지 않았다.
그러나 분명 파농은 역사의 잘못된 편에 서 있었다. 파농은 식민지에서 독립해
자본주의의 끔찍한 무절제에서 해방된 사회주의를 선호했다. 아마도 이것이 그
가 1960년대 초반에 글을 쓰며 바라던 미래였을 것이다. 그러나 우고 차베스의
베네수엘라, 또는 짐바브웨의 무가베 정권을 볼 때, 파농의 철학은 가장 선한 의
도가 최악의 해결책으로 이어진 또 하나의 사례로 볼 수 있다.
그러나 그는 본질적으로 식민주의의 폐해를 알고 있었으며, 특히나 프랑스인들
이 알제리를 떠나 이 국가가 홀로서기 할 수 있도록 해야 한다고 보았다. 이쯤에
서 간디가 인도의 독립을 이끄는 과정에서 인도총독이었던 루이스 마운트배튼
Louise Mountbatten 경과 나누었다는 출처 미상의 이야기가 떠오른다.

마운트배튼: "우리가 떠난다면 혼란이 생길 거요."
간디: "맞습니다. 하지만 그건 우리가 감당할 혼란입니다."

39

The Subjection of Women

남성과 여성의 완벽한 평등이 사회적 부의 기초다

여성의 종속

66

두 성性 사이에 존재하는 사회적 관계를 규제하는 원칙이자

한 성이 다른 성을 법적으로 종속시키는 원칙은

그 자체로 잘못됐으며, 이제는 인간의 발전을 가로막는

주요한 방해물 가운데 하나다.

99

존 스튜어트 밀 John Stuart Mill

1806년 런던에서 태어났다. 3세에 그리스어를, 8세에 라틴어를 배웠다. 12세가 되자 논리학에 정통하게 됐고 16세에는 경제적 주제로 글을 썼다. 프랑스에서 역사와 법, 철학 등을 깊이 공부한 후, 아버지가 고위직으로 있는 동인도회사에서 일을 시작했다. 후에 행정가로 일하면서 제러미 벤담 Jeremy Bentham과 함께 공리주의 학회를 시작했고, 유니버시티 칼리지런던을 설립했다. 1865년 하원 의원으로 당선되어 여성 권리를 강력하게 옹호하는 등 정계활동을 활발히 벌이다 1873년 아비뇽에서 세상을 떠났다.

19세기 영국에서 여성의 지위는 적절하게 해결되지 못한 진보적인 의제 가운데 하나였다. 그리고 존 스튜어트 밀은 그 이유가 궁금했다. 그리고 영국은 인구의 50퍼센트가 투표를 하지 못하거나 심지어 원하는 대로 일할 수도 없는 상황이라면 자칭 선진문명이라고 할 수 없을 것이라고 결론 내렸다. 훌륭한 실용주의자였던 밀은 여성의 능력이 교육을 통해 속박에서 벗어난다면 사회의 모든 사람에게 이익이 될 것임을 알았다. 이러한 합리적 이익을 넘어, 여성은 해방되면서 행복감과 안녕감이 순수히 치솟는다. '타인의 의지에 종속된 삶에서 합리적인 자유의 삶'으로 이동했기 때문이다.

밀은 자유주의를 선언하는 《자유론》의 원작자로서 (《세계 철학 필독서 50》을 참고하자) 우리에게 "음식과 의복이라는 기본욕구가 채워진 다음, 자유는 인간 본성이 가장 우선적이고 가장 강렬하게 바라는 대상이 된다."고 일깨워준다. 《여성의 종속》에서 그는 먼 옛날부터 여성의 자유를 제한하려는 남성의 시도가 자멸적이라고 주장한다. 다른 사람의 자유를 축소시키는 것은 (그 사람이 진정으로 사회에 위협이 되지 않는 한) 억압하는 자의 행복도 축소하는 효과를 가진다고 주장한다. 가정에서든 왕좌에서든 모든 폭군은 이런 도덕률을 깨닫는다.

밀은 영국과 기타 선진국들이 여성에 관한 기존의 관습과 법을 가지고도 당시의 위치에 도달할 수 있었다는 반론이 제기될 것이라 예상한다. 문명의 발전은 딱히 여성의 해방과 관련이 없었다. 그러나 우리는 여성이 더 많은 선택권과 권력을 누렸다면 얼마나 더 빠르게 부와 문명을 이룩할 수 있었을지는 알 수 없다. 영국은 여성들이 빛나지 못하게 가려두었기 때문이 아니라, 가려두었음에도 불구하고 발전할 수 있었다.

여성의 법적 지위를 바꿔야 한다는 요구가 있었는가 하면, 1869년에 발표된 이 강렬한 책은 '어느 한쪽에 권력이나 특권을 허용치 않고, 다른 한쪽의 무능력을 인정하지도 않는 완벽한 평등'을 요구했다. 사람들을 너무 놀라게 할까 봐 밀은 이렇게 덧붙인다. "그 어떤 노예계급도 완벽한 자유를 당장 요구한 적이 없다." 당시 구성됐던 본래의 하원은 독단적인 징세와 군주의 억압으로부터 자유로워지는 것 외에 다른 권력은 거의 요구하지 않았다. 이와 마찬가지로, 당시 여성들은 참정권과 함께 당시 그들에게 폐쇄적이던 직업을 가질 기회의 권리 이외에는 원치 않았다.

학자들은 현재 밀의 아내 해리엇 테일러Harriot Taylor가 《여성의 종속》 가운데 일부를 썼는지 여부를 두고 논쟁하고 있지만, 그녀는 여성의 권리와 참정권을 요구한 영국 최초의 여성 가운데 하나로 강력한 영향력을 발휘했다. 테일러는 1851년《여성의 해방The Enfranchisement of Women》을 썼다.

권력으로 권리를 누를 수는 없다

밀은 여성의 평등을 요구하는 것이 엄청난 일이었음을 인정한다. 여성에 대한 시선은 정서와 감정에 깊숙이 뿌리내리고 있으며, 아무리 격렬하게 논쟁을 벌인다 해도 그 시선을 뒤집기가 쉽지 않기 때문이다. 현 상태를 유지하고 싶은 이들은 여성보다 전통과 관습에 무게를 둔다. 어쨌든 그럴 만한 이유가 있기 때문에 현 상태가 있는 그대로 유지되어야 한다는 것이다. 그러나 현대에 들어와 그는 여성이 남성에게 종속되는 근거가 무엇인지를 묻는다. 여성이 남성의 권력 독점 때문에 힘을 잃었다면, 언제까지 '권력'이 '권리'를 누르고 승리해야 한다는 결론에 도달하게 되는가?

만약 과거의 사회들이 남성이 여성을 지배하거나, 여성이 남성을 지배하거나, 각각 완벽한 평등을 누리거나 등 모든 형태의 지배를 거쳐봤다면, 그저 우리는 가장 먼저 '무엇이 효과 있는가'를 고려한다는 사실을 인정해야 한다. 밀은 실제로 이런 실험이 이뤄지지는 않았다고 덧붙인다. 아주 옛날부터 남성은 여성이 그들에게 긴요한 존재지만 근력이 더 약하다는 두 사실을 합쳐서 여성을 속박하기 시작했다. 훗날 남성은 한낱 물리적 사실에 지나지 않았던 것을 법률적 권리로 전환한 후 사회적으로 인가했다. 여성의 종속은 비공식적인 사회계약의 형태로 본격화되어 버린 일종의 노예제도였다. 여성은 남성과 함께 살지 않았다면 누렸을 권리를 포기한다면 보호받게 될 것이었다. 밀 시대의 여성은 노예보다는 부양가족에 가까웠지만, 여성의 지위는 여전히 본래의 잔혹한 노예제도에서 벗어나지 못했다. 그야말로 연속체의 일부였다.

정신적인 노동이 점차 늘어나고 있음을 고려할 때 밀은 육체적인 관점에서 '최강의 법칙'이 시대착오적인 것이 됐다고 언급한다. 그러나 이 법칙은 우리의 심리구조 안에 자리잡고 있고 권력을 소유한 자들은 절대로 그 무엇도 포기하지 않으려 했다. 이 사실은 왜 영국처럼 표면상 평등한 정의의 원칙을 토대로 돌아가는 듯 보이는 사회에서 여성의 종속적인 지위가 거의 변하지 않았는지를 설명했다. 실제로 여성이 더 많은 재산권을 누린 중세 초기 이후로는 퇴보한 셈이다. 그러나 어쨌든 여성의 지위는 '그리스인들 사이에 끼어 있는 노예가 스스로를 자유인이라고 보는 것처럼' 문명과 부딪히지 않는 방식으로 틀이 세워졌다.

대부분의 영국 사람들은 직접 이득을 보는 이들을 제외하고는 노예무역에 반대했으며, 자신들이 절대군주나 군부 독재자 밑에서 살지 않아 다행이라고 생각했다. 그러나 영국 남성들은 여성의 종속을 다른 형태의 지배나 마찬가지라고 인정하지 않으려 했다. 권력을 욕망하는 모든 사람은 가장 가까운 사람에게 그 권력을 휘두르길 바라며, 여성들은 더 많은 권력이나 권리를 얻기 위해 흥정할 입장이 아니었다고 밀은 말한다. 또한 그로 인해 가족은 불평등의 최후의 요새가 되어버린다고 주장한다.

여성의 종속은 자연스럽지 않다

변화를 일으키기 어려운 문제 중 하나는 여성의 '본성'이다. 여자 아이들은 추상적인 개념에 관심이 없고, 따라서 교육을 덜 받아도 된다는 취급을 받았다. 어른이 되면 그저 좋은 남편감을 찾고 싶어 하며, 집이 활동 영역이고, 그게 자연스럽다고도 했다.

밀은 이렇게 묻는다. "지배권을 가진 자들이 자연스럽다고 여기지 않는 지배가 존재한 적 있는가?" 그는 '본능'과 '본성'은 그저 우리 내면에서 찾아볼 수 있지만 합리적인 방식으로 설명할 수 없는 것이라고 지적한다. 아리스토텔레스 같은 위인조차 인간은 '자유' 본성과 '노예' 본성으로 나뉜다고 믿었다. 중세시대에 귀족이 소작농을 지배하는 것은 최고로 자연스러워 보였고, 저마다 신분이 정해져 있었다. 그러나 '부자연스럽다'는 거의 항상 '관습적이지 않다'로 해석된다고 밀은 말한다. 여성의 종속은 관습이 되었기 때문에 새로운 여성의 권리는 부자연스러워 보였다. 외국인들은 가끔 영국의 군주가 여성임을 알고 깜짝 놀랐지만 영국인들에게는 당연한 일이었다. 관습이었기 때문이다. 게다가 밀은 이렇게 덧붙인다. "이제 소위 여성의 본성은 눈에 띄게 인위적인 존재다. 특정한 방향으로 억압을 강제한 결과이자, 다른 사람들에게는 부자연스러운 자극이기 때문이다."

여성에게 공부하고 일할 수 있는 기회를 주어라

여성은 일반적인 의미에서의 노예가 아니다. 남성들이 단순히 여성들의 복종을 원할 뿐 아니라 감정도 원하기 때문이다. 남성들은 여기에 너무 열중해서 문화와 사회를 배열하고, 따라서 여성들은 자기 앞에 대안적인 삶이 펼쳐질 수 있다는 가능성을 고려조차 하지 못한다. 여성은 심리적 노예가 되어버린다. 어린 시절부터 순종적이어야 하고, 철저히 다른 사람들을 위해 살며, 자신만의 야망을 품어서는 안 된다고 교육받는다. 또한 여성들의 권력은 남성들에게 매력적으로 보이는 데에서 나온다고도 배운다.

그러나 이 안락한 패러다임은 시대의 변화에 부딪혔다. 어쨌든 이 당시는 19세기 계몽시대 후반부였고, 백인으로 태어났든 흑인으로 태어났든, 귀족이든 평민이든 간에 더 이상 태생이 결코 한 사람의 가능성을 결정짓지 않았다. 그렇다면 여성으로 태어났는가 남성으로 태어났는가도 한 사람의 기회를 단독으로 결정짓지 말아야 한다. 선진국에서 여성은 왕족처럼 태어나서부터 어떤 삶을 살 것인지 정해진 유일한 인간들이었고, 반면에 적어도 모든 남성들은 원하는 것이 무엇이든 될 수 있었다. 산업 발전을 통해 새로운 부가 형성되면서 실제로 믿기 어려울 만큼 놀라운 '개천의

용' 이야기들이 등장했다.

밀은 자신의 자유 원칙과 경제철학을 논의 대상으로 내놓았다. 밀은 힘센 남자를 대장장이로 만들어주려고 법률을 제정해야 한다고 생각하는 사람은 없다고 말한다. 어찌 됐건 힘센 남자들은 이 직업에 끌리게 되고, 반면에 허약한 남자는 다른 분야로 나갈 것이기 때문이다. 자유와 경쟁을 통해 사람들은 자기 재능에 가장 알맞은 직업을 찾아가고, 또 그래야만 한다. 애초에 특정한 사람들은 특정한 직업만 가지도록 명령하는 것은 도덕적으로 잘못됐다. 남성이 그렇다면, 여성이 무슨 일을 할 수 있고 없는지를 단단히 정해놓는 것은 무슨 논리인가? 공리주의적 관점을 가진 사람답게 밀은 고용을 재능과 기질의 '시장'에 맡겨야 한다고 말한다. 남성이든 여성이든 간에 일을 잘할 수 있는 사람을 골라내는 것은 시장이어야 한다. 게다가 어렵고 중요한 일을 할 수 있는 사람은 언제나 필요한 숫자보다 적기 때문에, 사람들을 고용할 수 있는 인재 풀을 넓히는 것이 현명하다. 그렇게 하는 것이 모든 사람에게 이득이 된다.

밀의 시대에 보수주의자들은 여성이 그 어떤 위대한 업적도 달성하지 못한다고 지적한다. 여기에 대해 밀은 이렇게 응수한다.

"지금까지 단 한 명의 여성도 위대한 역사가가 되지 못했다면, 어떤 여성이 필요한 지식을 가지고 있겠는가? 단 한 명의 여성도 위대한 철학자가 되지 못했다면, 어떤 여성이 산스크리트어와 슬라브어, 울필라스Ulfilas(서고트족의 사제로 고딕어를 고안해 신약성서를 번역했다―옮긴이)의 고딕어, 아니면 젠드아베스타(조로아스터교의 경전인 〈아베스타〉를 팔레비어로 옮긴 주역서―옮긴이)의 팔레비어를 공부했겠는가? 현실에서도 우리 모두는 배우지 못한 천재의 독창성이 어떤 가치를 가지는지 안다. 이제 모든 남성이 매우 독창적인 능력을 갖추는 데에 필요한 준비를 여성이 해왔다면, 여성의 독창적인 능력을 경험하며 판단하기 시작하기에 충분한 시간이 될 것이다."

공정함이라는 도덕성을 남성에게 요구하다

영국의 관습에 따르면 아버지는 딸이 누구와 결혼할지 결정하며, 아버지가 혼인서류에 서명하면 딸은 남편의 실질적인 종복이 된다. 법률적인 의무에 관한 한 흔히 말하는 노예와 다를 바 없다. 그녀는 제단에서 남편에게 평생 순종할 것을 맹세하고 법에 따라 평생을 그 맹세에 묶이게 된다. 아내는 상속재산을 포함해 모든 재산에 대한 권리를 포기했다. 밀에 따르면, 이 요소를 바꾸면 한 남자가 여자의 돈을 손에 넣기 위해 결혼으로 옭아매는 그 흔한 상황이 끝날 것이었다.

좋은 남편이 존재하지 않는다는 의미가 아니다. 그보다는 법이 아내를 때리거나 아내가 사회적으로 버림받는 것 외에는 빠져나갈 수 없게 가로막는 나쁜 남편을 염두에 둬야 할 필요가 있다는 의미다. 밀이 가정폭력을 다룬 부분은 의도했던 바대로 빅토리아 시대의 독자들에게 충격을 안겨주었다. 지금까지는 그런 문제들을 쉬쉬하며 감춰두곤 했기 때문이다. 더 나아가 그는 가정을 다스리는 일은 폭군정치가 아니라 민주적인 권력 분배를 따라야 한다고 주장해서 반감을 사기도 했다. "우리는 종속의 도덕성을 갖춰왔고 기사도 정신과 관대함의 도덕성도 갖춰왔다. 이제는 공정의 도덕성을 갖출 때가 왔다."

📌 함께 읽으면 좋은 책

- 마거릿 대처 《자서전》
- 시몬 드 보부아르 《제2의 성》
- 이사벨 윌커슨 《카스트》
- 메리 울스턴크래프트 《여성의 권리 옹호》

톰 버틀러 보던의 ★ 한마디 ★

영국은 밀이 《여성의 종속》을 출간하던 당시 대대적인 변화를 겪었다. 1867년도 선거법 개정안을 통해 도시의 노동자들에게 투표권을 주었고, 1870년도 포스터 교육법으로 모두에게 초등교육을 제공하게 됐다. 또한 1870년도에는 공무원 시험이 도입되어 돈이 아닌 능력에 따라 공직에서 일할 인재를 선택할 수 있게 됐다. 1871년 옥스퍼드와 케임브리지대학교는 종교에 상관없이 학생들에게 입학 허가를 내주었고, 옥스퍼드와 케임브리지여자대학이 설립됐으며 여학생들을 위한 중등교육이 강화됐다. 또한 노동조합은 새로운 영향력이 반영된 권리 헌장을 획득했다. 마지막으로 중요한 점은, 1870년도 기혼여성 재산법이 제정되면서 여성들은 남편으로부터 경제적으로 독립하고 상속재산을 보유할 수 있게 됐다. 이는 정확히 밀이 촉구하던 바이나, 여성의 투표권을 위한 투쟁은 거의 50년 이상 흐른 뒤에야 성공을 거두었다.

40

Animal Farm

전체주의에 대한 통렬한 우화
동물농장

❝

전우들이여, 우리의 모든 문제에 대한 답이 여기에 있소.
단 한마디로 담아낼 수 있소. 바로 인간이요. 인간은 그저 우리가
가진 유일한 현실의 적이오. 인간을 없애버리면 우리가 근본적으로
굶주림과 지나친 노동을 겪는 이유가 영원히 사라지게 되오.

❞

조지 오웰 George Orwell

1903년 인도 모티하리에서 태어났다. 서섹스주 이스트본에 있는 학교에 다녔고, 이튼스쿨에서 장학금을 받았다. 영국 공무원시험에 합격한 후 버마의 인도 제국군으로 발령받았다. 이후 런던과 파리에서 저널리스트로 근무했고, 1936년 스페인으로 가서 반프랑코군에 합류했다. 이 전쟁에서 총알이 목을 관통하는 부상을 입은 뒤 영국으로 돌아왔다. 인생의 대부분을 서평과 칼럼, 정치평론 등을 써서 번 돈으로 살았고 한동안은 노스 런던의 서점에서 근무하기도 했다. 1947년 폐결핵 진단을 받았고, 1950년 세상을 떠났다.

폐병으로 영국군에 입대하지 못한 조지 오웰은 제2차 세계대전이 발발하자 지방 의용군에 합류해 채소를 키우고 프리랜서 작가로 저널과 신문에 기고하며 살았다. 1941년부터 1943년까지는 런던의 BBC 이스턴 서비스에서 근무하면서 인도의 방송을 감시했다. 그와 친구들 대부분은 좌파였으나, 그는 오랫동안 공산주의, 적어도 전체주의 형태에 대해 의심해 왔다. 1941년 7월 그는 일기장에 이렇게 썼다.

"우리 시대에 스탈린을 어느 정도 찬성한다는 사실보다 더 도덕적이고 감정적으로 얄팍한 사례를 그 누구도 들 수 없으리라. 이 역겨운 살인자는 지금으로선 우리 편이 됐고, 숙청 등등은 갑자기 잊혔다."

〈트리뷴〉의 문학 편집장이었던 오웰은 《동물농장》을 쓰기 시작했는데, 파버 앤드 파버 출판사의 T.S.엘리엇T. S. Eliot과 빅터 골란츠 출판사는 작품을 거절했다. 이 작품이 나치를 물리치기 위해 영국과 미국과 동맹을 맺은 소비에트 체제에 대한 불필요한 공격이라고 생각했기 때문이었다. 조나단 케이프 출판사와의 협상이 실패한 뒤 1945년 세커 앤드 와버그 출판사가 책을 출간했다.

볼셰비키 혁명과 스탈린 정권 초기를 풍자한 오웰은 능숙하고 유쾌하게 공산주의의 도덕적 실패를 폭로하고, 여전히 스탈린주의 러시아가 가치 있는 실험이라고 생각하는 이들의 순진함을 드러냈다. 오웰이 스스로를 민주적 사회주의자로 여긴다는 사실은 정권에 대한 그의 판단에 힘을 실어주었다. 그는 결코 사회주의 자체에 반대하는 것이 아니라, 파시즘과 전체주의에 반대하는 것이라 강조했다.

《파리와 런던의 따라지 인생》 또는 《위건부두로 가는 길》처럼 오웰이 사실에 입각해 의견을 표현했더라도 그는 여전히 영향력 있는 인사로 남았을 것이다. 그러나 《동물농장》의 시간을 초월한 줄거리는 수없이 많은 이들의 마음에 호소했다.

농장주의 폭압, 혁명의 씨를 뿌리다 마노농장의 주인은 존스 씨였다. 그는 동물들에게 생존에 필요한 만큼만 주고 나머지는 자기가 가져갔다. 암탉은 달걀을 낳아도 품을 수 없었고, 망아지들은 한 살이 되면 어미 말과 헤어져야 했다. 어떤 동물이든 더 이상 생산을 하지 못하게 되면 아무런 감정 없이 도살장으로 보내졌다.

돼지인 메이저 영감은 다른 동물들이 자기가 처한 상황을 깨달길 바랐다. "인간은 적이오. 함께 뭉쳐야 타도할 수 있소." 그는 다른 동물들에게 말했다. 메이저 영감은 여러 번의 연설 중에 "약하든 강하든, 똑똑하든 바보이든, 우리는 모두 형제요. 그 어떤 동물도 다른 동물을 죽여서는 안 되오. 모든 동물은 평등하오."

메이저 영감이 죽고 난 뒤 처음에 그의 생각에 열광하던 동물들은 언젠가 자기들의 날이 올 것이라는 인내심 있는 기대를 하게 됐다. 더 똑똑한 동물들이 비밀리에 저항철학인 '동물주의'를 공부하는 프로그램을 시작했고, 의심을 품는 동물들이 쏟아내는 질문에 대처했다. 한 동물은 존스 씨가 자기들에게 먹이를 주었기 때문에 동물들이 살 수 있었다고 지적했다. "우리가 그를 없애버리면 어떻게 되겠어?" 암말 몰리가 물었다. "혁명이 끝나면 설탕을 먹을 수 있나요?" 똑똑한 돼지 가운데 하나인 스노볼이 농장에서는 설탕을 만들 방법이 없으며, 게다가 귀리가 넘치는 판에 설탕은 필요 없다고 대꾸했다.

농부 존스 씨가 농장을 내버려 두고 술집에서 더 많은 시간을 보내기 시작하자, 굶주린 동물들이 기회를 살피기 시작했다. 동물들은 인간을 무찌르고 마노 농장을 차지했으며, 고삐와 채찍, 재갈을 불태웠다. 그리고 농부의 거세용 칼을 우물 안에 던져버렸다. 동물들은 존스 씨의 집을 박물관으로 바꿔서 자기들을 망칠 뻔했던 그 체제를 기념하기로 했다. 그리고 농장의 이름을 '동물농장'으로 바꾸었다.

혁명의 소용돌이 안으로

동물들은 수확을 하려고 어마어마한 노력을 들였고 자기네 입으로 들어가는 한 톨까지 다 생산했다는 사실에 기뻐했다. 일요일마다 이들은 깃발(초록 바탕에 발굽과 뿔이 그려졌다)을 올리고, 국가인 '잉글랜드의 맹수들'을 불렀으며 공동회의를 열었다.

동물농장의 7계명 중 첫 번째는 "두 발로 걷는 것들은 다 적이다.", 두 번째는 "네 발 달렸거나 날개가 있으면 친구다."였다. 읽는 법을 배울 수 있는 동물들은 권력을 잡았지만 나머지 동물들은 절대로 글자와 단어를 이해하지 못할 것임이 확실해졌다. 이들에게 계명은 간단한 한 문장으로 요약됐다. "네 다리는 착하고, 두 다리는 나쁘다."

이 간단한 신념이 동물들의 머릿속에 주입됐고, 소에게서 짠 우유와 과수원에서 딴 사과들이 모두 돼지들의 손에 들어갔다는 것이 밝혀졌을 때도 동물들은 항의하지 않았다. 우월한 지능 덕에 돼지들은 이제 모두를 대표해 동물농장을 관리하고 있었고, 모든 일이 제대로 작동해야 했다. 그러지 않으면 존스 씨가 돌아와야만 했다.

전국에 있는 다른 농장의 동물들은 이제 '잉글랜드의 맹수들'을 노래했고 다른 농부들은 똑같은 일이 자기네 농장에서도 일어날까 걱정하기 시작했다. 존스는 자기 농장으로 돌아가고 싶어 안달이 났고, 이웃에 사는 농부 두 명과 농장을 습격했다. 동물들은 필사적으로 농장을 방어했고, '외양간 전투'는 역사적으로 중요한 사건이라고 기록됐다.

그러나 곧 동물들 사이에 분열이 일었다. 농장의 새 지도자인 나폴레옹은 강아지 몇 마리를 자기에게 열심히 충성하도록 키워낸 뒤, 이 개들을 시켜 스노볼을 공격한 뒤 농장에서 쫓아낸다. 이제 나폴레옹은 일요일 회의가 불필요하다고 선언했고, 그 대신 농장을 관리할 돼지들의 특별위원회를 만들었다. 일부 동물들은 이 위원회가 마음에 들지 않았으나 무서워서 그 말을 하지 못했다. 수말 복서는 나폴레옹이 명령했다면 무조건 옳다고 판단했다. 메이저 영감의 유골은 파헤쳐져서 제단 위에 올려졌다. 그리고 매주 동물들은 경의를 표하며 그 앞을 지나쳤다.

농장의 자원 대부분은 농장에 풍차를 세우려는 원대한 계획을 위해 쓰였다. 나폴레옹은 다른 농장들과 제한적으로 거래를 시작할 것이라 선언했다. 물론 상업적인 이득을 위해서가 아니라 꼭 필요한 물품들이 있다는 명목에서였다. 인간들이 동물들의 사업을 마지못해 인정하기 시작했다. 지금까지 벌어졌던 일이 마음에 들지 않았지만, 동물들이 스스로 농장을 꾸려나가고 있다는 사실을 부인할 수는 없었다.

혼돈의 혁명 정부, 그리고 처단

어느 가을밤, 엄청난 폭풍우가 일었고 동물들은 아침에 깨어나 풍차가 망가졌다는 것을 알게 됐다. 그들은 스노볼에게 책임을 물었고, 풍차를 다시 짓자는 나폴레옹의 요구에 하나로 똘똘 뭉쳤다. 고된 겨울이 오고 식량이 부족해졌다. 인간들은 농장이 망해가고 있다고 의심하기 시작했다. 그러나 동물들은 자존심 때문에 속임수를 쓰더라도 풍족하게 사는 척을 해야 했다. 어쩔 수 없이 자금과 거래를 도와주느라 마지못해 교류해야 했던 윔퍼 씨에게는 사과와 밀이 담긴 통으로 가득 찬 창고를 보여주었다. 각 통의 꼭대기에만 수확물이 담겨 있었고, 그 밑은 모래로 채워져 있었다.

농장에서 벌어지는 모든 잘못은 스노볼의 탓으로 돌아갔다. 스노볼이 밤에 몰래 나와 복수를 한다는 소문도 떠돌았다. 그는 처음부터 존스 씨와 같은 편인 데다가 외양간 전투에서 도망쳤다고도 했다. 동물들이 기억하는 상황과 달랐지만, 나폴레옹은 단호하게 스노볼을 반역자라고 불렀고, 그러면 그는 반역자였다. 따라서 '잘못된' 관점이나 반란이 있을 수 없었고, 나폴레옹은 스노볼과 그를 지지하는 '반역자'들로부터 강제로 자백을 받아냈고 그들을 모두 처형했다.

타락한 독재자의 출현

나폴레옹을 중심으로 숭배자 집단이 생겼다. 나폴레옹은 존스 씨의 고급 더비제 크라운 접시에 식사를 했고 그를 찬양하는 노래가 울려 퍼졌다. 모든 부정적인 감정은 동물들을 잔인하게 취급한다고 소문난 이웃에 사는 인간 농부 필킹턴과 프레데릭에게로 쏟아졌다.

일요일마다 스퀄러가 농장 생산물을 통계 내어 읽어줬고, 특정한 생산품은 두 배나 세 배로 늘어났다고 했다. 동물들은 여기에 의문을 품지 않았다. 식량은 언제나 '재조정'하는 것이지, 절대 '줄이는' 것이 아니었다. 반면에 암탉은 식량을 조금 배급받으면서도 더 많은 달걀을 계속 낳아야 했다. 돼지들은 점점 신수가 훤해졌고, 이들에게 특별한 존경을 표해야 한다는 규칙들이 더 생겨났다. 보리는 모두 돼지들 차지였다. 맥주도 하루에 한 파인트씩 배급받았다. 나폴레옹은 집 안에 다른 동물들에게 금지된 등유와 양초, 심지어 설탕도 갖춰두고 즐겼다. 그는 학교를 지어주겠다고 약속했고, 시끌벅적한 연설과 노래, 행진은 동물들에게 그들이 자유와 존엄성을 누리고 있다고 끊임없이 상기시켜 줬다.

농장에서 가장 훌륭한 일꾼 중 하나인 복서가 병에 걸리자, 그가 근처 동물병원에 가서 최고의 치료를 받을 것이라는 발표가 났다. 따라서 복서가 실려 갈 때 동물들은 화물차에 '알프레드 시몬스, 말 도살 전문, 가죽 및 골분 사료 판매점'이라고 쓰인 것을 보고 충격을 받았다. 이들은 떠나가는 화물차를 붙잡으려 했지만 소용이 없었다. 다시는 복서를 만날 수 없었다.

정말 모두가 평등할까?

몇 년이 흐르고 원래의 반란을 기억하던 세대의 대부분은 더 이상 이 세상에 존재하지 않았다. 약속받았지만 이뤄지지 않았던 모든 것들을 기억하는 동물들조차 불평하지 않았다. 어쨌든 나폴레옹은 열심히 일하고 검소하게 사는 것이 가장 큰 행복이라고 말했다. 한편, 돼지와 개들은 농장을 계속 빡빡하게 관리했고, 중대한 업무를 맡고 그에 맞는 혜택을 받았다. 돼지들은 두 발로 걷는 법을 배웠고, 옷을 입고 채찍을 들고 다니기 시작했다. 이제 집에는 전화기와 라디오가 생기고 신문도 배달됐다. 어느 날 아침, 이제 오두막 벽에는 동물들의 평등에 관해 다음과 같은 계명이 쓰여 있었다. "모든 동물은 평등하다. 그러나 일부 동물은 다른 동물들보다 더 평등하다."

인간 대표단이 농장을 찾아와 함께 즐거운 시간을 보냈다. 농부 필킹턴은 이런 말도 들었다. "인간들에게는 씨름해야 할 천한 동물들이 있다면, 우리에겐 우리가 씨름해야 할 천한 계급이 있답니다!" 필킹턴은 나폴레옹이 농장에서 식량 배급량은 줄이고 노동시간은 늘리면서 오냐오냐 달래주지도 않는다는 것을 찬양했다. 나폴레옹은 동물들이 실제로 혁명가들이 아니며, 그저 평화롭고 풍요롭게 살고 싶을 뿐이라고 말했다. '동무'라는 호칭은 곧 사라질 것이었다. 동물들은 창문을 통해 들여다보다가, 돼지의 얼굴이나 인간의 얼굴이나 딱히 다를 바 없다는 데 충격을 받았다.

📌 함께 읽으면 좋은 책

- 알렉산드르 솔제니친《수용소군도》
- 존 달버그 액턴《자유와 권력에 관하여》
- 카를 마르크스, 프리드리히 엥겔스《공산당 선언》
- 한나 아렌트《전체주의의 기원》

톰 버틀러 보던의 ★ 한마디 ★

농장의 등장인물들은 각기 누구를 의미하는가? 메이저 영감은 카를 마르크스를, 나폴레옹은 스탈린을, 그리고 스노볼은 추방당한 트로츠키인 것으로 추정된다. 존스 씨는 혁명 전의 옛 러시아 제국을 의미하며, 필킹턴과 프레데릭은 미국과 영국의 연합세력이다. 돼지들은 스탈린의 관료들을 닮았고 개들은 비밀경찰이다. 풍차를 세우려는 노력은 소련의 5개년 계획을 떠올리게 만들고, 자백과 처형은 스탈린의 여론조작용 재판을 상기시킨다. 농장의 전투는 스탈린그라드 전투를, 그리고 물론 '동물주의'는 공산주의를 말한다.

그러나《동물농장》의 풍자는 직접적인 소련에 대한 비유를 넘어서서 과거와 현재, 그리고 미래의 모든 전체주의 형태를 겨냥한 메시지를 전달한다. 오웰은 지배계급이 권력을 강화해 가며 타락하는 과정, 단 한 명의 무자비한 지도자가 공동체를 지배하고 숭배자 집단을 형성하는 행태, 확실한(가끔은 가상의) 적을 내부에 만들어 정권의 부족한 부분을 감추려는 절실한 움직임, 그리고 이데올로기에 맞게 수정하기 위해 역사를 다시 쓰고, 프로파간다를 통해 대중을 의도적으로 무지한 상태에 머무르게 하며, 점차 상향조정되는 목표치에 맞춰 국민을 생산단위로만 취급하는 것 등을 경고했다.

오늘날 '오웰주의'는 억압적인 체제나 전자기기를 통한 감시 등을 의미한다. 오웰은 디스토피아를 다룬 또 다른 명작《1984》에서 '빅 브라더' '신어新語' '이중사고' 그리고 '사상경찰' 등의 용어를 만들어냈고,《동물농장》의 주제를 논리적이고 사악한 결론으로 이끌어갔다. 인간의 본성에 대한 오웰의 비관론은 어느 사회에서든 권력은 자유보다 우선시된다고 이야기한다.

41

An Autobiography

비폭력 불복종으로 권력에 저항하다

자서전

> 66
>
> 역사를 통틀어 폭군과 살인자가 존재해 왔으며,
> 잠깐은 꺾을 수 없을 것처럼 보이기도 한다는 사실을 기억하자.
> 그러나 결국 이들은 항상 무너지고 만다. 항상.
>
> 99

모한다스 K. 간디 Mohandas K. Gandhi

1869년 인도 북동부 해안의 포르반다르에서 태어났다. 명석한 학생이었던 간디는
런던에서 법학을 공부한 뒤 남아프리카 나탈에 있는 인도계 법률회사에서 근무했다.
1915년 인도로 돌아와 내정자치운동에 헌신했다. 1920년 인도 국민의회의 대표가
되었으며 영국의 지배에 맞서는 비폭력운동으로 인해 1922년과 1924년 투옥됐다.
1947년 인도 독립 후, 인도 정부가 파키스탄에 정당한 몫의 자원을 내어주지 않는 것
에 항의하는 단식투쟁으로 1948년 힌두 민족주의 광신도에 의해 암살당했다. 그의
장례식에는 200만 명의 사람들이 운집해 그를 추모했다.

《자서전》을 시작하면서 간디는 이 책이 단순한 사건의 서술이 아닌 내면의 삶과 영향에 관한 이야기라고 밝힌다. 여기에는 산스크리트어 작가 파탄잘리Patanjali, 힌두 철학자 비베카난다Vivekananda, 인도인의 정신적 지침서 《바가바드 기타》 등이 포함된다. 간디는 《바가바드 기타》 덕에 신념에 도달할 수 있었다면서 '품행의 사전'이라고 묘사했다. 또한 그는 코란 읽기를 중요시했다. 세속작가 중에서는 레프 톨스토이Leo Tolstoy의 《신의 나라는 네 안에 있다》와 존 러스킨John Ruskin의 《나중에 온 이 사람에게도》 등에서도 인생을 바꿔놓을 관념들을 발견했으며, 훗날 1910년 남아프리카 트란스발에서 농촌공동체인 톨스토이 농장을 세울 수 있는 영감을 얻었다. 소로의 《시민 불복종》, 소크라테스의 재판을 묘사한 플라톤의 《변론》 역시 그에게 영향을 미쳤다.

 《자서전》의 대부분은 간디의 어린 시절과 남아프리카에서 보낸 21년간의 성인 시절을 다루고 있으며, 1921년에서 끝난다. 출간 당시 간디는 시민불복종운동으로 유명했고 감옥에서 시간을 보냈지만, 이후에도 소금행진 같은 사건들과 국제적인 악명과 명성이 그를 기다리고 있었다.

마틴 루서 킹 주니어는 간디의 이야기와 비폭력 불복종의 철학에 반했다. 사탸그라하Satyagraha, 즉 진실의 힘(간디는 '사랑의 힘'이라고도 불렀다)이라는 개념 덕에 킹은 다시 한번 비폭력을 사회개혁 방식으로 삼을 수 있었다. 원수를 사랑하고, 필요하다면 '다른 뺨을 내놓으라'는 예수의 가르침과 비슷했다. 킹은 '진정한 평화주의는 사악한 힘에 대한 비현실적인 복종이 아니며, 사랑의 힘으로 악에 용기 있게 맞서는 것'이라는 관점에 다다르게 됐다. 폭력을 가하는 사람보다 당하는 사람이 되는 것이 낫다는 것이다. 상대에게 수치심을 심어주고, 결국에는 생각의 전환을 가져오기 때문이다. 킹은 다음과 같은 말로 간디의 힘을 완벽하게 요약했다. "어떻게 그는 제국의 멸망을 가져올 수 있었고 권력 자체에 대한 우리의 이해를 바꿀 수 있었는가?"

정치적 전략의 정신적인 뿌리

《자서전》의 본질을 알려주는 첫 번째 힌트는 기묘한 제목의 표현이다. 평범한 정치인이라면 '자서전: 나는 어떻게 영국의 지배로부터 인도를 구했는가'라는 식으로 지었겠지만, 간디는 그 대신 '자서전: 진리를 실험한 나의 이야기'를 제목으로 썼다.

간디의 첫 번째 실험은 채식주의로, 채식주의는 가족과의 약속

(그가 속한 상인계급은 채식을 했다)에서 도덕적 임무가 되었다. 또한 그는 성생활과 식생활을 제한하는 것이 동물적인 충동과 기본적인 근심에서 자유로워지는 데 중요하다는 관점을 발달시켰다. '없이 살아가는' 정화의식은 우주를 내 편으로 끌어들일 수 있는 목표의 도덕적 힘과 기운을 제공해 준다고 간디는 믿었다. 30대 중반에 접어든 간디는 아내 카스투르바의 동의를 얻어 브라마차리아Brahmacharya 혹은 금욕의 맹세를 했다.

간디의 정치권력에 직접적으로 이어지던 개념은 아힘사Ahimsa였다. 아힘사는 힌두어로 '일반적인 존재의 영원한 파괴와 고통'을 의미하며, 이것이 바로 세상의 방식이다. 그러나 우리는 자비의 관점(아힘사)을 품을 수 있으며, 아힘사는 고통과 공격이 되풀이되지 않기 위해 할 수 있는 모든 일을 하라고 요구한다. 간디는 아힘사가 진리의 탐구에서 중심이 되어야만 한다고 믿었다. 그 어떤 노력도 우리 중생들에게 정신적이거나 육체적인 상처를 준다면 결국엔 자멸하기 때문이었다. 또한 그는 사탸그라하satyagraha의 원칙도 깨달았는데, 이것이 바로 비협력 또는 비폭력 투쟁이다. 감정으로 인해 격노하는 평범한 갈등과는 달리, 사탸그라하의 행위는 그 원칙들의 특성으로부터 힘을 얻는 초연한 고집을 바탕으로 삼는다. 간디는 이 행위를 남아프리카의 인도인들의 권리를 위해 싸운 여러 투쟁에서 처음 실행에 옮겼다. 그리고 간디의 성공은 넬슨 만델라의 이름을 통해 젊은 아프리카 자유 투쟁자들에게 영감을 주었다.

간디의 '간소한 삶'의 철학은 아파리그라하_{Aparigraha} 혹은 무소유의 원칙에 의해 뒷받침됐다. 이는 신탁통치의 개념 혹은 모두의 이익을 위해 소유물을 현명하게 활용하는 것을 포함한다. 간디는 소유가 안정과 확신이라는 착각만 만들어낼 뿐, 현실에서는 오직 신만이 안정과 확신을 제공해 줄 수 있다고 믿었다. 변호사 시절 상당히 부유하게 살았음에도, 간디는 스스로 머리를 자르고 빨래를 했다. 간디의 아시람_{Ashram}(힌두교들의 수행시설—옮긴이)이 아메다바드시 근처에 세워졌을 때, 그는 모든 사람이 임시 변소를 청소하게 만들어서 논란을 일으켰다. 이 시대는 오직 '불가촉천민'만이 이 작업을 하던 때로, 이 사건은 달리트(불가촉천민) 계급이 해방되는 기원이 되었다.

자치권 자체의 승리 외에도, 여성의 권리, 조혼 금지, '불가촉천민'의 지위와 빈곤에 관여하는 간디의 운동은 모두 인도에 뚜렷한 흔적을 남겼다. 인도를 가내공업과 지속 가능한 마을공동체 국가로 바꾸겠다는 그의 아이디어는 그다지 큰 성공을 거두지 못했는데, 이런 아이디어가 오늘날에는 유행일지라도, 그로 인해 인도는 경제적인 암흑기를 거쳐야 했다.

정치는 궁극적으로 현실에 대해 가지는 심오한 내적 신념끼리의 격전지다. 이 세상에서 근본적인 진리는 힘인가, 아니면 사랑인가? 마지막에는 무엇이 승리를 거둘까? 간디는 사탸그라하 접근법이 올바르게 취했을 때 힘이 되어준다는 것을 보여주었다. 영국인들이 깨달았듯, 사탸그라하를 이용한 정치운동을 이기는 것은 거의 불가능하다. 이 세상 모든 시간과 의지를 품고 있는 것처럼 보이기 때문이다.

비폭력이 낳은 또 다른 폭력의 비극

그러나 조셉 렐리벨드Joseph Lelyveld는 《위대한 영혼Great Soul》에서 간디의 투쟁 상대는 단순히 영국뿐 아니라 힌두 민족주의자이기도 했다고 주장한다. 민족주의자들은 자비와 관용을 바탕으로 하는 새로운 사회를 꿈꾸지 않았으며, 인도가 위대한 독립국가가 되기를 꿈꿨다. 따라서 1947년 나라의 상당 부분(종교대립으로 발발한 인도-파키스탄 전쟁으로 파키스탄이 분리됐다―옮긴이) 분리되었을 때 엄청난 타격을 입은 것으로 보인다. 그토록 오랫동안 식민지로 지배받았던 인도가 이제는 간디의 종교 간 조화 원칙 때문에 모두 날아가 버렸던 것이다.

이슬람교도는 파키스탄으로, 힌두교도는 인도로 가는 민족 분열이 벌어지면서 수만 명이 학살당하자, 간디는 이슬람교도와 힌두교도의 화해와 일치를 위해 단식투쟁을 벌였다. 하지만 그의 이런 평화주의자로서의 모습은 극단적 힌두 민족주의자들에게는 못마땅할 수밖에 없었다. 결국 1948년 1월 30일, 뉴델리에서 열린 저녁 기도회에 참석한 간디는 반이슬람 성향의 힌두교 급진주의

무장단체 국민의용단 단원인 나투람 고드세_{Nathuram Godse}의 총을 맞고 숨을 거두었다. 그의 나이 79세 때였다.

《자서전》에는 일반인과 다른 성인聖人 간디가 아닌, 끊임없이 자신을 반성하며 진리를 찾아가는 인간으로서의 간디가 있다. 금욕과 자기 절제, 진리 추구의 이상 실현, 그리고 인도의 염원인 독립을 위해 온 힘을 기울인 그의 파란만장한 삶이 담겨 있다. 간디는 생전에 자신이 이룬 업적을 드러내거나 자랑하지 않았다. 자신의 치부와 잘못을 고스란히 담아낸 이 책은 그의 인간적인 면모를 가감 없이 담음으로써 그를 더욱 경건한 존재로 보이게 한다.

📌 함께 읽으면 좋은 책
- 넬슨 만델라《자유를 향한 머나먼 길》
- 마틴 루서 킹《나에게는 꿈이 있습니다》
- 이저벨 윌커슨《카스트》
- 헨리 데이비드 소로《시민 불복종》

여전히 인도를 지배하고 있는 것은 간디의 관용적이고 세속적인 비전이다. 반면 급부상한 인도의 경제와 성장하는 정치권력에서는 간디의 원칙이 사라진 듯 보인다. 마하트마(이 호는 '위대한 영혼'이라는 의미로, 간디는 결코 좋아하지 않았다)가 아직도 살아 있었다면 이렇게 물었을 것이다. "우리는 무엇을 위해 자유를 성취했는가? 소비의 나라가 되기 위해서인가? 왜 우리는 서양을 모방해야 하는가?"

간디는 근대성과 이윤추구 동기에 반감을 가졌고, 그로 인해 분명 평화운동뿐 아니라 현대의 반자본주의자와 반기업주의 운동의 수호자가 되었다. 판카즈 미시라Pankaj Mishra는 2011년 5월 <뉴요커>에 기고한 글에서 간디는 자신이 꿈꿔왔던 생태학적이고 영적인 천국을 세우는 데 실패했으며, 오늘날 인도가 도덕적인 리더십을 요구하지 않는 그저 또 하나의 신흥경제국이 된 것에 실망할 것이라고 썼다. 그러나 간디의 사상은 언제나 인도를 초월했고, 협력의 행위로 어디에서든 잘못들을 끝낼 수 있다고 상기시켜 주는 것이 세계에 전하는 간디의 선물이다.

Long Walk to Freedom

민족의 해방을 위한 자기희생의 길
자유를 향한 머나먼 길

> "
>
> 나는 내가 언제 정치에 뛰어들게 됐는지, 언제 자유해방운동에
> 내 인생을 바치게 될 것임을 알게 됐는지 정확히 짚어낼 수 없다.
> 남아프리카에서 아프리카인이 된다는 것은 태어난 순간부터
> 그 사실을 인정하든 안하든 간에 정치에 뛰어든다는 의미다.
>
> "

넬슨 만델라 Nelson Mandela
1918년 남아프리카 트란스케이에서 태어났다. 1944년 아프리카민족회의에 들어간 후 1962년 8월 체포될 때까지 집권당인 국민당의 아파르트헤이트 정책에 저항하는 운동에 매진했다. 27년 넘게 감옥에 갇혀 있다가 1990년에 출소했으며, 1993년에 노벨평화상을 수상하고, 1994년에 남아프리카공화국에서 민주적 선거에 의해 선출된 첫 대통령이 되었다. 자와할랄 네루상, 유네스코 시몬 볼리바르 국제상 등 1,000회 이상 각종 상을 수상하는 영예를 안았다. 2013년 95세의 나이로 세상을 떠났다.

열여섯의 나이에 넬슨 만델라는 할례의식을 포함한 성인식을 치렀다. 보통은 밝은 희망과 힘이 담긴 분위기 속에서 열리는 행사지만, 멜리그킬리 추장의 연설은 달랐다. 성인이 된다는 것은 이제 공허하고 착각에 빠진 약속이었다. 이들 민족은 정복당했고, 노예이자 판잣집에 사는 소작인으로 살아가야 했기 때문이었다. 이들에게는 아무런 힘도, 권력도, 통제력도 없었다. 백인은 압제자가 아닌 은인이라고 생각했던 어린 만델라는 처음엔 화가 났지만, 점차 그 연설에 영향을 받기 시작했다.

약속했던 결혼식이 다가오자 만델라는 요하네스버그로 도망갔다. 금광 사무실에서 일자리를 얻으려고 노력한 끝에 한 자유로운 유대인 법률회사에서 견습 서기로 취직할 수 있었다. 또한 자유를 위한 투쟁에서 평생의 동지가 되어준 월터 시술루Walter Sisulu를 만났다. 시술루는 부동산 중개인(흑인들이 여전히 부동산을 구입할 수 있던 시대였다)이자 지역지도자였다. 시술루의 집에서 만델라는 아프리카민족회의Africa National Congress, ANC 내의 무장압력단체인 청년연맹Youth League을 이끄는 안톤 렘베드Anton Lembede를 만났다. 렘베드는 가부장적 식민주의로부터 아프리카가 해방되기 위한 자신의 생각을 또박또박 읊었다. 서구와 그 문화는 불필요하게 우상화되어서 흑인은 열등하다는 콤플렉스를 낳았으며, 아프리카인들은 자신만의 문화와 성과를 인정하고 백인들은 선택받은 인종이며, 본질적으로 우월하다는 개념을 버려야 한다는 생각이었다. 아프리카 민족주의가 전투를 위해 내건 슬로건이었고, 민족주의자들에게는 진정한 민주주의 정권이 목표였다.

만델라에게는 흥분되는 일이었다. 자서전《자유를 향한 머나먼 길》에서 그는 이렇게 썼다.

"대학교에서 교수들은 인종차별, 아프리카인들의 기회 부족, 흑인을 지배하기 위한 일련의 법과 규제 같은 주제는 피했다. 그러나 요하네스버그에서 살면서 나는 이런 일을 매일 마주했다. 그 누구도 내게 인종적 편견의 폐해를 어떻게 해야 없앨 수 있는지 알려주지 않았다. 나는 시행착오를 겪으며 배워야 했다."

그는 법학 학위를 받기 위해 논문을 마무리했고, 결혼을 하고, 집을 샀으며, 아이를 가졌다. 그리고 ANC 트란스발 지부의 실행위원회 의원으로 선출됐다.

명백한 차별, 대안은 무엇인가

1948년 남아프리카에서 백인들로만 치러진 선거는 국민당의 승리로 돌아갔고, 아프리카인들을 정해진 지역에만 머물게 하는 새로운 제도인 '아파르트헤이트'가 창안됐다. 말 그대로 '분리된 상태'라는 의미의 아파르트헤이트로 인해 아프리카인 전용 학교와 병원, 교통수단, 거주 구역, 규제, 그리고 통행로 등이 생겼다. 또한 노동조합 운동에도 제한이 생겼고, 인종 간 결혼은 금지됐으며, 흑인들은 더 이상 부동산을 구입할 수 없었다. 수많은 억압적인 법들이 악랄한 계층체계를 굳혔다. 백인이 가장 위에 있었고 흑인은 가장 밑바닥에 있었으며 인도인과 유색인종이 중간층이었다. 원래 네덜란드계 농업 이주민들이 사용했던 언어인 아프리칸스어가 영어를 제치고 공식어가 됐다. 남아프리카 사회의 기본을 구성하는 인종과 함께 정교한 시험들이 치러져서 가끔은 가족들을 갈라놓기도 했다. "어디서 살고 일할 수 있는지가 곱슬머리나 입술 크기 같은 터무니없는 차이에 따라 달라졌다." 만델라는 이렇게 기록한다.

탄압이 성문화되면서 ANC는 엄청나게 규모가 커졌고, 인도에서 행해지는 간디의 비폭력 시위로부터 영감을 받았다. 다른 단체는 자유의 날을 개최했지만 경찰은 시위자들에게 총을 발사했고, 이런 식의 공개시위가 금지됐다. 1950년 공산주의 금지법은 그저 부분적으로만 공산주의를 제한하는 것일 뿐, 진정한 목적은 날조한 혐의를 바탕으로 누구든 감옥에 넣으려는 것이었다. 정부는 ANC를 침묵하게 만들려고 했고, 백인들을 위해 소피아타운 같은 흑인 거주지역을 없애버리려는 정책을 펼치기 시작했다.

이 험난해진 분위기에도 1952년 만델라와 올리버 탐보Oliver Tambo는 남아프리카에서 최초의 흑인 법률회사를 열었다. 첫날부터 소송들로 넘쳐났고 큰 성공을 거뒀다. 이 시기에 만델라는 자신이 충분히 수양하지 못한 '성급한 혁명가'였다고 인정한다. 소피아타운에서 벌어지는 일에 분노하면서 만델라는 수동적인 저항을 거부하며 비폭력운동은 효과 없는 전략이라는 연설을 했다. 경찰이 지켜보는 가운데 그는 폭력은 아파르트헤이트를 실행하는 자들에 맞설 수 있는 유일한 무기라고 말했다. ANC 전국위원회는 만델라가 언급한 내용들을 검열했고, 그는 공개적으로 자신의 관점을 부정했지만 개인적으로 비폭력운동이 절대로 효과가 없을 것이라는 자신의 신념을 간직했다. 만델라는 ANC에 개입하지 못하게 금지당했고, 그의 활동은 점점 더 비밀이자 불법이 되었다.

폭력을 대체할 방안으로 ANC는 자유헌장을 만들었다. 미국의 독립선언과 유사한 자유헌장에는 평등권과 투표권을 보장해 주고 국가의 부와 땅을 정당하게 공유할 수 있게 해달라는 요구가 담겼다. 올바른 방향으로 나아가는 것으로 보였으나, 1956년 12월 만델라와 ANC의 전체 임원들이 체포됐다. 그 유명한 1958년에서 1961년의 반역죄 재판에서 만델라와 다른 동료들은 국가를 전복하려 했다는 죄로 기소됐다. 재판이 실질적인 증거 없이 늘어지는 동안 만델라는 에블린 메이스Evelyn Mase와 이혼했고, 법률 업무를 그만두라는 요구로 모든 것이 무너졌다.

ANC 의원들은 무혐의로 풀려났지만, 정부 당국은 너무나 당혹스러운 나머지 반란 사태를 더욱 단호하게 가라앉히려 했다. 1961년 69명의 흑인 시위자들이 요하네스버그 남부의 거주 지역인 샤프빌에서 평화롭게 경찰서 주변을 둘러싸고 있다가 살해당했다. 총격을 피해 달아나려던 많은 흑인들은 등에 총을 맞았다. 남아프리카는 흑인들의 권리가 더욱 축소되며 비상사태에 접어들었다.

자유의 전사 만델라, 체포되다

이제는 금지된 ANC 내부에서 폭력에 대한 논의가 일었고, 만델라는 별도의 무장단체인 국민의창MK을 창설하는 임무를 맡았다. 그는 체 게바라Che Guevara와 마오쩌둥, 피델 카스트로 등의 작품을 읽어서 혁명의 원칙을 배우려 했고, 아프리카 북부에서 일어나는 민족주의 운동에서 감화를 받았다. 게릴라 전쟁과 테러, 공공연한 혁명 등을 고려한 뒤 만델라는 태업을 택했다. 그 후 발전소와 사무실들을 폭파하며 정부를 기습했고, 자유투쟁의 새로운 시기가 막을 올렸다.

만델라는 자신이 곧 어떻게든 다시 체포될 것임을 알았고, 따라서 지하로 숨어들기로 결심했다. 그는 머리를 기르고, 노동자의 푸른 작업복을 입었으며, 자동차를 가지고 있었기 때문에 자신의 백인 나으리를 위해 운전하는 척했다. 그가 불법으로 지내던 중 체포영장이 발부됐고, 신문에서는 만델라를 '검은 핌퍼넬'('핌퍼넬'은 바로네스 오르치Baroness Orczy의 소설《스칼렛 핌퍼넬》에 나오는 주인공으로, 프랑스혁명 당시 이름과 신분을 숨기고 사형당할 위기에 처한 프랑스 귀족들을 구해 영국으로 탈출시킨다―옮긴이)이라 부르기 시작했다. 몇 달 동안 그는 실제로 남아프리카를 떠나 수단과 하일레 셀라시에 황제의 에티오피아 제국, 그리고 이집트 등 다양한 아프리카 국가를 방문해 ANC의 대의명분을 지지하고 기금을 모으려고 애썼다. 여행에서 만델라는 생전 처음 자유를 만끽했고, 흑인들이 스스로 국가를 운영하거나 평등하게 취급받는 모습을 보면서 더 큰 영감을 얻었다. 그러나 남아프리카로 돌아와 경계를 늦추는 바람에 1962년 케이프타운으로 향하는 길에 잡히고 말았다.

재판에서 만델라는 정부에 죄를 물으려고 애썼고, 전통의상을 입어서 자신이 백인들의 법체계와 그에게 씌워진 혐의들을 인정할 수 없음을 표현하려 했다. 왜 그는 같은 민족에게서 재판받지 못하는가? 백인의 법정에서 백인 검사와 백인 판사로부터 공정한 재판을 받을 수 있을까? 만델라는 진술을 통해 아파르트헤이트를 폭로했고, 어떻게, 그리고 왜 그 자리에 있게 됐는지 설명했다. 가석방 없는 5년형이라는 선고가 시위를 일으켰지만, 훨씬 더 고된 시간이 찾아왔다.

　로벤섬의 감옥에 갇혀 있는 동안 만델라는 ANC 전체 임원들과 함께 태업으로 기소됐다. 매우 심각한 혐의였으며 최고형인 사형이 선고됐다. 검찰은 ANC의 행동 계획을 제출하며 게릴라전쟁에 사용하려는 증거라고 주장했지만, 그 증거는 만델라가 비현실적이라고 생각했던 계획의 초안이었을 뿐이다. 한 번 더 그는 재판장에서 자신의 신념을 밝히고 대의를 강조했으며, 정의를 위해 기꺼이 죽을 준비가 됐다고 했다. 수십 명의 저널리스트들과 외국 정부의 대표들이 몰려와 이를 보도했고, 아마도 국제적인 압박 때문에 이들은 '겨우' 무기징역을 받을 수 있었다. 대대적인 승리처럼 보였다.

　만델라는 감옥을 떠날 수 있으리라는 기대 없이 로벤섬으로 돌아왔다. 정치범들은 독방에 수감됐고, 장시간 육체노동을 하고 식생활과 의류, 가족과의 소통 등을 가혹하게 제한하는 등의 생활에 익숙해졌다. 만델라는 6개월 동안 단 한 명의 면회와 (철저히 검열한) 한 통의 편지만 받을 수 있었다. 거의 모든 외부 접촉이 차단됐고 신문을 손에 넣는 것은 거의 음식보다 더한 상이었다. 그의 두 번째 아내 위니가 경찰로부터 끊임없는 괴롭힘을 당했다는 사실은 교도관으로부터 건네받은 신문 조각을 보고 알게 됐다. 어머니와 장남이 세상을 떠났지만, 장례식에 참석하게 해달라는 요청은 거절당했다.

정치적 긴장의 완화, 그리고 만델라의 석방

로벤섬에서 20년을 보내고 만델라와 월터 시술루, 그리고 다른 이들이 케이프타운의 폴스무어 교도소로 이송됐다. 이곳에서는 공동생활을 했고, 만델라는 21년 만에 처음으로 아내와 딸을 안아볼 수 있었다. ANC는 새로운 인기를 누렸고, 당시 요하네스버그의 추기경이던 데스몬드 투투Desmond Tutu는 반아파르트헤이트 노력으로 노벨 평화상을 수상했다.

시민소요와 남아프리카에 대한 국제적인 제제가 정부에 타격을 입히기 시작했고 ANC와 대화를 나눌 자리가 마련됐다. 만델라는 중간시설로 옮겨져서 고위층 회의에 참석할 수 있었다. 협상의 전체적인 틀은 소수 백인의 지배를 동시에 야기하지 않을 다수 인종의 통치에 초점을 맞췄다. 남아프리카 대통령 피크 보타가 이 시기에 뇌졸중으로 쓰러지고, F. W. 드 클러크가 대통령이 됐다. 드 클러크는 아파르트헤이트를 철폐하기 시작했고 ANC 금지령을 해제했다. 엄청난 환희 속에 1990년 만델라가 27년의 감옥생활을 마치고 석방됐다. 1993년 만델라와 드 클러크는 노벨평화상을 수상했고, 다음 해 남아프리카 역사상 최초로 인종을 가리지 않는 선거를 치른 후 만델라는 남아프리카공화국 대통령으로 선출됐다. 그는 오직 한 번의 임기만 수행할 예정이었다. 그리고 부통령인 타보 음베키Thabo Mbeki와 드 클러크와 함께 다당제 정부에서 함께 일했다.

남아프리카에서 아파르트헤이트의 해제와 백인 지배의 종결은 아프리카의 다른 폭력적인 혁명과는 뚜렷이 다르며,《자유를 향한 머나먼 길》을 통해 이것이 요행이 아니었다는 것이 드러난다. 초기의 맹렬한 논의가 진정된 후 만델라는 비폭력 투쟁을 통해 세계적으로 지지를 얻고 압제자들에게 수치심을 안겨줄 수 있다는 걸 깨달았다. 만델라가 옳았다. 프란츠 파농의《대지의 저주받은 사람들》은 알제리에서 프랑스 식민지 탄압을 뒤집기 위해 공격성이 나타난 이유를 제시하면서, 만델라가 택하지 않은 길을 전형적으로 보여준다. 알제리 내의 갈등은 훨씬 더 많은 사상자를 냈고, 엄청난 증오와 싸워야 했다. 이는 남아프리카에서 백인의 지배가 끝나가는 마지막 나날들에서 특징적으로 드러나는 윈-윈 정신과는 대조된다.

📌 함께 읽으면 좋은 책

- 마틴 루서 킹《나에게는 꿈이 있습니다》
- 모한다스 K. 간디《자서전》
- 사울 알린스키《급진주의자를 위한 규칙》
- 프란츠 파농《대지의 저주받은 사람들》

만델라는 전투적인 청년기를 보냈으나 감옥에서 세월을 보내며 반성하고 화해에 대한 생각을 바꾸는 시간을 가졌다. 훗날 그는 의장인 투투와 함께 진실화해위원회를 감독하며 아파르트헤이트에서 자행된 범죄들을 조사했고, 그 덕에 사람들이 과거에서 벗어나 미래에 집중할 수 있게 해주었다. 혹자는 만델라가 흑인을 돕기보다는 백인을 달래는 데 더 많은 관심을 가진다고 느끼기도 했지만, 그는 남아프리카에 사는 흑인과 백인 모두를 설득할 수 있었다. 어쨌거나 토지보상법 같은 입법 덕에 사람들은 아파르트헤이트로 인해 빼앗긴 것들을 되찾을 수 있었고 높은 범죄율과 에이즈의 확산도 개선되었다. 그러나 70대의 만델라는 정책 시행자라기보다는 상징적 인물이 되어가고 있었다.

만델라는 정책적으로 아프리카인들이 꾸려나가는 성공한 민주주의 국가의 모델을 제공하는 유산을 남겼다. 그리고 인류에는 거의 가능성이 없는 상황에서도 변화할 수 있다는 인식을 심어주었다. 그는 이렇게 썼다.

"나는 근본적으로 낙천주의자다. 태어나길 그렇게 태어났는지, 아니면 그렇게 키워진 것인지는 모르겠다. 낙천주의자가 되는 방법 가운데 하나는 태양을 향해 고개를 돌리고 앞으로 성큼성큼 걸어가는 것이다. 인류에 대한 믿음을 지독하게 시험당하는 암울한 순간들도 있었지만, 나는 절망 앞에 포기할 수 없었고 포기하지 않을 것이었다."

43

I Have a Dream

흑인민권운동의 최전선에 서서
나에게는 꿈이 있습니다

삶을 살아가면서 누군가는 증오와 해악의 고리를
끊어버릴 만큼 지각 있고 도덕적이어야 한다.
이 일을 행할 수 있는 가장 훌륭한 방법은 사랑을 통하는 것이다.

마틴 루서 킹 Martin Luther King, Jr.

1929년 조지아주 애틀랜타에서 침례교회 목사의 큰아들로 태어났다. 1948년 감리
교 목사로 안수를 받았으며 1954년 앨라배마주 몽고메리의 침례교회 목사로 부임했
다. 1955년 '몽고메리 버스 보이콧 투쟁'을 시작으로 남부기독교지도자협의회를 결
성하여 무저항 비폭력주의에 입각한 흑인민권운동의 지도자로 활약하기 시작했다.
1964년 노벨평화상 수상했으며, 1966년 시카고를 중심으로 차별과 빈곤 타파 활동
등을 벌이던 중 1968년 테네시주 멤피스시에서 암살당했다. 1986년 마틴 루서 킹 목
사의 탄생 기념일이 국경일(1월 셋째주 월요일)로 지정되었다.

1963년 8월 워싱턴 행진에서 킹은 역사상 가장 위대한 연설로 꼽히는 '나에게는 꿈이 있습니다'를 발표했다. 그는 아마도 20세기 가장 뛰어난 민권운동가일 것이다. 그러나 우리는 킹이 누구인지, 그를 움직이게 한 동기가 무엇이었는지 잘 알지 못한다.

《나에게는 꿈이 있습니다》는 클레이본 카슨Clayborne Carson이 킹의 책과 일기, 연설에서 그의 이야기를 가져와 편집한 작품이다. 카슨은 킹의 가까운 참모였으며 스탠포드대학교 사학과 교수를 역임하고 지금은 마틴 루서 킹 주니어 연구 및 교육소를 지휘하고 있다.

이 책은 킹의 대학 시절부터 출발해서 그가 남부기독교연합회의Southern Christian Leadership Conference, SCLC의 지도자가 되고 1964년 노벨평화상을 수상하기까지 정치철학과 종교철학이 진화하는 과정을 따라간다. 과거에 미국에서 활동했던 그 누구와도 달랐던 킹은 흑인공동체가 직면한 문제들을 대중들이 의식할 수 있게 제시할 수 있었다. 그는 몽고메리 버스 보이콧 사건과 앨라배마 버밍햄

연좌시위 같이 세간의 이목을 끄는 여러 시위의 중심이 되었고, 여러 미국 대통령들을 포함해 미국 대중들과 정치지도자들이 자신이 제기하는 문제에 응답하고 대처하도록 설득했다.

미국 흑인들에게 미치는 킹의 영향력은 매우 방대하다. 또한 킹은 흑인 남성에 대한 고정관념에서 해방된 존재 '뉴 니그로'로 이들을 이끌었다. 영화감독 스파이크 리Spike Lee, 음악가 제임스 브라운James Brown, 복싱선수 무하마드 알리Muhammad Ali, 그리고 당연하지만 대통령 버락 오바마는 킹의 인생관과 말과 글에서 영감을 얻었다. 킹이 사용하는 은유법과 콘두플리카티오Conduplicatio(문장이 연속될 때 구절을 반복해서 사용하는 것)에 능숙한 웅변술이 더해져서 그의 말은 사람들 가슴 깊이 와닿았고, 그의 민권운동은 북미원주민과 라티노, 여성, LGBT(레즈비언·게이·양성애자·트랜스젠더) 공동체, 장애인 등의 유사한 움직임이 가능하게 해주었다. 마틴 루서 킹 주니어 데이는 미국의 공휴일이다.

인종차별과 분리정책에 대한 생각

1929년 침례교 목사의 아들로 태어난 킹은 상대적으로 편안한 유년 시절을 보냈다. 자라면서 성직자가 되고 싶었지만, 시작부터 지적 호기심이 강했던 그는 그 무엇도 무비판적으로 받아들이지 않았다. 그의 단호한 태도는 아버지에게서 물려받은 것이었다. 아버지 킹 시니어 목사는 언젠가 인종차별주의자인 가게 주인에게서 형편없는 대접을 받고 신발가게에서 쫓겨난 적도 있었고, 백인 여성으로부터 뺨을 맞은 적도 있었다. 그런 대접에 아들 킹 주니어가 느낀 분노는, 인종차별과 분리정책이 일반적이고, 실제로 백인들은 법률로 제정된 체제에 협력하기를 거부한다는 생각에 이르도록 만들었다. 결정적인 순간은 킹이 '니그로와 헌법'이라는 연설로 웅변대회에서 우승한 날 찾아왔다. 우승의 기쁨도 잠시, 집으로 돌아오는 버스 안에서 그는 백인 여성에게 자리를 내어주기 위해 좌석에서 쫓겨났다.

모어하우스 학생이자 크로저신학교 학생이었던 킹은 폭넓게 책을 읽는 학생이었다. 그는 마르크스와 홉스, 밀, 루소, 프리드리히 니체Friedrich Nietzsche 등의 저서들을 탐독했지만 그로부터 지적으로나 도덕적으로 만족할 수 없었다. 마르크스주의에 마음이 끌렸음에도 유물론이라는 마르크스의 역사관은 하느님을 인정하지 않았고, 전체주의를 정당화할 수 없다고 믿었다. 그는 칼 폴 라인홀트 니부어Karl Paul Reinhold Niebuhr가 평화주의자의 입장을 비판한 것에 흥미를 느꼈지만, 이는 평화주의와 수동적인 무저항주의를 혼돈한 것이라고 판단했다. 이 둘은 같지 않았다. 그러나 영국 식민주의에 대한 간디의 대대적인 비폭력 투쟁은 킹에게 커다란 영향을 주었다. 후에 그는 인도로 여행을 떠나 인도의 불가촉천민들과 조국의 아프리카계 미국인들이 처한 환경 사이에서 유사점을 발견했다.

킹은 어린 시절부터 탄압을 받았을 때 그에 대해 복수하면 어떤 위험이 생기는지 깨달았고, 따라서 간디의 비폭력 접근법에 관심을 가지게 됐다. "지난 세기까지 사실상 모든 혁명은 희망과 증오를 바탕으로 이뤄졌다. 희망은 자유와 정의에 대한 기대에서 표현됐다. 인도에서 마하트마 간디의 운동이 새로운 이유는 그가 희망과 사랑, 희망과 비폭력을 바탕으로 혁명을 이끌었기 때문이다." 그는 이렇게 썼다.

킹은 간디가 자신을 탄압한 자들에게 가졌던 연민을 자신이 듣고 자랐던 '그리스도의 사랑'이라는 개념에 비교했다. 또한 소로의 《시민 불복종》(493쪽을 참고하자)으로부터 영감을 얻었는데, 민권 운동과 훗날의 평화운동은 이 책으로부터 다양한 시위 전략들을 떠올렸다. 킹은 소로로부터 현 상태에 맞설 용기를 얻었고, 어떻게 할 것인가의 전술은 간디에게서 배웠다고 말했다.

백인 우월주의 저항의 지도자가 되어

보스턴대학교에서 박사학위를 마친 후 킹은 남부로 돌아가야 할 도덕적인 의무를 느꼈고, 앨라배마주 몽고메리에서 목사가 되었다. 1955년 몽고메리의 주민 로자 파크스_{Rosa Parks}가 백인남성에게 버스 좌석을 양보하라고 요구받자 이를 거부한 뒤, 킹은 자신이 이 사건에 항의하는 저항운동의 지도자 역할을 맡아야 함을 깨달았고, 몽고메리 버스 보이콧 운동을 조직하는 데 도움을 주었다.

그는 당시의 체제가 더 이상 정당화될 수 없음이 겉으로 드러난 것이 이 버스 회사라고 보았고, 시민불복종 프로그램을 운영하자고 주장했다. 우리는 그저 백인 공동체를 향해 '우리는 더 이상 사악한 체제에 협력할 수 없다'라고 말하고 있었다. 보이콧 운동은 '굴욕을 당하며 버스를 타느니 존엄하게 두 발로 걷는 것이 더 명예로움'을 보여주려 했다. 킹은 미국 흑인들도 미국의 시민임을 강조하기로 선택했고, '우리의 시민권을 온전한 그 의미에 맞게 적용하기로 결심'했다.

문제를 해결하기 위한 다양한 소송에서 설득력 있는 연설을 통해 킹은 전국적으로 유명인이 되었고, 몽고메리는 근대 민권운동의 시발점이 되었다. 1957년 킹은 SCLC(Southern Christian Leadership Conference)를 조직하고 연좌시위와 행진, 보이콧, 자유의 수레 행진, 그리고 미국 흑인들이 선거인 등록을 할 수 있도록 보장하기 위한 노력 등을 조직했다. SCLC는 인종문제이기 전에 백인 기독교 지도자들의 무능함에 대한 대응이었다. 이 지도자들은 정의보다 교단에 헌신하고 '방관자처럼 한발 물러나 경건하게 무책임하고 성인인 척하며 사소한 문제들을 입으로만 떠들기로' 결심한 듯 보였다. 시위는 신문 머리기사에 오르내렸고, 이 운동의 선봉에서 킹은 〈타임〉지 표지를 장식했다. 그는 시위자들이 경찰의 폭력에 보복하지 않도록 반복적으로 훈련시켰다. 도덕적인 우위를 차지한다면 압제자들에게 수치심을 안겨줄 것이라 믿었다.

법 제도는 또 다른 전쟁터가 됐다. 킹은 독립선언 이후 "미국은 인종이라는 문제에 있어서 정신분열적인 특성을 드러냈다."고 강조한다. 그리고 분리정책과 인종차별은 "모든 인간이 평등하게 태어났다는 원칙을 바탕으로 세워진 나라에 존재하는 이상한 역설이다."라고 말했다. SCLC는 헌법을 '짐 크로' 인종분리법에 대항해 싸우는 데 최대한 활용했다. 각 소송에서 지역 경찰과 정부들은 사회적 우위에 따라 제공된 특권들을 보호하려 애썼지만, 결국 상급법원에서 기각됐다. 대법원은 앨라배마의 인종별 버스좌석 분리법이 헌법에 위배된다고 판결했고, 이는 후에 애틀랜타, 올버니, 버밍햄, 세인트 어거스틴, 셀마 등에서 일어나는 투쟁의 합법적인 공격 수단이 되었다. 이 캠페인 각각은 점차 도발적이고 위험해졌고, 감옥이 들어차도 법적인 과제, 전국 곳곳의 교회 방화와 폭행, 워싱턴 행진까지 민권의 문제는 사그라들지 않았다.

킹은 자유주의 미국인들은 폭동으로 인해 거리감을 느낄 것임을 알고 있었다. 따라서 그는 이들을 끌어들이기 위해 끊임없이 비폭력시위를 전도했다. 킹은 더 호전적인 말콤엑스나 블랙팬서 운동이 그의 전술을 비판하는 것에 대처해야 했고, 항상 엄청난 압박과 자괴감에 시달렸다. 그는 폭탄과 방화공격, KKK단의 위협, 경찰의 비난, 체포와 투옥(1960년 그는 교통법규 위반으로 6개월 강제노역형을 받았다), 그리고 아내 코레타를 비롯해 가족에 대한 협박 등을 견뎌야만 했다.

불의에 맞서는 목사

"사람은 본래 경제 주체로서 이 사회에 참여한다. 근본적으로 우리는 시인도, 운동선수도, 화가도 아니다. 우리는 우리가 소비자라는 사실에 중점을 두고 존재한다. 우리는 반드시 음식을 섭취해야 하고, 또 살아갈 집이 있어야 하기 때문이다."

킹은 기독교가 실업, 열악한 주거환경, 그리고 빈곤 같은 집단적인 고통을 무시하고 오직 영혼의 문제만 다루어서는 안 된다고 믿었다. 분리정책에 대한 킹의 급진적인 접근은 경제적 불이익에도 똑같이 적용됐다. 그는 초기에 백인 관계자들과 함께 고용기회를 두고 협상했고, 취업과 주택 공급, 교육에서 분리정책이 미치는 영향은 항상 연설의 주제가 됐다. 실제로 워싱턴 행진은 인종차별 자체라기보다는 흑인의 경제적 권리와 기회에 관한 행사라고 홍보됐다.

1966년 킹은 가족을 데리고 시카고의 빈민가로 향했고, 흑인들이 '흑인세'라는 명목하에 같은 숙소에서도 백인보다 세 배 더 많은 돈을 내고 살고 있음을 발견했다. 그는 부동산 소유를 불가능하게 만드는 복지 의존성의 악순환을 폭로했다. 흑인들은 교통이 불편해서 동네에서 물건을 살 수밖에 없고, 따라서 가격을 제멋대로 올리는 현지 백인 상인들에게 휘둘렸다. 그런 문제들은 시카고와 로스앤젤레스에서 벌어진 폭동을 부채질했다. 킹과 협력자들은 다양한 단계를 밟아나갔다. 불공정한 관행을 유지해 온 부동산중개업자들을 대상으로 연좌시위를 벌였고, 집주인들에게도 저항했다. 상점 주인들에게는 흑인이 소유한 기업이 만든 상품들을 매입하라고 권장했고, 흑인이 소유한 은행에 저축하라고 장려했다. 그 결과 돈은 다시 흑인공동체로 흘러들어 왔다. 또한 선거권을 활용해 흑인들이 요직에 당선되도록 해서, 권력감과 책임감을 조성했다.

정치인들은 킹에게 민권에만 집중하라고 경고했지만, 그는 미국이 베트남에 관여하는 것에 반대하는 캠페인을 벌였다. 그는 베트남전이 부조리하다고 생각했고, 특히나 전쟁에 부당하게 너무 많은 빈민들을 내보낸다고 생각했다. "미국의 영혼이 철저히 독살당했다면, 부검 결과로 '베트남'이라고 나왔을 것이다." 그는 이렇게 말했다. 킹은 미국이 '자칭 세계의 경찰'이 아니라 윤리적으로 세계를 이끌고 정의와 평등, 민주주의를 추구하길 바랐다. 그리고 미국이 과테말라와 다른 국가에 개입하는 이유가 단순히 경제적 이익을 보호하고 군·산업 복합체를 유지하는 것에 있다고 믿었다. 또한 남아프리카의 아파르트헤이트 정권에 대한 제재에 찬성하는 캠페인을 벌였으며, 영국을 방문해 영국의 흑인 공동체를 격려하기도 했다.

킹은 결코 공개적으로 대통령 후보나 실제로 현직 대통령을 지지하지 않았으나, 케네디가를 존경했다. 또한 존슨 대통령이 차별과 빈곤 간의 연관성을 이해하고 "미국은 그 막대한 부의 자원을 사용해 빈곤을 해결하고 모든 신의 자식들이 기본적인 생필품을 갖출 수 있게 하지 않는다면 파멸에 이를 것이다."라고 깨달았다는 점에서 그를 칭송했다. 존슨 대통령 덕에 1964년도 민권법과 1965년도 선거권법이 마침내 제정되었다. 이는 분명 정치적 평등을 이룬 위대한 승리이자, 더욱 중요하게는 미국에서 흑인들이 경제적으로 해방될 수 있는 계기가 됐다.

📌 함께 읽으면 좋은 책

- 넬슨 만델라 《자유를 향한 머나먼 길》
- 모한다스 K. 간디 《자서전》
- 버락 오바마 《약속의 땅》
- 헨리 데이비드 소로 《시민 불복종》

킹은 정의를 추구하는 세계지도자로서 막 발을 내딛던 중 1968년 암살당했고, 따라서 그가 살아 있었더라면 무엇을 성취할 수 있었을지 당연히 궁금해진다. 남아프리카에서 넬슨 만델라를 석방하라는 압박이 20년 먼저 찾아왔을까? 베트남전쟁이 더 일찍 끝났을까? 흑인 남성이 지나치게 오래 감옥에 갇혀서 가족과 경제활동의 기회를 잃고 마는 일을 줄이기 위해 킹은 뭔가를 할 수 있었을까? 암살당하기 얼마 전에 킹은 이상하게도 사색에 잠겼다.

"글쎄, 이제 무슨 일이 벌어질지 모르겠다. 우리에겐 힘겨운 나날들이 남았으니까. 그러나 이제 그건 내게 그다지 중요하지 않다. 산 정상에 올라봤기 때문이다. 그리고 상관없다. 누구나 그렇듯 나는 오래 살고 싶다. 오래 사는 건 좋은 일이다. 하지만 거기에 대해 지금 걱정하지는 않는다. 나는 그저 하느님의 뜻을 이루고 싶다."

킹의 신념 덕에 그의 삶과 업적이 얼마나 빛났는지는 간과하기 쉽다. 그는 아프리카계 미국인들뿐 아니라 인류에 대해 연민을 품은 덕에 상징적인 인물이 되었고, 그리스도의 사랑이라는 킹의 윤리관은 간디의 개념만큼이나 강렬했다. 또한 그의 탁월함은 철학적인 기반에서 나온 것이다. 대학교 헤겔의 변증법을 바탕으로 그는 투쟁을 통해 성장이 이뤄지며, 따라서 인간이 계속 발전하고 싶다면 정치적으로 투쟁하는 것은 당연하다고 생각했다. 칸트의 인간 존중 역시 그의 삶에 영향을 미쳤는데, 그리하여 킹은 "인간은 절대로 국가의 목적을 달성하기 위한 수단으로 취급 받아선 안 되며, 언제나 그 자체로 목적이어야 한다."고 말했다. 정치에서 거둔 실질적인 성과를 넘어서, 개인의 신성한 가능성과 존엄을 전달하는 킹의 능력은 우리에게 용기를 불어넣어 준다.

인종차별에 대한 미국의 민낯
카스트

> 66
>
> 우리는 우리 안에 암호화된 인간 피라미드를
> 설명하지 않고서는 현재의 대격변이나
> 미국 역사의 전환점 대부분을 온전히 이해할 수 없다.
>
> 99

이저벨 윌커슨Isabel Wilkerson

1961년 워싱턴 D.C.에서 태어났다. 1994년 <뉴욕타임스> 기고문으로 아프리카계 미국인 여성으로서는 최초로 퓰리처상을 수상했다. 첫 책 《다른 태양들의 온기The Warmth of Other Suns》는 출간 이후 200만 부 이상 판매되었으며 내셔널 북 어워드 논픽션, <타임> 10대 논픽션, <뉴욕타임스> 선정 역대 최고의 논픽션 목록에 이름을 올렸다. 저술가로서의 공로를 인정받아 2016년 버락 오바마 대통령으로부터 내셔널 휴머니티스 메달을 수여받았다. 프린스턴대학교, 노스웨스턴대학교와 보스턴대학교에서 저널리즘 교수로 활약하고 있다.

똑같은 인간은 없다. 그러나 역사적으로 피부색과 성姓, 종교적 신념 같은 임의적인 차이가 무기가 되어 가끔은 억압적인 사회를 창조해 낸다. 카스트제도가 처음으로 인간을 임의적인 계급제도 안에 집어넣었고, 그 후 계급제도상 어디에 위치했는지에 따라 누릴 수 있는 자원과 존엄성을 엄격하게 관리했다. 카스트제도는 사람이 만질 수는 없지만 실질적인 특권을 누릴 수 있는지를 결정했다. 이를테면 존경과 명예, '무죄 추정의 원칙' 같은 법 규정 등이었다. 인간사회에서 카스트제도는 언어의 문법이나 유기체의 DNA 같은 것이다. 피상적으로 흘깃 봐서는 드러나지 않지만, 문법처럼 인간은 어린 나이에서부터 이를 체득한다. 그리고 DNA처럼 사회에 미래 발전의 틀을 제공한다. 《카스트》에서 퓰리처상 수상에 빛나는 저널리스트 이저벨 윌커슨은 기본적으로 "카스트제도는 뼈대고 인종은 피부다."라고 생각한다. 인간은 그저 다른 인간을 지배하기 위한 수단으로 인종을 이용한다.

그녀는 인종이 아닌 카스트제도라는 관점에서 미국 사회를 들여다보길 좋아한다. 많은 카스트주의자들이 "고전적으로 봤을 때는 인종차별주의자가 아니다."라고 그녀는 말한다. 사람들이 스스로를 인종차별주의자라고 인식할 가능성은 거의 없고, 인종적으로 모욕하는 일은 드물어졌다. 어떤 사람은 노골적으로 증오를 설파하지는 않더라도 여전히 카스트의 위계질서를 유지하는 데 기여할 수도 있다. 어느 파티에서 한 백인 참석자가 손님으로 온 버락 오바마 상원의원에게 음료수를 가져다달라고 부탁했다. 쇼핑을 나가면 유색인종은 백인에게 '이 스웨터를 다른 사이즈로 찾아달라'고 요청받는다. 분명 아무런 악의 없는 이런 실수를 이루고 있는 전제가 미국 카스트 인프라의 핵심이다.

미국 이주 초기부터(1619년 영국 정착민들은 북부를 떠돌고 있는 네덜란드 군함에서 노예 몇 명을 사들였다) 카스트제도는 한 사람의 사회적 · 정치적 · 경제적 지위를 결정짓는 데 적절히 쓰였다. 이는 남북전쟁의 도화선이 됐고, 무수히 많은 린치의 기본이 되었으며, '오늘날 나라를 어둡고 불안정하게 만드는 불평등의 근원'이 됐다고 윌커슨은 말한다. 노예제는 단순히 (가끔 잊히는) '이 나라의 역사에서 슬프고 음울한 장'이 아니라 미국 건국사와 정치, 그리고 경제의 일부다. 그녀는 어떤 사람이 어린 시절 트라우마를 진찰받지 않고서는 완전히 다시 태어날 수 없는 것처럼, 미국은 이 사실에 대처하지 않고는 앞으로 나아갈 수 없다고 주장한다.

미국은 '낡은 집'이다. 그 토대는 건축기사의 보고서에서 낱낱이 파헤쳐진다. 현대의 미국인들이 집을 짓지 않는다는 사실이 추후의 붕괴를 막아주는 것은 아니다. 이제 이들은 남아프리카인들이 진실과 화해의 과정을 거쳤던 것과는 다르지 않은 방식으로 잘못된 유산을 모조리 털어놓을 책임이 있다.

〈뉴욕 타임스〉 저널리스트인 드와이트 가너Dwight Garner는 《카스트》를 "바로 미국 고전의 반열에 오르다."라고 묘사했지만, 이 책은 지루하고 풍경에 대한 비유(카스트는 마치 녹아내린 영구동토층이나 지진 같다는 등)가 너무 많이 등장하며 가끔은 과하다는 인상을 준다. 첫 번째 장에서는 트럼프에 대한 불만이 노골적으로 드러나서, 차라리 편집되었으면 좋았을 것이다. 그러나 이 책은 뛰어난 학자의 작품이며 수백만 명의 사람들이 자기 신념과 자신이 살고 있는 사회를 재점검하는 계기가 됐다.

미국 카스트제도의 역사를 집약하다

인종을 기반으로 한 미국의 카스트제도는 노예를 제도화하면서 시작된다. 현대의 성노예와는 달리 미국의 노예는 '합법적이고 국가가 허락한 제도'였다. 오늘날 성노예가 탈출하면 이 노예는 자신의 인권을 보장해 주고 그동안 당한 악행을 확인해 줄 곳을 찾아간 뒤, 정의가 노예로 만든 자를 찾아내 주리라는 기대를 할 수 있다. 그러나 250년 동안 이어진 미국 노예제도에서 탈출한 노예는 반드시 합법적 주인에게로 되돌려줘야 할 재산으로 간주됐으며 "노예로 만든 자가 아니라 희생자가 (가끔은 끔찍할 정도로) 처벌을 받았다."

노예제도는 본질적으로 가장 아래에 있는 카스트인 노예를 화폐이자 기계로 만들었다. 이들은 상속자에게 물려줄 수 있는 재산이었고, 주인의 빚을 갚기 위해 팔려나갔으며, 대출을 받기 위해 저당 잡히기도 했고, 기계처럼 일해야 했다. 모든 저항은 채찍질과 고문, 강간, 그 외 끔찍한 방법으로 처벌됐다. 제아무리 기계라도 고장 나면 쉬거나 수리를 하지만, 이런 호의는 종종 노예에게까지 도달하지 못했다. 가장 힘들게 노동하면서도 노예는 '단백질을 거의 섭취하지 못하고' 주인의 호사스러운 식사를 지켜보기만 해야 했다. 노예들을 영양실조 상태로 내버려 두는 것은 '너무 쇠약해서 맞서 싸울 수 없게' 만든다는 중요한 목표에 걸맞았다.

서구 유럽에서 미국으로 온 이민자들은 재빨리 체코나 아일랜드, 독일 같은 국적을 버리고 백인이 됐다. 문화와 언어, 종교, 그리고 출신 국가는 한 사람의 피부색에 밀려났다. 가장 밑바닥에 있는 카스트를 향해 악의를 표현하고 잔인한 범죄를 저지르는 일은 '미국 시민이 된다는 일종의 입회식'이 됐다.

1863년 연방의회는 남북전쟁에 참전하기 위한 강제징집법을 추진했다. 이는 '미국 역사상 가장 큰 인종 폭동'으로 꼽히는 뉴욕의 드래프트 폭동으로 이어졌다. 아일랜드 이민자가 아프리카계 미국인 거주자들을 공격했고, 교회와 고아원을 불태웠다. 현재의 가치로 8,000만 달러 이상의 재산 피해가 발생했고 100명 이상이 사망했다.

1865년 남북전쟁이 끝나고 노예제도가 폐지된 후 재건의 시대가 시작됐다. 자유노예의 공민권이 확대됐고 저항하던 남부 주들은 아프리카계 미국인들의 권리를 뒷받침하는 새로운 헌법을 받아들여야만 했다. 이를 위해 북부는 남부에 적극적으로 군 병력을 유지해야 했다. 그러나 이 활동적인 재건방식은 겨우 12년 후에 사실상 끝이 났다. 1876년 논란이 된 선거에 뒤이어 진행된 협상에서 재건계획은 축소됐다. 군대는 남부에서 철수했고 지배 카스트는 '환원된 카스트제도를 통해 주권을 되찾을 수 있는' 새로운 기회를 얻었다.

1961년 앨라배마주 버밍햄에서 실시된 시장선거에서 한 후보는 흑인 남성과 악수하는 장면이 담긴 사진이 공개되는 바람에 선거에서 지고 말았다. 학교와 동네는 인종에 따라 분리됐고, 흑인 성인은 보통 이름으로만 불렸으며, 아프리카계 미국인들이 투표를 하지 못하도록 지대한 노력이 쏟아졌다. 이는 '사람들이 자기 위치를 지킬 수 있게' 설계된 정교한 사회적·경제적 위계였다. 1868년에 통과된 14차와 15차 수정헌법은 이론상 아프리카계 미국인의 투표권을 보장했지만, 1965년 투표권법이 제정될 때까지 실현되지 못했다. 이것이 바로 법과 상관없이 운영되는 카스트제도의 완벽한 예다. 앨라배마주는 '2000년까지 (인종적) 통혼을 금지하는 법을 폐지하지 않은' 것으로 악명 높다고 윌커슨은 덧붙인다. 이 법을 뒤집은 국민투표에서조차 40퍼센트의 유권자가 다른 인종 간의 결혼을 금지하는 것을 지지하며 표를 던졌다.

인도, 미국, 독일에서의 카스트제도

윌커슨에 따르면 역사상으로 '두드러지는 카스트제도가 세 가지' 존재한다.

인도의 카스트제도는 몇 천 년 동안 유지된 반면에 나치 독일의 카스트제도는 깜짝 놀랄 정도로 빠르게 생겨났다가 마찬가지로 빠르게 사라졌다. 미국의 카스트제도는 다양한 모양새로 400년 이상 계속되어 왔다. 미국의 '2단 위계'와 인도의 '수천 개의 하위 카스트로 구성된 정교한 구조'는 분명 다르지만 상세히 검토해 보면 공통된 주제가 존재한다. 두 나라 모두에서 지배 카스트는 물리적으로 자신들을 하층 카스트로부터 분리하며, 두 나라 모두에서 하층 카스트는 과거 농업 노동력의 대부분을 차지했다. 예를 들어, 아프리카계 미국인들은 체서피크를 따라 담배밭에서 일을 했고, 인도에서 가장 낮은 카스트인 달리트는 남인도에서 찻잎을 땄다. 두 나라 모두 '토착민들을 머나먼 땅이나 사회의 보이지 않는 구석으로 추방'했다. 미국의 북미원주민과 인도의 아디바시족이 그랬다. 미국에서 흑인은 백인에게 길을 비켜주어야 했고 '불가촉천민' 달리트는 실제로 상층 카스트들이 사용할 수도 있는 공공장소를 사용하지 못하게 금지당했다.

1930년대 나치는 독일을 '정화'한다는 강령을 바탕으로 세력을 확장해 나가면서, 영감을 얻기 위해 전 세계를 뒤졌다. 나치 지식인인 허버트 키어Herbert Kier는 미국에서 모든 인종 기반의 법들을 정리해 달라는 요청을 받았다. 그의 조사에 따르면 많은 미국 주들이 출생신고서와 사망신고서에 인종이 표기되기를 바라고, 교도소부터 대기실까지 모든 곳에서 인종 기반의 분리정책이 실시되고 있으며, 심지어 다른 인종(이라고 쓰고 '카스트'라고 읽는다)의 납세자 명부는 분리 보관됐다. 키어는 미국 카스트제도의 복잡성 때문에 혼란스러웠고, 심지어는 '미국 법이 지나치다'라고 느꼈다.

그럼에도 나치는 자신들이 갈구하던 창조적 영감을 얻었다. 1935년 히틀러는 '독일인의 피와 명예를 보호하기 위한 법'을 통과시켰다. 이 법은 유태인과 '독일인' 간의 결혼을 금지했다. 타 인종 간 결혼을 금지한 미국의 법이 반영된 꼴이었다.

카스트제도의 여덟 가지 구성 원리

카스트제도는 언제 어디서 활발히 활용되든 간에 체계적인 억압에 신뢰성을 부과하려고 몇 개의 기둥 또는 구성원리를 바탕으로 삼고 있다. 윌커슨은 카스트제도의 여덟 개 기둥을 상세히 설명하고 있으며, 그 가운데서 유전성, 동족혼, 순수성 대 오염, 직업적 위계, 비인간화 등이 가장 중요한 다섯 가지라고 본다.

유전성

카스트가 피를 통해 전달되는 성격적 특성을 가진다는 개념이다. 정치적 권리와 사회적 존엄성은 이 특성을 지닌 개인에게는 거부된다. 카스트제도는 예외를 인정하지 않기 때문에, 피부색이나 성姓으로 인해 할당받은 정해진 역할에 묶이게 된다. '부러진 팔에 깁스를 하면' 움직임이 제한받는 것처럼, 카스트제도는 특정 집단(과 후손들)을 정해진 사회적·경제적 구역에 몰아놓고 탈출할 수 없게 한다.

동족혼

동일한 카스트 내에서만 결혼하도록 제한하는 관행이다. 결혼은 서로 다른 개인과 혈통, 운명이 합쳐지는 것이다. 동족혼은 '카스트 사이에 방화벽을 쌓는 것'으로, 각각 다른 카스트에 속하는 두 사람 사이에서는 자원이나 감정이 공유되지 못하게 보장한다. 인도의 반카스트운동 지도자인 빔라오 암베드카Bhimrao Ambedkar는 동족혼이 어떻게 카스트 사이의 혼인 동반자 관계를 가로막는지에 관해 썼다. 카스트 간의 혼인은 상층 카스트와 하층 카스트 간의 거리를 줄일 수 있기 때문이었다. 인도와 나치 독일뿐 아니라 미국 주의 과반수가 법령에 따라 카스트 경계선을 뛰어넘는 결혼을 금했었다.

순수성 대 오염

동족혼으로 충분치 않았던 카스트제도는 순수성 대 오염이라는 구조의 정교하고 우스꽝스러운 의식을 통해 다른 카스트 사이에 모든 가능한 상호관계를 제거하려 애썼다. 인도에서 일부 하층 카스트는 자기들이 주변에 있다는 것을 상층 카스트에게 알려주기 위해 종을 달고 다녀야 했다. 상층 카스트는 하층 카스트가 만진 물건에 몸이 닿는다거나 너무 가까이 다가갔다면 반드시 목욕을 하고 호흡을 가다듬고 명상을 해야 했다. 이 모든 게 상층 카스트의 순수성을 유지하기 위해서였다. 미국에서는 한때 아프리카계 어린이와 백인 어린이가 보는 책을 따로 꽂아두었다. 대부분의 남부 감옥에서 아프리카계 미국인들과 백인 수감자의 이불은 따로 보관됐다. 법정에서도 두 개의 성경을 구비해 두었는데, 다른 인종은 같은 성경 위에 손을 두고 맹세해서는 안 됐다.

직업적 위계

직업은 유동성을 가져오는 지름길이므로, 카스트제도는 개인이 직접 직업을 선택할 권리를 억압했다. 사람들이 카스트에 적합한 직업을 유지할 것이라는 기대를 뒷받침해 주는 법도 있었다. 노예제 폐지 후 사우스캐롤라이나주는 흑인이 지방법원 판사로부터 허가를 받지 않은 이상 '농장 또는 가사일' 이외에 다른 직업을 가질 수 없도록 금지했다. 허가를 받기 위해서는 100달러를 지불해야 했는데, 오늘날로 치면 1,500달러에 이르는 금액이다. 허가를 받았어도 효력은 겨우 1년 동안만 유지됐다. 지배 카스트(백인)는 이 허가 비용을 면제받았다. 인도의 카스트제도는 '직업적 전문성'을 강조하지만, 하위 카스트가 수천 종류로 구분된다는 사실은 실제로 운신의 폭이 확보된다는 의미다. 윌커슨에 따르면 이는 "한때 미국의 카스트 장벽이 인도보다도 극명했었다."는 의미다. 노예제가 끝이 나고 4반 세기 동안 흑인의 약 90퍼센트가 두 가지 일 중에 하나를 해야 했다. 바로 농사일 아니면 집안일이었다.

비인간화

카스트제도에서 중요한 기둥이다. 이 기둥은 지배 카스트가 하층 카스트에게 아무런 죄책감도 없이 범죄를 저지를 수 있게 해준다. 유대인이 나치 독일에서 강제수용소에 끌려왔을 때, 이들은 처음에 발가벗겨지고 삭발을 당한 후, 짧은 구레나룻이나 콧수염처럼 '특징 있는 생김새'는 모두 제거당했다. 목표는 하나였다. 이들의 개성을 말살하고 '똑같은 몸의 한 무리'로 바꿔놓기 위해서였다. 노예제도하에서 아프리카계 미국인들은 기본적인 인간의 감정을 표현해도 좋다는 허락을 받지 못했다. 이들은 자식이 팔려나가도 울지 못했고, 배우자가 다른 주인에게 넘겨져서 다시는 만나지 못할지라도 노래해야 했다. 그런 비인간화 덕에 하층 카스트를 더 쉽게 재산으로 취급할 수 있었다.

카스트는 어떻게 모든 계급을 괴롭히는가

카스트제도의 부식효과는 하층 카스트뿐 아니라 상층 카스트의 건강에서도 드러난다. 아프리카계 미국인들은 미국 인종 중에서 당뇨병과 고혈압, 심장병 등을 가장 많이 앓고 있는데, 조사자들은 이것이 유전적 차이 때문이라고 말하기도 한다. 그러나 사하라 이남의 아프리카인들은 이런 질환의 발병률이 낮다. 같은 아프리카계 미국인들 사이에서는 중산층과 부유층은 빈곤층보다 더 심각한 고혈압을 앓고 있다. 이는 흑인이 부자가 되기 위해서 더 많은 '건강적인 불이익'을 겪어야 한다는 것을 나타낸다. 성공한 아프리카계 미국인들은 카스트 논리를 거부하며, 따라서 높은 수준의 '낙인과 고정관념'을 마주한다. 이는 더 큰 스트레스로 이어지며, 결국 건강 악화로 드러난다.

카스트제도는 위계상 가장 높은 곳에 있는 이들에게도 고통을 준다. 고정관념을 품고 있으면 혈압과 코르티솔 농도가 높아진다는 것이 증명됐다. 한 연구에서 인종에 대한 부정적인 고정관념에 노출된 백인은 혈류 이상과 순환계 및 소화계 협착 등을 보였다. 이는 안정된 실험실 환경에서조차 아프리카계 미국인이나 라틴계 미국인과 상호작용해야 할 때 더욱 심해졌다. 이런 생리학적 반응은 심장과 면역체계를 약화시킨다. 카스트제도는 희생자를 가장 많이 괴롭히지만, 최상위층에 있는 이들에게도 고통을 준다.

윌커슨은 독자에게 '인종'은 순수한 허구일 뿐 생물학적으로는 근거가 없다고 일깨운다. 세계 다른 지역에서 온 사람들 간의 신체적 차이는 최소한이다. 그러나 미국인들은 '인종'이 문화적 산물보다 현실적이라고 믿는 경향이 있다. 예를 들어, 많은 이들이 아프리카를 '흑인'의 대륙이라고 보지만, 아프리카인들은 스스로를 그렇게 보지 않는다. 이들은 이보족이거나 요루바족, 소말리아족이거나 남아프리카인이다.

윌커슨은 카스트의 역학을 분색하고 카스트제도가 스스로를 드러내고 관련된 모든 사람들에게 해악을 미치는 바로 그 방식을 폭로하고 있다. 카스트를 폐지하는 길은 길고 험하지만, 모든 사람이 가야 할 길이기도 하다.

📌 함께 읽으면 좋은 책

- 넬슨 만델라 《자유를 향한 머나먼 길》
- 마틴 루서 킹 《나에게는 꿈이 있습니다》
- 모한다스 K. 간디 《자서전 》
- 프란츠 파농 《대지의 저주받은 사람들》

2015년 프린스턴대학교 연구진들이 행한 연구에서 중년의 미국 백인들의 사망률이 1950년 이후 처음으로 악화되고 있음을 발견했다. '역사적으로 멸시당하던 흑인과 라틴계 미국인들'을 포함해 다른 서구의 집단들은 반대로 가는 추세였다. 더 많은 미국 백인들이 자살, 약물 과용, 치명적인 알코올중독 등으로 '절망사'하고 있었고, 그 숫자는 제2차 세계대전 동안 전사한 미군 수보다 높았다.

왜 그럴까? 윌커슨은 미국의 백인들이 이전까지 높은 카스트 덕에 누리고 있던 특권들을 잃게 되면서 더 많이 죽어가고 있다고 주장한다. 이들은 '지배집단 지위에의 위협'을 경험하고 있다. 외부 집단(다른 하층 카스트)이 번성하지 말아야 할 때 번성하고 있기 때문이다. 이는 만성적인 심리적 고통을 자아낸다. 따라서 지배 카스트가 잘 지내고 있다는 것은 카스트주의의 표식이고, 반면에 잘 지내지 못한다는 것 역시 카스트주의의 표식이다.

윌커슨은 이렇게 썼다. "위계질서를 창조하겠다는 인간의 충동은 전 사회와 문화에 걸쳐 있다." 그리고 그녀는 이 충동의 근원이나 목적이 어디 있는지 파헤치지 못했다. 순수하게 사회에 부정적인 영향을 미치는 임의적인 위계가 존재하며, 이 책은 멋지게 그 위계를 분석한다.

그렇다면 순수하게 사회에 긍정적인 영향을 미치는 생산적인 위계가 존재하는가? 인간과 동물을 아울러서 어디에나 위계가 존재한다는 사실은 카스트제도에 대한 논의에서 반드시 생산적인 위계에 대한 논의도 포함해야 함을 시사한다.

PART 6

시민이 행동해야
정치가 바뀐다

50 POLITICS CLASSICS

45

Common Sense

미국의 독립과
민주주의 수립이 상식이다
상식론

66

미국의 명분은 크게 봐서 모든 인류의 명분이다.

99

토머스 페인 Thomas Paine

1737년 영국 노퍽의 퀘이커교 가정에서 외동아들로 태어났다. 1774년 벤저민 프랭클린Benjamin Franklin의 주목을 받으면서 프랭클린에게 미국으로 이민을 가라고 권유받았다. 1776년 너대니엘 그린Nathaniel Greene 장군의 전속무관으로서 뉴저지에서 벌어진 전투에 참전했다. 1777년 외교위원회 장관으로 임명됐고, 1781년 독립운동을 계속이어갈 수 있는 재정적인 지원과 도덕적 지지를 얻기 위해 자비를 들여 파리로 떠났다. 1791년부터 10년 동안 프랑스에서 지냈고, 프랑스 국민공회에서 칼레의 대표로 선출되어 프랑스 공화국의 새로운 헌법의 기틀을 잡는 데 도움을 주었다. 1802년 미국으로 돌아와 농장 생활을 하다가 1809년 세상을 떠났다.

코르셋 제작자이자 세관원이었던 토머스 페인이 1776년 1월 익명으로《상식론》을 출판했을 때, 그는 미국에서 15개월도 채 살지 않았던 때였다. 페인은 런던에서 만났던 벤저민 프랭클린의 소개편지 덕에 어려운 형편에서 벗어날 수 있었다. 그는 〈펜실베이니아 매거진〉의 편집장으로 취직했다. 이 잡지는 논란이 되는 쟁점들을 다룬 덕에 발행 부수가 확대되고 있었고, 페인은 노예제 폐지와 여성의 권리를 지지하는 글을 쓰면서 유명세를 얻었다.

《상식론》은 센세이션을 불러일으켰고, 미국 식민지 전역에서 복사와 증쇄를 거듭했다. 같은 해 7월, 대륙회의는 독립선언을 작성했다. 후자가 형식적이고 정치인다웠다면, 페인의 책자는 분노와 열정이 담겨서 미국 독립의 불꽃을 일으키려 했다. 그리고 대체로 성공했다.

지금으로서는 이해하기 어렵지만, 1776년 혁명의 정서가 일고 상승세를 타더라도 모두에게 거의 공유되지 않았다. 식민지배자들은 보통 경멸의 대상이었으나, 그래도 영국의 통치를 뒤집자는 생각은 급진적이었다. 또한 전쟁에서 이긴다고 하더라도 미국은 법과 제도가 변화하는 대격변을 겪어야 할 것이었다. 이 모순적인 면을 알고 있던 페인은 영국의 군주 조지 3세를 우스꽝스럽게 묘사하며 그가 진정한 민주주의의 적이라고 드러내기 위해 그의 권력을 조금 과장했다. 또한 영국이 자랑하는 헌법에 대해 특권을 누리는 상류층이 자기 이익을 보호하기 위해 제정한 협작품이라고 설명했다. 그는 적을 그렇게 생생하게 묘사해야만 평범한 미국인들을 분개하게 만들고 변화하고 싶은 욕망을 일으킬 수 있다고 느꼈다. 페인이 가능한 한 간단한 용어로 글을 쓴 것은 분명 도움이 됐다. 그는 성경 속 비유를 선호했고 복잡한 단어와 학술적인 자료는 피했다. 2만 5,000개 단어 분량의 《상식론》이 성공한 또 다른 이유로는 역사적 필연성이라는 느낌을 만들어낸 작가의 능력에 있다. 미국의 명분은 인류가 더 위대한 자유와 평등을 찾아온 기나긴 모험에서 가장 새로운 명분이었고 역사의 올바른 편이었다.

페인조차 상황이 얼마나 멀리까지, 얼마나 빠르게 움직일지 보지 못했다. 《상식론》이 출간된 지 10년 후 매디슨과 제이, 해밀턴의 《연방주의자 논집》은 새로운 헌법을 미묘하게 다른 입장에서 정책 위주로 상세하게 방어했다. 미국인들이 새로운 정부 체제를 받아들이고 마침내 영국의 식민지배 구조를 완전히 지워버릴 수 있도록 돕기 위해서였다. 그럼에도 모든 혁명은 처음에 감정적으로 동력을 얻을 필요가 있고, 이것이 바로 《상식론》의 역할이었다.

미국이 가진 가능성을 고취하다

제 1부('헌법에 관한 간결한 의견을 곁들인 소위 정부의 기원과 설계에 관한 논의')에서 페인은 어떤 종류든 필요악이며 '잃어버린 순수함의 증표'라고 설명한다. 안보는 정부의 근본적인 목표이며, 우리는 최소 비용으로 최대한의 보호와 이익을 제공해 주는 정부라면 무엇이든 지지할 것이다.

페인은 미국을 통치한 영국의 헌법을 평가한다. 그는 나머지 세계와 비교해서 영국의 제도가 자유의 횃불처럼 보이지만, 더 자세히 살펴보면 시대착오적임을 알 수 있다고 인정한다. '민주주의'라는 이름으로 으쓱거리지만 실제로 영국은 군주정이자 상원이 존재했는데, 둘 모두 세습되는 직위였다. 군주정은 독립적이고, 국민들로부터 별개이면서, 실제 권력은 가지고 있지 않다. 그러나 그런 경우에 도대체 왜 군주정을 가지는가? 현실에서 왕은 군주와 상원, 하원의 삼두정치에서 '고압적인 권력'으로 남아 있다. "우리는 절대군주정에 맞서 문을 닫고 잠궈버릴 만큼 현명했지만, 동시에 그 열쇠를 쥔 자에게 왕관을 씌울 만큼 어리석다."라고 말한다. 군주제는 우상숭배의 일종이자 인간의 천부적인 평등에 반대된다. 그리고 '정부의 교리'이기도 하다. 자연은 권력승계의 원칙을 비웃는다. 본래의 군주는 뛰어나다 하더라도 후대는 유능하지 않을 가능성도 있다. 사회는 아기 왕이나 너무 아픈, 아니면 너무 늙은 왕이 제대로 통치해 주길 집착할 수도 있다. "하느님의 관점에서 보앉을 때 지금까지 존재했던 왕관 쓴 불한당들보다는 정직한 한 사람이 사회에는 더 가치 있다." 페인은 이렇게 쓴다.

미국이 영국의 통치를 받으며 잘 해왔다는 주장에 대해 그는 이렇게 말한다. "아이가 우유만 먹고 자랐기 때문에 앞으로도 고기를 먹지 못할 것이라든지, 우리 인생의 첫 20년이 다음 20년의 선례가 될 것이라고 주장하는 편이 낫겠다."라고 말한다. 그는 영국이 미국의 '어머니'랄지 '부모'라고 보는 생각들을 공격한다. 실제로 미국의 부모는 유럽이 된다. 이주민들의 대다수가 영국 이외의 나라에서 왔고, 미국인들은 '모든 유럽의 기독교인'들에게 형제애를 느끼기 때문이다. 게다가 미국은 영국이 스페인과 프랑스에 맞서 싸우는 전쟁에서 영국을 지지해야 했지만, 둘은 미국의 적이 아니었다.

페인은 미국의 천재성은 전쟁이 아닌 상업에 있다고 정확히 지적하면서, 유럽 국가들과의 우정을 돈독히 해줄 자유항구를 갖춘 독립적인 무역국가가 되어야 한다고 말한다. 방어와 상업의 관점에서, 미국은 영국의 일부가 되어서는 아무런 이득이 없다. 사실 미국은 혼자 힘으로 더욱 번영할 것이다. 영국의 해군 최고사령부에 맞선 미국의 혁명적인 행동을 옹호할 때 처음으로 '미합중국'이라는 표현을 쓴 사람이 바로 페인이다. 그는 주州들의 온전한 연합은 "국외에서는 중요도를 높여주고 국내에서는 통합을 가져다줄 것이다."라는 유명한 말을 남겼다.

미국 헌법의 기초를 세우다

제 2부('현재의 미국 정세에 대한 생각')에서 페인은 미국인들이 스스로 통치할 만큼 자신감을 느끼지 않으면서 우월한 영국의 문화와 제도에 대해 고개를 숙인다고 불평한다. 그는 영국과의 화해를 소극적으로 구하는 미국인들을 설명하기 위해 '겁쟁이' 또는 '아첨꾼'이라는 단어를 사용한다. 부모나 형제가 전사한 이들, 혹은 재산을 잃은 이들은 상황을 다르게 본다. 그는 존 밀턴John Milton의 말을 인용한다. "끔찍한 증오의 상처가 깊숙이 관통하고 있는 지점에서 진정한 화해는 피어날 수 없다." 렉싱턴 그린에서 영국 군인들이 여덟 명의 미국인을 죽인 1775년 4월 19일 이후 평화를 구하려는 노력은 핵심에서 빗겨나가고 말았다. 영국은 바뀌지 않을 것임이 확실해졌다. 어쨌든 미국은 영국과 잘 지내기에는 너무 먼 곳까지 와 버렸고, 사건들은 더욱 복잡해질 것이다. 게다가 땅덩이가 큰 미국이 훨씬 작은 섬나라 영국의 위성국가가 된다는 생각은 '자연의 일반적인 질서를 뒤집는 것'이었다.

페인이 글을 쓰던 당시 13개의 미국 식민지가 있었고, 그는 정치인과 국민으로 구성된 '대륙회의'에 대의代議의 형태를 제안한다.

"협의자들이 만나면 (소위 영국의 마그나 카르타에 응답하는) 대륙헌장 또는 식민지 연합 헌장의 틀을 만들도록 하자. 연방의회의 구성원을 선출하는 숫자와 방식, 하원의 구성원을 의회 참석 날짜와 함께 정하고, 이들 사이의 업무와 권한 사이에 선을 그어야 한다. (우리의 능력은 지방에 한정되는 것이 아니라 대륙적으로 적용된다는 것을 항상 기억하며) 양심이 요구하는 바에 따라 모든 사람에게 자유와 번영을, 그리고 무엇보다도 종교의 자유를 보장해 주어야 한다. 또한 헌장에 반드시 포함되어야 할 그 외의 문제들도 마찬가지다."

헌법이 제정되기 10년 전에, 이 글은 헌법에는 무엇이 필요하며 결국 무엇이 포함됐는지 보여주는 훌륭한 요약본이 된다.

미국의 독립을 추인하다

영국과의 단순한 '화해'는 미래에 더 큰 반역으로 이어지며, 더 많은 미국인들의 생명을 앗아갈 것이라고 페인은 말한다. 지금 완전히 분리되는 것이 낫다. "미국이 지체하고 소심하게 굴면서 스스로를 극복하지 못하면, 미국을 정복하는 것은 영국이나 유럽의 힘이 아닐 것이다." 그는 이렇게 썼다. 제 4부('미국의 현재 능력에 대해')에서 페인은 상황이 더 길게 이어지면 식민지들이 더 강해지고 서로를 더 질투할 것이다. 미국이 아직 어릴 때 연합을 형성하자. 그러면 구성원들 사이에 선의가 존재하게 될 것이다.

또한 페인은 미국이 자체적인 해군을 창설할 필요가 있다는 근거를 제시한다. 영국 해군의 대부분은 당시 수천 킬로미터 떨어진 곳에 있었고, 따라서 미국의 해안가를 적절히 방어해 줄 수 없다고 페인은 지적한다. 게다가 다른 유럽 국가들은 해군을 창설하기 위해 필요한 재료들을 얻으려 교역을 해야 하지만, 미국은 대개 자급자족이 가능하며, 배와 항구를 만들고 유지하기 위해 필요한 모든 것을 소유하고 있다.

부록에서 페인은 미국이 경제적인 관점에서는 어린 아이에 지나지 않지만, 부유한 국가로서의 미래가 보장된다고 강조한다. 그러나 입법권을 가지고 자체적인 진로를 계획할 수 있을 때만 가능한 일이다. 그는 예언적으로 다음과 같이 썼다.

"새로운 세계의 탄생이 눈앞에 있다. 그리고 아마도 유럽에 사는 모든 사람들을 포함할 만큼 수많은 이들이 몇 달 동안의 사건들로부터 자기 몫의 자유를 받게 될 것이다."

📌 **함께 읽으면 좋은 책**

- 알렉시스 드 토크빌 《미국의 민주주의》
- 에이브러햄 링컨 《게티즈버그 연설》
- 존 로크 《통치론》
- 프란츠 파농 《대지의 저주받은 사람들》

영국 헌법에 대한 페인의 비판은 도가 지나쳤지만, 흑백으로 세상을 그려내면서 미국 독립의 이득이 분명하게 드러나려면 진짜 적을 만들어낼 필요가 있었다. 지금으로서는 믿기 어렵지만, 조지 워싱턴과 토머스 제퍼슨, 그리고 벤저민 프랭클린을 포함한 인물들이 모두 1770년대 중반까지 영국과의 관계를 유지해야 한다고 주장했고, 양다리를 걸치는 것이 미국에는 해가 될 뿐임을 보여주려면 토머스 페인 같은 누군가의 힘이 필요했다. 설사 무기를 든다는 의미라 할지라도 혁명은 계속되어야 한다.

워싱턴은 페인의 글에 담긴 '반박할 수 없는 근거'를 반가워했고, 자기 부대의 사기를 북돋아 주기 위해 그의 단순하면서도 힘 있는 단어들을 사용했다. 영국의 작가 윌리엄 코벳William Cobbett은 이렇게 썼다. "독립선언을 실제로 쓴 사람이 누구든, 토머스 페인이 그 진짜 작가다." 그러나 페인은 친구 토머스 제퍼슨을 설득해서 노예제 폐지를 독립선언에 포함시키는 데에는 실패했고, 따라서 미국 남북전쟁의 씨앗을 뿌렸다.

46

Civil Disobedience

시민은 국가에 저항할 권리가 있다
시민 불복종

> 66
>
> 모든 인간은 혁명의 권리를 인정한다.
> 다시 말해, 폭정이나 그 무능을 견디기 어려울 때
> 충성을 거부할 권리와 정부에 저항할 권리가 있다.
>
> 99

헨리 데이비드 소로 Henry David Thoreau

1817년 매사추세츠 콩코드에서 태어났다. 1837년 하버드대학교를 졸업한 뒤 교사가 되었으나, 신체 체벌 의무에 반대한 후 아버지의 연필제조공장에서 일하기 시작했다. 1839년 콩코드와 메리맥강을 따라 여행하면서 자연에 지대한 관심을 기울이게 됐다. 그는 토지측량사이자 회반죽 칠하는 일꾼, 정원사로 일했고, 잡지에 글을 기고하고 강연도 했다. 28세 되던 해에 월든 호숫가의 숲으로 들어가 2년 2개월을 지냈다. 그때의 경험을 정리해 펴낸 《월든》은 뛰어난 문학성으로 미국 산문 문학의 고전으로 자리잡았다. 1862년 세상을 떠났다.

헨리 데이비드 소로와 랄프 왈도 에머슨Ralph Waldo Emerson, 월트 휘트먼Walt Whitman, 마거릿 풀러Margaret Fuller 등의 뉴잉글랜드 지식인들로 구성된 초월주의자들은 논리와 감각만이 아닌 직관과 상상력을 통해 지식을 찾을 수 있다고 믿었다. 개인은 독립적이고 자립적이어야만 최고의 상태가 되고, 무엇이 옳은지 그른지에 대한 자신의 권위를 믿어야 한다. 사회와 제도, 특히나 제도화된 종교와 정당이 침범하면 개인은 쉽게 타락하게 된다. 특히나 양심을 간과할 때 더욱 그렇다. 소로는 그 유명한 인생 실험을 통해 초월주의자들의 생각을 실천했다.《월든》의 도입부에서 그는 이렇게 썼다.

"나는 숲으로 갔다. 신중하고 찬찬히 살 수 있길, 오직 삶의 본질적인 사실만 마주할 수 있길, 또 가르침 받았어야 했던 것을 내가 배우지 못했는지 알아볼 수 있길, 그리고 죽음에 이를 때 내가 제대로 살지 않았음을 깨닫지 않길 바랐기 때문이다."

1840년대는 미국에서 격동의 시기로, 노예제에 반대하는 북부와 찬성하는 남부 사이에 위기가 증폭되고 있었다. 소로는 1846년 7월 노예제와 멕시코-미국전쟁에 대한 정부 정책에 항의하느라 인두세 납부를 거부하다가 감옥에서 하루를 보냈다. 그는 더 오래 머물 마음의 준비를 했지만, 익명의 후원자(이모라는 설이 있다)가 대신 세금을 내어준 덕에 금세 나올 수 있었다. 1848년 1월 그는 콩코드 공회당에서 '정부와 관계된 개인의 권리와 의무'라는 강의를 하면서 이 경험을 소재로 사용했다. 이 강의는 초월주의자이자 교육자 엘리자베스 피보디Elizabeth Peabody의 〈에스테틱 페이퍼스Aesthetic Papers〉에서 발표됐고, 《시민 불복종의 의무에 관하여》혹은 간단하게《시민 불복종》으로 유명해졌다.

　　《시민 불복종》은 학문과 문학 양쪽에 뿌리를 두고 있는데, 공자孔子와 성경, 윌리엄 셰익스피어William Shakespeare의《햄릿》과《존 왕》, 영국의 극작가인 시릴 터너Cyril Tourneur와 조지 필George Peele, 그리고 르네상스 시대의 천문학자인 니콜라스 코페르니쿠스Nicolaus Copernicus와 종교개혁자 마르틴 루터 등을 망라하는 참고문헌들이 포함됐다. 일부 문헌은 현대 독자들에게는 모호하게 보일 수 있지만, 시민에게는 정부의 행위가 비도덕적이라고 여겨지면 그 정부의 지원을 거부할 권리가 있다는 요지는 영원하다. 또한 소로가 펜을 들게 만든 그 본래의 이유 역시 초월한다.

양심에 거스리는 법을 따라서는 안 된다

1845년 미국 정부가 텍사스를 합병한 뒤에 멕시코-미국전쟁이 발발했다. 텍사스 합병으로 인해 오늘날의 애리조나와 뉴멕시코, 유타, 그리고 캘리포니아에 이르는 커다란 땅을 차지하게 될 것이었다. 전쟁은 연방의회에서 딱히 논의되지도 않은 채 진행됐고, 태평양에 도착할 때까지 서쪽을 향해 확장하는 미국의 '명백한 운명'에 속하는 것으로 비쳤다. 대개는 대중들의 지지를 얻었으나, 많은 사람들이 주권국가를 침략해서 자기 땅에 사는 멕시코인들을 살해하는 것은 미국의 건국이념을 졸렬하게 모방하는 것일 뿐이라고 느꼈다. 전쟁은 공격적이고 팽창주의적일 뿐 아니라, 노예제도를 남부의 새로운 주들까지 확장하는 것처럼 보였다. 평생을 노예 폐지론자로 살던 소로로서는 결코 용납되지 않았다.

《시민 불복종》에서 그의 입장은 사회의 잘못을 근절하는 것은 인간의 의무가 아니나, 적어도 알고도 동조해서는 안 된다는 것이다. 인간은 법에 복종해야 하지만, 개인은 맹목적으로 자기 양심에 거스르는 법을 따라서는 안 되며 그에 따라 행동해서도 안 된다. 도덕과 윤리는 '도덕률'로, 대중의 대다수가 동의한 법규보다 우위에 선다.

소로는 영국 철학자 윌리엄 페일리William Paley와 논쟁을 벌였다. 페일리는 편의성 때문에 항상 정부에 복종해야 한다고 주장했다. 그러나 소로는 편의성이 정의로운 사회의 기본이라고 인정할 수 없었다. 국가가 부당하게 도망 노예나 멕시코 수감자를 감옥에 넣는다면, '정의로운 인간을 위한 진정한 장소 역시 감옥'이라는 결론에 도달하게 된다. 시민 불복종과 혁명은 실제로 한 사람이 옳고 그름을 결정해야 할 때 유일한 선택권이다. 그러면서 소로는 미국 독립혁명 자체를 사례로 들지만, 미국인들이 영국 정부가 끊임없이 인상하는 세금을 내지 않겠다고 거부한 것은 전쟁과 노예제의 폭정과 비교했을 때 설득력이 떨어지는 이유라고 말한다. 정부의 메커니즘을 따라 반대를 표현하는 것으로는 충분치 않다. 반대의 목소리를 낼 때 개별적인 행동을 하는 것이 모두 중요하기 때문이다. "우리는 먼저 인간이 되어야 한다. 그다음에 국민이어야 한다." 소로는 이렇게 말한다.

정부에 대한 소로의 생각

소로는 '최소한의 정부가 최고의 정부다'라는 격언을 믿었다. 정부는 결코 자기 힘으로 한 기업을 발전시키지 않으며 보통은 방해한다. 정부의 목적은 개인들이 자기 사업을 시작할 수 있게 자유를 보장해 주지만, 사람들은 '인도 고무'처럼 되어야 한다. 소로에 의하면 '입법자들이 계속 앞에 가져다놓는 장애물들을 뛰어넘어야' 하기 때문이다. 소로는 절대로 정부를 좋아하지 않았겠지만, 그러면서도 더 나은 정부는 좋아했을 것이다. 인간을 기계나 동물로 취급하면서 그 싸움을 지지하든 아니든 간에 전쟁터로 내보내지 않는 정부 말이다.

시민 불복종에 관한 소로의 사상에 가장 확실하게 반대하는 사람은 소크라테스다(146쪽 《크리톤》을 참고하자). 소크라테스는 국가 안에서 살아갈 때는 그 법에 동의하지 않더라도 복종하지 않으면 잘못하는 것이라고 판단했다. 그러나 소로는 다수결의 원칙을 바탕으로 한 민주주의 제도에서 숫자의 힘이 개인의 양심을 짓밟는다는 사실을 그냥 넘어갈 수 없었다. 중요한 문제들은 옳은가 그른가를 바탕으로 결판나지 않으며, 편의성에 따르게 된다. 정치인들은 '매수'될 수도 있고, 아니면 선거에서 표를 얻기 위해 누군가의 입법을 지지하기로 협상을 할 수도 있다. 투표는 도덕성 한 방울을 섞은 게임일 뿐이다. 옳고 그름의 문제를 해결하거나 결정하지 못하고, 따라서 개인은 그저 중요한 도덕적 쟁점을 다수가 결정하도록 맡겨야만 한다.

왜 정부는 언제나 소수 또는 개인처럼 자기네를 불편하게 하는 존재들을 박해하는가? 정부는 자기네 정책에 흠결이 있거나 잘못되지는 않았는지 확인하기 위해 모든 반론에 귀를 기울여야 하지 않는가? 정부가 이렇게 하지 않는다는 사실은 이들의 이해관계가 정의보다는 권력에 엮여 있음을 시사한다. 그러나 동시에 시민을 자유롭게 놓아줘서 합의를 저버리고 양심에 따라 행동할 수 있게 해준다.

"부당함이 정부라는 기계의 필수적인 결함이라면, 그냥 내버려 두자. 그냥 내버려 두자. 어쩌면 맨들맨들하게 마모되어 버려 갑자기 기계가 고장 날 수도 있으니까…. 그러나 당신이 다른 사람에게 부당한 행위자가 되도록 요구하는 그런 특성을 가졌다면, 그냥 법을 어기자. 당신의 생명이 기계를 멈추기 위한 역마찰이 되어버리자."

소로는 라이샌더 스푸너Lysander Spooner와 조사이아 워런Josiah Warren 같은 아나키스트들의 글을 익히 알고 있었다. 스푸너와 워런 모두 매사추세츠주 출신이지만, 소로의 생각은 오늘날의 작은 정부론자나 온화한 자유지상주의자에 가깝다. 얼마나 작든 간에 어떤 형태의 정부 조직이 존재해야 하는 것은 수용하는 것이다. 예를 들어, 소로는 고속도로 세금을 내는 것은 절대로 신경 쓰지 않았다. 길을 이용했으며, 자기가 낸 세금이 학교를 위해 쓰이는 것이 기뻤기 때문이다. 게다가 그는 미국 헌법을 존경했다. 그가 동의하지 않는 것은 개별적인 정부였다.

소로의 정치적 관점들은 그가 어떤 상황에서 글을 쓰고 있었는지 더 광범위하고 형이상학적인 맥락에서 이해해야 한다. 이 관점들은 인간이 도덕적 양심과 자립을 발달시키고 그에 따라 행동한다는 더 심오한 이상주의에서부터 시작된다. 강력한 민주주의 국가는 정치인의 동기에 대해 습관처럼 의문을 품지 않는 대중들에게는 괜찮다. 그러나 강한 양심을 가진 자들의 입장에서는 상황을 꾸려나가기 위한 지나치게 타협한 방식으로 보인다. 그는 여기에 생물학적 비유를 든다. "식물이 본성에 따라 살지 못하면 죽는다. 인간도 그렇다."

📌 함께 읽으면 좋은 책

- 사울 알린스키《급진주의자를 위한 규칙》
- 마틴 루서 킹《나에게는 꿈이 있습니다》
- 넬슨 만델라《자유를 향한 머나먼 길》
- 모한다스 K. 간디《자서전》

시민 불복종 사상은 용어 자체는 오래되지 않았더라도(소로가 죽은 뒤에 나온 논문에 처음 쓰였다) 당연히 미국에서는 오랜 전통을 지닌다. 미국 독립혁명의 시초인 보스턴 차 사건은 먼 곳에 있는 정부로부터의 인지된 부당함에 응답하는 것이었다. 그리고 타당한 상황에서 시민 불복종을 실행할 권리는 '진정한 미국인'의 아주 일부가 됐다. 또한 소로의 사상은 19세기 자유주의의 맥락에서 볼 수도 있다. 그가 "절대군주정으로부터 제한적 군주정으로, 제한적 군주정으로부터 민주주의로 가는 진보는 개인에 대한 진실한 존중을 향해 가는 진보다… 국가가 개인을 더 고귀하고 독립적인 권력으로 인정하지 않는 한, 진정으로 자유롭고 독립적인 국가는 없을 것이다."라고 썼을 때 존 스튜어트 밀과 통했을 수도 있다. 그리고 실제로 밀의《자유론》은 그로부터 10년 후에 출간됐다.

초월주의자들은 어느 정도 바가바드 기타를 포함해 인도의 종교로부터 영향을 받았다. 그것이 간디가 소로에게 관심을 가지는 계기가 됐다. 간디는《시민 불복종》이 '미국에서 노예제도 폐지를 가져온 주요 원인'이라고 추켰고, 이는 간디가 남아프리카와 훗날 인도에서 비폭력 저항운동을 벌이는 데 영향을 미쳤다. 마틴 루서 킹은 학생 시절 소로의 책을 읽었고, 비폭력 저항운동 이론을 처음으로 접했으며 정부의 정책을 지지하느니 감옥에 가겠다는 생각을 가지게 됐다고 언급했다. 킹은 자서전에서 '악에 협조하지 않는 것은 선과 협조하는 것만큼 도덕적인 의무라고 확신'하게 됐다고 밝혔다. 시민 불복종은 1960년대 반전시위에서 중심이 되었다. 사회적·경제적 불평등에 항의하는 오큐파이 운동과 홍콩의 민주주의를 위한 평화시위, 그리고 멸종반란Extinction Rebellion 기후변화시위 등이 소로식 정치행동의 예시다.

47

Silent Spring

환경문제는 가장 정치적인 쟁점이다

침묵의 봄

66

그러다가 기이한 병충해가 그 지역을 덮쳤고 모든 것이 바뀌기
시작했다. 일부 사악한 마법이 마을에 씌었고, 불가사의한
병이 닭 무리를 휩쓸었다. 소와 양은 시름시름 앓다가 죽었다.
모든 곳에 죽음의 그림자가 드리웠다.
농부들은 가족들이 많이 아프다고 말했다.

99

레이첼 카슨 Rachel Carson

1907년 피츠버그 근처 스프링데일에서 태어나 1925년 최상위권으로 고등학교를 졸
업한 뒤 펜실베이니아 여자대학교에서 수학했다. 존스홉킨스대학교에서 석사를 마
친 후 가족의 생계 때문에 미국 수산국에 임시로 취직했다. 수산국 최초의 여성 수생
생물학자로 임용됐다. 1963년 상원의 한 분과위원회에 살충제에 관한 증거들을 제출
했지만, 다음 해 세상을 떠나고 말았다. 《침묵의 봄》은 미국 화학협회가 선정한 '국가
화학 유산'이 됐으며, 미국 내에는 그녀의 이름을 딴 여러 학교와 보호 공원이 있다.

많은 사람들이 레이첼 카슨과 《침묵의 봄》에 관해 들어봤을 터이고, 심지어는 이 책이 출간될 당시 이미 성공적인 작가였음을 아는 사람도 있을 것이다. 예를 들어, 《우리를 둘러싼 바다The Sea Around Us》로 카슨은 1951년 내셔널 북 어워드를 수상했다. 그러나 《침묵의 봄》이 카슨의 경력에서 얼마나 용기 있는 행보였는지를 아는 사람은 거의 없다.

　1950년대 카슨은 DDT를 조사하기 시작했다. DDT는 스위스 화학자 폴 헤르만 뮐러Paul Hermann Müller가 발견한 합성 살충제로, 처음에는 제2차 세계대전 당시 군인들 사이에서 발진티푸스의 전염을 막기 위해 사용됐다. 그러나 이후 농업용 살충제로 사용할 수 있도록 허가받았다. DDT는 미국 전역의 농장과 과수원에서 인기를 얻었고, 미국 농무부가 불개미를 박멸하자는 캠페인을 펼치면서 이를 강력하게 옹호했다. 그러나 카슨은 주요 잡지사에 살충제의 효과를 다룬 기사들을 투고하기 시작하면서 번번이 거절당했다. 수생생물학에 관한 서정적인 책을 펴내고 여성 동물학자로 이름을 알리는 것과, 탐사전문 보도기자의 책임을 안고 정부의 정책이나 기업 세력과 충돌하는 것은 별개의 일이었다.

카슨은 자신의 생각을 책에 담기로 결심했다. 글을 쓰는 데 4년이 걸렸지만 〈뉴요커〉에 연재되면서 그녀가 바라왔던 출발점이 됐고, '이달의 책' 클럽에 선정되는가 하면 CBS 시사 프로그램에 출연하기도 했다. 1950년대와 1960년대 자연보호는 부차적인 문제였다. 대부분의 사람들은 어쨌든 미국을 먹여 살리기 위해 자연과 싸워야 하는 농부들의 편이었다. 화학은 미래를 위한 것으로, 화학에 반대하면 시대에 뒤떨어지는 것이었다. 그러나 카슨의 책을 통해 사람들이 먹이사슬의 오염, 친숙한 새와 동물의 멸종, 그리고 살충제 도포가 암을 유발할 수 있다는 근거 등을 읽기 시작하면서, 오늘날 우리가 환경보호주의라고 부르는 사상이 갑자기 중요한 쟁점이 됐다.

《침묵의 봄》은 환경이 정치적 사안이 되면서 유명세를 얻었다. J. F. 케네디는 책에 등장하는 증거들을 조사하기 위해 과학자문위원회를 열었고, 책의 결론이 검증되면서 1972년 미국이 DDT의 농업용 사용을 금지하는 데 한 발 다가섰다. 그러나 이는 수년에 걸쳐 농업기업과 화학기업이 PR 활동을 펼친 뒤에야 이뤄졌고, 1980년대까지 DDT 수출은 계속됐다. 세계 최대 농업생물공학기업인 몬산토는 《침묵의 봄》을 패러디한 《황량한 해The Desolate Year》를 발표했는데, 살충제가 금지된 세계가 겪는 기근을 상상한 책이었다. 또한 또 다른 DDT 제조업체인 벨시콜은 카슨이 소련의 사주를 받았으며 미국의 생산잠재력을 심각하게 훼손시키려 한다고 주장하려 애썼다.

농용 화학물질 사용은 오랫동안 기후변화와 같은 환경적인 쟁점으로 인해 밀려나 있었지만, 2006년 앨 고어Al Gore의 영화〈불편한 진실Inconvenient Truth〉이 성공하면서 사람들의 마음을 바꿔놓는 스토리텔링의 힘을 가지게 됐다. 전 세계가 아폴로 8호의 '지구돋이' 사진에 매료되기 6년 전, 그리고 제임스 러브록James Lovelock의 《가이아》가 발표되기 오래전에, 카슨은 지구 환경이 숭배와 존중 받아야 하는 복잡하고 전인적인 체계라고 주장했다.

화학물질로 뒤덮인 지구

《침묵의 봄》은 2쪽 분량의 '내일을 위한 동화'로 시작된다. 동화의 배경은 언제인지 알 수 없는 어느 날 미국의 시골로, 사람들은 땅과 조화를 이루며 살아가고 있다. 야생동물은 풍부하고 식물은 다양하며 물은 맑은 곳이다. 그러던 어느 날, 동물들이 확실한 이유도 없이 죽어나가기 시작하고, 새가 사라진 들판은 고요해진다. 사과나무는 여전히 꽃을 피웠지만 꽃 사이로 날아다니는 꿀벌은 보이지 않는다. 농장 건물과 집의 도랑에는 몇 주 전부터 떨어지던 고운 하얀 가루가 모였다. "이 공격당한 세상에서 새 생명의 소생을 침묵하게 만든 것은 마법도, 적대행위도 아니었다. 인간이 스스로 행한 일이었다."카슨은 독자들에게 이렇게 말한다.

인간이 환경에 의해 결정되는 것이 아니라 실질적으로 환경을 결정하게 된 기간은 지구상에 생명이 존재한 역사로 봐서는 아주 짧다. 그러나 카슨이 책을 쓰기 25년 전에 공기와 땅, 강, 바다는 모두 위험하고 가끔은 치명적인 인공화학물질로 인해 다양한 수준으로 오염됐다. 물론 방사선은 항상 특정 암석과 태양에서 내뿜어져 왔지만, 동물과 식물은 몇 백만 년에 걸쳐 이러한 위험에 적응해 왔다. 그러나 현대세계에서 새로운 화학물질은 매년 그 영향력도 제대로 알 수 없는 채로 제조되어 왔다.《침묵의 봄》이 출간되기 직전 해에도 200가지 화학물질이 잡초와 해충, 설치류, 그리고 그 외의 '유해물'을 제거하기 위해 시장에 출시됐다. 그리고 땅 위에 존재하는 모든 생명체를 닥치는 대로 죽이기 위해 농장 전체에 뿌려졌다. 해충들이 화학물질에 내성을 갖게 되면 더 강한 살충제가 개발됐다. 해충 역시 들판에 살충제가 뿌려진 후에는 더 강력해져서 돌아오는 '후폭풍'을 보여줬다. "따라서 화학전은 절대로 이길 수 없다. 그리고 모든 생명은 그 잔혹한 십자포화에 마주하게 된다."고 카슨은 썼다.

핵전쟁의 위협과 함께 화학물질 오염은 이 시대를 엄청나게 위협한다고 카슨은 주장한다. 또한 우리가 방사선에 경악하면서도 어떻게 "환경 곳곳에 널리 뿌려놓은 화학물질이 끼치는 똑같은 영향에는 무관심할 수 있는가?"라고 묻는다.

보이지 않는 오염들

지구에서 거의 모든 담수 공급은 한때 우리 발밑을 흐르는 지하수였다. 물은 움직이기 때문에 한 곳이 오염되면 수백만 킬로미터 떨어진 장소까지 오염시킨다. "자연이 폐쇄적이고 분리된 구역 안에서 작동하는 경우는 좀처럼 없으며, 지구에서 물을 나눠줄 때도 마찬가지다."라고 카슨은 말한다.

1950년대 콜로라도주에서 벌어진 유명한 사건의 경우, 한 공장에서 화학물질이 포함된 연못이 지하수로 스며들었고, 몇 년 후 교외 지역에서 농작물을 오염시키고 사람들은 병들었다. 물이 몇 킬로미터를 이동하는 데에는 그 정도 시간이 걸리지만, 일단 화학물질이 지하수를 오염시키면 이를 처리할 수 있는 방법이 거의 없다. 더 무서운 사실은 '무해한' 화학물질이 지하수에 섞여서 치명적인 혼합물질을 형성할 수도 있으며, 책임감 있는 과학자라면 감히 만들려 하지 않을 그런 조합의 물이 된다.

카슨 시대의 화학자들은 어째서인지 흙의 생태계, 즉 벌레를 포함해 무수하게 복잡한 유기체들에 아무런 영향도 미치지 않고 해충을 박멸할 수 있을 것이라 생각했다. 그러나 생태계에 미친 영향이 점차 드러났고, 카슨은 더 많은 사실이 밝혀지기 전까지 과학적으로 신중하게 살충제를 금지해야 한다고 주장했다. 농화학물질은 보편적으로 영향을 미치기 때문에, 단순히 농부에게만 중요한 문제가 아니다. 카슨은 이 문제의 정치적 측면을 명확하게 짚어냈다.

"권리장전에서 한 시민이 개인이나 공무원이 공급한 치명적인 독극물로부터 보호받아야 한다고 보장하지 않은 것은, 그저 우리 선조들이 그 상당한 지혜와 선견지명에도 불구하고 그런 문제점들을 떠올리지 못했기 때문임이 틀림없다."

살충제가 미치는 뜻밖의 영향력을 보여주는 또 다른 사례는 캘리포니아 북부의 클리어레이크다. 이 호수는 낚시꾼들에게 인기가 있었지만, 이들은 주변에 꼬이는 모기를 참기 어려웠고 물속에 (DDT와 아주 비슷한 약품인) DDD를 조금 풀기로 결정했다. 세 번 정도 약품을 풀자 모기는 사라진 것처럼 보였지만, 그 후 서부논병아리가 죽기 시작해서 1,000쌍이었던 논병아리가 30쌍으로 줄어들었다. 물을 조사했을 때 DDD는 검출되지 않았다. 무슨 일이 벌어졌던 것일까? 플랑크톤은 화학물질을 흡수했고, 초식성 어류가 플랑크톤을 섭취했으며, 육식성 어류가 초식성 어류를 잡아먹은 뒤 논병아리가 이 물고기를 잡아먹었던 것이다. 먹이사슬에서 고리마다 DDD는 점점 더 농축됐고, 새가 섭취할 시점에서는 원래 농도인 0.02ppm보다 훨씬 더 높아졌다. "독성물질은 정말로 호수를 떠난 것이 아니었다. 그저 호수가 지켜주고 있던 생명의 구조 속으로 침투했을 뿐이다."

지구의 오염, 인간을 죽이다

20세기에는 암을 유발하는 화학물질의 사용이 빠르게 증가하는 모습이 목격됐다. 한때는 공장이나 광산 같은 곳에서 찾아볼 수 있는 직업적인 위협이었다면, 이제는 "모든 사람의 환경에서, 심지어는 아직 태어나지도 않은 아이에게서까지 나타나고 있다."고 카슨은 말한다.

그녀는 합성화학물질, 그중에서도 몇몇 살충제가 염색체 손상부터 유전자 돌연변이까지 인간 세포의 생명 활동을 어떻게 방해하고 있는지 살피는 최신 연구들을 보고한다. 대부분은 정황적인 증거로, 확실히 농장에서 쓰는 화학물질과 유사물질들은 인간에게 시험해 볼 수 없기 때문이다. 그러나 동물실험을 거친 다섯 가지 물질 가운데 네 가지는 이미 발암물질로 밝혀졌고, DDT에 노출된 모기는 몇 세대를 거치는 동안 '자웅 모자이크'라고 하는, 일부는 수컷이고 일부는 암컷인 이상한 생명체로 바뀌었다.

1930년대 미국에서는 소아암이 드물었지만, 25년 후 살충제가 농장과 개인정원에서 광범위하게 사용되기 시작했을 때 미국 아동들은 다른 질병보다 암으로 인해 사망하는 경우가 더 많아졌다(1세에서 14세 사이의 사망원인 가운데 12퍼센트가 암이었다). 카슨은 발암물질과 종양을 가지고 태어난 아기들을 연결 지었다. 어머니들이 임신 기간에 발암물질에 노출되었던 결과였다. 1950년대에 DDT 유형의 살충제가 민간에서 사용되면서, 백혈병과 관련 혈액

종양이 눈에 띄게 증가했다. 1950년대에 1만 2,290이었던 발병률은 1960년대에는 1만 6,690건으로 치솟았다. 암은 최초 원인으로부터 몇 년 혹은 몇 십 년이 흐른 뒤에야 나타나는 반면에, 백혈병은 잠복기가 훨씬 짧았다. 카슨은 말했다.

"대중들이 몇 년 동안 잘 알려진 발암물질에 노출된 후에야 법률적 절차가 천천히 움직여 상황을 통제할 수 있었다. … 대중들이 오늘 '안전'하다고 인정할 것을 요구받은 물질이 내일은 극도로 위험한 물질이라고 드러날 수도 있었다."

1960년대 이후 농화학적 사용과 식품안전과 관련해서 더 많은 안전장치들이 도입되었지만, 오늘날에도《침묵의 봄》을 읽으면서 우리가 먹는 음식이 어디에서 유래했고, 어떤 조건에서 생산되었는지, 그리고 집 주변에서 사용하는 화학물질이 안전한지 여부가 궁금해질 것이다. 그것이 카슨이 우리에게 남긴 유산이다.

📌 함께 읽으면 좋은 책
- 맨커 올슨《국가의 흥망성쇠》
- 업튼 싱클레어《정글》
- 제임스 러브록《가이아》

카슨이 끼치는 영향력은 그녀가 능력 있고 아름답기까지 한 작가로서, 대중들이 잘 알지 못하거나 신경 쓰지 않는 과학 학술지에 발표된 정보들을 흡수하고 전달했다는 점에서 더 빛난다. 그리고 생명과 자연이 위협받고 있음을 경고하면서 커다란 정서적 영향력을 미쳤다. 오늘날 과학적 글쓰기의 기준에 따르면 카슨이 제시한 근거들은 선별적이지만, 《침묵의 봄》은 격렬한 논쟁을 일으켰다. 자동차산업을 폭로하며 규제 변화를 가져온 랠프 네이더Ralph Nader의 《어떤 속도에서도 위험하다Unsafe at Any Speed》와 같은 방식으로 시민들의 분노를 자아냈다.

《침묵의 봄》의 출간 50주년 기념으로 엘리자 그리스워드Eliza Griswold는 <뉴욕타임스> 기사에서 이 책의 성공으로 환경운동가들의 주장에 대해 충분한 재원을 갖춘 공격이 이뤄지는 새로운 시대가 도래했다고 주장했다('《침묵의 봄》은 어떻게 환경운동에 불을 붙였는가', 2012년 9월). Rachelwaswrong.org 같은 웹사이트는 DDT에 반대하는 카슨의 캠페인이 말라리아의 효과적인 치료를 수없이 가로막은 가짜 경보였다고까지 말한다. 이 웹사이트를 후원하는 로비단체가 기업경쟁력연구소Competitive Enterprise Institute였다는 사실에 카슨은 그다지 놀라지 않았다. 그녀는 농림부 같은 관리 주체가 산업의 손아귀 안에 있으며, 그 누구도 미국 시민의 안전을 대변하지 않는다고 보았다. 대기 및 수질 청정법은 카슨이 세상을 떠난 후에야 통과됐고, 이후 미국환경보호청이 설립됐다. 카슨은 자연을 선의의 정치로 만드는 데 도움을 줬다.

48

The Jungle

육류가공 업계의 비인간성을 폭로하다

정글

❝

차마 말로 표현할 수 없는 일들이 포장공장에서

늘 벌어졌고 모두가 당연한 듯 받아들였다.

다만 그 옛날 노예가 있던 시절처럼 겉으로 드러나지 않을 뿐이었다.

이제는 주인과 노예 사이에 피부색이 다르지 않은 탓이었다.

❞

업튼 싱클레어 Upton Sinclair

1878년 메릴랜드주 볼티모어에서 태어났다. 컬럼비아대학교에서 법학을 공부한 뒤에는 싸구려 소설을 써가며 생활비를 벌었다. 소설들은 잘 팔리지 않았지만 《정글》은 싱클레어가 뉴저지주 잉글우드에서 사회주의 생활공동체를 세울 수 있는 부와 명예를 안겨주었다. 1920년대에 캘리포니아에서 두 차례 연방의회 선거에 출마했지만 실패했다. 1934년 캘리포니아 주지사 선거에 민주당 후보로 출마했지만, 역시 실패했다. 1943년 픽션 부문 퓰리처상을 수상했다. 1968년 뉴저지에서 눈을 감았다.

1904년 폭로가 전문인 젊은 저널리스트 업튼 싱클레어는 시카고 육류포장공장에서 잠입 취재를 했다. 그가 일하던 사회주의 신문인 〈어필 투 리즌Appeal to Reason〉이 다음 해에 소설화된 그의 글을 실었다. 1906년 더블데이 출판사는《정글》을 책으로 출간하는 데에 동의했고, 이 책은 센세이션을 불러일으켰다.

싱클레어의 목적은 미국의 세기말 노동계급이 겪는 끔찍한 운명을 폭로하고 사회주의의 정당성을 증명하는 것이었다. 소설의 주인공 유르기스 루드쿠스는 파멸에 이르기 직전에서야 사회주의적인 이상을 발견한다. 그러나 이 책은 실제로 육류가공업의 관행을 바꿔놓는 영향력을 발휘했다. 대중들은 결핵에 걸린 쇠고기와 오염된 소시지 등을 샀을지도 모른다는 공포에 빠졌고, 테어도어 루스벨트 대통령은 이전까지 싱클레어가 괴짜 사회주의자라고 믿었으나, 이 책에서 충격을 받고 행동에 돌입했다. 1906년에는 육류법과 순수식품 및 의약품법 등 두 가지 선구자적인 입법을 도입하는 데 도움을 주었다. 그리고 후자의 법에 따라 식품의약국FDA

의 전신이 설립됐다.

싱클레어는 훗날 "나는 대중의 심장을 겨눴으나, 실수로 위를 가격했다."라고 회상했지만,《정글》이 의도했던 목적을 달성했음을 역사가 보여준다. 그의 책은 일상에서 소비되는 상품이 그것을 만드는 노동자들에게 미치는 진짜 사회적 비용을 보여주려고 시도했다는 점에서 나오미 클라인Naomi Klein의《노 로고No Logo》같은 현대의 작품들보다 분명히 앞섰다.《노 로고》역시 부유층의 세계에서 팔리는 디자이너 제품을 생산하기 위해 빈곤 국가 노동자들이 처한 노동환경을 폭로하며 한 세대를 정치에 눈 뜨게 만들었다.

싱클레어는 대학 시절부터 소설을 쓰며 생계를 이어간 최고의 스토리텔러였다.《정글》은 참혹하긴 하나 미국 자본주의의 야만적인 나날들을 들여다볼 수 있는 완벽한 방식이 된다. 이 책은 새로운 대량생산 방식이 보여주는 근사함과 그 이면의 비인간적인 특성, 그리고 거대한 산업자금과 기업들에 맞서 나아갈 수 있을 리 없는 보잘것없는 한 인간의 가능성 등을 알린다. 싱클레어는 가장 위대한 프로파간다 전문 소설가로 평가받지만, 이 책은 여러분에게 오래도록 남을 작품이다.

미국 육가공업체의 비정함

이 책은 리투아니아에서 갓 건너온 이민자인 열여섯 살의 오냐와 억센 체격의 유르기스 루드쿠스가 결혼 연회를 가지는 장면으로 시작한다. 피들 연주를 들으면서 손님들의 마음은 고국의 강과 숲, 농장으로 되돌아가고, 시카고 빈민가와 술집을 잠시 잊는다. 이 사람들은 1년을 일해도 결혼식에 든 비용인 300달러도 벌지 못할 테지만, 전통 결혼식은 이들이 마지막까지 포기할 수 없는 한 가지다. 이날 하루 동안은 왕이나 여왕처럼 느낄 수 있었고, 그 추억에 기대어 평생을 살아갈 수 있다.

오냐와 유르기스는 열두 명의 친척들 사이에 껴서 시카고로 왔지만 그 과정에서 중개인과 공무원들에게 속아 넘어가 가진 돈을 거의 다 빼앗겼다. 영어는 한마디도 하지 못한 채 시카고에 도착하자 경찰이 그들을 전차에 태웠고, 이 전차는 한때 초원이었을 곳에 싸구려로 지어진 음울한 연립주택들을 지나쳐 달려갔다. 목적지에 가까워질수록 이상한 냄새가 코를 찔렀다. 이들은 이제 '도축장 뒷마당'이라고도 알려진 시카고의 스톡야드 지역에 도착했고, 한 방에 열두 명까지 잘 수 있는 공동주택에서 다른 리투아니아인, 폴란드인, 그리고 슬로바키아인들 틈에 섞였다.

리투아니아 출신 중개인이 이 가족을 패킹타운으로 안내한다. 2만 마리의 소와 돼지, 그리고 5,000마리의 양이 매일 기차에 실려와 도축되고 가공된다. 패킹타운 전체에서 유일한 녹지라고는 육가공업체 사무실 앞에 있는 풀밭 한 마지기뿐이다. 이 육가공업체는 산더미처럼 많은 베이컨과 소시지, 쇠고기 통조림, 매운 닭고기, 돼지기름, 그리고 비료 등을 만들어낸다. 유르기스와 가족들은 돼지들의 뒷다리를 묶어 매달아 놨다가 목을 자르고, 그 후 저마다의 업무를 맡은 남자들이 한 줄로 늘어서서 가공하는 모습을 지켜봤다. 브라운과 더럼의 패킹타운 공장에는 3만 명의 남자와 여자들이 산다. 자동차 대량생산이 가능하기 이전, 이곳은 노동과 자본이 엄청나게 집중된 장소다. 25만 명의 지역 인구가 공장을 지탱하고, 3,000만 명의 미국인이 이 고기를 사 먹으며, 제품은 세계 곳곳으로 수출된다. 순박한 유르기스는 자신이 이 위대한 기업의 일원이 될 것이라는 생각에 마냥 행복했다.

이 무리는 '새' 집을 사기 위해서 저축한 돈을 몽땅 내놨지만, 나중에 알고 보니 15년 전에 싸구려 자재로 지은 집이었다. 또한 집들은 신용사기의 일부였는데, 거주자가 한 달이라도 할부대금을 못 내면 재산은 곧바로 압류되고 또 다른 불행한 가족에게 팔리게 되어 있었다. 유르기스와 오냐, 그리고 다른 사람들이 산 집은 지난 몇 년 동안 네 번 이상 집주인이 바뀌었다.

이웃에 사는 마이야우스키네 할머니가 패킹타운에 유럽 이민자들이 봇물 쏟아지듯 들어온다고 말한다. 독일인, 아일랜드인, 폴란드인, 슬로바키아인, 그리고 이제는 리투아니아인까지, 모두가 공장 노동자로 이용당할 것이었다. 육가공업체는 이들로부터 속속들이 노동력을 빼먹었고, 그러다가 더 싼 이민자가 오면 대체해 버렸다. 그럼에도 이 가족은 미래에 대한 희망을 품고 있다.

죽을 때까지 일하라

야드비가와 미콜라스 역시 결혼을 하고 싶지만, 미콜라스의 직업
은 고기에서 뼈를 발라내는 위험한 일이다. 이 노동자들은 수시로
깊이 베이는 상처를 입지만 제대로 치료받지도 못한다. 영하까지
내려가는 시카고의 겨울에 뼈를 발라내는 작업을 하는 남자들은
장갑을 착용할 수 없게 되어 있고, 따라서 꽁꽁 얼어버린 손 때문
에 사고가 발생하기도 한다. 지난 3년 동안 미콜라스는 패혈증으
로 인해 집에 머물러야 했다. 작업량에 따라 돈을 받기 때문에 이
는 소득에 큰 타격이 된다. 직장으로 복귀한 그는 아침 6시부터 포
장공장 주변에서 어슬렁거리며 일자리를 구할 수 있을 때까지 기
다려야만 한다.

유르기스와 오냐의 가족 중에는 여러 명의 아이들도 있는데, 이
아이들조차 패킹타운에서 벗어날 수 없다. 연방법에 의하면 어린
이들은 16세가 될 때까지 일을 할 수 없지만, 육가공업체들은 나
이를 확인하지 않았다. 어쨌든 성인 임금의 3분의 1만 지불하면
되는 어린이 한 명을 고용하면 공장으로서는 꽤 많은 돈을 아낄 수
있다. 열네 살의 스타니슬로바스는 돼지기름 공장에서 일자리를
구했는데, 하루에 열 시간씩 돼지기름이 나오는 기계에 깡통을 끼
우는 일을 한다. 공장에는 창문이 없었으므로, 아이는 반년 이상
해를 보지 못했다.

노동자들은 병에 잘 걸린다. 냉동창고에서 일하는 남자들 사이

에는 류머티즘이, 양털을 뽑는 일꾼들은 산 때문에 자주 화상을 입는다. 비료 작업자들은 지독한 냄새를 풍기지만 무슨 수를 써도 냄새는 없어지지 않는다. '도살장'에서 일하는 남자들은 겨울엔 꽁꽁 얼고 여름에는 열사병으로 죽기도 한다. 고기를 끓이는 탱크에서 일하는 노동자들은 가끔 펄펄 끓는 탱크 안으로 빠지고 만다. 죽지도, 다치지도 않고 살아남은 노동자가 있다면, 그는 이익 목표를 맞추기 위해 비인간적일 정도로 작업속도를 높이는 '스피드업'을 해야만 한다. 임금과 단가는 절대 올라가지 않고 계속 내려가기만 한다. 믿기 어렵겠지만, 작업속도가 올라갈수록 생산성은 더욱 좋아지고, 육가공업체 입장에서는 노동자들에게 돈을 덜 줘도 된다는 의미가 된다. 어느 노동자든 할 만큼 했다 싶으면, 그 자리에 대신 들어올 사람은 차고 넘친다.

싱클레어는 노동자들이 일자리를 잃을까 봐 겁에 질려서 한순간조차 눈을 돌리지 못하는 사이, 잘 차려입은 남성과 여성으로 구성된 견학팀이 이들을 마치 '동물 쇼에 나온 야생동물들을 보듯' 쳐다보는 장면을 그려낸다. 육가공 공장은 마치 거대한 기계와 같다. 사람들을 집어삼켰다가 이들이 다치거나 아프거나 그저 빨아먹을 만큼 빨아먹으면 뱉어버린다. 10년 이상 버티는 사람은 거의 없었고, 그런 사람이 있다 하더라도 아마 바가지 씌우는 술집에서 마시는 술에 의존해서 다리를 절며 다녔으리라.

이런 가공육을 먹으라고?

싱클레어는 육가공업체가 건강과 안전을 아무렇지도 않게 무시하는 역겨운 행태를 보고한다. 한 공장은 오직 늙거나 아픈 소만 사들이는데, 그중에는 양조장에서 버린 '술 찌꺼기'를 먹이는 바람에 커다란 종기가 온통 피부를 뒤덮은 소들도 있다. 이런 고기는 미군에게 공급되는 '방부 처리된 쇠고기'에 쓰였고, 그로 인해 훗날 전쟁터에서보다 더 많은 군인들이 죽어 나갔다.

유르기스는 더럼에서 '분쇄 닭고기'라는 제품이 만들어진다는 것을 알게 된다. 분쇄 닭고기는 사실 내장과 돼지 지방, 그리고 소의 심장 등을 섞어서 만든다. '매운 햄'은 햄이 아니라 화학첨가물 범벅이다. 상한 햄에는 남아 있는 악취를 지우기 위해 화학약품이 마구 뿌려지고, 곰팡이가 슬어 허옇게 된 소시지는 붕소와 글리세린을 뒤집어쓰고는 휘저은 소시지 반죽 안에 들어갔다가 재포장된다. 수백 마리 쥐들이 육류창고를 돌아다니고 가끔은 죽은 쥐가 결국 소시지 반죽에 같이 섞이지만 그 누구도 눈 하나 깜짝하지 않는다. 패킹타운에는 360명의 육류 감시관이 있지만, 이들이 할 일은 오직 불량 고기가 일리노이주 안에 보관되는지 확인하는 것이다. 결국 결핵에 걸린 수소 시체가 조용히 시카고로 실려 와서 팔린다는 의미다.

노동자들에게 희망은 있는가

유르기스의 아버지 안타나스는 일자리를 구하기에 너무 늦었다. 그래서 그는 누군가에게 뇌물을 줘가며 필사적으로 일을 구하고, 결국 임금의 3분의 1을 포기해야만 했다. 이런 부정거래는 흔하다. 안타나스가 할 일은 바닥에 떨어진 고기 쪼가리를 긁어모아서 통조림 고기에 추가할 수 있게 하는 것이다. 얼어붙을 듯이 춥고 축축한 저장실에서 그는 계속 기침에 시달리고 온몸으로 통증을 견디다가 곧 세상을 떠난다.

마침내 노동자들은 대출금을 거의 갚을 수 있게 되지만, 그 후 통조림 공장 가운데 하나가 문을 닫는다. 경기불황으로 유르기스의 임금은 반으로 깎인다. 그러다가 수소 한 마리가 달아나 뒷마당을 미친 듯이 뛰어다니는 바람에 유르기스의 발목이 골절되고 만다. 더 이상 일을 할 수 없고, 가족들은 공포에 빠진다. 월세며, 난방, 보험, 그리고 식비는 어떻게 감당할 것인가?

싱클레어는 비극 위에 비극을 켜켜이 쌓는다. 유르기스는 오냐가 상사인 코너 씨에게 몸을 팔았기 때문에 계속 일자리를 지킬 수 있었음을 알게 된다. 코너를 흠씬 때려눕힌 유르기스는 감옥에 갇힌다. 출소한 유르기스는 가족들이 집에서 쫓겨났다는 것을 알게 되고, 오냐는 둘째 아이를 출산하기 일보 직전이었다. 그는 의사를 부를 돈이 없었고, 오냐는 사망하고 만다.

유르기스는 늘어난 가족을 부양하려고 애를 쓰면서 일터로 돌아가고, 어느 날 저녁 집으로 돌아오다 자기 아들이 포장되지 않은 도로의 웅덩이에 빠져 죽었다는 것을 알게 된다. 유르기스는 농장 일을 하러 떠돌아다니는 부랑자가 됐지만, 겨울이 되자 다시 육가공 공장에 취직하기 위해 도시로 돌아온다. 부양 가족 없는 독신 남자가 되자 상황은 나아졌고, 심지어 관리자의 자리에 오른다. 그러나 육가공 산업을 거의 마비시켜 버린 대규모 파업으로 다시 모든 것을 잃고 만다.

유르기스가 노동환경에 저항하는 운동을 벌이는 중산층 사회주의자들과 친분을 쌓는 책의 마지막 부분에 가서야 어렴풋이 희망이 보인다. 그는 진정으로 사회주의를 믿게 됐고, 그의 투쟁은 이제 임의적인 절망 대신 의미를 품게 된다.

📌 함께 읽으면 좋은 책

- 나오미 클라인 《노 로고》
- 레이첼 카슨 《침묵의 봄》
- 엠마 골드만 《저주받은 아나키즘》
- 카를 마르크스, 프리드리히 엥겔스 《공산당 선언》

《정글》은 아메리칸드림에 대한 불합리한 공격으로 보일 수도 있다. 실제로 대부분의 이민자들은 살아남아 마침내 부유해졌고, 노동환경은 기업온정주의 혹은 노동운동 덕에 개선됐기 때문이다. 그러나 그 과정에서 실제로 많은 사람들이 목숨을 잃었고, 우리는 이들을 기억해야만 한다.

싱클레어는 오늘날 여러 국가에서 노동착취가 일어난다는 사실에 충격을 받을지도 모른다. 건강과 안전에는 아랑곳하지 않고, 임금은 매우 낮으며, 관리자들이 독재자처럼 구는 곳도 있다. 하지만 이런 상황을 목도하고도 공업국이라면 으레 겪는 자연스러운 '통과단계'라고 위안 삼아서는 안 된다. 원산지가 불분명하거나 미심쩍게 저렴해 보이는 제품을 사지 않는 것도 우리의 능력이다. 우리가 매일 사용하고 소비하는 것들을 만들어내는 것은 단순히 기술이나 자본이 아니다. 바로 사람이다. 《정글》은 시대를 초월하며 어딘가에 사람이 있음을 우리에게 상기시켜 준다.

한나 아렌트는 《인간의 조건》에서 노동(우리가 생존해 있기 위해 해야하는 활동)과 작업(우리를 지속시켜 줄 뭔가를 생산해 내는 의미 있는 활동)을 구분했다. 싱클레어의 책은 이 구분을 더할 나위 없이 훌륭하게 표현하고 있으며, 또한 마르크스가 강조했던 자본주의 체제하의 노동의 비인간적인 특성 역시 가장 진솔하게 드러난다.

49

Anarchism and Other Essays

자본주의를 넘어, 사회주의를 넘어
저주받은 아나키즘

❝

아나키즘은 실제 사회적 부를 생산해 내려는 목표를 가진
개인들의 자유로운 모임을 바탕으로 한 사회질서를 의미한다.
이 질서는 개인의 욕망과 취향, 성향에 따라
모든 인간이 자유로이 땅에 접근할 수 있고 생활의 기본요소들을
온전히 즐길 수 있게 보장해 준다.

❞

엠마 골드만 Emma Goldman
1869년 리투아니아의 카우나스에서 태어났다. 7~13세까지 프로이센에서 할머니와
함께 살았다. 1886년 언니 헬렌과 미국으로 이민 가면서 낮은 임금을 받으며 장시간
근무하는 재봉사로 일했다. 다음 해 뉴욕으로 간 골드만은 아나키스트의 대의에 빠졌
다. 후에 행동단체인 '오토노미'에 가입하면서 1889년에 시계공 파업에 참여할 여성
노동자들을 조직했고, 1891년 노동자들의 권리를 주장하는 노동절 집회에서 아나키
스트 파견단을 이끌었다. 말년에는 스페인 내전의 아나키스트들을 후원했다. 1940년
토론토에서 세상을 떠났다.

급진주의자들은 가끔 특정한 사건에서 자각의 계기를 찾아낼 수 있다. 더 나은 삶을 살기 위해 미국으로 건너온 리투아니아 이민자인 엠마 골드만의 경우, 1886년 시카고 헤이마켓 스퀘어에서 벌어진 노동자 집회가 그 계기였다. 이 과정에서 폭발이 일면서 일곱 명의 경찰이 사망했다. 누가 폭탄을 터뜨렸는지 증거는 발견되지 않았지만, 여덟 명의 아나키스트가 체포됐고 그 가운데 한 명만 실제로 그 자리에 있었던 것으로 밝혀졌다. 언론과 경찰이 강력하게 처벌을 요구하는 가운데 재판장 개리는 이렇게 말했다. "당신네는 헤이마켓 폭발사건을 일으켜서가 아니라 아나키스트들이기 때문에 재판에 회부되었다." 모두가 사형을 선고받았고 이 사건은 전 세계적으로 격한 반응을 불러일으켰다. 1년 후 네 명의 아나키스트가 교수형에 처해지고 한 명은 자살했으며 나머지 셋은 계속 감옥에 갇혀 있었다. 헤이마켓 사건은 몇 십 년이 지난 후에는 매년 추도식을 통해 기려졌으며 '시카고의 8인'은 '자유' 사회에서 반대 의견을 묵살하고 사상을 이유로 사람들을 재판에 회부하는 국가의 의지를 보여주는 상징으로 남았다.

골드만의 인생은 표면적으로 아메리칸 드림의 어두운 측면을 밝히는 데 전념한 듯 보이지만, 실제로 그녀의 정치철학은 보편적이었으며, 피에르 조제프 프루동Pierre Joseph Proudhon("소유는 도둑이다."라는 말로 유명하다)과 미하일 바쿠닌Mikhail Bakunin(공산주의는 그저 아나키즘으로 가는 단계라고 믿은 러시아 혁명가), 그리고 피터 크로포트킨 Peter Kropotkin(프랑스에서 아나키즘의 신념으로 인해 5년간 투옥됐다) 등 아나키즘 사상가와 활동가들에 의해 형성됐다. 골드만은 또한 미국의 초창기 페미니스트 가운데 하나로, 여성들을 얽맨다고 믿은 결혼과 종교의 기본제도, 그리고 몸과 마음에 대한 의문을 품도록 촉구했다.

정부와 정책에 대한 불신

골드만은 아나키즘을 '인간이 만든 법의 제한을 받지 않는 자유를 바탕으로 한 새로운 사회질서에 대한 철학. 통치의 형태는 폭력을 기반으로 하고 있으며, 따라서 불필요할 뿐 아니라 잘못됐으며 해롭다는 이론'이라고 정의했다. 후에는 '개인 주권의 철학'이라고 묘사했다. 이는 국가에 정반대되는 개념으로 오직 혁명을 통해서만 이 철학을 드러낼 수 있다.

태곳적부터 사람들은 진보하고 싶다면 어느 정도의 권한을 포기하고 사회와 국가에 맡겨야 한다고 배웠다. 그러나 이는 아나키스트에게 한참 잘못된 방식이다. 사람들은 오직 개인을 중시하는 방식으로만, 그리고 무엇보다도 성장할 기회가 주어졌을 때만 함께 살아갈 수 있다. 개인은 '사회의 심장'이며, 사회는 그 심장을 확대하고 지원해 주는 허파다.

골드만에게 아나키즘은 대부분의 사람들이 얽매여 있는 두 가지 권력으로부터 벗어나게 해주는 위대한 해방자다. 하나는 종교로, 종교는 사람들을 상상 속의 신에게 복종하게 만든다. 또 하나는 재산으로, 재산은 개인을 타락시키고 사회를 분열한다. 더 많은 재산을 향한 사람들의 욕망은 힘, 그중에서도 다른 사람들을 노예로 만들고 비하하려는 힘에 대한 욕망이다. 사람들은 '국부國富'라는 관념을 이야기하지만, 국가가 국민의 존엄성에 거의 신경을 쓰지 않고 국민이 불결하고 지저분하게 살아야만 한다면 무슨 소용이 있겠는가.

현대국가는 인간의 속박이라는 목표를 위해 존재한다. 개인은 보살피지 않으며, 오직 체제가 시계처럼 돌아가고, 법이 준수되고, 국고가 가득 차 있는 것에만 신경 쓴다. "국가는 정치적 자유의 제단이며, 종교적 제단과 마찬가지로 인간의 희생을 위해 유지된다." 골드만은 이렇게 말한다.

골드만은 아나키즘에 대한 일반적인 반론들을 하나하나 짚어간다. 질서를 유지하는 국가 대신, 대부분의 '질서'는 "법률, 경찰, 군인, 법정, 입법부, 교도소 등 사회에서 가장 대립적인 요소들을 '조화시키는' 데 필사적으로 관여하는 것들로 채워진 정부의 전체 무기고"와 함께 테러와 복종을 통해 유지된다. 국가가 범죄를 예방한다는 주장에 대해, 골드만은 모든 세금은 절도의 한 형태이며, 전쟁과 사형은 가장 중대한 범죄라고 답한다. 국민들은 자신이 싫어하는 일을 해야 하는 한, 생계를 유지할 수 있는 다른 방법들을 찾아볼 것이다. 골드만은 사람이 조직적인 구조 안에서 살아가는 것이 자연스럽다는 개념을 동물원에 갇힌 동물들에 비교했다. 동물원의 동물들은 동물원이 자신들이 알고 있는 유일한 삶의 형태인 만큼 자연에서 자유롭고 강하게 살아가는 것이 어떤지 상상할 수 없다. 마찬가지로, 사람들은 편협하고 순종적인 삶을 살아가면서 자신들이 무엇을 잃었는지 알지 못한다.

골드만은 투표와 민주주의에 대한 헨리 데이비드 소로의 불신을 공유하면서, 의회가 사회적 잘못과 불평등을 해결하기 위해 하는 일이 거의 없다고 강조한다. 노동법과 아동보호법은 거의 지켜진 적이 없었으며 착취가 만연했다. 골드만은 의회가 그저 정치인들의 야망을 표출하는 무대이지만, 국민은 자신들이 뽑은 대표가 뭔가를 달성하고 있다고 계속 믿고 있다고 강조했다.

골드만의 시대에는 오직 초과 이윤을 위해 매년 5만 명의 미국인들이 일터에서 사망했고, 10만 명이 불구가 되거나 부상을 입었다. 게다가 현대식 생산 방법은 자동화로 인해 노동자들을 감축시키고, 창의력을 발휘할 여지를 없앴으며, 쉽게 교체 가능하고, 거의 최저 생활 수준의 임금을 받도록 했다. "이상하게도 중앙집중형 생산이라는 한물간 방식이 우리 시대에 가장 자랑스러운 성취라고 극찬하는 사람들이 있다. 이들은 기계에 계속 종속되는 것이 왕에 대한 굴종보다 더 완벽한 노예제도라는 사실을 깨닫는 데 완전히 실패한 것이다." 그녀는 이렇게 썼다. 아나키즘은 큰 이윤을 창출해야 할 필요가 없기 때문에 결국에는 그런 상태를 끝내버릴 수 있다. 그 대신 사람들은 무슨 일을 할 것인지 선택할 수 있고, 이것이 개성의 표현이자 자긍심의 원천이 된다.

정치적 폭력의 정당성

불행하게도 대중들은 현재의 상태가 자신이 바랄 수 있는 최선이라고 믿도록 강요당하고 세뇌받는다. 대중들을 일깨워주는 역할은 '지적인 소수'에게 달려 있으며, 가끔 실질적인 행동주의는 폭력적인 수단을 요한다. 반란을 일으키는 사람들은 폭력을 바라기 때문에 그렇게 하는 것이 아니다. 오히려 반대로 이 사람들은 탄압받고 무시당한다고 느끼며 정의를 위해 깊이 분노하므로 그저 이 욕망을 표현한다. 그렇지만 아나키스트는 모든 기득권을 위협하는 듯 보이기 때문에, 가끔 이들에게 끔찍한 반발을 가한다. 적어도 아나키스트와 사회주의자들은 자기 의견 때문에 일자리를 잃지만, 제도에 대한 이들의 위협은 여러 사람의 목숨을 잃게 만들기 때문이다.

"자본과 정부의 대대적인 폭력과 비교해서 폭력의 정치적 행동은 그저 바닷물에 떨어진 물 한 방울과 같다." 그녀는 이렇게 주장한다. "저항이 거의 없었다는 사실은 이들의 영혼과 참을 수 없는 사회적 불평등 간의 충돌이 얼마나 끔찍한지 보여주는 가장 강력한 증거가 된다." 골드만은 정치적 폭력을 폭풍우와 번개에 연결 짓는다. 파괴적이지만 어떤 면에서는 안도감을 안겨주는 필수적인 요소라는 의미다.

여성의 지위에 대한 고찰

골드만은 여성에게 투표권을 준다고 해서 삶이 크게 개선되지 않을 것이라 주장하면서 여성 참정권 운동에서 한발 물러나 있다. 이보다 더욱 중요한 질문은 사회가 여성에게 자기 몸에 대한 권리를 인정해 주었는지 여부였다. 여성이 아이를 원하는지 아닌지를 결정하고, 종교와 사회적 관습의 구조를 거부할 수 있기 위해서였다. 그녀는 미국의 청교도적 가치를 가차 없이 비판했다. 청교도적 가치는 여성을 성적인 감정이 없는 천사의 위치로 올려놓거나 '타락했다'고 보면서 경멸과 학대의 대상으로 삼았다.

결혼은 '주로 경제적인 합의이자 보험 계약'으로, 더욱 구속력 있고 정확한 일반적인 생명보험과는 다르다. 남편이라는 '할증'과 함께 여성은 '자신의 이름, 사생활, 자존감, 생활 자체' 등의 비싼 값을 치르며, 결혼 보험은 여성에게 평생의 종속관계, 기생 생활,

그리고 사회적으로나 개인적으로 완전히 쓸모없어지는 형벌을 내린다. 골드만은 이 종속관계를 사랑 자체에 대비하면서, 사랑은 삶을 긍정하고 사회적 관습에서 자유롭다고 보았다.

미국에서 가장 위험한 여성

1893년 시작된 극심한 경기 침체 속에서 수백 곳의 은행이 파산하고, 수천 곳의 기업이 문을 닫았으며, 150만 명의 노동인구 가운데 300만 명이 실직했다. 당시에는 정부 구제나 안전망 없이 오직 무료 급식소만 있었다. 골드만은 뉴욕의 대규모 시위에서 여성들을 향해 음식이 필요하면 돈을 내지 말고 상점에서 식료품을 가져가라고 촉구하는 연설을 했다. 그녀는 '폭동을 선동했다'는 이유로 1년 동안 감옥에 수감되었다. 감옥에서 골드만은 에머슨과 소로, 휘트먼, 그리고 밀 등의 책에 빠져 있었고, 조산사가 되겠다는 결심으로 의학을 공부했다.

출소 후 그녀는 영국과 유럽으로 강연을 떠났고, 그곳에서 루이즈 미셸Louise Michel, 표트르 크로폿킨Peter Kropotkin, 그 외에 다른 아나키스트들을 만났다. 그리고 빈에서 간호자격증을 취득했다. 미국으로 돌아온 골드만은 더 많은 강연을 다니며 조산사로 일하기 시작했고, 이후 1899년 파리로 돌아와 국제아나키스트연맹에서 중심적인 역할을 맡았다.

1901년 골드만의 연설에서 영감을 얻었다고 주장하는 실직자리언 촐고츠Leon Czolgosz가 윌리엄 맥킨리 대통령을 암살했다. 촐고츠는 시카고에서 골드만의 아나키스트 모임에 가입하려 했지만 정부의 첩자라는 오해를 받아 거절당했다. 암살 사건으로 골드만은 심문을 받았고 언론에서는 그녀가 암살사건에서 중요한 역할을 맡았다고 보도했다. 하지만 그녀와 촐고츠를 이어주는 증거는 찾지 못했고, 결국 촐고츠는 사형당했다.

1906년 그녀는 전국 급진주의 잡지인 〈마더 어스Mother Earth〉를 창간했고, 동료 아나키스트이자 연인인 알렉산더 버크먼Alexander Berkman이 편집장을 맡았다. 버크먼은 1892년 기업가 헨리 클레이 프릭Henry Clay Frick을 암살하려다 실패한 사건으로 이름을 알렸다. 골드만은 강연을 하고 출판에 대한 후원을 얻기 위해 몇 년 동안 미 대륙을 누볐다. 1916년 시민운동가 마거릿 생어Margaret Sanger와 산아제한 캠페인을 벌인 후에는 '외설적이거나 음란하고 선정적인 기사'의 유포를 금하는 컴스톡 법Comstock Law을 위반한 죄로 2주간 투옥됐다. 다음 해 골드만과 버크먼은 징병제에 반대하는 캠페인을 벌인 죄로 재판을 받았지만 '언론의 자유'에 대한 권리는 방어할 수 있었다. 재판 도중 골드만은 미국이 국내에서는 사람들의 입에 재갈을 물리면서 어떻게 해외에서는 민주주의의 상징이라고 주장할 수 있는지 물었다. 이들은 징역 2년을 선고받았고, 국가보안을 위협한다고 비춰지면서 1919년과 1920년 적색 공포의 시기 동안 다른 급진주의자들과 함께 러시아로 추방당했다.

처음에 골드만과 버크먼은 볼셰비키혁명에 열광했으나, 여행을 다니면서 모든 형태의 중앙정부가 행하는 부패와 권력에 대해 품고 있던 이들의 의구심이 증명됐다. 예를 들어, 레닌은 혁명 기간 동안 언론의 자유가 희생되어야 한다고 말했다. 러시아에 실망한 둘은 라트비아의 수도 리가로 움직였고, 이후 베를린에 정착했다.

골드만은 1924년 런던으로 이주했고, 버트런드 러셀Bertrand Russell과 레베카 웨스트Rebecca West, 허버트 조지 웰스Herbert George Wells를 비롯해 좌파 사상가들로부터 처음에는 열렬한 환영을 받았지만 소비에트 실험을 비난했다는 이유로 곧 지지를 잃고 만다. 그녀는 순회강연을 위해 미국으로 돌아가도 좋다는 허락을 받았지만, 현재 사건들에 대해 언급하는 것은 금지였다. 그녀는 캐나다에서 가정을 꾸렸고, 토론토에서 미국과 국제적인 신문에 계속 기고를 했다.

다른 국가보다도 미국이 자본주의 정신과 동일시된다는 점에서, 1890년과 제2차 세계대전 사이에 아나키스트와 사회주의자, 그리고 공산주의 단체들이 미국에서 엄청나게 번창했다는 것은 놀라운 일이다. 이는 부분적으로는 거의 모든 새 이민자들의 고향인 유럽에서 사상들이 전파된 탓이고, 다른 한편으로는 많은 것을 약속했지만 결실은 그다지 없는 미국이라는 나라에 대한 환멸 탓이었다. 젊은 공장 노동자였던 골드만은 러시아의 전제정치와 미국의 금권정치 모두 프롤레타리아 계급을 고착화하려 한다고 느졌다. 골드만은 개인을 어떤 경제적이거나 정치적 목표를 달성하기 위한 수단으로 보지 않고 꽃피울 수 있게 허락할 때 인류는 겨우 잠재력에 도달할 것이라고 생각했다.

📌 함께 읽으면 좋은 책

- 로버트 노직 《아나키에서 유토피아로》
- 메리 울스턴크래프트 《여성의 권리 옹호》
- 업튼 싱클레어 《정글》
- 헨리 데이비드 소로 《시민 불복종》

톰 버틀러 보던의 ★ 한마디 ★

골드만은 종교처럼 애국주의도 사기라고 믿었다. 세계는 임의적인 국경선에 따라 나뉘고, 우리는 '우리의' 나라를 위해 싸우길 바라야 한다고 배운다. 그러나 국가는 우리와 우리의 복지에 아무런 도움도 되지 않으며, 지배계층의 상업적 이익만을 보호하고 발전시키는 전쟁에 돈을 대기 위해 국민으로부터 수백억을 떼어간다. 예를 들어, 그녀는 미국의 도시들이 새로운 미국 해군 함대를 기념하고 기리는 데 수백만 달러를 쓰지만, 그 돈을 굶주린 사람들을 위해 쓸 수도 있었다고 비난한다.

골드만은 결코 아나키즘이 현실에서 어떻게 작동해야 하는지 처방을 내린 적이 없었다. 그녀의 주요 표적은 입발림으로 언론의 자유를 외치는 '자유' 미국의 위선이었다. 그 위선으로 인해 기업들은 노동자를 노예로 취급했고, 감히 다른 삶을 살려는 여성들은 사회적인 낙인을 찍겠다는 위협을 받아야 했다.

50

Rules for Radicals

세상을 바꾸기 위한 행동 지침서

급진주의자를 위한 규칙

> **"**
>
> 권력이 없는 세상을 상상하기란 불가능하다.
> 조직화된 권력이냐 조직화되지 않은 권력이냐가
> 우리가 상상할 수 있는 유일한 선택지다.
>
> **"**

사울 알린스키 Saul Alinsky

1909년 시카고의 러시아계 유대인 부모 밑에서 태어났다. 시카고대학교에서 고고학을 공부했고, 이후 일리노이주에서 한동안 범죄학자로 일했다. 미국 산업별 노동조합회의에서 근무한 뒤부터 노동운동에서 공동체 조직으로 관심사가 바뀌었다. 시카고의 빈민 지역, 그중에서도 특히 백 오브 더 야즈의 육가공 지역을 대표해서 일했다. 《급진주의자를 위한 규칙》이 출간된 이듬해 1972년에 세상을 떠났다.

매카시 시대와 공산주의자들을 색출해 내던 당시의 마녀사냥은 미국 급진주의자들의 지위를 심하게 훼손시켰지만, 미국 젊은이들이 1960년대에 정치인들과 정치제도, 그리고 그들의 부모가 주도해 왔다고 보이는 물질적인 삶에 대해 느꼈던 환멸을 멈추게 하지는 못했다. 젊은이들에게 당시의 정렬된 세계는 이치에 맞지 않고 부당함으로 가득했다. 그러나 선구적인 공동체 조직가였던 사울 알린스키는 더 나은 세상을 원한다고 말하는 사람들의 말을 듣자 이렇게 묻고 싶었다. '정확히 어떤 식의 세상을 원하며, 어떻게 그 세계를 달성할 것인가?' 그는 한낱 평화와 사랑의 세계에 관해 이야기하는 게 아니라 진정한 변화에 전념하는 사람들을 위해《급진주의자를 위한 규칙》을 썼다.

평등, 정의, 평화, 협력, 교육의 기회, 의미 있는 고용, 그리고 건강은 모두 싸워서 이룩할 가치가 있는 것들이지만 쉽게 얻을 수는 없다. "역사에서 의미 있는 변화는 혁명에 의해 만들어졌다." 알린스키는 이렇게 주장하지만, 급진주의자들은 서둘러 변화를 추진하는 과정에서 대중의 움직임과 혁명적인 변화의 역학을 거의 이해하지 못한다.《급진주의자를 위한 규칙》이 메우려고 한 것이 바로 이 격차다. "인간의 정치에는 상황이나 시대와는 상관없이 작동하는 특정한 행위의 개념들이 있다. 이 개념들을 아는 것이 체제를 실질적으로 공격하기 위한 기본이 된다." 알린스키는 이렇게 썼다. 다른 많은 이들 중에서도《급진주의자를 위한 규칙》은 젊은 버락 오바마가 시카고의 사우스사이드에서 공동체 조직가로 활동하던 시절에 영감을 안겨주었다고 한다.

대중을 납득시키는 조직가들의 조건

알린스키는 시카고의 빈민 지역, 그중에서도 특히 백 오브 더 야즈의 육가공 지역을 대표해서 일했다(업튼 싱클레어의《정글》의 배경이기도 하다). 성공을 거두면서 그는 미국 전역에서 공동체를 도와달라는 요청을 받는다. 1950년 알린스키는 시카고로 돌아와 흑인 거주 지역에서 일을 했고, 이후 샌프란시스코로 갔다. 그가 설립한 산업분야재단Industrial Area Foundations에서 알린스키는 풀뿌리 공동체 운동을 다루는 교육과정을 운영했고, 수많은 공동체 조직자들, 즉 중산층 여성운동가부터 가톨릭교 사제, 그리고 흑표범단의 흑인 민족주의자부터 급진적인 철학자에 이르기까지 다양한 사람들을 훈련시켰다. 그는 행동가 또는 조직가의 삶은 쉽지 않다고 경고한다. 활동은 24시간 내내 진행되지만 가끔은 아무런 결실도 맺지 못하는 것처럼 보인다.

알린스키는 지도자와 행동가를 대조해서 그려냈다. 지도자의 행위는 궁극적으로 자기 자신에게 이득이 돌아가는 경향이 있는 반면에, 행동가의 목표는 다른 이들의 지위를 향상시키는 데 있다. 행동가가 갖춰야 할 한 가지 특성은 사람들과 소통하고 영감을 안겨주는 능력이다. 그 특성 중 하나가 유머의 적절한 사용이지만, 저항적인 세대에서는 그 사용법을 제대로 아는 이가 거의 없었다. 알린스키는, 진정한 급진주의자라면 보수주의자들을 이해시키기 위해 긴 머리조차 잘라버릴 것이라고 말한다. 대중들은 가끔 대중 선동가들과 그들의 외침에 질린 나머지 시위자들이 무엇을 추구하는지 굳이 알려고조차 하지 않는다. 또한 알린스키는 1960년대에 시위의 일환으로 미국 성조기를 불태워 버렸던 이들을 비난한다. 그런 행동 때문에 대중들과 더 멀어질 수 있으며, 그보다는 미국인들의 이상을 실현하는 데 실패한 개별적인 정치인들에게 초점을 맞추는 것이 필요했기 때문이다.

조직가들은 더 좋은 결과를 얻을 수만 있다면 기꺼이 자신들의 상상력을 발휘해서 적의 입장이 되어봐야 한다. '타협'은 입에 올려서는 안 될 말이 아니다. 실제로 타협이 자유롭고 열린 사회를 만들어낸다. 타협 없는 사회는 전체주의적 사회다. 더군다나 알린스키는 이렇게 덧붙인다. "빈손으로 시작했다면 100퍼센트를 요구하고, 그 후 30퍼센트 선에서 타협하라. 그러면 당신은 30퍼센트 앞서게 된다."

　그러나 조직가들은 자신의 쟁점을 흑백논리로 보는 것이 중요하다. 일을 완수하기 위해서는 자신들의 대의명분은 100퍼센트 공정하며 반대편은 완전히 비윤리적이라고 믿어야만 하고, 또 다른 사람들이 그렇게 믿도록 만들어야 한다. 예를 들어, 건국의 아버지들은 의심 많은 주와 식민지의 무리들을 단일한 국가로 바꾸기 위해서는 윤리적 우월성이라는 의식을 불어넣을 필요가 있음을 알고 있었다. 미국 독립선언서는 영국인이 행한 바람직한 일들은 모두 언급을 생략했으며 오직 안 좋은 부분만 지적했다.

　따라서 조직가들은 이중성을 가져야 한다. 즉 자신이 완전히 올바른 편에 서 있다고 믿으면서도 실제 협상에서는 일을 완수하기 위해 기꺼이 타협해야 한다.

부당한 것을 보면 행동하라

알린스키는 목적이 수단을 정당화할 수 있는지 묻는 질문을 피하지 않았다. 그에게 있어 유일한 의문은 특정 목적이 특정 수단을 정당화할 수 있는가이다. 인생에는 자연히 우리가 원하는 것을 얻기 위한 계속적인 트레이드 오프Trade Off(실업을 줄이면 물가가 올라가고 물가를 안정시키면 실업률이 높아지는 것처럼, 임금이나 물가의 안정과 완전고용을 동시에 실현시키는 것이 힘들며 양자가 서로 상충하는 관계에 있음을 설명하는 용어─옮긴이)가 포함되며, 어떤 점에서든 부패하지 않고 살아남은 사람은 없다. "부패를 두려워하는 자는 인생도 두려워한다." 알린스키는 이렇게 썼다. 행동을 할 때, 그 행동을 하는 것이 우리 개인의 양심에 적합한지가 아니라 인류에게 최선인지를 생각해보는 게 더 좋다. 우리가 개인의 양심을 선택한다면, 이는 민중을 위해 부패하는 이들을 충분히 상관하지 않는다는 의미다. 부당한 것을 보았을 때 가장 비윤리적인 행동은 아무런 행동도 취하지 않는 것이다.

알린스키는 윤리의 규칙을 발견했다. 다시 말해, 어떤 사람이 쟁점에 직접적으로 관여하지 않을수록 더욱 윤리적인 척 행동하게 된다. 더 깊이 관여할수록, 윤리적인 세부 사항을 거리끼는 정도는 낮아지지만 어떤 일을 완료하는 데 더 큰 초점을 맞추게 된다.

사회의 틀 안에서 권력을 다루는 법

"조직가로서 나는 세계가 현재 어떠한지로부터 시작한다. 내가 바라는 세계가 아닌, 있는 그대로의 상태로부터 말이다." 알린스키는 이렇게 말한다. 체제를 바꾸기 위해서는 반드시 '그 체제' 안에서 노력해야 하며, 그저 '우리가 가장 자신 있는 일을 하려고' 사회에서 일탈해서는 안 된다. 그리고 민중 자체가 상황이 변하길 바란다고 판단했을 때만 오래 지속되는 혁명을 일으킬 수 있다. 소련과 마오주의 중국에서 보았듯, 그렇지 않은 혁명은 폭정이 될 뿐이다. 자신에게 중요한 쟁점에 정기적으로 활발히 개입하는 것은 권리이자 책임이다. 시민으로서 행동하지 않는다면 한 인간으로서 정체성을 잃게 된다고 알린스키는 주장한다.

《급진주의자를 위한 규칙》은 특정한 이데올로기가 아닌 그저 그 변화만 제시하기 때문에 시대를 초월한 것처럼 보인다. 알린스키는 교조教條를 '인간 자유의 적'이라고 개탄하면서, 그 어떤 혁명 운동에서도 교조가 확장하지 않도록 매우 주의해야 한다고 경고한다. 어떤 종류의 잔학행위나 부당함도 누군가가 각색한 진실에 따라 정당화될 수 있다. 이 책이 전하는 더 큰 메시지는 권력 그 자체에 관한 것이다. 우리는 뭔가를 달성하고 싶다면 권력의 수제자가 되어야 하지만, 권력을 적절히 다루지 못한다면 부패하거나 우리가 추구했던 이상을 파괴할 수 있다.

📌 함께 읽으면 좋은 책

· 엠마 골드만《저주받은 아나키즘》
· 넬슨 만델라《자유를 향한 머나먼 길》
· 버락 오바마《약속의 땅》
· 헨리 데이비드 소로《시민 불복종》

알린스키가 이 책을 쓰기 시작한 당시 미국에서는 사회변화를 다룬 문헌이 상당히 빈약했다. 당시 급진적인 글들은 공산주의 사상이 담겼거나 정반대로 현 상황을 찬양하는 경향이 있었다. 그는 자본주의자나 공산주의자가 아니면서도 그저 변화를 이끌어낼 수 있는 모든 '무산자'들을 위한 뭔가를 제공하려는 의도로 이 책을 썼다.

오늘날, 분명 안티파Antifa(Anti-Fascist Action의 준말로 파시즘에 반대하며, 그것을 '행동'으로 수반하는 것을 뜻한다. 따라서 단순히 파시즘에 반대한다는 의미가 아니라, 극우 진영을 포함한 차별주의자들에 대한 '직접행동'을 필수적으로 꼽는다―옮긴이)와 뉴욕 월스트리트 점령 Occupy Wall Street 운동 못지않게 티파티 운동(18세기 영국의 가혹한 세금 징수에 반발한 보스턴 티파티 사건에서 따온 것으로, 2009년 증세에 반대하고 정부의 역할을 축소해야 한다고 주장한 보수주의 단체들이 2001년부터 의원들과 행정 관료들에게 차를 보내는 것으로 시작된 시민운동―옮긴이)과 일부 트럼프 지지자들 역시 여기에 포함될 수 있다. 티파티 운동가들은 <애국주의자를 위한 규칙>이라는 제목으로 핸드북을 만들어 알린스키의 가르침을 받아들였다.

감사의 말

초판에 부쳐

내 책은 대부분 자기계발과 심리학, 철학 등을 다루지만, 작가가 되기 전까지 나는 정치학과 정부에 지대한 관심을 가지고 있었다. 대학교에서 이 과목들을 공부했고, 그 후 공공정책 분야에서 일을 시작했다. 그러므로 이제 원래의 자리로 돌아와 몇 년 전 읽었던 그 위대한 글들을 다시 펼쳐보고 새로운 글들을 발견하며 이 책을 쓰는 작업은 정말 큰 기쁨이었다.

《세계 정치학 필독서 50》을 쓰는 데 도움을 준 분들께 감사인사를 전하고 싶다.

이 책에 실린 50편의 책과 도입부가 발전하고 다듬어지는 데에는 출판사 니콜라스 브리얼리와의 논의가 큰 도움이 됐다.

샐리 랜즈델은 원고를 편집하고 인쇄에 들어갈 수 있게 준비해주었다. 50가지 고전에 포함하기 위해 살펴야 하는 근사한 정보와 통찰은 언제나 차고 넘친다. 그러다 보니 단어를 골라내고 핵심을 표현하는 것이 쉬운 작업은 아니었을 것이다.

루스 킬릭은 책의 홍보를 담당해서 출판 초기부터 독자들의 관심을 받을 수 있게 해주었다.

벤 슬라이트는 영국 사무실에서 영업을 담당했고, 척 드레스너는 북미 시장에서 영업과 마케팅을 담당했다. 니콜라스 브리얼리는 이 책이 다른 언어로도 출판될 수 있게 힘써주고 있다.

스티븐 리파콜리는 중요한 논평과 연구 등을 제공해 주어서 해설을 쓰는 데 도움이 됐으며 책의 형태가 잡혀가는 동안 훌륭한 자문역이 되었다.

이 책의 마감을 앞두고 찾아온 건강의 적신호 덕에 나는 책을 쓰는 기회를 비롯해 모든 것에 감사해야 함을 깨달았다. 소식을 듣고 호주에서부터 날아온 여동생 캐롤라인과 테레사, 다른 가족과 친구들, 그리고 내 딸을 돌보려 기꺼이 스케줄까지 변경한 타마라와 베아트리스 루카스 덕에 놀라울 정도로 빨리 회복할 수 있었다.

이 책을 마무리 짓던 도중 세상을 떠난 세라 레이븐스크로프트에게 이 책을 바치고 싶다. 세라는 자유와 평등, 힘의 화신이었다.

두 번째 개정판에 부쳐

새로 개정판을 내자고 제안해 준 니콜라스 브리얼리/하체트사의 에디터 홀리 베니언에게 감사드리고 싶다. 또한 편집 과정을 두루 살펴준 메건 림, 이저벨 윌커슨 부분을 쓸 때 자료조사를 도와준 재시 돌라니에게 감사 인사를 전한다.

또 다른 정치학 명저 50

1. 제인 애덤스 Jane Addams《**민주주의와 사회 윤리**Democracy and Social Ethics》
사회 개혁가 애덤스는 민주주의가 단순히 법률의 모음집이 아니라 모든 시민의 도덕적 의무라고 믿었다. 모든 인간이 지닌 내재적인 존엄성을 수동적으로 믿는 것만으로는 부족하다. 그보다는 개인적인 관계에서 인종과 성별, 계급, 그리고 그 외의 편견을 뿌리 뽑기 위해 매일 노력해야 한다.

2. 미하일 바쿠닌 Mikhail Bakunin《**신과 국가**God and the State》
러시아의 아나키스트, 혹은 '자유의지적 혁명 사회주의자'였던 바쿠닌의 작품 가운데 가장 잘 알려졌다. 당시 그는 카를 마르크스만큼이나 이데올로그Ideologue(이론자)로 유명했다.

3. 제러미 벤담 Jeremy Bentham《**도덕 및 입법의 원리 서설**An Introduction to the Principles of Morals and Legislation》
이 위대한 실용주의자는 쾌락을 극대화하고 고통을 최소화하는 객관적인 계산법을 사용한다면 공정한 사회를 이룩할 수 있다고 주장한다.

4. 윌리엄 베버리지 William Beveridge《**베버리지 보고서**Beveridge Report》
이 영국의 경제학자는 현대 복지국가의 청사진을 제시한다. 이 보고서는 불결함과 무지, 결핍, 게으름, 질병이라는 다섯 가지 '거대한 악'을 겨냥하면서 최초로 국민연금National Insurance을 제시하고 국영의료서비스National Health Service의 설립을 촉구한다.

5. 로버트 카로 Robert Caro《**권력의 이동: 린든 존슨의 시대 4**The Passage of Power: The Years of Lyndon Johnson 4》
미국 대통령 린든 존슨의 삶을 권위 있게 다룬 시리즈 가운데 네 번째 책이다. 케네디 암살사건과 함께 민권 등 민주주의 가치가 법률로 제정되도록 새 대통령 존슨이 신속하게 권력을 발휘하는 과정을 담았다.

6. 에드워드 핼릿 카 Edward Hallett Carr《**20년의 위기 2**Twenty Years' Crisis 2》
제2차 세계대전 직전에 출간되어 국제관계 분야의 새로운 원칙을 다루는 중요한 작품으로 인정받았다. 저자는 조약 체결과 국제연맹을 신뢰하는 자유주의를 비판하면서, 아직도 국가의 권력이 정치에서 핵심적인 힘을 발휘한다고 주장한다.

7. 노암 촘스키 Noam Chomsky《**그들에게 국민은 없다**Profit over People》
촘스키는 신자유주의란 대중이 권력을 포기하고 기업에게 양도하는 것이라고 정의한다. 그 결과로 교육과 의료부분이 축소되고 부유층과 빈곤층 간의 불평등이 더욱 커진다고 주장한다.

8. 프레더릭 더글러스 Frederick Douglass《**미국 노예 프레더릭 더글러스의 삶의 이야기**Narrative of the life of Frederick Douglass, an American slave》
도망 노예가 직접 노예제도를 설명한 최초의 책으로, 가족생활의 파괴와 극도의 빈곤, 교육 부족 등 노예제가 미치는 참혹한 영향이 그대로 드러난다. 노예제도 폐지 운동에서 핵심적인 작품이다.

9. 자크 엘륄 Jacques Ellul《**선전**Propagandes》
오늘날에도 여전히 의의를 지니는 책이다. 프랑스의 기독교 아나키스트인 엘륄은 프로파간다가 어떻게 정치를 넘어서 개인이 순응하고 따르게 만들 수 있는지를 설명한다. 매체를 가장 많이 소비하는 사람들이 가장 많이 선전에 넘어간다는 통찰이 제시된다.

10. 베티 프리단 Betty Friedan《**여성의 신비**Feminine Mystique》
프리단의 이 베스트셀러는 여성의 잠재력이 성적 고정관념으로 인해 방치되고 있음을 강조하며 페미니즘의 '두 번째 물결'을 일으켰다. 이 책은 소녀들이 겪는 교육적 불평등을 인식하고 여성들은 의미 있는 직업과 일을 기대해야 한다고 강조한다.

11. 도리스 컨스 굿윈 Doris Kearns Goodwin《**권력의 조건**Team of Rivals》
링컨은 공화당 대선후보 지명선거에서의 치열한 경쟁자들에게 가장 가까운 자문을 맡아달라고 요청해서 우수한 내각을 구성하고 남북전쟁의 시련을 견딘다.

12. 안토니오 그람시 Antonio Gramsci《**옥중수고**Quaderni del carcere》
20세기의 대표적인 마르크스주의 사상가인 그람시는 주로 '패권' 혹은 자본주의 국가가 유지되는 방식과 관련해 통찰을 제시한다. 그는 국가는 손에 넣는 것이 아니라 되는 것이라고 말했다.

13. 저메인 그리어 Germaine Greer《**여성 거세당하다**The Female Eunuch》
그리어의 책은 1970년대 섹슈얼리티 정치에서 중심적인 역할을 했다. 이 책은 교외에서 자신의 섹슈얼리티를 잃어버리고 비굴하게 살아가는 한 여성을 그려내면서, 특히나 가족과 경제가 사회적으로 재편성되기를 겨냥하고 있다.

14. 에르네스토 체 게바라 Ernesto Che Guevara《**게릴라전**Guerrilla Warfare》
카리브해 연안의 독재정권에 저항하는 게릴라 전사들을 위해 체 게바라의 신조를 제시한다. 이 책은 혁명을 위한 보편적인 매뉴얼로도 활용되고 있다.

15. 위르겐 하버마스 Jurgen Habermas**《공론장의 구조변동**Strukturwandel der Offentlichkeit**》**
18세기에 새로운 '공론장'은 시민사회가 정보를 필요로 하는 데서 생겨났으며, 공론장을 통해 이성이 풍성해지고 국가권력이 균형을 이루게 됐다. 그러나 이후 상업주의와 소비주의로 인해 타락하고 만다.

16. 조너선 하이트 Jonathan Haidt**《바른 마음**The Righteous Mind**》**
사회심리학자가 쓴 이 베스트셀러는 자유주의자, 보수주의자 및 자유의지론자가 무엇이 옳고 그른지에 대해 서로 다른 직관을 가지는 이유를 설명한다. 섬세한 조사연구를 기반으로 삼았다.

17. 데이비드 핼버스탬 David Halberstam**《최고의 인재들**Best and the Brightest**》**
미국의 엘리트들이 어떻게 베트남전쟁의 수렁에 빠지는지를 생생하게 기술한다. 외교 정책 개발과 의사결정에 대한 교훈을 얻을 수 있다.

18. 게오르그 프리드리히 헤겔 Georg Wilhelm Friedrich Hegel **《법철학 강요**Grundlinien der Philosophie des Rechts**》**
헤겔은 윤리 이론과 자연권, 법철학, 정치이론, 그리고 현대국가의 사회학을 '역사철학'의 골조 안에서 체계화하려고 시도했다.

19. 임마누엘 칸트 Immanuel Kant **《영구평화론**Zum ewigen Frieden. Ein philosophischer Entwurf**》**
칸트는 1795년 프랑스혁명이 잠시 소강상태일 때 이 논문을 썼다. 그는 바젤협약이 미래에 문명국가들이 전쟁의 파괴성을 제한할 수 있는 법을 보여주는 사례가 될 것이라 믿었다.

20. 카우틸랴 Kautilya**《강국론**Arthashastra**》**
고대 인도의 국가경영과 경제정책, 군사전략 등을 다룬 책으로, 잔혹한 현실주의자의 입장에서 정치를 바라보는 마키아벨리에 견줄 만하다.

21. 로버트 O. 코헤인 Robert O. Keohane**《헤게모니 이후**After hegemony**》**
국제사회는 패권국의 영향력 없이도 번영하고 평화를 유지할 수 있는가? 코헤인은 현실정치적 분석에 단호하게 반박하면서, 국제체계가 성숙한 단계에 이르렀으며 국가 간 협력에서 강대국의 무력적인 위협이 반드시 필요한 것은 아니라고 주장한다.

22. 이븐 할둔 Ibn Khaldun**《역사서설**Kitab al-'ibar. Muqaddimah**》**
역사를 주제로 한 아랍 학자의 미완성 역작으로 최고의 정부가 무엇인지에 대한 할둔의 생각을 전달한다. 그는 정부란 "예컨대 스스로에게 저지르는 불의를 제외한 모든 불의를 방지하는 기관"이라고 정의했다. 할둔은 이슬람 국가를 지지하면서도 아리스토텔레스의 이성으로부터도 영향을 받았다. 그리고 모든 문명이 무너지는 이유는 사치와 정부의 과도한 징세, 재산권 약화 때문이라고 보았다.

23. 헨리 키신저 Henry Kissinger 《**헨리 키신저의 외교**Diplomacy》
베스트팔렌조약으로 시작된 국제정치의 광범위한 역사를 다뤘다. 정치인 키신저는 미국이 개별국가의 야망보다 민주주의 같은 이상을 우선시함으로써 국가체제를 바꿔놓았다고 주장한다. 《헨리 키신저의 세계질서World Order》와 함께 읽어보자.

24. 나오미 클라인 Naomi Klein 《**노 로고**No Logo》
클라인은 반세계화 운동 이면에 흐르는 논리를 담고, 다국적기업의 사악한 거래를 기록한다. 공론장을 침범하는 사익을 조심하자. 우리는 시민이 우선, 소비자가 그다음이 되어야 한다.

25. 리콴유李光耀 《**내가 걸어온 일류국가의 길**From Third World to First》
이 싱가포르 정치인은 전 세계 지도자들이 존경하는 현자다. 몇 십 년에 걸쳐 부유한 민족국가를 이룩한 그의 이야기가 마음을 사로잡을 것이다.

26. 월터 리프먼 Walter Lippmann 《**여론**Public Opinion》
신문을 중심으로 미국 매체와 여론을 다룬 고전적인 비평서이지만 텔레비전과 인터넷의 시대에도 그의 비판은 여전히 유효하다. '동의의 조작'에 대한 리프먼의 우려는 자유시장 매체 산업을 통렬하게 비판하는 노암 촘스키의 견해에 영향을 미쳤다.

27. 말콤 엑스 Malcolm X 《**말콤 엑스 자서전**The Autobiography of Malcolm X》
말콤 엑스가 정치적·영적으로 깨달음을 얻고 이슬람으로 개종하는 과정을 강렬하게 서술하고, 어떻게 그가 하찮은 절도범에서 블랙 파워의 주역이 되었는지 보여준다. 그는 미국의 인종차별이 심한 편견과 닫힌 마음에 저항하는 보편적인 싸움이라고 생각했다. 1965년 암살됐다.

28. 존 J. 미어셰이머 John J. Mearsheimer 《**강대국 국제정치의 비극**The Tragedy of Great Power Politics》
한 시카고대학교 교수의 '공격적 현실주의'는 여러 논란을 불러일으키고 있다. 세력균형의 방식을 수용하지 않는 '방어적 현실주의'에 더해 다른 국가에 대한 패권을 적극적으로 추구하는 개념이다. 국가들은 개입하고 먼저 행동함으로써 불확실성 속에서 살아남고 성공할 것이라 믿는다.

29. 몽테스키외 Charles-Louis de Secondat Montesquieu 《**법의 정신**L'Esprit des lois》
권력의 분립과 행정부 권력에 대한 견제를 논한 몽테스키외의 사상은 미국 헌법의 설계자들에게 심오한 영향을 미쳤다.

30. 배링턴 무어 Barrington Moore 《**독재와 민주주의의 사회적 기원**Social Origins of Dictatorship and Democracy》
비교정치분석의 고전. 각 국가에서 소작농과 지주 간의 관계는 해당 국가가 결국 민주주의나 공산주의자, 혹은 파시즘 국가가 될 것인지를 결정해 주는 가장 중요한 요소라고 주장한다.

31. 토마스 모어 Thomas More 《유토피아 De optimo reipublicae statu, deque nova insula Utopia》
모어는 헨리 8세의 자문 역할을 했고, 결국 처형당한 현실 정치인이었다. 학자들은 여전히 그의 가상사회가 조롱인지, 아니면 그가 살던 세계의 진정한 대안이었는지 의견이 분분하다. 그러나 유토피아라는 용어는 여전히 정치적 담화의 중심에 있다.

32. 라인홀트 니부어 Reinhold Niebuhr 《도덕적 인간과 비도덕적 사회 Moral Man and Immoral Society: A Study of Ethics and Politics》
미국의 신학자이자 사상가로서 개인의 도덕성은 공동의 정치 생활과는 본질적으로 양립할 수 없다고 주장한다. 우리가 개인으로서 행동하고 싶은 방식과 집단의 잔혹한 현실은 중재될 수 없다.

33. 리처드 노이슈타트 Richard Neustadt 《대통령의 권한 Presidential Power and the Modern Presidents》
미국 대통령들과 각자의 특징들을 들여다보는 하버드대학교 정치학자의 획기적인 연구. 대통령의 권한은 사법부과 입법부를 느슨하게 연결하는 역할을 한다고 주장한다.

34. 조지프 S. 나이 Joseph S. Nye 《권력의 미래 The Future of Power》
외교정책 전문학자 나이는 '소프트 파워'라는 용어를 처음 사용했다. 오늘날의 세계에서 권력은 분산되어 있으며 더 이상 군사력에서만 나오는 것이 아니다. 뛰어난 서사와 아이디어를 가진 국가가 승리할 것이다.

35. 피에르 조제프 프루동 Pierre Joseph Proudhon 《소유란 무엇인가 Qu'est-ce que la Propriete?》
프루동은 최초로 아나키스트를 자처한 사람으로 "소유는 도둑이다"라는 말로 유명하다. 그는 '선한' 소유와 '악한' 소유를 구분했는데, 선한 소유는 개인이나 집단이 노동의 결과로 얻게 되는 것이고, 악한 소유는 집세와 이자의 지불 등으로 다른 사람들을 착취해서 얻게 되는 것이다. 아나키스트들이 자본주의를 비판하는 핵심 논리다.

36. 에인 랜드 Ayn Rand 《아틀라스 Atlas shrugged》
랜드는 합리적 이기주의에 대한 자신의 객관주의 철학이 소설의 형태에서 가장 큰 영향력을 미쳤다고 믿었다. 어려운 문학이라기보다는 집단주의에 대한 경고, 그리고 자유방임적 자본주의와 초자유주의(신자유주의)에 대한 찬가가 특징이다.

37. 머리 N. 로스바드 Murray N. Rothbard 《새로운 자유를 찾아서 For a New Liberty》
미국의 경제학자이자 정치이론가가 자유의지론 운동을 들여다보며, 자유시장과 자발적인 인간행동이 정부보다 더 효율적이고 공정하게 사회의 필요와 결핍을 해결해 줄 수 있다고 주장한다. 환경오염, 빈곤, 전쟁, 공민적 자유의 위협, 그리고 교육 등에 대한 자유의지론적 해결책이 제시된다.

38. 카를 슈미트Carl Schmitt 《정치적인 것의 개념(Der)Begriff des Politischen》

독일의 법철학자가 쓴 이 유명한 논문에서는 정치적인 삶은 친구와 적을 구분할 때 가장 잘 이해할 수 있다고 제안한다. 도덕은 선과 악, 정치학은 수익성의 유무로 구분할 수 있는 것과 마찬가지다. 국가안보를 지키기 위해서 국가는 다른 국가들을 이런 관점에서 구분해야 한다.

39. 허버트 스펜서Herbert Spencer 《개인 대 국가The Man versus the State》

빅토리아 시대에 쓰인 이 위대한 정치철학서는 그의 사회진화론에 비하면 덜 알려져 있지만 영향력이 크다. 중앙집권정부의 권력 장악과 낭비를 경고하면서 그는 이렇게 썼다. "… 구성요소들의 평형을 모두 지켜줄 아름다운 자동조절의 원칙이 사회 안에 존재한다. … 공동체의 모든 행동을 규율하려는 시도는 그저 절망만 가져올 것이다."

40. 레오 스트라우스Leo Strauss 《자연권과 역사Natural Right and History》

스트라우스는 고전적인 정치철학을 연구하는 학자로, 이 책을 통해 그는 근대 정치사상에서 상대주의와 니힐리즘을 반박하고 도덕과 정치학에서처럼 옳고 그름을 구분해야 한다고 주장한다. 그는 철학과 정치철학이 불가분의 관계에 있다고 믿는다. 시카고대학교에서 현대 정치적 보수주의의 지적 기반을 마련했고, 특히 '네오콘(신보수주의)' 폴 울포위츠Paul Wolfowitz와 비평가 앨런 블룸Allan Bloom을 지도했다.

41. 투키디데스Thukydides 《펠로폰네소스 전쟁사The History of the Peloponnesian War》

아테네 제국을 멸망시킨 전쟁의 역사를 그리스 장군이 직접 서술했다. 사실을 기반으로 한 최초의 전쟁사이며, 이후 사학자들과 정치학자들에게 영향을 미쳤다.

42. 에리히 푀겔린Erich Vögelin 《정치학의 새 과학The New Science of Politics》

영향력 있는 정치철학자가 마르크스주의, 국가사회주의, 헤겔주의, 니체주의, 하이데거주의 등 근대의 정치적 종교를 다뤘다. 푀겔린은 마르크스와 헤겔, 프리드리히 니체, 마르틴 하이데거Martin Heidegger 등은 모두 이 땅에 신의 왕국을 만들려 노력하는 '그노시스파'였다고 표현하면서, 그 대신에 아리스토텔레스 정치학으로 회귀할 것을 권한다.

43. 케네스 왈츠Kenneth Waltz 《국제정치이론The Theory of International Politics》

국가안보가 국가의 주요한 목표이며, 지도자들은 나라를 더 강력하게, 또는 부유하게 만들 수 있는 능력에 따라 성공과 실패가 갈린다는 '현실주의' 관점을 제시하는 국제관계학의 필독서다.

44. 마이클 왈저Michael Walzer 《마르스의 두 얼굴Just and Unjust Wars》

아테네의 멜로스섬 공격부터 미라이 학살까지, 발칸반도 전쟁부터 이라크 최초의 전쟁까지, 왈저는 군사이론과 전쟁범죄, 전리품 등을 둘러싼 도덕적 쟁점들을 살핀다.

45. 시드니 웹 Sidney James Webb, **베아트리스 웹**Beatrice webb 《**사회연구론**Methods of Social Study》

사회주의자 단체 '페이비언협회'와 함께 웹 부부는 에드워드 7세 시대에 영국 공공정책에 엄청난 영향을 미쳤다. 복지국가의 논리적 근거를 제공하고 학문을 통해 빈곤과 불평등을 해결하기 위해 런던 정치경제대학교를 설립했다.

46. 리처드 월킨슨 Richard Wilkins, **케이트 피켓**Kate Pickett 《**평등이 답이다**The Spirit Level》

불평등은 가진 것 없는 자들만의 문제가 아니다. 불평등이 모든 사람의 행복감을 끌어내리고 사회의 정치적 안정성을 뒤흔든다는 것이 그 증거다.

47. 막스 베버 Maximilian Weber 《**소명으로서의 정치**Politik als Beruf》

관료주의에 관한 이론으로 잘 알려진 이 위대한 사회학자는 윤리적인 정치 리더십의 본보기를 보인다. 이상적인 정치인은 열정적으로 쟁점에 임해야 하며 기꺼이 인기를 희생해서라도 자기 입장을 공고히 취할 수 있어야 한다.

48. 파리드 자카리아 Fareed Zakaria 《**흔들리는 세계의 축**The Post-American World》

미국은 한때 우위를 잃고 있다는 근거 없는 두려움에 시달렸다. 최근 들어 여러 국가들이 급부상하고 있지만, 미국은 경제력이 뒷받침하기 때문에 여전히 정치적으로 우세할 것이다. 그러나 그 패권적 지위를 보존하기 위해서는 미국은 자유주의적이고 보편적인 가치를 추진하면서 '뭔가를 상징해야' 한다.

49. 황종희黃宗羲 《**명이대방록**明夷待訪錄》

명 왕조의 정치이론가인 황종희는 중국의 민주주의 개혁파에 오랜 영감을 안겨주었다. 그는 전제주의적인 명령보다는 법과 합의를 통한 상향식 통치를 강조한다.

50. 예브게니 자먀찐Евгений Замятин 《**우리들**Мы》

26세기에 전지전능한 '은혜로운 자'가 다스리는 엄격한 전체주의 사회인 '제일제국'에서 살아가는 이야기를 묘사한 디스토피아 소설이다. 조지 오웰의 《1984》와 아인 랜드의 《우리는 너무 평등하다 Anthem》에 영향을 미쳤다.

인간은 정치적 동물이다.

-아리스토텔레스

옮긴이 **김문주**

연세대학교 정치외교학과 졸업 후 같은 대학에서 신문방송학과 석사를 수료했다. 현재 번역에이전시 엔터스코리아에서 전문 번역가로 활동하고 있다. 옮긴 책으로는 《밥 프록터 부의 확신: 세계 단 1%만이 알고 있는 부와 성공의 비밀》《생각한다는 착각: 뇌과학과 인지심리학으로 풀어낸 마음의 재해석》《삶의 진정성: 리더의 성, 돈, 행복 그리고 죽음에 관한 인생 탐구》《어떻게 이슬람은 서구의 적이 되었는가》 등이 있다.

세계 정치학 필독서 50

초판 1쇄 발행 2023년 12월 11일

지은이 톰 버틀러 보던
옮긴이 김문주
펴낸이 정덕식, 김재현

책임편집 김지숙, 최은영
디자인 스튜디오 고요
경영지원 임효순

펴낸곳 (주)센시오
출판등록 2009년 10월 14일 제300-2009-126호
주소 서울특별시 마포구 성암로 189, 1711호
전화 02-734-0981
팩스 02-333-0081
메일 sensio@sensiobook.com

ISBN 979-11-6657-132-9 03300

소중한 원고를 기다립니다. sensio@sensiobook.com